mandelbaum *verlag*

KEINE MITTE OHNE ALLE

Gabu Heindl

# STADTKONFLIKTE

Radikale Demokratie in
Architektur und Stadtplanung

mandelbaum *verlag*

mandelbaum.at • mandelbaum.de

ISBN 978-3-85476-936-1

office@mandelbaum.at
Wipplingerstr. 23, 1010 Wien


4. Auflage 2025

Satz: Michael Baiculescu, Gabu Heindl
Lektorat: Michael Baiculescu
Umschlag: Jana Frantal
Druck: Primerate, Budapest

# Inhalt

Dieses Buch ist Grete und Drehli gewidmet.

# Vorwort zur 3. Auflage

Seit dem Erstdruck dieses Buchs Mitte 2020 haben sich so manche Stadtkonflikte, wie ich sie hier beschreibe, zugespitzt: In der Covid-19-Pandemie sind Lieferdienste, Online-Warenversand-Zustellungen, sowie Menschen ohne Wohnung sichtbarer, sind hingegen Arbeitsprekariat, häusliche Gewalt und ungleiche Reichtumsverteilung noch unsichtbarer (wenn auch nicht geringer in ihren Auswirkungen) geworden.

Wer wird für die Krise zahlen? Der Run auf Betongold jedenfalls ist ungebrochen: „Wir kaufen alles!" sagt eine Wiener Immobilienfirma im Herbst 2021 als Stehsatz ihres Initialanrufs. Umso bemerkenswerter der Berliner Volksentscheid *Deutsche Wohnen & Co enteignen* vom September 2021, dessen 57,6% Befürworter*innen ich in dieser Ausgabe eine neue Foto-Collage widme (siehe S. 272).

Anhand von aktuellen Autobahnprojekten spitzen sich Klimaschutzproteste zu: Gefordert wird dort insbesondere intergenerationale Verantwortung in der Planung, unter anderem einer weniger autozentrierten Stadt. Zurecht. Diese Proteste, aber auch Mieter*innenproteste, finden auf der Straße statt, ebenso wie die von Rechtspopulist*innen initiierten Anti-Corona-Maßnahmen-Demos. Nicht alle diese Auseinandersetzungen fallen in den Bereich von Architektur als Disziplin; aber Stadtkonflikte, in Kontakt mit Politiken des Planens und Bauens, sind sie jedenfalls.

Wien, Jänner 2022

# Vorwort
# Stadtkonflikte, Demokratiekrisen, PPP

Stadtkonflikte sind Teil der vielfältigen aktuellen politischen und sozialen Konflikte weltweit. Zu den Brennpunkten urbaner Kämpfe zählen die Privatisierung von öffentlichem Raum, städtischem Boden und Allgemeingütern, die Kapitalisierung von Wohnraum bis hin zu ganzen Stadtteilen. Dabei wird in großem Maßstab enteignet: Menschen verlieren – und zwar durch gezielte herrschaftspolitische Maßnahmen – Rechte, Freiheiten und Sicherheit (etwa Wohnsicherheit), sie verlieren Möglichkeiten zur Teilhabe an der Stadt.

Diese Problemlagen werden durch jede (Wirtschafts-)Krise verstärkt, so auch durch die Corona-Krise, die zu Beginn der 2020er Jahre alles überschattet. Viele der hier erläuterten Konflikte rund um die Aufteilung von urbanem Raum beziehen sich auf die Zeit vor der Covid-19-Pandemie, es weist aber alles in die Richtung, dass diese Konflikte nach dieser vielschichtigen Krise in noch verstärkter Form präsent sein werden. Die Politiken, die der Kapitalakkumulation zuarbeiten, werden weiter daran gehen, städtischen Raum in ihrem Sinn umzuwandeln, solange keine politische Kraft dagegenhält. Zugleich hat ein Virus uns aber vor Augen gehalten, wie wichtig öffentliche und kollektive Infrastrukturen für das Wohnen, für die Gesundheit, für das alltägliche Leben aller sind – und auch was für eine entscheidende Rolle Stadtplanung dabei spielt, u.a. in Bezug auf die Leistbarkeit von Wohn- und Arbeitsraum, die Nähe zu Infrastruktur oder den Zugang zu urbanem Grün und öffentlichen Verkehrsmitteln. Im Moment eines (zeitweiligen, ambivalenten) Erstarkens des Staates, angesichts der bis vor Corona unvorstellbaren „Koste es, was es wolle"-Politik, geht es nun umso mehr um kritische Reflexion der Zuschreibung *staatlich* bzw. *kommunal,* sowie um einen Einspruch dagegen, dass eine kollektivistische, am öffentlichen Gemeinwohl orientierte Politik auf den Protektionismus eines nationalen Wirtschaftsraums reduziert wird.

Hier setzt dieses Buch an: bei Handlungsmacht im Konflikt mit dem neuen Autoritarismus ebenso wie mit der ‚alten' neoliberalen Profitlogik, die vor öffentlichen Gütern nicht Halt macht. Gerade in der Abwicklung öffentlicher Bau-Aufgaben und urbaner Infrastrukturprojekte hat sich im Rahmen der Austeritätspolitik der letzten Jahrzehnte die Form der *Public Private Partnership* (PPP)[1] durchgesetzt: In PPP-Projekten werden öffentliche Aufgaben in Zusammenarbeit mit Unternehmen der Privatwirtschaft durchgeführt, wodurch diese und ihre Profitinteressen zur Entscheidungsautorität in eigentlich öffentlichen Aufgabenstellungen wird. Öffentliche Infrastrukturen jeder Art wurden damit zu Anlageprodukten und Public Private Partnerships seit den 1990ern zu einem Inbegriff neoliberaler Planung: Sie tragen weltweit zur Kapitalisierung von Gemeingütern, von öffentlichem Raum und Infrastruktur bei. Das reicht von einem Autobahnprojekt für eine Titan-Mine im südafrikanischen Pretoria mit Beteiligung eines österreichischen Baukonzerns bis zum Abriss des Nationaltheaters in Tirana, das einem PPP-Großprojekt mit Ersatztheater als Teil einer Shopping Mall weichen soll[2] und weiter nach Wien – wo heute private Bauträger geförderten Wohnbau errichten, wo in besten urbanen Lagen privatfinanzierte Anleger*innenwohnungen gebaut werden, wo öffentlicher Raum am Donaukanal mittels profitorientierter Investments durchkommerzialisiert wird und wo nicht zuletzt große Campus-Schulen als PPPs gebaut werden.

Ungeachtet der Partnerschafts-Rhetorik in den Public Private Partnerships sind hier Dynamiken im Spiel, die Gewalten gleichkommen: Mit der relativen Profitabilität und ‚Krisensicherheit' von ‚Betongold' und mit dem Wachstum der Städte nimmt die Aggressivität von Immobilieninvestments rasant zu, PPP-Projekte werden

1 In Deutschland auch Öffentlich-Private Partnerschaften genannt.

2 Die beispielhaft genannten Projekte in Pretoria und Tirana sind auch in jeweils spezifischen neokolonialen Kontexten (etwa des *land grabbing* durch global agierende Großkonzerne) zu sehen. In beiden Fällen haben sich Widerstandsgruppen formiert und sich – wenn auch nur im kleinen Rahmen – international vernetzt. Zwar hat der Baukonzern Strabag in der Zwischenzeit aufgegeben, nicht aber andere global agierende Minenprojektentwickler*innen, und beim Nationaltheater in Tirana wurde während des ersten Corona-Lockdowns an einem Sonntagmorgen - und trotz Besetzung – mit dem Abbruch begonnen.

verstärkt von privaten Investitions-Scouts selbst konzipiert.[3] Gut erschlossener Stadtraum ist zum Investitionsstandort für jenes Kapital geworden, das durch fehlende Besteuerung von Krise zu Krise wächst und sich in Form jenes Eigentums an urbanem Raum manifestiert, das nicht für dessen Nutzung gedacht ist, sondern als gebaute Form gestapelter Aktien und Sparbücher. Kurz gesagt, findet dabei eine Umverteilung von öffentlich zu privat und von unten nach oben statt. Umfassender betrachtet, werden durch diese Privatisierungsprozesse die Bereiche Städtebau, Wohnbau, Schulbau, öffentlicher Raum der Bestimmung durch institutionelle Repräsentation wie auch der zivilgesellschaftlichen Teilhabe immer stärker entzogen.[4]

Es handelt sich hier also um eine massive Demokratiekrise. Als eine solche wirkt sich die neoliberale Kapitalakkumulation, die *immer auch Politik* ist, aus. Mit bedenklicher Unbeirrbarkeit verläuft, zusätzlich zur Durchsetzung neoliberaler Ökonomie und Politik, insbesondere in Europa die Vertiefung ebendieser Krise der Demokratie. Dies betrifft sowohl institutionelle Formen von Demokratie (parlamentarische Verhandlung, Gewaltenteilung, Rechtsstaatlichkeit) als auch zivilgesellschaftliche Handlungsspielräume (die Arbeit humanitär und herrschaftskritisch engagierter NGOs oder investigativer Medien): Beide werden bedrängt und abgebaut durch Machtübernahmen, die sich mit Begriffen wie *rechtspopulistisch* oder *nationalautoritär* (womöglich auch mit dem drastischen Wort *Faschisierung*) bezeichnen lassen. Dieser vielfältige Prozess läuft nicht *gegen* neoliberale Zugriffe ab, sondern in Übereinstimmung oder Kooperation *mit* ihnen. Nationalautoritäres Regieren und rechtspopulistische

3 Zur Steigerung im globalen Maßstab in Form von „Global Public Partnerships" siehe Adam B. Masters, Cultural Influences on Public-Private Partnerships in Global Governance, Basingstoke 2019.

4 Meine Kritik an PPP-Projekten liegt damit etwas quer zu Werner Rügemer mit seinem oft zitierten Buch ‚Heuschrecken' im öffentlichen Raum. Public Private Partnership – Anatomie eines globalen Finanzinstruments, Bielefeld 2012. Das Wort ‚Heuschrecken' lehne ich gänzlich ab, weil es ein Ekelgefühl auf das Finanzkapital, meist in Abgrenzung von einem ‚guten' Industriekapital, als Feindbild projiziert; dies steht, auch wenn nicht beabsichtigt, in der Tradition antisemitischer Stigmatisierungen, wie sie die Nazis verwendet haben. Radikaldemokratische Kapitalismuskritik muss ihre Konfliktpositionierungen formulieren können, ohne auf solche Feindbilder zurückzugreifen, die Machtverhältnisse auf unliebsame Einzelne oder unbeliebte Minderheiten projizieren. Meine Kritik gilt der Politik, die derartige neoliberale Instrumente ermöglicht.

Kampagnen erhöhen den Druck auf öffentlichen Raum: Zu der Ausschluss-produzierenden Kapitalisierung der Städte kommen verstärkt rassistisch motivierte Sicherheitsdiskurse und -techniken hinzu – sowie strukturelle Verunsicherungen in den Lebensbedingungen vieler, die aus der Austeritätspolitik resultieren. Zu sprechen ist hier auch von der Erderhitzung und ihren sozial ungleichen Auswirkungen: also von der ‚Klimakrise' und zwar als einem nicht zuletzt verteilungspolitisch gerahmten Problem (wer verbraucht Energie, wer leidet unter Folgen?), das somit ebenfalls Teil der Demokratiekrise ist.

Für den Aufbau dieses Buches gehe ich von der gängig und für neoliberale Stadtplanung synonym gewordenen Abkürzung PPP für Public Private Partnerships aus und setze ihr drei andere, oppositionelle P entgegen, die jeweils für die drei Hauptthemen und Hauptteile dieses Buches stehen: Anstelle eines *Public*, das hier Öffentlichkeit als top-down planend oder aber Planungsverantwortung abgebend meint[5], nämlich an *Private*, genauer: an Kapitalmacht-Akteur*innen mit Profit-Interessen, in einer *Partnerschaft*, die aus demokratiepolitischer Perspektive ungleich und vorgetäuscht ist – anstelle dieses PPP mache ich hier dasjenige von *Politik, Planung* und *Popular Agency* stark.

Das Markante und Logo-hafte der Abkürzung PPP zu kapern und umzuschreiben, deutet etwas an, das mir allgemein wichtig ist: nämlich den Charakter von Inszenierungen und einprägsamen Einschreibungen von Politik und ihren Manifestationen im öffentlichen Raum stark zu gewichten.[6] In der Politik, auch in der Planungspolitik, sind wir auf einem Terrain der Worte, auch Schlagworte, par excellence. Die Formulierungen gilt es kritisch zu analysieren – nicht als ‚bloß symbolisch' abzutun. Mit der Struktur der *anderen PPP* wird zunächst die politische Dimension von Architektur und öffentlichem Raum in einer *Konflikt-offenen* Orientierung von *Politik* dargestellt und dabei populare Handlungsmacht, *Popular Agency*, anvisiert. Die *Planung*, das zweite P, steht dabei im Spannungsfeld der anderen beiden P: also von einerseits *Politik* als Konfliktpolitik und von anderseits Austausch bzw. Allianz mit der *Popular Agency* von so-

5 *Dieses* Public ist eine Form von Öffentlichkeit, die sich unternehmerisch missversteht und somit selbst abschafft.

6 Für eine Variation des *Other PPP* siehe: Gabu Heindl, „PPP(P)P: Powerfully (Precariously) Positioned Planning Proposition", in: Beyond Beyond: Today's dilemmas in architectural education and practice. Volume 50, 2017.

zialen Bewegungen und Bottom-up-Initiativen, die demokratische Teilhabe und Handlungsräume erweitern.

Wenn hier von Politik im Kontext von Architektur und der Verteilung von Raum die Rede ist, geht es dabei nicht um eine Politik der Autonomie von Form oder Kunst, und auch nicht um Politik, die ein Wissen über ein richtiges Gesamt-Modell oder einen ultimativen Verteilungsschlüssel propagieren würde. Sondern es ist ein Politik-Verständnis, das wesentlich *postfundamentalistisch*, auf *Hegemoniekonflikt* hin orientiert und *radikaldemokratisch* ist. Um dies zu erläutern, wird in der konzeptuellen Einleitung meine politiktheoretische Grundorientierung dargelegt, nämlich in der Spannung zwischen radikaldemokratischen Politik-Agenden und andererseits den diskursiv behaupteten und praktisch festgelegten Alternativlosigkeiten – auch als Postdemokratie bezeichnet –, auf welche die Durchkapitalisierung von Gesellschaften und ein Regieren durch Konsens hinauslaufen. Radikale Demokratie stellt sich einem solchen Verlust an Demokratie entgegen: *gerade* mit der Forderung für eine weiterführende, vertiefende Demokratisierung der Demokratie – inklusive der Anerkennung der Kämpfe und Konflikte rund um Selbstbestimmung ebenso wie Repräsentation und Stellvertretung. Die postfundamentalistische Ausrichtung dieser Theorie bedeutet, dass Politik, auch demokratische, als etwas verstanden wird, das sich nicht auf gegebene Ganzheiten oder sichere Gründe beruft; zugleich aber bleiben Ansprüche auf strittige Formbildungen, auf teilweise Gründungen und zeitweise Ganzheiten aufrechterhalten.[7]

Auf Basis dieser Prämissen geht es beim ersten P um Politik in einem fokussierten Sinn: anhand der Wohnbaupolitik des Roten Wien der Jahre 1919–1934, also zwischen Erstem Weltkrieg und austrofaschistischer Diktatur. Und um einen *kritischen Umgang* mit einem heute anzutretenden Erbe an egalitärer sozialdemokratischer Stadtplanung und Wohnbau-Politik; und zwar in Auseinandersetzung mit architektur- und politiktheoretischen Einwänden – aus marxistischer wie auch poststrukturalistischer Richtung – gegen Macht-Verfestigungen im Roten Wien. Um das kurz vorwegzunehmen: Meine Kritik setzt paternalistische Machtformen der sozialdemokratischen

7 Für eine Einführung in postfundamentalistische Politiktheorie siehe Oliver Marchart, Die politische Differenz: Zum Denken des Politischen bei Nancy, Lefort, Badiou, Laclau und Agamben, Berlin 2010.

Kommunalpolitik damals wie heute miteinander in Beziehung; dies allerdings in einer hegemonietheoretischen Perspektive, die Durchsetzungen von Massenansprüchen (gegen Kapital-Macht) auf urbanen Raum und Stadt-Infrastruktur *als teilerfolgreiche Verwirklichungen* anerkennt und zu aktualisieren fordert.

Zwischen der Radikalität von Ansprüchen und Theoriezugängen einerseits und der Praxis politischer Durchsetzungen von Demokratisierung anderseits zu vermitteln, dieser Impuls prägt auch den zweiten Buch-Teil, der sich der Planung und ihren politischen Dilemmata vor allem in Hinblick auf Teilhabe und Partizipation widmet. Jener architekturtheoretischen Kritik, die Planung grundsätzlich auf Seiten der Optimierung gegebener Gesellschaftsordnung sieht und ihr somit konfliktpolitische Potenziale abspricht, schließe ich mich zwar nicht pauschal an; ich greife von ihr aber die Sensibilisierung dafür auf, wie sehr kommunikative und partizipative Planungspraktiken heute durch ihre Rolle als Zuarbeiter*innen für neoliberale PPP-Projekte kompromittiert sind.

Mein Ziel ist es, solchen Dilemmata der Planung ein radikaldemokratisches Konzept von Praxis entgegenzusetzen. Gerade vor dem Hintergrund neoliberaler Regierungstechniken, die gegenwärtig auf flexibel an Kapitalerfordernisse angepasste informelle Regelungen abzielen, tritt an Planung ihr Moment als *strittige Setzung* in den Vordergrund: nämlich, dass sie bestritten werden kann, weil sie als schwarz auf weiß geschriebene oder gezeichnete vorliegt. Im Fokus steht hier Planung, die Verantwortung übernimmt – im Unterschied zu geschmeidigen Ermessensnormen mit ‚Deal'-Charakter –, als demokratische Vertretung von Gemeinwohl wie auch als implizierte Mit-Übernahme des Mandats für Spiel- und Handlungsräume jener Menschen, die zeitlich wie räumlich *noch nicht da* sind.[8]

Dies führt zur Frage nach einer Repolitisierung von Partizipation und Planung, die sich an der Bildung von Infrastrukturen für Öffentlichkeiten beteiligen. Öffentlichkeit als *eingerichteter*, gegen Aneignung durch Privatkapital verteidigter öffentlicher Raum ist Möglichkeitsraum für Popular Agency – mein drittes *anderes P*. Die radikaldemokratische Orientierung von Planungspolitik, um

8 Die Frage einer „Gerechtigkeit in bezug auf jene, die nicht da sind", ist in dekonstruktiver Fassung ein zentrales Problem in: Jacques Derrida, Marx' Gespenster, Frankfurt a. M. 1995, S. 12.

die es mir geht, führt zu einem Hannah Arendt'schen Begriff von Öffentlichkeit; und zwar komplementiert durch einen Zugang, der mit Gayatri Chakravorty Spivak die Herstellung von Infrastrukturen anvisiert; und weiters durch ein Verständnis von politisierter Planung als etwas, das involviert stattfindet, in Form einer radikalen Infragestellung der eigenen Autorität/Expertise und zugleich in Allianzen mit sozialen Bewegungen.

Aufgrund meiner Erfahrung als praktizierende, lehrende, publizierende und aktivistisch eingebundene Architektin, aber auch als Vermittlerin demokratiepolitischer Einsätze von Planung bin ich in allen der drei *anderen PPP-Bereiche* situiert. Die Planungspraxis wirkt sich dabei auf den Umgang mit Theorie und Konzepten von Politik aus. Und zwar erfolgt dieser Umgang nicht in einem Draußen oder Darüber, wo Begriffe gegenüber der Politik ‚rein' bleiben würden, und auch nicht in einer Tiefe, in der Politik immer noch radikaler oder abgründiger gegenüber dem gesellschaftlichen Alltag wäre, sondern vielmehr möglichst nah an den politischen Konflikten und gesellschaftlichen Mobilisierungen im und um den öffentlichen wie auch bewohnten Stadt-Raum. Methodisch gekoppelt ist die Reflexion der dabei gesammelten Situationen[9] – von konkreten Planungsaufgaben, selbstinitiierten Projekten und kollektivem Aktivismus bis zum Studium historischer Planungskonzepte – mit dem kritischen Reflektieren über die eigene Situiertheit. Diese Situiertheit ist einerseits zeitlich, also historisch, definiert – gerahmt durch den uns heute bereits ‚vertrauten' Neoliberalismus und den politischen Rechtsruck, der gerade in Echtzeit abläuft – als auch örtlich rückgebunden, nämlich vorwiegend in Wien, und damit aber wiederum auch historisch verfasst. Historisch etwa schon in dem Verständnis, dass sich derzeit eine politische Konstellation aus den 1920er und frühen 1930er Jahren zu wiederholen scheint – kosmopolitische Hauptstadt mit einem gewissen Anspruch auf egalitäre, progressive Kommunalpolitik in einem von konservativer bis antidemokratischer Hegemonie geprägten Land.

Eines sei noch gesagt, mit Querbezug zwischen rechten Machtformationen damals und heute: Meine Arbeit geht wesentlich auf einen primären Impuls durch die mutige Architektin und kommunistische

9 Zum Ausdruck „Situationen sammeln" siehe: Nora Sternfeld, Das radikaldemokratische Museum, Berlin, Boston 2018, S. 37.

Widerstandskämpferin Margarete Schütte-Lihotzky zurück, deren Freundin und Untermieterin/Nachbarin ich einige Jahre lang, bis zu ihrem Tod im Jahr 2000, war. Tür an Tür mit Grete Schütte-Lihotzky zu wohnen und so immer wieder Zeit mit ihr zu verbringen, auch das war eine Situation, vielmehr noch, war ein großes Glück. Schütte-Lihotzky wirkte am Wohnbauprogramm des Roten Wien und dem des Neuen Frankfurt mit. Ihre Rolle als politische Architektin ist Vorbild. Und zugleich kommt da auch ein Moment von Ambivalenz hinzu, das einer notwendigen Historisierung geschuldet ist: Es betrifft ein skeptisches Verhältnis zu derjenigen Architektur, für die ihr Name heute am meisten steht (und auf die sie allzu oft reduziert wurde), nämlich der „Frankfurter Küche": Dieser Entwurf ist von zeitgenössischen egalitaristischen und feministischen Anliegen genauso geprägt, wie er Platzzuweisungen – welche Orte und Tätigkeiten für welches Gender – impliziert und auf rationalisierte Effizient-Machung kleiner Räume setzt. In beispielhafter Weise ist hier radikaldemokratische Kritik an einer ökonomistischen Aufgabenstellung (Kleinstküche) aufgerufen (und wurde auch vielfach geleistet) – wie auch Kritik an Konzepten des modernistischen „räumlichen Existenzminimums" allgemein. Zugleich geht es aber auch um ein Beerben, wenn auch ein explizit „kritisches Erben" der demokratischen Inhalte modernistischer Projekte.

Genau das ist eine zentrale Agenda von radikaler Demokratie: eine Vertiefung von Demokratie als deren Demokratisierung und insofern ein demokratisch-kritisches Verhältnis zu Formen und historischen Beständen von Demokratie-Politik, in solidarischer Überprüfung von Kämpfen, die vorhergegangen sind – wissend, dass zukünftige demokratische Kämpfe in urbanen Konstellationen ihre eigenen Formen und Perspektiven ausprägen werden. Demokratie ist nicht radikal zu gründen, aber sie hat ihre „unmöglichen" und prekären Gründe.[10] Zu diesen zählen ganz vorrangig Stadtkonflikte.

10 „Demokratie muss nicht – und kann auch nicht – radikal gegründet werden. Wir können uns einer demokratischen Gesellschaft nur durch eine Pluralität von Demokratisierungsakten nähern." Ernesto Laclau, Emanzipation und Differenz, Wien 2002, S. 120.

Abgesehen von dankbarer Erinnerung an Grete Schütte-Lihotzky bin ich folgenden Leuten zu Dank für Unterstützung bei meiner Arbeit an diesem Buch verpflichtet: Ruth Sonderegger, die mein Philosophie-Dissertationsprojekt an der Akademie der bildenden Künste Wien betreut hat, das die Basis für dieses Buch bildet; für ihre sorgsame Lektüre Regina Schlagnitweit; und weiters Lilly Axster, Sabine Bitter, Jeff Derksen, Jana Frantal, Gunnar Grandel, Karin Harrasser, Christian Hoffelner, Renate Höllwart, Maria Kanzler, Bettina Köhler, Susan Kraupp, Christina Linortner, Hannah Niemand, Ivana Pilic, Nikolai Roskamm, Christine Schwaiger, Andreas Spiegl, Nora Sternfeld, Marion Thuswald. Danke an Michael Baiculescu und Elke Smodics vom Verlag – sowie am allermeisten Drehli Robnik.

# Einleitung
# Radikale Demokratietheorie

Radikale Demokratie betrifft die Demokratisierung von Demokratie in Zeiten ihrer Krise. Eine Forderung aus dem Kontext radikaler Demokratietheorie lässt sich dabei als aus der planerischen und aktivistischen Praxis kommende Architektin besonders gut hervorheben, nämlich, dass Radikale Demokratietheorie praktisch werden muss.[11] Der Fokus auf die Praxis bedeutet hier: Demokratie ist nicht als eine Regierungsform, auch nicht als eine optimale, verstanden – und radikale Demokratie nicht etwa ein Idealzustand von Demokratie. Vielmehr ist Demokratie ein Prozess politischen Handelns, und das Radikale daran betont die Wichtigkeit seiner hartnäckigen Vertiefung.

Was für ein Begriff von Politik ist für die nun folgende Darstellung von radikaldemokratischen Konflikt- und Problemlagen in Bezug auf Architektur und Stadtplanung relevant? Um es gleich vorwegzunehmen: Im Fokus steht hier nicht Parteipolitik, und es geht jedenfalls um mehr als um realpolitische Kalküle. Konzeptuell gesagt, wird *Politik* in diesem Buch in einem radikalen Sinn befragt, als ein die Gesellschaft gründendes Machtverhältnis, als der Bereich instituierender Konflikte. Diese radikale Dimension, die das administrative Tagesgeschäft der *Politik*, auch der Planungspolitik, notwendig stört, in Unruhe hält, wird heute in einigen Theorien als *das Politische* benannt. Allerdings argumentiere ich nicht direkt in dieser ‚Tiefendimension', die *das Politische* bezeichnet, bzw. liegt mein Interesse dort, wo diese Tiefe, diese Radikalität, letztlich über die Dislozierungen, die sie an der politischen ‚Oberfläche' bewirkt, erfahren werden

11 Siehe dazu auch Rahel Sophie Süß, „Theorie und Praxis", in: Dagmar Comtesse, Oliver Flügel-Martinsen, Franziska Martinsen, Martin Nonhoff (Hg.), Radikale Demokratietheorie, Berlin 2019, S. 793.

kann.[12] Anders gesagt: Die reale – durchaus auch realpolitische – Politik ist unvermeidlich der Horizont, in dem sich das Politische in seiner Radikalität manifestiert und in dem ihm analytisch und argumentativ nachgegangen werden kann. Aufgrund meiner dezidiert hegemoniepolitischen und Alltags-nahen Ausrichtung von Radikaldemokratie ist es mir wichtig, im Sprechen und Schreiben *die Politik* ohne Abwertung stark zu machen; und zwar durchaus auch gegenüber der philosophischen Rede von *dem Politischen*, bei der die Reinheit des Begriffs manchmal mit einer gewissen Abgewandtheit vom Alltag zusammengeht.[13] Dieses Buch wendet sich mit Entschiedenheit radikaldemokratisch dem Alltäglichen und seinen politischen Machtverhältnissen zu.

Aber schon ungeachtet ihrer radikalen philosophischen Aufladung zeigt sich, dass die Politik kein gegebener Sachverhalt ist: In der Ausbildung von Architektur und Stadtplanung ist die Politik kein Fach wie es Statik und Entwurfslehre sind. Politik ist in der Ausbildung wie auch im Diskurs der Architektur kein ‚Gegenstand', aber das ist beinah aufschlussreich, nämlich in einem Gleichklang zu der Rolle als Problem-Objekt, welche die Politik Jacques Rancière zufolge gegenüber der Philosophie spielt: Die Politik, so der französische Politik- und Demokratietheoretiker, werde zu einem „Gegenstand der Philosophie" nur in der Form, dass sie „eine Verlegenheit für die Philosophie" darstellt.[14] Hier geht es nun darum, die Politik

12 Zur unauflösbaren Verschränktheit zwischen dem alltäglichen Register der Politik und dem radikalen Register des Politischen, und eben auch der Erfahrbarkeit des „ontologischen" Politischen auf der Ebene des „Ontischen" (Alltäglichen) der Politik, siehe Oliver Marchart, Die politische Differenz: Zum Denken des Politischen bei Nancy, Lefort, Badiou, Laclau und Agamben, Berlin 2010.

13 Jesko Fezer hat hinsichtlich des in den letzten Jahren verbreiteten Gebrauchs der Formulierung *das Politische* auf eine signifikante Ambivalenz hingewiesen: Im Feld der Architektur trug dieser Ausdruck mit dazu bei, dass der Architekturdiskurs der Auseinandersetzung mit politischen Sachverhalten wieder näher zu treten bereit war; allerdings deshalb, weil *das Politische* es ermöglichte, zur als „fast anrüchig" empfundenen Alltags- und Parteipolitik auf Distanz zu gehen. Jesko Fezer, „Parteiisches Design", in: Christoph Rodatz, Pierre Smolarski (Hg.), Was ist Public Interest Design? Beiträge zur Gestaltung öffentlicher Interessen, Bielefeld 2018, S. 215–225. *Das Politische* markiert also eine begriffliche Repolitisierung, aber um den Preis, dass damit die erfahrene Wirklichkeit politischer Formen und Prozesse etwas aus dem Blick rückt.

14 „Die Politik […] ist die Aktivität, die als Prinzip die Gleichheit hat, und das Prinzip der Gleichheit transformiert sich in die Verteilung der Teile der Gemeinschaft im

eben nicht einfach zum Gegenstand zu machen, sondern die Produktivität abzuschätzen, die in dieser Verlegenheit enthalten ist. Das ist natürlich keineswegs nur ein erkenntnistheoretisches Problem. Mindestens ebenso wichtig ist, warum und wodurch die Politik das philosophische Systemdenken in Verlegenheit bringt: Das ist das Moment der Gleichheit, der Egalität, der Gleichwertigkeit als etwas, das nie einfach in einer korrekten Berechnung und Zuteilung ruhiggestellt werden kann. Das heißt, Gleichheit ist ein Problem, schon allein deshalb, weil immer die Frage ins Spiel kommt, für wen sie gilt. Gleichheit als eine Frage, die sich nicht einfach wegrechnen lässt, ist ein wichtiger Aspekt an dem Verlegenheits-Gegenstand, den die Politik auch für die Architektur und Stadtplanung darstellt.[15]

## Konsens, Postpolitik, Rechtspopulismus

In der heutigen historischen Konstellation der neoliberalen Stadt und Stadtplanungspolitik – mit verstärkt hinzukommenden *Law and Order*-Regierungsformen – ist ein Konsens zu bobachten: Die hier referenzierten Theoretiker*innen weisen diesbezüglich vor allem auf die Vorherrschaft von Ökonomie gegenüber der Politik als vielheitlicher Öffentlichkeit hin. Mit dem Siegeszug des Marktliberalismus als politisch-institutionellem Rahmen für maximal unternehmerische Freiheit entwickelte sich Stadtplanungspolitik in den letzten Jahrzehnten scheinbar alternativlos (aber dieser Schein ist eine handfeste Macht) in Richtung Wettbewerb, Konsens und Technokratie. Das notorische ‚TINA'-Akronym (TINA für *There Is No Alternative* – keine Alternative zur Dominanz von Markt und Wettbewerb) prägt den neoliberalen Stadtplanungsdiskurs und dazu die vermeintlich ideologiefreie Planung.

Was den politisch theoretisierenden Planungsdiskurs betrifft, so scheint mir Neoliberalismus heute vorwiegend in zwei Perspektiven

Modus einer Verlegenheit: von welchen Dingen gibt es Gleichheit und von welchen nicht, zwischen wem und wem? Was sind diese ‚welche' und was sind diese ‚wer'? Wie besteht die Gleichheit aus Gleichheit und Ungleichheit? Dies ist die Verlegenheit, die der Politik eigen ist, durch welche die Politik eine Verlegenheit für die Philosophie, ein Gegenstand der Philosophie wird." Jacques Rancière, Das Unvernehmen: Politik und Philosophie. Frankfurt a. M. 2002, S. 9.

15 Damit ist, um es nahe an der Alltagserfahrung zu sagen, auch impliziert, dass Politik Planer*innen in Verlegenheit bringt. So etwa hinsichtlich der Notwendigkeit, den eigenen Expert*innenstatus zu problematisieren, wenn es um den Eintritt in demokratiepolitische Allianzen geht (siehe Kapitel 7).

oder Paradigmen erfasst zu werden. Da ist zum einen der auf Michel Foucault zurückgehende *Gouvernementalitäts*-Ansatz, mit seiner Analyse von Selbstregierungs-Techniken.[16] Der andere diskursbildende Ansatz ist der marxistische, wie er in der Stadttheorie prominent vertreten wird durch David Harvey. Harvey sieht Neoliberalismus explizit als ein Projekt der „restoration of class power".[17] Harvey analysiert Großstädte, insbesondere deren infrastrukturell gut entwickelte Zentren, als exemplarische Terrains für Prozesse neoliberaler Akkumulation bzw. Umverteilung von Reichtum. Planung ist in diesem Kontext als Agentin der Investition von Überschusskapital in „Betongold" zu sehen. Knapp formuliert, meint die Bezeichnung Neoliberalismus also nicht ‚böse Investor*innen', sondern verweist auf ein zu analysierendes politisch-ökonomisches Gefüge mit einer auch gewichtigen Rolle des Staats:

> [N]eoliberalism is a theory of political economic practices proposing that well-being can be best advanced by the maximization of entrepreneurial freedoms within an institutional framework characterized by private property rights, individual liberty, unencumbered markets and free trade. The role of the state is to create and preserve an institutional framework appropriate to such practices.[18]

Mit dem Neoliberalismus, genauer: mit dem, was er ausschließt, kommt eine weitere allgemeine Bestimmung von Politik ins Spiel. Das Moment des Konflikts, des Streits, des Dissenses. Konflikt ist hier grundsätzlich zu verstehen: nicht als ein Defekt der Politik, sondern als eines ihrer wesentlichen Elemente. Historisch gesehen, zeigt sich, was an der Planung und Architektur politisch ist, ex negativo im Licht der *Postpolitik*, also eines Diskurses, der Politik für unmöglich erklärt: Postpolitische Rhetorik behauptet, dass die Zeiten einer egalitären Anmaßung und der Konflikte, in die jene geführt habe, endlich vorbei seien und dass Politik sich nun auf die Rolle der

16 Michel Foucault, Geschichte der Gouvernementalität. Bd. 1: Sicherheit, Territorium, Bevölkerung. Vorlesung am Collège de France 1977/1978, Frankfurt a. M. 2004; Geschichte der Gouvernementalität, Bd. 2: Die Geburt der Biopolitik. Vorlesung am Collège de France 1978/1979, Frankfurt a. M. 2004.

17 David Harvey, „Neoliberalism as Creative Destruction", in: Annals of the American Academy of Political and Social Science, 610, 1, 2007, S. 22–44.

18 Harvey, „Neoliberalism as Creative Destruction", S. 22.

Verwaltung einer funktionierenden Profitwirtschaftsmaschinerie beschränken solle.[19]

Einige Politiktheorien, die hier zur Sprache kommen, haben in kritischen Planungstheorien Eingang gefunden, mit Begriffen wie der „post-political city“ oder eines „urban post-political arrangement“: In letzterem verschwinde das egalitäre und Konflikt-Moment von Politik zugunsten von Regierungstechniken, „that fuse around consensus, agreement, accountancy metrics and technocratic environmental management.“[20] Dieser Diskurs tritt in produktive Beziehung zur kritischen Stadtforschung, die ähnliche Themenfelder unter dem Aspekt von Gouvernementalität und Kontrolle bzw. ökonomietheoretisch angeht. Dabei treffen Fragen der Privatisierung und Kommodifizierung städtischer Räume auf Fragen der Kontrolle und (Selbst-)Steuerung *neoliberalisierter* Subjekte.

Allerdings und auch gleich vorweg: Wenn Postpolitik *auch* ein Danach von Politik beschreibt, kann dann heute überhaupt noch von Postpolitik gesprochen werden? Würde hier nicht so manch eine*r einwenden, dass Postpolitik selbst bereits ein historisches Phänomen ist – heute, da wir eine massive Re-Politisierung von Gesellschaften erleben, die allerdings (neben vereinzelten Ansätzen zu einem linken Populismus) von rechts erfolgt, angesichts von ‚erfolgreicher‘ (rechts)populistischer Politik? Wie stehen etwa die Ausfälle eines Donald Trump, die Mobilisierung bei Pegida-Demonstrationen oder Wutbürger*innen als neuer Typus politischer Akteur*innen zu der allgemeinen Charakteristik von Postpolitik, wonach diese den Dissens durch konsensuales Regieren ersetzt?

Dazu drei Überlegungen: Erstens dient im gegenwärtigen postpolitischen Diskurs das Etikett Populismus häufig dazu, politischen Dissens und populare Mobilisierung zu verunglimpfen, nämlich so, dass der Unterschied zwischen kapitalismuskritischen egalitaristischen Artikulationen einerseits und nationalistischen und autoritä-

19 Es ist offensichtlich, sei aber dennoch dazugesagt: Dieser Diskurs ist aus einer Perspektive verfasst, die Geltung nur für ‚westliche‘ Gesellschaften beanspruchen kann.

20 Erik Swyngedouw, „The antinomies of the post-political city. In search of a democratic politics of environmental production“, in: International Journal of Urban and Regional Research 33(3), 2009, S. 601–620, hier S. 604.

ren politischen Projekten andererseits verwischt wird.[21] Zweitens soll die implizite Gleichung zwischen Postpolitik und Konsens über einen wichtigen Umstand nicht hinwegtäuschen: Politische Macht wurde und wird nie lediglich durch Konsens, auch nicht nur durch Hegemonie oder ideologische Befriedung ausgeübt, sondern immer auch – oft nur Teilen einer Bevölkerung gegenüber – durch handfesten Zwang. Zwang, das heißt durch Gewalt,[22] durch die Polizei im engen Sinn der uniformierten Exekutive, die gegenüber den Nicht-Besitzenden Sicherheit als neue Zentralkategorie von Herrschaft durchsetzt. Etwas anders gesagt: Die Reflektiertheit des *erweiterten Polizei-Begriffs*, wie er in Foucaults Gouvernementalitätskonzepten und später bei Rancière[23] auftritt, nämlich als Zuweisung von Funktionen und Räumen sowie Aufrechterhaltung des sozialen und ökonomischen Routinebetriebs, dieser Begriff von Polizei als Regelung der allgemeinen Alltagsangelegenheiten soll den geläufigen Sinn von Polizei, z.B. als Akteur*in der gewaltsamen Vertreibung von Unerwünschten, nicht in Vergessenheit geraten lassen. Wobei aber die Gefahr, dass diejenige Polizei, die Demonstrationen auflöst und Minderheiten schikaniert, in Vergessenheit geraten könnte, heute gar nicht groß ist; ist doch im Prozess des Aufstiegs rechtspopulistischen, national-autoritären Regierens bereits zu beobachten, dass Spielräume öffentlichen Handelns und Aufenthalts in der Stadt sicherheitspolizeilich merklich eingeschränkt werden.[24]

Drittens: Der Rechtspopulismus, wie er in Europa und den USA immer wieder Wahlen gewinnt, ist zwar Politik im Sinn von Machtdurchsetzung; ob er Politik im eingangs angeführten Sinn der Gleichheit und der Austragung von Konflikt als Dissens ist, muss allerdings bezweifelt werden; und sicherlich steht Rechtspopulismus im Widerspruch zu einem Verständnis von Politik, das nahe bei der

21 Jacques Rancière, „Der unauffindbare Populismus“, in: Alain Badiou, Pierre Bourdieu, Judith Butler, Georges Didi-Huberman, Sadri Khiari, Jacques Rancière, Was ist ein Volk? Hamburg 2017, S. 97–101.

22 Gewalt, nicht bloß Macht, um eine Unterscheidung von Hannah Arendt aufzugreifen: Hannah Arendt, Macht und Gewalt, München, Zürich 1970.

23 Siehe dazu Rancières Unterscheidung von Politik und Polizei in *Das Unvernehmen.*

24 Bis hin zur tödlichen rassistischen Gewalt durch die Polizei – Tötung von George Floyd in Minneapolis, Markus Omofuma in Wien, Oury Jalloh in Dessau und allzu viele mehr –, gegen die die internationale Black Lives Matter-Bewegung aufsteht.

Demokratie liegt, auch wenn Rechtspopulist*innen das Etikett Demokratie gern heranziehen, um „inländische" gegen migrantische Sozialhilfebezieher*innen auszuspielen, um Renationalisierung gegenüber der EU-Verwaltung oder plebiszitäre Kampagnen gegenüber dem Parlamentarismus zu propagieren. Gerade wegen dieser rechten Aneignung des Ausdrucks Demokratie ist zu bedenken, dass die Vorstellung von Volk, die im Rechtspopulismus wirksam ist, stets ein identitär und organisch ganzheitlich geformtes Volk als Nation ist.[25]

Demokratie ist jedoch nicht auf nationale Souveränität reduzierbar. Die Art, wie die direkte Demokratie des Rechtspopulismus sich als Sprachrohr eines ursprünglichen Volkswillens versteht, ist etwas sehr anderes als die *radikale Demokratie* (die durchaus basis- und direktdemokratische Elemente beinhalten kann). Entscheidend ist, dass letztere Volk *nicht als homogenes Ganzes* versteht und Demokratie nicht als gesicherten Bestand, sondern als Handlungsfeld und Prozess, der immer wieder Fragen aufwirft: Hier setzt die *radikaldemokratische Perspektive* an, in der es um eine Kritik und Vertiefung gegebener demokratischer Formen geht: um eine *Demokratisierung der Demokratie*.

An diesem Punkt möchte ich die hier angewandte radikaldemokratische Kritik von Postpolitik, und damit (kurz vorweggenommen) auch von *Postdemokratie,* unterschieden wissen vom einflussreichen Postdemokratie-Konzept bei Colin Crouch.[26] Crouch tendiert zu einem Umkehrschluss: Unsere Ära eines postfordistischen Kapitalismus und der neoliberalen Zerschlagung des Wohlfahrtsstaats ist postdemokratisch. Also wäre das, was ihr vorangeht, die Verkörperung genuiner Demokratie: nämlich der fordistische ökonomische Ausgleich und das Fürsorgesystem der europäischen Wohlfahrtsstaaten. Während also Crouch damit um eine vergangene Regierungsform trauert, die durchaus starke disziplinarische Züge aufweist, und somit sein allgemeines Demokratieverständnis ganz mit einer historisch kontingenten Form institutioneller Demokratie (unter kolonialen Bedingungen) identifiziert, versucht eine radi-

25 Vgl. dazu etwa Volker Weiß, Die autoritäre Revolte. Die neue Rechte und der Untergang des Abendlandes, Stuttgart 2017 sowie die Diskussion um *Linkspopulismus und Gegenpopulismus* in: Comtesse et al. (Hg.), Radikale Demokratietheorie.

26 Colin Crouch, Postdemokratie, Frankfurt a. M. 2008.

kaldemokratische Perspektive eine solche Verengung zu vermeiden und stattdessen von vornherein zu reflektieren, dass Politik eine Sache kontingenter Gründungen und unvorhersehbarer Verbindungen ist. Der Begriff Kontingenz, der uns durch dieses Buch begleiten wird, steht für das Moment von Unsicherheit und Konflikthaftigkeit (Streit als austragbarer) an der Demokratie, auch dafür, dass der Ausgang politischer Kämpfe offen ist (weil keine Teleologie ihn vorwegnimmt).[27]

Meine Position hier soll nicht als Absage an den Sozialstaat missverstanden werden: Selbstverständlich gilt es zu sondieren, was am Wohlfahrtsstaat zu *beerben* ist, allerdings in einer kritischen, filternden Art und Weise.[28] Bevor wir diesem Erbe näher treten, sehen wir uns zunächst zwei spezifische Positionen zu Postpolitik und Postdemokratie an: Politik als Streit in der Theorie des Agonismus von Chantal Mouffe und in der ästhetisierenden Demokratietheorie von Jacques Rancière – vermittelt jeweils aus spezifischen Stadtplanungsfragen.

### Agonismus, Hegemonie und PPP bei Chantal Mouffe

Für die radikaldemokratische Politiktheoretikerin Chantal Mouffe ist eine essenzielle Eigenschaft von Politik der Konflikt. Damit ist sie eine wichtige Impulsgeberin auch für jene Architektur- und Stadtplanungstheorie-Diskurse, die einer mit Kommunikations- und „Particitainment"-Prozessen einhergehenden Pazifizierung und Harmonisierung kritisch gegenüberstehen.[29]

27 Siehe Oliver Marchart, „Kontingenz/Grundlosigkeit", in Radikale Demokratietheorie, S. 572–575.

28 Dies als ein Vorgriff auf eine Geschichtspolitik des kritischen Erbens: und zwar entlang von Jacques Derridas Fragen nach dem heutigen Umgang mit einem marxistischen Erbe und – quasi als konkret angewandte Form dieser Fragen – von Mark Fishers *Hantologie* der „verlorenen Zukünfte" des westeuropäischen Sozialstaats. Jacques Derrida, Marx' Gespenster, Frankfurt a. M. 1995 und Mark Fisher, Ghosts of my life: Writings on depression, hauntology and lost futures, Winchester 2014.

29 Siehe u.a. How Is Architecture Political? Konferenz mit Chantal Mouffe an der Architectural Association, London 2014; Markus Miessen, Albtraum Partizipation, Berlin 2012; Nikolai Roskamm, Die unbesetzte Stadt: Postfundamentalistisches Denken und das urbanistische Feld, Basel 2017; Tahl Kaminer, The Efficacy of Architecture: Political Contestation and Agency, London, New York 2017.

Wenn Mouffe die Konfliktdimension politischer Handlungen und Verhältnisse stark macht, dann richtet sich dies gegen Diskurse, Praktiken und Techniken des *Konsens*. Konsens zum einen als Reduzierung von Politik auf rein rationale, debattenförmige Ausverhandlungen; Konsens zum anderen als ein Verstummen politischen Streits angesichts unterstellter Alternativlosigkeit, wie sie von den oft beschworenen wirtschaftlichen Notwendigkeiten diktiert würde. Ironischerweise beruht dieses alternativlose Diktat ökonomischer Zwänge gegenüber Spielräumen der Politik auf der Entfesselung eines bestimmten Freiheitskonzepts. Wie ist das gemeint? Demokratie sei, so Mouffe, gekennzeichnet durch ein unauflösbares Spannungsverhältnis zwischen den ethisch-politischen Prinzipien *Freiheit* und *Gleichheit*, und unter Bedingungen neoliberaler Postpolitik werde das Konzept Freiheit einerseits vom Gleichheitspostulat abgekoppelt, anderseits auf wirtschaftliche, genauer: unternehmerische Freiheit verengt.[30] Freiheit gilt nicht gleichermaßen für alle.

Diese konfliktdemokratietheoretischen Überlegungen sind in Mouffes Formulierungen näher an konkreten Architektur- und Planungsthemen als es vielleicht den Anschein hat. Mouffe äußerte sich bereits 2005 über PPP-Finanzierungsmodelle (Public Private Partnerships), wie sie in heutiger Stadtplanung zur Finanzierung und Herstellung öffentlicher Infrastruktur und Güter gängig sind. Schulen, Kulturbauten, Parks etc. werden von Privatinvestor*innen (mit-)finanziert und (mit-)verwaltet. Aufgrund fehlender öffentlicher Mittel – nachdem sich Bund und Länder zur Begrenzung von Schulden verpflichtet haben – gibt die öffentliche Hand damit an Privat-Investor*innen nicht nur die Errichtung ab, sondern auch einen großen Teil ihrer Gestaltungsmöglichkeit von öffentlichen Bauaufgaben. Diesbezüglich haben PPP-Modelle viel Kritik auf sich gezogen. Und auch Mouffe merkt im Rahmen ihrer Definition von Konfliktpolitik durch Abgrenzung von (damals: 2005) aktuellen Formen sozialdemokratisch getönter Postpolitik in Bezug auf PPP folgendes an:

> The PPP strategy is of course paradigmatic of the third way: neither state (left) nor private sector (right), but their supposed harmonious partnership, with the state putting up the money for investments and the entrepreneurs reaping the profits and

30 Chantal Mouffe, Das demokratische Paradox, Wien 2008, Kap. 4.

of course with the citizens (consumers in New Labour parlance) suffering accordingly![31]

In einen gängigen Slogan übersetzt, bedeutet PPP also soviel wie „Privatisierung der Gewinne und Sozialisierung der Verluste", wobei Verluste in diesem Fall auch bedeutet, dass nichtprofitable Infrastruktur-Aufwendungen nach wie vor der Staat trägt.[32] Was ist damit gesagt? Die folgenreiche Erfindung PPP ist in Zeiten von Austeritätspolitik und ‚Schuldenbremse' zur allgegenwärtigen Finanzierungslösung für an sich öffentliche Aufgaben geworden. Der Staat, die Stadt wird zum*r Mieter*in von privat errichteten Gebäuden und Infrastrukturen. Nicht nur werden also Errichtung, Verwaltung und Wartung an Private ausgelagert, sondern, wie auch Mouffe anmerkt, die Partnerschaft zwischen öffentlichem und privatem Sektor ist eigentlich nur Schein: Es stehen sich zwei extrem ungleiche Beteiligte gegenüber. Denn zum einen sind in dieser ‚Partnerschaft' die Rechtskriterien des einen Akteurs stärker gewichtet, nämlich das Privatrecht, demzufolge unternehmerische Investments nicht öffentlich rechenschaftspflichtig (auch nicht zur Transparenz verpflichtet) sind. Zum anderen bewirkt das TINA-Credo des Staats/der Kommune die scheinbar alternativlose Selbstzuschreibung, dass Gemeinden ‚kein Geld haben'. Öffentliche Akteur*innen stehen als ohnmächtig und hilfsbedürftig da, auch weil sie sich selbst so darstellen. Jedoch: Dass ‚kein Geld da ist', dieser Sachverhalt mit seinen Zwängen, ist nicht naturgegeben, sondern politisch erzeugt (z.B. durch die Austeritätspolitik etwa in Form der Maastricht-Kriterien, durch Niedrigsteuerpolitik, Steuerflucht, usw.). Daraus scheint zu folgen, dass der öffentliche Akteur gar kein Akteur ist, und zwar in dem Sinn, dass er seine Agency, seine Gestaltungsmöglichkeit, von vornherein abgibt. Wir haben es hier aber mit einem verdeckten politischen Phänomen zu tun: Da ist einerseits die Behauptung

31 Chantal Mouffe, On the Political, London, New York 2005, S. 63.

32 Bezüglich Verarmung der öffentlichen Hand bei gleichzeitiger Akkumulation von privatem Reichtum, siehe David Harvey: „In many of the instances of public-private partnerships, particularly at the municipal level, the state assumes much of the risk while the private partner takes most of the profits. If necessary, furthermore, the neoliberal state will resort to coercive legislation and policing tactics (anti-picketing rules, for example) to disperse or repress collective forms of opposition to corporate power." Harvey, A Brief History of Neoliberalism, S. 77.

von leeren Kassen und eines unpolitischen, ‚partnerschaftlichen' Finanzierungstools; durch dessen Einsatz aber verändern sich gesellschaftliche Machtverhältnisse. Dies führt effektiv zur Umverteilung von öffentlich zu privat, zur Verschiebung von Gestaltungsmöglichkeiten und Budgets von der Gemeinwohl-verpflichteten öffentlichen Hand zu profitorientierten Privatakteur*innen.[33] Hier haben wir letztlich ein bezeichnendes *postpolitisches* Paradox vor uns: *Politik wird gerade dadurch gemacht, dass behauptet wird, es gäbe sie nicht.*

Auch über ihre konkreten Bezugnahmen auf Planungskonzepte hinaus ist Mouffes Politiktheorie ergiebig für einen Zugang zur Beziehung von Architektur und Planung zur Politik. Das betrifft zunächst ihre Konzeption von *Politik zwischen Antagonismus und Agonismus.* Diese Gegenüberstellung deckt sich weitgehend mit jener von *das Politische* und *die Politik.* D.h., der Vorherrschaft der Ökonomie, was die Regelung der Gesellschaft betrifft, setzt Mouffe nicht einfach die Politik entgegen, sondern das *Politische* als eine Radikal-Form von Politik; umgekehrt gesagt, ist Politik eine veralltäglichte Form des Politischen (wie oben erörtert). Das Politische bezeichnet die Ebene des Antagonismus als grundlegende konflikthafte Dimension von Gesellschaft; diese Spaltung macht Gesellschaften aus, sie ist eben deren Grund, und sie geht über das, was in der marxistischen Tradition der „Antagonismus von Kapital und Arbeit" bzw. „Klassen-Antagonismus" genannt wird, hinaus, weil eben noch andere Grund-Konflikte in Betracht kommen: und zwar nicht nur solche der Klassen bzw. der politischen Ökonomie, sondern entlang vieler Konfliktachsen und Gruppenzugehörigkeiten, die national, kulturalisiert, gegendert oder ethnisiert auftreten können. So z.B. als Konflikt, wer zu einer Bevölkerung, die Rechte hat, zählt und wer nicht.

Der Antagonismus geht seiner Tendenz nach bis hin zu einem regelrechten Feind-Verhältnis. Hier liegt ein oft kritisierter Problempunkt der Theorie von Mouffe (und ihrem bisweiligen Ko-Autor Ernesto Laclau): Der starke Akzent, den sie auf harte Abgrenzungen legt, befördert eine Tendenz zu einer Politik festgefügter gegnerschaftlicher Identitäten; diese Politik hat wenig Berührungsängste gegenüber patriotischen Anrufungen.[34] Und sie verlässt sich in einem

33 PPP-Befürworter*innen beziehen sich u.a. auf die Maastricht-Kriterien (EU-Konvergenzkriterien, die Schuldenstand und Haushaltsdefizite beschränken).

34 Namentlich in Chantal Mouffe, Für einen linken Populismus, Berlin 2018.

hohen, vielleicht zu hohen, Maß darauf, dass demokratisch-institutionelle Spielregeln allein die Legitimität von Gegner*innen (und nicht Feinden) und die Austragbarkeit von Konflikt gegenüber der Vergröberung und Verhärtung von *Wir versus sie*-Verhältnissen gewährleisten können. Dass diese Spielregeln also den Agon als eine alltägliche demokratische Austragung von Konflikt zwischen legitimen Gegner*innen gewährleisten.[35]

Eben weil es mir *nicht* um ein Denken der Abgründigkeit oder ein Verständnis von Radikalität als ‚Reinheit' oder Pathos des kompromisslosen Kampfes bis zum Ende geht, beziehe ich mich hier auf dieses Mouffe'sche Konzept der Bezogenheit des Politischen und der Politik aufeinander, also der Vermittlung zwischen den Ebenen (oder Polen) des Antagonismus und des Agonismus. Wir kommen nicht umhin, *beides* zu bedenken, und zwar beides so, dass es sich wechselseitig in Frage stellt: zum einen den Antagonismus, das Moment eines Außen der radikalen Konfliktivität und Widersprüchlichkeit, zum anderen den Agonismus als Binnen-Zustand des Konflikts, an dem relevant ist, dass er ausgetragen werden kann, ohne dass es zum offenen Kampf kommt oder dass Gesellschaft zerfällt. Der Agonismus ist somit eine auf einem Set geteilter und langfristig beibehaltener Spielregeln basierte (Ver)Handlungsform des Politischen, das in dieser Form eben radikaldemokratische Politik heißt. Diese Politik ist deshalb jedoch nicht eine Administration der – wie es im Konsensjargon heißt – „Lösung von Problemen", die außer Streit stünden oder objektiv gegeben wären. Gerade auf diesen letzteren Punkt beharrt Mouffe immer wieder: Politik wird nicht deshalb unaustragbar, weil *zu viel* gestritten würde, sondern weil *Streit unterdrückt* wird, weil Dissens als Defekt von Politik hingestellt wird und Konsens als Ziel von Politik beschworen wird.[36] Mouffe spricht wiederholt davon, dass in der Konsens-Politik (eigentlich Nicht-

35 Wobei diese Regeln im Administrieren von Gesellschaften oder im Konsens bis nahe zum völligen Verschwinden von Politik (also von agonaler Konfliktaustragung) führen können. In Mouffes Worten: Das Politische ist die „Dimension des Antagonismus, die ich als für menschliche Gesellschaften konstitutiv betrachte", während die Politik „die Gesamtheit der Verfahrensweisen und Institutionen" ist, „durch die eine Ordnung geschaffen wird, die das Miteinander der Menschen im Kontext seiner ihm vom Politischen auferlegten Konflikthaftigkeit organisiert." Mouffe, Über das Politische, Frankfurt a. M. 2007, S. 16.

36 Chantal Mouffe, Agonistik, Die Welt politisch denken. Berlin 2014.

Politik) der Jahrtausendwende und zum Teil bis heute das Konfliktmoment von Politik einzig den rechtsnationalen Populist*innen mit ihrer Betonung nicht verhandelbarer Feind-Verhältnisse überlassen würde. Ein prägnantes Beispiel dafür aus der jüngeren Wiener Planungspolitik ist die Kontroverse rund um ein geplantes Luxuswohnungs-Hochhausprojekt am Heumarkt im UNESCO Weltkulturerbe-Zentrum auf dem Gelände des Hotel Intercontinental und des Wiener Eislaufvereins: Seitens Befürworter*innen dieses Investorenprojekts wurde es so hingestellt, als käme jeglicher Einspruch gegen das Projekt aus der Ecke des Rechtspopulismus.[37] In der Terminologie von Mouffe gesagt: Es wurde so getan, als könnte es keinen legitimen linken, z.B. profitwirtschaftskritischen, Einspruch gegen das Projekt geben. Dieser Diskurs trieb Kritik von links (gegen den kapitalisierenden Zugriff aufs Zentrum, gegen den Luxuswohnungsturm, gegen die Vertreibung derer, die den niederschwelligen Ort derzeit nutzen, gegen die schwache Vertretung der Öffentlichkeit im Projekt) in eine Art Geiselhaft durch die rechtspopulistische Gegner*innschaft hinein. Zugleich zeigt dieses Beispiel aber auch, wie wichtig in urbanen Konfliktkonstellationen Alternativkonzepte, wie sich die Stadt zukünftig entwickeln soll, seitens der Linken sind, denn Investor*innen, Projektentwickler*innen und globale Unternehmen konzipieren ihre Zukunftsinvestitionen aktiv und in ihrem Sinn ideenreich.[38]

Dass der Streit nicht abzustellen ist, sondern als Politik austragbar bleiben muss, sieht Mouffe als Hauptaufgabe der Demokratie: ständige „Umwandlung des Antagonismus in Agonismus". Für die Auseinandersetzung unter Gegner*innen brauche es zumindest Konsens über die ethisch-politischen Werte der Freiheit und der Gleichheit aller.[39] Und Agonismus ist nicht nur ein Streiten um des

37 Oder aber die Kritik entspränge einer ausschließlichen Fokussierung auf die Erhaltung des tradierten Wiener Altstadtbildes als Weltkulturerbe.

38 Für Kritik an fehlenden Zukunftsprojektionen in der Architektur siehe: Ana Jeinić, „From Non-Projective Criticality toward a Radical Critical Projectivity: Design in the Age of Speculations", in: Gabu Heindl, Michael Klein, Christina Linortner (Hg.), Building Critique. Architecture and its Discontent, Leipzig 2019, S. 128–146.

39 Mouffe, Über das Politische, S. 158. Zu der Kritik, dass diese Voraussetzung der Wiedereinführung eines Motivs des Fundierungsdenkens gleichkomme, siehe Simon Herzhoffs Rezension von *Über das Politische* auf: https://www.socialnet.de/rezensionen/10657.php. Diese Fundament-Setzung bewirke mit,

Streitens willen, bei dem ‚gute' Argumente ausgetauscht und bewundert werden; Agonismus ist ein Prozess der *Disartikulation* existierender Praktiken politischer Hegemonie und zugleich die *Neu-Artikulation*, das Entwickeln neuer hegemoniepolitischer Diskurse und Institutionen. Damit sind wir auch schon bei dem zweiten Mouffe'schen Konzept, das für unseren Kontext relevant ist, nämlich dem der Hegemonie (in etwa: „Vorherrschaft" durch Konsens).[40]

Beim Hegemonie-Aspekt von Mouffes radikaldemokratischem Ansatz zur Politik geht es nicht darum, aus gegebenen Macht-Institutionen „auszuziehen", sondern darum, Machtverhältnisse innerhalb von Institutionen zu verschieben. Hegemonie-Politik als Herstellung einer neuen Vorherrschaft gegen eine existierende (etwa neoliberale) braucht eine „strategy of engagement within".[41] Aber wieder gilt es zu bedenken: So wie Agonismus nicht heißt, dass sich Konflikt in Administration auflösen soll, so bedeutet Mouffes Votum dafür, hegemoniepolitisch (auch) innerhalb von Institutionen zu agieren, nicht, dass *alle* Politik in Institutionen *aufgehen* soll, oder dass sich politisches Handeln nicht auch außerinstitutionell formieren kann und soll. Mouffes pragmatische Orientierung heißt, die Beziehung politischen Handelns zu existierenden Macht-Institutionen aufrecht zu erhalten; es bedeutet nicht reine Institutionenpolitik, sondern hält stets Kontakt zu sozialen Bewegungen, Grassroots-Politiken oder neu auftauchenden Akteur*innen.

Mouffe sieht eine Notwendigkeit darin, in Institutionen und „mit dem Staat" zu agieren. Das unterscheidet sie wesentlich von anderen radikaldemokratischen Politiktheoretiker*innen. Stärken und Grenzen einer Politik des *change from within* werden uns in diesem Buch weiter beschäftigen – etwa im Teil I im Kontext der Bau- und Planungspolitik des Roten Wien. Auf dem Weg dorthin sollten wir aber noch einige Konzepte und Argumente in Sachen

dass sich Mouffes Agonismus-Theorie nur auf westliche demokratische Staaten umlegen lässt.

40 Mouffes gemeinsam mit Ernesto Laclau entwickeltes Hegemoniekonzept basiert auf der Hegemonietheorie von Antonio Gramsci. Ernesto Laclau, Chantal Mouffe, Hegemony and Socialist Strategy. Towards a Radical Democratic Politics. London, New York 2001 [1984].

41 „Such a strategy includes a multiplicity of counter-hegemonic moves aiming at a profound transformation, not a desertion, of existing institutions." Chantal Mouffe, Agonistics, Thinking the world politically. London, New York 2013, S. XVI.

postfundamentalistischer Politik mitnehmen; und zwar von einem Theoretiker der Konfliktpolitik und der Radikaldemokratie, der sein Modell dezidiert in Abgrenzung zum Staat und institutioneller Ordnung formuliert, nämlich Jacques Rancière.

### Demokratie und Dissens bei Jacques Rancière

Auch Rancière weist darauf hin, dass Politik wesentlich ein Moment von Konflikt und Streit beinhaltet. Bei Rancière heißt dies oft *Dissens*. Die Möglichkeit, politischen Streit auszutragen, muss gegen ein Regime des Konsenses und der verwischten Unterscheidungen politischer Positionen verteidigt werden. Die Situation des Unterscheidungsverlusts nennt Rancière Postpolitik oder, bei ihm nahezu gleichbedeutend, Postdemokratie. Diese Post-Bezeichnungen entsprechen seiner weitgehenden Gleichsetzung von Demokratie mit Politik insgesamt:

> Es gibt Demokratie, wenn es eine spezifische Erscheinungssphäre des Volks gibt. Es gibt Demokratie, wenn es spezifische Akteure der Politik gibt, die weder Agenten des staatlichen Dispositivs noch der Teile der Gesellschaft sind, wenn es Kollektive gibt, die die Identifikationen mit den Teilen des Staates oder der Gesellschaft verschieben. Es gibt schließlich Demokratie, wenn es einen Streit gibt, der auf der Bühne der Erscheinung des Volks von einem nicht-identitären Subjekt ausgetragen wird.[42]

In *Das Unvernehmen* führt Rancière verschiedene Ausdrücke ein, um Arten von Politik – und damit meint er Politik-Konzeptionen wie auch Diskurse und Techniken des Regierens – zu kennzeichnen, die nur verfälschte Formen von Politik seien. Denn dies sind jeweils Arten der *Verunmöglichung* von Politik als Konfliktaustragung, und zwar: durch das Übergewicht von Formen einer harmonisch fundierten Gemeinschaft („Archipolitik"), durch einen marxistischen Ökonomismus (Politik ist nur ein ‚Überbau-Phänomen': „Metapolitik"), durch geregelte, maßvolle Administration („Parapolitik") und durch neoliberale Minimierung von Politik zugunsten einer optimierten Wirtschaft (Postpolitik bzw. Postdemokratie).[43]

Rancières Sammelname für die Verunmöglichung von Politik durch eine Sichtweise der Gesellschaft und ein Regieren, die

42 Rancière, Unvernehmen, S. 110.

43 Rancière, Unvernehmen, S. 73–104.

Konfliktaustragung unterbinden, ist *Polizei*, und zwar in einem erweiterten Sinn; also nicht nur staatliches Gewaltmonopol in Uniform, sondern *Identifizierung und Platzzuweisung aller Teile der Gesellschaft* durch Staat und Wirtschafts-Führungs-Ordnungen. Nur die Demokratie scheint in Rancières Darstellung echte Politik zu sein; alle anderen Arten von Politik sind für ihn nur Varianten von Polizei. Seine Identifizierung von Politik mit Demokratie hat zur Folge, dass Politik etwas ist, das nur selten auftritt. Und genau so spricht er es in *Das Unvernehmen* auch aus: „Die Politik existiert, wenn die natürliche Ordnung der Herrschaft unterbrochen ist durch die Einrichtung eines Anteils der Anteillosen." und „Die Politik ist in ihrer Besonderheit selten."[44] Heute, so gibt Rancière zu verstehen, ist Politik, also Demokratie besonders selten: Es gibt gegenwärtig vorwiegend neoliberalen Konsens und Polizei, die seine Einhaltung überwacht.

Gegen den engen, strengen Raster, den Rancière an Politik anlegt, gibt es zurecht Einwände. Politik ist für ihn auch deshalb etwas so Seltenes, weil er viele Arten von politischem Engagement nicht als Politik gelten lässt, vor allem Engagement, das mit staatlichen Organen kooperiert oder sich auf der Ebene staatlicher bzw. kommunaler Institutionen artikuliert. Wenn Politik einzig und allein demokratische Politik sein kann, dann hat dieses Konzept auch als eine Konsequenz, dass für Rancière z.B. faschistische Politik nicht als Politik gilt.[45] Es ist meines Erachtens ein Missverständnis von Politik, wenn sie so konzipiert wird, dass sie von vornherein immer auf der richtigen, auf der demokratischen Seite liegt. Entweder sieht eine solche Perspektive nicht, was von einer aggressiven, militanten Rechten her an Politik gemacht wird und sieht dies rein als Polizei; oder sie muss auch faschistischer Politik primär zugestehen, dass sie ebenfalls den bürgerlichen, heute: neoliberalen, Konsens stört und Ansprüche formuliert, deren Träger*innen aus hegemonialen Ordnungen der Öffentlichkeit ausgeschlossen sind. Auch Brüche, die die parlamentarische Demokratie zu Bruch schlagen, müssten dann als Akte von Demokratie gelten.

44 Rancière, Unvernehmen, S. 24., S. 149.

45 Ernesto Laclau hat darauf hingewiesen, Oliver Marchart später ebenso. Ernesto Laclau, On Populist Reason, London, New York 2005, S. 246, Marchart, Die politische Differenz, S. 184.

Allerdings würde dem in Rancières Modell widersprechen, dass faschistische Politik, nationalistische, rassistische Politik, aktueller Rechtspopulismus jeweils auf einen voll identifizierten, identitären, ethnisch gegründeten Gesellschaftskörper hinauswollen bzw. diesen voraussetzen. Rancières Modell von Politik-als-Demokratie fokussiert aber auf ein „nicht-identitäres Subjekt", wie er schreibt, das nicht in einer voll durchgeformten Gesellschaft (und schon gar nicht in einer Volksgemeinschaft) aufgeht. Anders gesagt: Wenn der Rechtspopulismus demokratische Teilhabe oder „Fairness" für „das Volk" fordert, dann haben wir es mit nationalistischen und identitären Verengungen („unsere Leut'") zu tun, die sich meist durch rassistische Ausgrenzung definieren. Das ist letztlich ein Nationalismus der vereinheitlichten Volkssouveränität, weniger eine Demokratie – und schon gar nicht die sich selbst radikalisierende Demokratie, auf die es hier ankommt. Ein zweiter Einwand gegen das Rancière'sche Schema, das quasi lautet „Jede Politik ist demokratisch – faschistische oder rassistische Politik ist keine Politik (Demokratie)", ist ein historischer. Und zwar in Bezug auf die Einschätzung unserer Gegenwart als Postpolitik bzw. Postdemokratie, in der wir konfrontiert sind mit Mobilisierungen und kontroversen, angriffigen Kampagnen vor allem von Rechts.

In seiner Demokratietheorie unterscheidet Oliver Marchart zwischen Politik und Demokratie: Demokratisch ist eine Politik, die Nicht-Identität anerkennt, und zwar sowohl „meine" Nicht-Identität als politische*r Akteur*in als auch die Nicht-Identität anderer, die eben nicht auf Rollen und Funktionen festlegbar sind.[46] Auf Basis dieser Unterscheidung lässt sich sagen: *Das Ende der Postpolitik ist nicht gleich das Ende der Postdemokratie.* Rechtsnationale Bewegungen bringen zwar politischen Konflikt wieder ins Spiel, nicht aber eine demokratische Anerkennungspolitik.

In dem Modell von Rancière, in dem es gerade keinen prinzipiellen Unterschied zu machen scheint, ob die politische Landschaft geprägt ist von neoliberalem Konsens, der den Streit ausschließen will, oder von rechtsnationaler Bewegungspolitik, steckt eine Pointe: Sein implizites Nicht-Unterscheiden trägt nämlich in sich den bedenkenswerten Hinweis darauf, dass der neoliberale Konsens dem rechten Rassismus recht nahesteht. Denn, so Rancière, die neoliberale, post-

46 Marchart, Die politische Differenz, S. 348.

politische Verunmöglichung von Konfliktaustragung und von Herausbildung eines politischen Subjekts, eines Subjekts im Streit, das Konsens-Regime also leistet dem Rassismus Vorschub: „The trouble is that racism is not the symptom but the disease – the disease, in fact, of consensus itself, the loss of any measure of otherness." Anstelle einer Bühne, auf der Konflikt öffentlich wird, und anstelle einer Positionierung im Streit haben wir „the return to the political animal state – and the pure and simple rejection of the other."[47]

Das wiederum ist einem Gedanken von Mouffes konfliktorientierter Politiktheorie ähnlich: In das Vakuum an politischer Positionierung, das der Konsens entstehen lässt, stößt eine rechte Politik, die keinen austragbaren Konflikt zwischen legitimen Gegner*innen (Agonismus) kennt, sondern nur ein Feindverhältnis (mit Mouffe: Antagonismus) in Bezug auf rassistisch gesehene Andere, die nicht ‚dazugehören'.

Zwei umfassende Theoreme innerhalb von Rancières Politik-Modell sollten wir noch in die folgenden Kapitel mitnehmen. Das eine ist die *Zählung* bzw. der *Rechenfehler* – die Gegenüberstellung zwischen Zählungen von Teilen, die ein Ganzes ausmachen und Sache der Polizei sind, und der Politik, die diese Zählungen durchkreuzt: „Der politische Streit unterscheidet sich von jedem Interessenskonflikt zwischen konstituierten Teilen der Bevölkerung, da er ein Konflikt über die Zählung der Teile selbst ist."[48] Kürzer gesagt (in *On the Shores of Politics*): „the people are always more or less than they are supposed to be".[49] Ich führe dieses Theorem vor allem in Kapitel 8 in Richtung einer *falschen Messung* bzw. *eines vermessenen Anspruchs* aus, durchaus im Sinn von Rancières „Zählung der Ungezählten", also der Zählung derer, die in einer Ordnung ‚nicht zählen', aber deshalb nicht einfach aus der Wirklichkeit verschwinden.

Dass die Zählung der Mitglieder einer Situation oder sozialen Gruppe nicht ‚aufgeht', ist der eine Aspekt des Rancière'schen *Unvernehmens*. Dieser Begriff heißt im Original *mésentente*, also Unstimmigkeit – die Rechnung ‚stimmt nicht' –, aber auch ‚Sich-nicht-Verstehen', nicht im Einvernehmen sein. Damit ist nicht bloß der Un-

47 Jacques Rancière, On the Shores of Politics. London, New York 1995, S. 104.

48 Rancière, Unvernehmen, vor allem das Kapitel „Demokratie oder Konsens", S. 105–131.

49 Rancière, Shores, S. 94.

terschied gemeint zwischen Konsens („Wir verstehen uns") und Dissens („Wir verstehen uns nicht, wir haben kein Einvernehmen"), sondern es geht dabei eben wirklich um den *sens* als Sinn. Der Unterschied zwischen Konsens und Dissens ist bei Rancière eine Frage des Streits über die „Aufteilung des Sinnlichen".[50] Machtverhältnisse und Hierarchien sind wesentlich auch Entscheidungen darüber, wer wo und in welcher Funktion im gesellschaftlichen Raum sinnlich wahrnehmbar werden kann. Konsens und Dissens sind jeweils Arten, Leute und ihre Manifestationen im gesellschaftlichen Raum zu sehen und zu hören. Wer wird in der Öffentlichkeit als Konsument*in gesehen – und wer etwa als Bedrohung? Wessen Stimme wird als legitimer Beitrag zu einer Debatte gehört – und wessen Stimme nur als Lärm? Hierarchien nach Klassen-, Gender- oder ethnisch definierten Kriterien formieren sich im Sinnlichen. Die Frage, wer zählt, ist eine Frage der Aufteilung von sozialem Raum. „In the end everything in politics turns on the distribution of spaces," konstatiert Rancière. Diese *Distribution* ist insbesondere eine *strittige* Aufteilung von Plätzen und Rollen: „For me, political action always acts upon the social as the litigious distribution of places and roles."[51]

Die Unterscheidung von Konsens und Dissens in der Aufteilung des Sinnlichen hat zweitens eine Entsprechung bei Rancière, die in den letzten Jahren besonders im Kunstfeld prominent wurde: die schematische Entgegenstellung von polizeilicher Repräsentation und ästhetischem Erscheinen, dem ein Moment von Störung innewohnt. Gegenüber der ‚erweiterten' Polizei – die Gesellschaft so aufteilt und repräsentiert, dass Konsens besteht, dass alle gezählt und am ihnen zugewiesenen Ort wahrnehmbar sind – setzt Rancière auf das ästhetische Moment der Störung von Repräsentation. Dieses setzt er gleich mit Demokratie als dem Erscheinen von Leuten, die nicht zählen, an Orten, die die Polizei für sie nicht eingeplant hat.[52] Rancière konzipiert die Politik bzw. die Demokratie also näher bei der Kunst als beim Staat; die Analogie mit der Kunst hat in seiner

50 Jacques Rancière, Die Aufteilung des Sinnlichen. Die Politik der Kunst und ihre Paradoxien, Berlin 2006.

51 Jacques Rancière, „Politics and Aesthetics. An Interview", in: Angelaki: Journal of the Theoretical Humanities 8 (2), 2003. S. 191–211, hier S. 201.

52 So wie unter zunehmend rassistischen und minderheitenfeindlichen Bedingungen die Anwesenheit von Migrant*innen, Obdachlosen, Bettelnden oder Suchtkranken im öffentlichen Raum tendenziell nicht vorgesehen ist.

Theorie, die implizit vom Anarchismus geprägt ist, vielleicht sogar die Funktion, die Politik auf der Seite der Störung und des Erscheinens zu halten und so zu verhindern, dass sie im Staat oder in Institutionen aufgeht.

Zugespitzt lässt sich sagen, dass Rancières ästhetisierendes und anarchistisches, radikal staats-skeptisches Verständnis gegenüber Institutionen eine demokratische Politik des Außerhalb stark macht, während Mouffe (wie auch Laclau und Marchart) auf eine auch innerhalb von Institutionen tätige Politik abzielt. Wenn ich mich im Weiteren auf diese Linien der Demokratietheorie beziehe, dann erstens informiert durch Probleme der stadtplanerischen Praxis und das heißt zugleich: herausgefordert, wie auch (ein Stück weit) weiterentwickelt – weshalb ich sowohl zur Ästhetisierung von Demokratie als auch zur Verhärtung von Hegemonieansprüchen auf eine gewisse Distanz gehe.

Die Richtung, in die ich Politik, Planung und Popular Agency, also mein *anderes PPP*, zueinander in Beziehung setzen möchte, ist die eines Bündnisses. Vielmehr: Es geht um *viele* Bündnisse, im Anvisieren neuer Hegemonien, neuer, unerwarteter, politischer Verbindungen. Das sind in den folgenden drei Teilen Verbindungen zwischen dem Kommunalsozialismus des historischen Roten Wien und dem gegenwärtigen, sich auf historischen spanischen Anarchismus beziehenden Neuen Munizipalismus; zwischen Planung und Gerechtigkeit – als Markierung von Strittigkeit einer Ordnung; sowie Bündnisse und Allianzen – sei es z.B. zwischen Stadtverwaltung, Architekt*innen, Handarbeiter*innen und sozialen Bewegungen.

# POLITIK

> Vom politischen Standpunkt aus sind also die Einschreibungen der Gleichheit, die in den Erklärungen der Menschenrechte oder in den Präambeln der Gesetzbücher und Verfassungen, die diese oder jene Institution materialisieren, zu finden sind oder die auf den Frontwänden ihrer Gebäude eingemeißelt sind, keine von ihrem Inhalt widersprochenen „Formen" oder „Scheinbarkeiten", die nur dazu da wären, die Wirklichkeit zu überdecken. Sie sind eine wirksame Weise des Erscheinens des Volks, das Mindestmaß an Gleichheit, das sich in das Feld der gemeinsamen Erfahrung einschreibt.[53]

Diese Passage aus Jacques Rancières demokratietheoretischer Studie *Das Unvernehmen* ist ergiebig für eine Sicht auf Kämpfe um gesellschaftlichen Raum in der Stadt. Rancière bezieht sich auf die Selbstdarstellungen der Institutionen eines Gemeinwesens, auf formalisierte Gleichheitserklärungen nach Art von „Jeder Mensch ist gleich vor dem Gesetz", wie sie auf öffentlichen Gebäudefassaden sichtbar angeschrieben stehen. Wie erfüllen diese Inschriften, die ja oft einen altehrwürdigen oder rein formalen Eindruck erwecken, nun eine politische Rolle in der Sichtweise einer radikaldemokratischen Theorie des Dissens? Sicher nicht dadurch, dass sie eine pädagogische Ermahnung wären. Vielmehr bringt Rancière diese Fassadenbeschriftungen und Verfassungsparagrafen-Tafeln als Beispiele für Inschriften, die wir nicht als sinnentleerten historischen Müll entsorgen sollten: „Da die Gleichheitserklärung irgendwo existiert, ist es möglich, ihre Macht wirksam werden zu lassen."[54] Die Gleichheitserklärung warte quasi darauf, auf die Probe gestellt zu werden. Etwa wenn sie in eine Konstellation gebracht wird mit gegenwärtigen Fällen von Dissens – Dissens als Streitfall, zugleich als Störung der hegemonialen Zuweisung von Menschen auf Plätze im gesellschaftlichen Raum: Ein *unvorhergesehenes Subjekt* macht einen Anspruch geltend. Ein Beispiel dafür bietet die Politik der Refugee-Proteste 2013 in Wien: Refugees (u.a. aus Afghanistan und Pakistan) besetzten die Votivkirche im Zentrum von Wien und forderten gerade nicht Essen und ‚ein Dach über dem Kopf', sondern setzten sich als Subjekte mit verhinderten Rechtsansprüchen in Szene, indem sie

53 Jacques Rancière, Das Unvernehmen. Politik und Philosophie, Frankfurt a. M. 2002, S. 99.

54 Ebd.

ihre Rechte laut einforderten: „We demand our rights!" Gemäß der *polizeilichen* Repräsentation – wie vorhin dargelegt – hatten sie kaum Rechte gegenüber der österreichischen Öffentlichkeit, sondern konnten nur als Bittsteller um milde Gaben auftreten, möglichst dankbar und zurückhaltend. Die Refugees aber inszenierten sich als Subjekte – als Menschen, deren *Recht es ist, Rechte zu haben*;[55] die ihre Rechte einfordern können, gerade dann, wenn sie ihnen vorenthalten werden. Das Refugee Protest Camp Vienna berief sich auf ein universelles Recht, und vor dem Hintergrund dieser Rechtsgleichheit brachten sich die Refugees als strittige, streitbare Subjekte in Erscheinung.[56]

Das ist der eine Aspekt der Gleichheitsinschriften: Sie dienen als Bezugsgrößen, auf die sich Akteur*innen in einem aktuellen Streitfall berufen können. Rancière bringt das oben angeführte Beispiel mit den egalitaristischen Fassadenbeschriftungen in *Das Unvernehmen* in seiner Auseinandersetzung mit einer marxistischen Tradition der Geringschätzung von Politik: In dieser Tradition werde eine Gleichheitsanrufung als nur scheinbar oder nur formell abgewertet, sofern diese nicht das Privateigentum aufhebt und insofern die oft zitierte ‚ökonomische Basis' der Gesellschaft nicht antastet. Die Inschrift auf der Fassade wäre deshalb nur Schein, weil die Gesellschaft weiterhin kapitalistisch bleibt. Dem entgegen legt Rancière Wert darauf, dass die Gleichheitsinschriften als politischer Schauplatz ernst genommen, das heißt auch wahrgenommen werden sollen.

Hier liegt auch ein zeitliches Verhältnis vor: die gegenwärtige Berufung auf früher erstrittene und durch eine Inschrift festgehaltene Rechte und Gleichheitsmaximen. Dieser Rückgriff des Heute auf Früheres eröffnet den Bereich der *Geschichtspolitik*. Auch Geschichtspolitik ist ein Bereich der Austragung von politischem Konflikt. An

55 So formuliert Hannah Arendt die unveräußerlichen Rechte derer, deren Ansprüche von keinem Staatswesen garantiert werden. Hannah Arendt, Elemente und Ursprünge totaler Herrschaft. Antisemitismus, Imperialismus, totale Herrschaft. München, Zürich 2009, S. 603.

56 „They acted as subjects of the Rights of Man […]. They acted as subjects that did not have the rights that they had and that had the rights that they had not. This is what I call a dissensus: the putting of two worlds in one and the same world. The question of the political subject is not caught between the void term of Man and the plentitude of the citizen with its actual rights. A political subject is a capacity for staging scenes of dissensus." Jacques Rancière, Dissensus: On Politics and Aesthetics, London 2010, S. 69. Zum konkreten Protest: Monika Mokre, Solidarität als Übersetzung. Überlegungen zum Refugee Protest Camp Vienna, Wien 2015.

diesem Punkt kommt ein zweiter Aspekt der geschichtlichen Zeitlichkeit von Konflikten zum Tragen, nämlich einer, der uns zur Stadt als politischem Raum führt. Es ist dies das Konzept des *sedimentierten Konflikts,* das mehr der Laclau-Mouffe-Marchart'schen Linie der Demokratietheorie entstammt. Die formale Rechtsgleichheit, von der auf der Fassade eines Gerichts- oder Parlamentsgebäudes zu lesen steht, ist im Alltäglichen des urbanen Raums sedimentiert bis zum Grad des Nicht-Mehr-Gesehen-Werdens, der Beinahe-Unsichtbarkeit. Das ist ein springender Punkt: Stadt-Alltage, wir könnten sagen Städte in ihrer Gesamtheit, bestehen aus Konflikten; diese sind meist im Zustand ihrer Sedimentierung. Mit Oliver Marcharts postfundamentalistischer Theorie des Antagonismus gesagt, bestehen Gesellschaften eben schlichtweg aus Konflikten: An Chantal Mouffe und Ernesto Laclau anknüpfend, spricht Marchart davon, dass der Antagonismus, die Spaltung am Grund von Gesellschaften, nur selten akut wird, aber immer als ein „Rumoren" wahrnehmbar bleibt.[57]

Mehr noch: Wenn – mit einem postfundamentalistischen Zentral-Gedanken formuliert – *Kontingenz* bedeutet, dass nichts jemals in reiner Form und ganz vollständig präsent existiert,[58] dann ist auch der antagonistische Konflikt in der Gesellschaft nicht gegenwärtig. Er ist kaum je gänzlich manifest (außer in akuten Situationen revolutionärer Umsturzgewalt oder von Bürgerkrieg – das sind eben Grenzfälle von Politik); viel häufiger sind Konflikte latent gehalten, ruhiggestellt (Entpolitisierung etwa durch Konsens), oder sie verlaufen in geregelten Bahnen, mehr oder minder gedämpft (mit Mouffe gesagt: agonistisch). Aber auch geregelte oder ruhiggestellte Konflikte verschwinden nie ganz, und auch von vergangenen Konflikten bleiben Spuren. Diese Spuren sind Teil von Geschichte bzw. von Sedimentierung.[59] Sedimentiert in Form einer altvertrauten, kaum

57 Oliver Marchart, Das unmögliche Objekt: Eine postfundamentalistische Theorie der Gesellschaft, Berlin 2013, S. 266, 436f.

58 Zum postfundamentalistischen Kontingenzbegriff siehe Oliver Marchart, Die politische Differenz: Zum Denken des Politischen bei Nancy, Lefort, Badiou, Laclau und Agamben, Berlin 2010.

59 Spuren eines sedimentierten Konflikts um öffentlichen urbanen Raum begegnen uns in der Gegenwart natürlich auch in Formen, die keine Rechtsinschriften egalitärer Errungenschaften sind, sondern ganz im Gegenteil Residuen von Gewaltregimes. So etwa die Büste des Nazi-Dichters Josef Weinheber am Schillerplatz vor der Akademie der bildenden Künste in Wien. Im Rahmen des selbstinitiierten Projekts *Weinheber Ausgehoben* habe ich mit der *Plattform Geschichtspolitik* einige

noch sichtbaren Inschrift ist ein Rechtsanspruch, der in einem politischen Konflikt durchgesetzt wurde.[60]

So wie Konflikte in Institutionen (und in deren Gebäuden, Fassaden, Inschriften) sedimentiert sein können, können sie aber auch reaktiviert werden.[61] Etwa durch aktuelle Streitfälle, wie in dem Beispiel mit den Refugee-Protesten 2013; oder auch durch eine Geschichtspolitik, die das Erbe eines historischen Konflikts antritt, die Anknüpfungen durchführt in Form des Neu-Schreibens von Inschriften. Wir sollten diese Inschriften nicht ‚abschreiben' im Sinn von ad acta legen, sondern eher ‚abschreiben' im Sinn von ‚neu schreiben' – wobei dieses dezidierte Neuschreiben, Übersetzen, ein *Erben* ist, das ganz massiv mit einer *Kritik des Erbes* einhergeht, in einem Derrida'schen Sinn, auf den wir gleich näher eingehen. In diesem Sinn wenden wir uns nun der *Politik* im engeren Sinn einer *geschichtspolitischen* Agenda zu: Es geht in der Folge um urbane Wirklichkeiten von Hegemoniepolitik in Stadtkonflikten, am Beispiel des historischen Roten Wien; um Übersetzungen austromarxistischer Setzungen.

Jahre lang gegen einigen Widerstand daran gearbeitet, das Monument zu kontextualisieren, um vor allem den postnazistischen Konflikt, nämlich strittige Abläufe rund um die Errichtung des Denkmals in den 1970er Jahren, sichtbar zu machen. Zum Projekt siehe: www.gabuheindl.at/de/uebersicht/geschichtspolitik/weinheber-ausgehoben-unearthing-a-nazi-poet.html.

60 „Sofern ein Institutionsakt von Erfolg gekrönt ist, kommt es zu einem tendenziellen ‚Vergessen der Ursprünge', das System möglicher Alternativen beginnt zu verschwinden, und die Spuren der originären Kontingenz verwischen. Auf diese Weise tendiert das Instituierte dazu, die Form reiner objektiver Präsenz anzunehmen. Dies ist das Moment der Sedimentierung." Ernesto Laclau, New Reflections on the Revolution of Our Time, London, New York 1990, S. 34, zit. n. Marchart, Die politische Differenz, S. 204.

61 Über Reaktivierung im Verhältnis zu Sedimentierung schreiben Laclau und Mouffe: „Our way of dealing with the Marxist tradition was entirely different and could, perhaps, be expressed in terms of the Husserlian distinction between ‚sedimentation' and ‚reactivation'. Sedimented theoretical categories are those which conceal the acts of their original institution, while the reactivating moment makes those acts visible again." Ernesto Laclau, Chantal Mouffe, Hegemony and Socialist Strategy. Towards a Radical Democratic Politics. London/New York 2001 [1984], S. viii.

# 1. Rotes Wien: Einschreibungen und Hegemonie

*... aus den Mitteln der Wohnbausteuer*
Zu lesen auf Fassaden der Gemeindebauten des Roten Wien

### Ein heutiger Sieg des Neoliberalismus, ein historischer Sieg des Proletariats: Zwei Fassaden-Inschriften

Im heutigen Wien finden sich auf Wohnbaufassaden zwei sehr unterschiedliche Arten von Fassadenbeschriftungen, die sich direkt auf die beschrifteten Gebäude beziehen. Beide „Inschriften" – bleiben wir bei diesem starken Wort – verkünden politische Siege, die in der Vergangenheit errungen wurden; in der weiteren oder in der jüngeren Vergangenheit. Die Gebäude, die die Inschriften tragen, stehen nicht nur *für* diese Siege; nicht nur als Repräsentationen, sondern auch als Effekte stehen sie deshalb in der Stadt, *weil* diese Siege errungen wurden.

Die eine, jüngere, Siegesinschrift wendet sich auf Englisch an Passant*innen im öffentlichen Raum: „You don't have to live in these apartments to love Vienna, owning them will do." Es handelt sich dabei konkret um eine große Werbezeile auf der Gerüstplane einer Baustelle in der Wiener Innenstadt.[62] Sie soll Käufer*innen für Luxuswohnungen im Zentrum von Wien anwerben. Die Inschrift bewirbt die dahinter neu entstehenden Wohnungen; als neoliberale Werbebotschaft adressiert sie finanzstarke globale Investor*innen. Sie formuliert aus, was der Markt weiß: dass das urbane (denkmalgeschützte) Zentrum Wiens ein mit den Zentren anderer Städte vergleichbares gutes Terrain für sichere Immobilien-Anlegeformen ist.

62 Genauer: Rotenturmstraße, Ecke Hoher Markt im 1. Wiener Gemeindebezirk, Winter 2011. Siehe Otto Kapfinger, „You don't have to live in these apartments ...", in: ÖGFA (Hg.), UmBau 28, 2015.

Fassadeninschrift im Roten Wien, Rabenhof, 1030 Wien.

Baustellen-Werbung, Ecke Rotenturmstraße/Hoher Markt, 1010 Wien.

Was wir hier zu lesen bekommen, ist die Verkündung eines Sieges investitionsfreundlicher Politik in Sachen Kapitalisierung von öffentlichem Stadtraum; formuliert ist diese Siegesverkündung als ein dezidiert *postpolitisches* Statement: Es geht um privatwirtschaftliche Ökonomie in Bezug auf Kultur – um die Geschmackskultur des *loving Vienna* – und um das *owning* einer Wohnung, die hier vor allem als ein Finanzprodukt in Erscheinung tritt. Was für manche vielleicht wie ein Fall von Ad-Busting oder von bitterer Parodie klingen mag, ist durchaus ernst gemeint: Klar und deutlich bewirbt die Fassadeninschrift die neuen Anleger*innenwohnungen, die nicht mehr primär zum Zweck ihrer Benutzung durch Wohnen gebaut werden – und beschreibt damit den Triumph des Neoliberalismus auch und gerade in jener Stadt, die bis heute weltweit für ihren sozialen Wohnbau bekannt ist.

Damit ist Wien gemeint. Und hier eröffnet sich nun der Kontext für eine zweite Siegesinschrift auf Bauten: Auf den Fassaden der zahlreichen historischen Wohnhöfe des sozialdemokratischen *Roten Wien* der Zwischenkriegsjahre (1919–1934) findet sich in bis heute gut lesbaren großen roten Relief-Buchstaben der strukturell immer gleiche, wie folgt oder ähnlich lautende Schriftzug: „Erbaut von der Gemeinde Wien in den Jahren 1927–1928 aus den Mitteln der Wohnbausteuer". Die Entstehungsjahre des jeweiligen Arbeiter*innenwohnbaus sind spezifisch; was immer gleich bleibt, ist der Hinweis auf die Wohnbausteuer: Stolz wird hier verkündet, woher die Mittel für diese Bauten kamen – nämlich aus einer höchst progressiven Umverteilungssteuer.

Während also der aktuelle Werbeslogan auf einer Wohnhausfassade in der Wiener Innenstadt im Zeichen der Verfügbarkeit von luxuriösem großstädtischem Betongold einen erst kurz zurückliegenden (und weiter andauernden) Sieg des Neoliberalismus hinausposaunt,[63]

63 Ähnliche Werbeslogans finden sich nicht nur im öffentlichen Raum, sondern auch online, etwa „Ertragreiche Anlegerwohnung in Wien Innere Stadt!" www.willhaben.at/iad/immobilien/gewerbeimmobilien-kaufen/wien/wien-1010-innere-stadt/ertragreiche-anlegerwohnung-in-wien-innere-stadt-245941132/; eine Werbung für das „Betonsparbuch": „‚Vergolden Sie Ihre Werte in ‚Immobilien-Betongold'. Immobilien zählen weiterhin zu den sichersten Anlagen der Welt. Wohnen ist ein elementares Grundbedürfnis." http://www.hefel.at/investment. In San Francisco sorgte 2015 eine anmaßende Plakatkampagne für Aufregung, in der AirBnB zu verstehen gab: Wenn dieser Ferienwohnungsanbieter nun Steuern zahlen solle, dann wolle er vorgeben, wofür diese verwendet würden. www.theguardian.com/technology/2015/oct/22/airbnb-apologises-dear-san-francisco-tax-adverts.

erinnern quasi gleich nebenan, durchaus auch in zentrumsnahen Gegenden, die historischen Fassadeninschriften des Roten Wien – und zwar in einer bislang noch viel größeren Anzahl – an einen Sieg bzw. an eine Reihe von Siegen, die in einem politischen Konflikt erkämpft wurden: in einem Hegemoniekonflikt, der schwerpunktmäßig ein Klassenkampf war, den die Sozialdemokratie als Fast-Alleinvertreterin des Wiener Proletariats führte.[64]

Ehe wir uns der Möglichkeit zuwenden, an das, was die Inschriften aussagen, anzuknüpfen – sehen wir uns zuvor den Aspekt der Sedimentierung eines agonistischen Moments demokratischer Umverteilungspolitik an: Im Sinn von Laclaus zuvor eingeführtem Konzept der Sedimentierung und genereller von Politik als Hegemoniekonflikt zeigt sich die Situation, dass eine eigentlich einfache finanzierungstechnische Maßnahme der Stadtverwaltung so aufgeladen wird – nicht zuletzt durchs leuchtend rote Anschreiben als Fassaden-Inschriften –, dass sie zum Ausdruck eines umfassenden und kämpferischen politischen Programms wird. Das wird durch einen Vergleich klarer: Seit der Nachkriegszeit werden auf Gemeindebauten fast nur noch Hinweistafeln (oft Steintafeln) mit einer kurzen Liste von Informationen angebracht – sinngemäß: wann erbaut, unter Bürgermeister X oder amtsführendem Stadtrat Y. Und diese Tafeln bieten sich der Alltagswahrnehmung als rein technische ‚Quellenangabe' an (wie eine leicht überlesbare Fußnote zu einem Haus) – obwohl auch diese Häuser mit Hilfe von Steuermitteln erbaut wurden. Was aber wegfällt, ist das, was im Roten Wien der 1920er und frühen 1930er Jahre stark präsent ist: eine klare politische Ansage, nicht zuletzt die Deklaration einer Errungenschaft im Klassenkampf, der als Umverteilungskampf geführt wurde.

In den Inschriften des Roten Wien steckt nicht nur eine technische Information, es sind in den roten Buchstaben mehrere Komponenten roter (sozialdemokratischer) Politik an die Fassaden geheftet: Da ist nicht nur die Lösung des Wohnproblems, dessen sich ein Gemeinwesen annimmt, mittels Möglichkeiten der Steuer-

64 Ausgehend von Walter Benjamins Kritik daran, dass Geschichte immer zur Beute der Sieger*innen politischer Kämpfe wird (eben weil sie sich *ihre* Geschichte schreiben), wäre festzuhalten, dass es bei den Inschriften zunächst einmal um die Erinnerung an politische *Kämpfe* geht, und auch an Niederlagen, wie etwa die vom Februar 1934 (Niederlage gegen den Faschismus im Bürgerkrieg), an die etwa durch den 12.-Februar-Platz vor dem Karl-Marx-Hof erinnert wird.

Erhebung; sondern ins Spiel kommt auch das Versprechen einer zu bauenden Welt – als solche verstand sich das Rote Wien und seine mitunter stadtteilgroßen hof-förmigen Wohn-Welten –, und nicht zuletzt ein agonistisches Moment: das Moment nämlich, dass implizit eine klare Gegnerschaft bezeichnet und in die Öffentlichkeit getragen wird. Die Fassaden-Inschriften lesen sich letztlich als die Aussage: Wir haben dem Kapital erfolgreich einen Anteil am gesellschaftlichen Reichtum streitig gemacht und mit diesem Anteil dieses Haus errichtet.

Im Weiteren steht nun primär die Frage an, was an der Planungspolitik des Roten Wien und an ihrem hegemoniepolitischen Kontext für heute aktualisierbar ist. Das geht natürlich auf keinen Fall ‚direkt', nicht durch Übernahme oder Fortsetzung. Vielmehr ist im Rückgriff eine radikaldemokratische Kritik gefordert – ausgehend von einer knappen Darlegung der historischen Bedingungen der Politik des Roten Wien.

## Aus Steuerhoheit wird Umverteilungs- und Wohnbaupolitik

Die Einwohner*innenzahl der Stadt Wien wuchs Mitte/Ende des 19. Jahrhunderts ähnlich rasant wie heute. Der urbane Alltag der Lohnabhängigen war geprägt von Wohnungsnot; „Bettgeher" und die „Wiener Krankheit" (Tuberkulose) galten als lokalspezifische Phänomene. Ab 1919 war Wien eine sozialdemokratisch regierte Stadt,[65] ab 1920 inmitten eines christlich-sozial regierten und klerikal-konservativ geprägten Kleinstaats. 1922 wurde Wien zum eigenen Bundesland und erhielt so jene verwaltungstechnische Grundvoraussetzung für die Wohnbaupolitik, die das Rote Wien wesentlich charakterisiert: Aus der dadurch entstandenen Steuerhoheit der Stadt – zugleich: des Landes – Wien ergaben sich u.a. erweiterte Möglichkeiten für den kommunalen Wohnbau.[66]

Allein: Steuerhoheit macht per se noch kein demokratisches Programm. Damit eine technisch-administrative Maßnahme über die Ebene von Verwaltung hinaus ein Teil von Hegemoniepolitik wird, ist es notwendig, dass sie sich mit anderen Maßnahmen verknüpft

65 Die Sozialdemokratische Arbeiterpartei hieß 1918 bis 1934 mit vollständigem Namen Sozialdemokratische Arbeiterpartei Deutschösterreichs (SDAPDÖ).

66 Siehe dazu auch Helmut Weihsmann, Das Rote Wien: sozialdemokratische Architektur und Kommunalpolitik 1919–1934. Wien 1985. S. 24.

zu einem Bündel von Forderungen, Projekten, Mobilisierungen und Zukunftsversprechungen, die ideologisch und emotional stark aufladbar sind.[67] Das Rote Wien verfolgte ein Reformprogramm mit großflächiger Umverteilungspolitik; das kommunale Wohnbauprogramm spielte darin eine hegemoniepolitisch wichtige Rolle.

Dabei setzte die Politik des Roten Wien in der Umwälzung oder radikalen Reform weniger bei den Produktionsverhältnissen an als vielmehr im Alltag, in verschiedensten Bereichen dessen, was marxistisch „Reproduktion" hieß: von Gesundheit und Bildung bis zu Sozialem, Freizeit und eben Wohnen. Das Vorhaben der Sozialdemokratie war gewissermaßen, zunächst das Arbeiter*innenglück auf Erden zu bauen, um damit die Revolution in Zukunft zu stärken, respektive ein reformistisches „langsames Hineinwachsen in den Sozialismus" (um eine oft zitierte Reformismus-Charakterisierung Karl Kautskys zu verwenden);[68] dies im Unterschied zum bolschewistisch-kommunistischen Modell der vorauseilenden Partei-Avantgarde, die in einem zugespitzten Moment die Staatsmacht an sich reißt.

In diesem Kontext wurde nun von der Stadt die Steuerhoheit genutzt: Die zahlreichen kommunalen Investitionen wurden finanziert durch die nach Finanzstadtrat Hugo Breitner im Volksmund so benannten „Breitner-Steuern", so etwa Steuern auf Luxuskonsum; ein groß angelegtes Umverteilungspaket. Zudem wurden durch eine Serie von Maßnahmen die Möglichkeiten, mit Wohnungen Profit zu erzielen, eingeschränkt, allen voran durch einen vehement betriebenen Mieter*innenschutz auf Bundesebene.[69]

67 Laclau, Mouffe, Hegemony, S. 127.

68 Vgl. auch Eve Blau, The Architecture of Red Vienna, 1919–1934. Cambridge, Mass., London 1999.

69 Friedrich Adler bezeichnete den Mieterschutz als den „größte[n] Angriff gegen den Privatkapitalismus". (Arbeiter-Zeitung vom 24.6.1921, zit. in: Alfred Georg Frei, Rotes Wien. Austromarxismus und Arbeiterkultur. Sozialdemokratische Wohnungs- und Kommunalpolitik 1919–1934. Berlin 1984, S. 82). Der Mieter*innenschutz umfasste eine klare Trennung von Miete und Betriebskosten, einen Kündigungsschutz, das Einfrieren der Mietzinse auf Preisniveau von 1914 (der sogenannte „Friedenszins"), sowie eine Meldepflicht. Der Mieter*innenschutz wurde 1929 durch die bürgerlichen Parteien stark eingeschränkt und ist bis heute hart umkämpft. 1981 wurde das Mietengesetz durch das Mietrechtsgesetz (MRG) ersetzt, in dem der „angemessene Hauptmietzins" eingeführt wurde („angemessen" für den Vermieter). Seit dem 3. Wohnrechtsänderungsgesetz von 1994 ist in Österreich die Befristung von Mietverträgen erlaubt, ebenso ein Lagezuschlag auch auf mietpreisregulierte Wohnungen.

Ab 1919 wurde auch das Wohnungsanforderungsrecht – wohlgemerkt: „-forderung“, nicht „-förderung“ – von der Gemeinde dazu genutzt, „Doppelwohnungen und ungehörig ausgenutzte Wohnungen und Wohnräume im Interesse der Wohnungsbedürftigen in Anspruch zu nehmen“,[70] also nicht belegte Wohnungen einzufordern und selbst an Wohnungssuchende zu vermieten. Wer denkt da nicht an die heutige Leerstandsproblematik und Enteignungsfrage? Hinzu kamen Grundsteuer und Bodenwertabgabe sowie die Wertzuwachsabgabe (letztlich auch für unverbaute Grundstücke), die den Weiterverkauf von Grundstücken deutlich weniger lukrativ machte. Diese Maßnahmen bewirkten ein massives Sinken der Bodenpreise und (weil sie die Profitmöglichkeiten einschränkten) einen Rückgang der privaten Bautätigkeit.

Vor dem Hintergrund dieser Situation wird deutlich, was die Planungspolitik des Roten Wien von heute gängigen städtischen Planungsmodellen (nicht nur in Wien) unterscheidet: Zum einen fehlt heute ein vergleichbar starker Mieter*innenschutz, der die Spekulation mit Wohnraum eingrenzen würde, zum anderen ist es so: Käme bzw. kommt es heute zu einem Rückgang privater Bautätigkeit bei gleichzeitigem Stadtwachstum (sprich: Wohnungsbedarf), dann sieht sich die Politik aufgerufen, private Bautätigkeit zu erleichtern und anzukurbeln, indem sie die Profitmöglichkeiten für Kapitalinvestitionen in Bautätigkeiten verbessert. Das Rote Wien hingegen sah sich als Gemeinde gefordert, selbst tätig zu werden, also 1923 per Gemeinderatsbeschluss jenes städtische Wohnbauprogramm zu starten, das bis heute Modellcharakter hat.[71] Die gesunkenen Bodenpreise machten es zugleich nötig und auch

70 Gemeinde Wien (Hg.), Das neue Wien. Städtewerk. Band 1. Wien 1926, S. 226. In einer Art „Zwangsbewirtschaftung“ zahlte die Gemeinde den Mietzins an den Eigentümer, hatte aber die alleinige Verfügung über die Wohnung. Siehe auch: Magistrate der Stadt Wien (Hg.), Die Gemeinde-Verwaltung der Bundeshauptstadt Wien, Bd. 1919–1922, Wien 1927, S. 389. Das Dokument ist einsichtig unter www.digital.wienbibliothek.at/wbrobv/periodical/titleinfo/609853.

71 Es gab zwar schon vor dem Roten Wien, zwischen 1892 und 1902, per Gesetz Steuerbegünstigung für Bauten von Gemeinden, gemeinnützigen Vereinen oder Genossenschaften; allerdings bewirkten die vorgeschriebenen Miet-Obergrenzen im Vergleich zum freien Wohnungsmarkt eine deutlich geringere Verzinsung des Baukapitals, sodass davon damals kaum Gebrauch gemacht wurde. Siehe Weihsmann, Das Rote Wien, S. 79. Zu den historischen Vorbildern des kommunalen Wohnbaus siehe S. 63ff.

möglich, dass die Gemeinde Wien die erschwinglichen Grundstücke erwarb. Und Wohnraum wandelte sich von der profitablen Investition Privater zu einer städtischen Versorgungs*infrastruktur*, welche die Stadt der Bevölkerung, die darauf ein gewisses Anrecht hatte, zur Verfügung stellte. Die Wohnung wurde also vom Spekulationsobjekt zum sozialen Recht.[72] Die Forderung, dem Wohnen nicht nur moralisch und legistisch, sondern auch in der Praxis den Status eines Menschenrechts zu geben, ist heute eine zentrale Agenda weltweiter Bewegungen und Kämpfe um ein Recht auf Stadt.

Für die Finanzierung des groß dimensionierten Wohnbauprojekts wurde 1923 trotz großen Widerstands der christlich-sozialen Opposition schließlich auch die Wohnbausteuer eingeführt. Diese wurde für jede Wohnung eingehoben, sie war zudem höchst progressiv – bis zu 300 mal mehr für eine Luxuswohnung als für eine kleine Arbeiter*innenwohnung (deren Mietzins durch die Politik des Roten Wien zudem sehr niedrig war). Konzipiert war die Wohnbausteuer als eine ausschließliche Zwecksteuer zur Finanzierung des Wohnungsbaus und zur Förderung des Siedlungswesens. Die Wohnbausteuer finanzierte einen essenziellen Teil der circa 64.000 in ganz Wien zwischen 1923 und 1933 entstandenen Wohnungen.[73]

Hier allerdings tut sich ein erstes Spannungsfeld auf: Die Gemeinde vermietete die mit Luxussteuern finanzierten Wohnungen derart günstig, dass sie damit auf eine Rückgewinnung der Baukosten verzichtete. Das ist bis heute ein Kritikpunkt. Aber nicht deshalb, weil das zu großzügig gewesen wäre, sondern vielmehr, weil ein stets weiterwachsendes Wohnbauprogramm des Roten Wien damit von der Einhebung dieser Steuern abhängig bliebe. Als Argument für die niedrige Miete „von ca. 6–8% des durchschnittlichen Haushaltsbudgets der Arbeiterfamilien“, so Claudia Mazanek und Gottfried Pirhofer, „betonte die Gemeinde Wien – vor allem gegen

72 Gert Kähler, „Nicht nur Neues Bauen“, in: Ders. (Hg.), Die Geschichte des Wohnens. Band 4: 1918–1945. Reform, Reaktion, Zerstörung, Stuttgart 1996, S. 364.

73 Dieser Anzahl an errungenen neu errichteten Wohnungen entspricht – in einem zynisch anmutenden Verhältnis – auch die Zahl der Wohnungen, die ab 1938 von den Nationalsozialist*innen allein in Wien durch „Arisierungen“ per Zwang und durch Vertreibung der jüdischen Bevölkerung „freigemacht“ wurden, nämlich ca. 60.000.

die christlichsoziale Opposition, die gegen die ‚Bolschewisierung', die ‚Vernichtung des Hausbesitzes und der gesamten Volkswirtschaft' polemisierte – nachdrücklich die volkswirtschaftliche Notwendigkeit der Verbilligung von Wohnraum zur Vermeidung ansonsten notwendiger drastischer Lohnerhöhungen, als indirekte Hilfe für die exportorientierte Industrie".[74] Für Weihsmann hat das Rote Wien mit „radikalem Pathos, mit Symbolen proletarischer Macht" den Widerspruch zu überbrücken versucht, dass nämlich „die progressive Gemeindereform [...] im Status quo einer ‚kapitalistischen Rationalitätslogik' stecken [blieb]".[75]

### Standort-Politik und Hausarbeits-Ökonomie

Anhand der steuerökonomischen Ansätze des Roten Wien, die ich schon angerissen habe, entsteht vielleicht der Eindruck, dass dabei Politik als eine Sache der richtigen Verteilung aufgefasst wird, die quantitativ, fast mathematisch anzugehen wäre. Als wäre das Um und Auf von Politik die Frage nach der richtigen Höhe der Steuern, wieviel damit für das Gemeinwohl finanziert, wieviel an Volumen gebaut werden kann. Das ist eine ganz und gar nicht unwichtige Frage. Aber ohne diese Arbeit an Gemeinwohl und an Lösungen für

74 Claudia Mazanek, Gottfried Pirhofer: „Das ‚neue Wien'", in: Claudia Mazanek, Gottfried Pirhofer, Brigitte Lehmann, Wolfgang Pircher, Franz Schuh (Hg.), Stadtbuch Wien 1982. Ein Almanach, Wien 1982, S. 13. Manfredo Tafuri schreibt über das Rote Wien als eine städtische Bauproduktion, „deren Ziel es ist, die Mietpreise auf 3,40% der Ausgaben einer Arbeiterfamilie festzusetzen und die Löhne einzuschränken, um den Preisen der Exportwaren Konkurrenzfähigkeit zu sichern." Manfredo Tafuri, „Realismus und Architektur. Am Beispiel des ‚Roten Wien'", in: Wiener Wohnbau Beispiele, Wien 1985, S. 29–32, hier S. 29. Gegen solcherlei Versuche, die „Wohnungsökonomie als kapitalfunktional zu ‚entlarven'", bringt Frei einige Argumente für die günstigen Mieten: U.a. würden „unter Bedingungen des freien Wohnungsmarktes die Lohnerhöhungen von den Mieterhöhungen deutlich überkompensiert". Und: der Mieterschutz stärke die Arbeiter*innenbewegung, also auch in ihren Lohnkämpfen; Maßnahmen, die „zur Radikalisierung der Arbeiterbewegung beitragen", könnten nicht „kapitalfunktional" sein. Frei S. 86. Die Selbstdarstellung der Stadt *Das neue Wien* von 1926 wiederum spricht davon, dass der „für diese neu errichteten Gemeindewohnungen zu bestimmende Zins den Friedenszinsen angepasst werden [musste]". Das neue Wien, Städtewerk, Band 1, Wien 1926, S. 268.

75 Weihsmann, Das Rote Wien, S. 36 und S. 55. Siehe auch Peter Kulemann, Am Beispiel des Austromarxismus. Sozialdemokratische Arbeiterbewegung in Österreich von Hainfeld bis zur Dollfuß-Diktatur, Hamburg 1982, S. 346.

Wohnungsnot geringzuschätzen, ist doch klar, dass (mit Laclau gesagt) die reinen Verteilungstechniken eine sehr reduzierte Form von Politik wären oder (mit Rancière gesagt) gar eine „polizeiliche" Administrationstätigkeit.

Würden wir die Steuerökonomie allein in den Blick nehmen, würden wir der Politik – auch Planungspolitik – des Roten Wien nicht gerecht. Das Rote Wien peilte den Kampf um gesellschaftliche Hegemonie an – im Bereich von Alltag und Kultur, mit dem zentralen Ansatzpunkt der Gestaltung von Lebensformen, also (im weiten Sinn) der Gestaltung des Wohnraums und Wohnumfelds. Der Akzent der radikalen Umgestaltungspolitik, auch der Machtpolitik, liegt beim Roten Wien nicht bei der marxistischen Frage nach der „Letztinstanz" – also der Frage, ob das Kapital oder das Kollektiv über die „Produktionsmittel" des gesellschaftlichen Reichtums verfügt. Es ging dem Roten Wien nicht um ein „Alles-oder-nichts", sondern um das schon angesprochene „langsame Hineinwachsen". Dies aber nicht nur auf die organische, rein graduelle Art, die mit dem Wachsen bezeichnet ist, sondern auch mit konfliktpolitischen Strategie-Elementen, bei denen sich eine Nähe zu Antonio Gramscis Konzept des langwierigen politischen „Stellungskriegs" zeigt: also zu dem hegemoniepolitischen Konzept, das der Theoretiker Gramsci aus dem Ablauf des Ersten Weltkriegs herleitet. *Stellungskrieg* bedeutet hier: Anstelle von heldenhaften Sturmangriffen und Entscheidungsschlachten gibt es zähe, kleinteilige Kämpfe in komplex verbautem Terrain. Geländegewinne werden gemacht, Stellungen gehalten, verloren, Stellungen des Gegners eingenommen, oft auch übernommen.[76]

Gramscis zeitgenössische Überlegungen zur Relevanz von Kultur und Alltagsleben in der Herstellung politischer Hegemonie sind ein wesentlicher Bezugspunkt für heutige radikaldemokratische Theorien. Dass es auf Eigentumsverhältnisse im ökonomischen Bereich ankommt, aber eben nicht nur, sondern auch auf vielfältige Machtbeziehungen im Alltag, im Bereich der Kultur als Lebensweise und

76 Antonio Gramsci, Gefängnishefte Band 4, Heft 7, §16, Hamburg 1996. Parallelen zwischen Gramsci, Mitgründer der Kommunistische Partei Italiens und dem Austromarxismus zeigen sich etwa in der Betonung der Bedeutung von Erziehung, Bewusstseinsbildung und Alltagsleben in Schriften von Max Adler (dem prominentesten Theoretiker der sozialdemokratischen Partei-Linken). Generell zur Nähe von Austromarxismus und der Theorie von Gramsci, siehe Frei, Rotes Wien, S. 46ff.

Praktizierung von gelebten Wertsetzungen, das findet sich so auf heutigen auf den Kommunisten Gramsci zurückgehenden Theorielinien zu Radikaler Demokratie – und (ohne Bezug auf Gramsci) in einer Reihe von sowohl propagandistischen als auch eher theoretisierenden oder debattierenden Schriften der österreichischen Sozialdemokratie der Zwischenkriegszeit.[77] Deren Auseinandersetzung mit der „persönlichen Lebensgestaltung", zwischen Lebensreform und Kulturrevolution angesiedelt, zielte auf die Herausbildung eines „Neuen Menschen" insbesondere in Bereichen wie solidarisch-gemeinschaftliches Alltagsleben, Kindererziehung, Gesundheitspflege und Körperkultur (Abstinenz-Empfehlungen; sexualpolitische Gesundheits- und Hygiene-Vorschriften) bis hin zur proletarischen Freizeitgestaltung, zum Feste-Feiern (z.B. die „Rote Weihnacht" im katholisch-konservativen Österreich) und einer Bildungspolitik, die teilweise wie eine Vorwegnahme rezenter progressiver Schulreformen wirkt (Abgehen vom Frontalunterricht, Fokus auf Gruppenarbeit, etc.).[78]

Für unseren Kontext sind natürlich jene Politiken der Alltagskultur am aufschlussreichsten, die eng mit Architektur und Planung zusammenhängen. Das betrifft das kommunale Bauen: neben den gezielt platzierten öffentlichen Bauten (z.B. Amalienbad im Arbeiter*innenbezirk Favoriten) sind das die bis heute stadtbildprägenden Wohnbauten und Wohnhöfe (teilweise auch „Superblocks" oder „rote Höfe" genannt) – quer durch ganz Wien. Auf die kleinbürgerliche Konzeption der Wohnungstypologie komme ich gleich zurück. Mit dem Wohnungsbau ist unmittelbar eine groß dimensionierte Stadtplanung verbunden, denn manche der Wohnhöfe haben

77 Siehe: Junius Verlag (Hg.), Sozialismus und persönliche Lebensgestaltung. Texte aus der Zwischenkriegszeit, Wien 1981. Verfasser*innen sind u.a. Max Adler, Julius Deutsch, Marie Deutsch-Kramer, Sophie Lazarsfeld, Otto Neurath, Henriette Roland-Holst, Therese Schlesinger.

78 Um dies mit einem beispielhaften Zitat zu illustrieren: „Daher müssen Sozialisten Menschen werden, die ihren Körper pflegen und gesund erhalten, die Wert legen auf gesundes Wohnen und gute Ernährung, die sagen, auch als Maschinensklave kann ich mich doch körperlich befreien." Steffi Endres, „Lebensführung im Sinn des Sozialismus", in: Junius Verlag (Hg.), Sozialismus und persönliche Lebensgestaltung, S. 37–42, hier 39. Dieser nicht untypischen Aussage gegenüber stelle ich den Hinweis auf Doris Byers Foucault-inspirierte kritische Studie zum Machtdispositiv der Gesundheits- und Sexualpolitik im Roten Wien: Doris Byer, Rassenhygiene und Wohlfahrtspflege. Zur Entstehung eines sozialdemokratischen Machtdispositivs in Österreich bis 1934. Frankfurt, New York 1988.

die Ausmaße ganzer Stadtteile, samt integrierter öffentlicher Bereiche in Form von Sozialbauten und -räumen. Zum Teil konnten die Wohnbauten in Nachbarschaft zueinander errichtet werden, so dass z.B. der Gürtel, die ringförmige Straße, die die (damalige) Vorstadt von den inneren Bezirken trennt, in Anlehnung an die großbürgerliche innenstädtische Ringstraße als „Ringstraße des Proletariats" galt. Schließlich war da auch ganz gezielte Standortpolitik am Werk, sowohl hinsichtlich der Positionierung von Infrastrukturen in proletarischen Gegenden als auch beim Einpflanzen proletarischer Wohnanlagen in bürgerliche Bezirke (klassisches Beispiel: der Karl-Marx-Hof in Wien-Döbling).[79] Diese Standortpolitik ist eines der vielen Elemente in der machtpolitischen Strategie der Sozialdemokratie, die langfristig angelegt war, also Revolutionierung der Gesellschaft nicht durch einen blitzartigen Ausnahme-Akt, sondern als langwieriger Hegemoniekampf, vergleichbar eben dem Gramsci'schen Stellungskrieg-Konzept. Da kommt auch das Eindringen in feindliche Stellungen dazu, in diesem Fall als Eindringen in die Kulturhoheitsbezirke des bürgerlichen Gegners.

Was aber die ganze Zeit über fehlte – darauf macht auch Alfred Georg Frei aufmerksam – war ein geeignetes Enteignungsgesetz, das tatsächliche Standortpolitik möglich gemacht hätte.[80] Die Standortpolitik musste sich pragmatisch den verfügbaren Grundstücken anpassen. So blieb die Stadtentwicklung von Eigentumsverhältnissen bestimmt; das Rote Wien entwickelte zur kapitalistischen Stadt keinen fundamentalen Gegenplan, sondern entwickelte sie weiter.

Auch in Hinblick auf reproduktive Arbeit blieb das kapitalistische System im Roten Wien aufrecht. Hier tut sich ein zweites Spannungsfeld auf: Die unbezahlte Arbeit von Frauen im Haushalt war ein zusätzlicher Faktor dafür, dass die Löhne der zumeist männlichen Arbeiter niedrig gehalten werden konnten; diese marginalisierte, unsichtbare gegenderte Arbeit wurde zum stabilisierenden Faktor des

79 Dass der Karl-Marx-Hof im bürgerlichen Bezirk Döbling errichtet werden konnte, weil es dort bereits ein großes Grundstück im kommunalen Eigentum gab, mag manche*r als rein pragmatisch verstehen; politisch relevant ist nichtsdestotrotz die Tatsache, dass er dort tatsächlich errichtet wurde. Ein Grundstück zu haben, heißt noch nicht, es mit einem Karl-Marx-Hof zu besetzen. Und dass diese Wiese eben tatsächlich mit einer großen ‚Burg' verbaut wurde, war den Christlich-Sozialen ein Dorn im Auge, siehe Frei, Rotes Wien, S. 105f.

80 Frei, Rotes Wien, S. 86 und Weihsmann, Das Rote Wien, S. 161.

Roten Wien. In anderem Kontext, aber für den hier behandelten durchaus produktiv, verknüpften Nicole Cox und Silvia Federici 1975 in *Counter-planning from the Kitchen* die Marginalisierung der reproduktiven Arbeit von Frauen durch die politische Linke mit dem Nord-Süd-Konflikt: Die „strategy for women" werde ebenso wie die „strategy for the Third World" unter die notorischen *Nebenwidersprüche* entsorgt.[81] Folgerichtig denken die beiden Proponentinnen der *wages for housework*-Bewegung die feministische und die (post) koloniale Perspektive zusammen: „both in the ‚developed' and ‚underdeveloped' countries, housework and the family on which it is centred are still the pillars of capitalist production." Der *wages for housework*-Diskurs kritisierte nicht nur die kapitalistische Ökonomie, sondern auch die sozialistische Politik: Es geht eben nicht darum, dass Frauen auch Zugang zu Billig-Jobs erhalten, auch nicht darum, dass Hausarbeit minimal bezahlt wird, oder dass Hausarbeit leichter gemacht wird, sondern dass kapitalistische Ausbeutung von Arbeitskräften (ob im Haushalt oder in der Fabrik) generell hinterfragt wird.[82]

81 Nicole Cox, Silvia Federici, Counter-planning from the Kitchen, New York 1975, S.2: „In the name of ‚class struggle' and ‚the unified interest of the class', the practice of the left has always been to select certain sectors of the working class as the revolutionary agents and condemn others to a merely supportive role for the struggles these sectors were waging. The left has thus reproduced in its organizational and strategic objectives the same divisions of the class which characterize the capitalist division of labour." Und weiter auf S. 3: „In the same way as they want to bring women to the factories, they want to carry factories to the Third World. In both cases, they presume that the ‚under-developed'—those of us who are wageless and work at a lower technological level—are backward with respect to the ‚real working class' and can catch up only by obtaining more advanced capitalist exploitation, a bigger share of the work of the factory. In both cases, then, the struggle the left offers to the wageless, the ‚underdeveloped', is not a revolutionary struggle, a struggle against capital, but a struggle *for* capital, in a more rationalized, developed and productive form. In our case they offer us not only the ‚right to work' (this they offer every worker), but the right to work more, the right to be further exploited."

82 Cox, Federici, Counter-planning, S. 5. Es ging der Bewegung nicht darum, mit kapitalistischer Logik für einen minimalen Lohn für Hausarbeit zu kämpfen, viel eher forcierte Silvia Federici die Konzeption intersektionaler Alternativen: „not only is wages for housework a revolutionary perspective, but *it is the only revolutionary perspective from a feminist viewpoint and ultimately for the entire working class.*" Silvia Federici, Wages against Housework, Bristol 1975, S. 2.

Harter Schnitt: zurück zur Wirtschafts- und Politikgeschichte des Roten Wien. In der Langzeitperspektive wird die finanzielle Austrocknung Wiens durch den konservativ regierten Bund ab 1930 wirksam, u.a. mittels Kürzung der Finanzierung aus Bundessteueranteilen.[83] Mit der schrittweisen Übernahme der Staatsmacht durch die ständestaatlichen Organisationen 1933/34 endete die Ära des Roten Wien. Noch vor dem Verbot der sozialdemokratischen Partei durch die austrofaschistische Regierung fand der soziale Wohnungsbau aus finanziellen Gründen sein frühzeitiges Ende.[84] Ab 1934 wurden in Wien gemäß christlich-sozialem Wohnverständnis vorwiegend Eigenheimbau und Eigenversorgersiedlungen gefördert. Seit 1945 stellte die neugegründete SPÖ (Sozialistische bzw. seit 1991 Sozialdemokratische Partei Österreichs) in Wien wieder durchgängig den Bürgermeister und betrieb bis 2004 weiter kommunalen Wohnungsbau. Die Errichtung von Gemeindebauten durch die Stadt wurde 2004 von der SPÖ eingestellt und erst auf Druck der Zivilgesellschaft wiederaufgenommen, mit allen Schwierigkeiten, die entstehen, wenn eine einmal zerstörte Struktur wiederaufgebaut werden muss. Heute ist immer noch beinah die Hälfte der Wohnungen Wiens in Kollektivbesitz, also in kommunalem oder gemeinnützigem Eigentum, und zwar quer durch die Stadt.[85] Dies bewirkt ein gewisses Maß an Heterogenität der Stadtbewohner*innen in allen Teilen der Stadt und verlangsamt und mildert im Vergleich mit anderen europäischen Großstädten die Miet- und Preisexplosion beim Wohnen. Sozialer Wohnbau in Wien geht auch nicht mit einer Stig-

83 Vergleiche mit der politischen Beziehung zwischen Wien heute und den anderen Bundesländern Österreichs sowie der auf Bundesebene mehrheitlich rechts wählenden Bevölkerung liegen nahe.

84 Hugo Breitner tritt 1932 zurück. Zum Ringen der Sozialdemokratie um eine Haltung gegenüber der Siedlung und der Gartenstadt: siehe Weihsmann, Das Rote Wien, S. 100ff.

85 Rund die Hälfte der Wiener*innen wohnt in den 43% der Wiener Haushalte, die Gemeindewohnungen oder gefördert sind. Siehe: Lukas Tockner, Mieten in Österreich und in Wien, Wien 2017. Sozialer (gemeinnütziger) Wohnbau wird heute von Bund, Kommunen, Genossenschaften, gemeinnützigen Bauvereinigungen (GBV) betrieben. Genossenschaften sind laut Wohnungsgemeinnützigkeitsgesetz (WGG) von Körperschaftssteuer befreit und verzichten im Gegenzug dazu auf Gewinn und Vermögensbindung. Dazu siehe auch Eva Bauer, „Gemeinnütziger Wohnbau in Österreich. Zu Geschichte, Funktion und künftiger Perspektive“, in: Kurswechsel 3, 2006, S. 20–27, hier: 21.

matisierung der Bewohner*innen einher, wie sie etwa in den USA mit dem Ausdruck „living in the projects" assoziiert ist, sondern ist zumindest im gemeinnützigen Neubau eine ‚ganz normale' Wohnform.[86]

Kritik an Wiener Wohnverhältnissen erscheint also zum einen als Luxussorge im Vergleich mit anderen Städten. Aber das macht Kritik keineswegs überflüssig: Ich setze mit meiner Kritik grundsätzlicher an und nicht zuletzt beim Erbe des Roten Wien. Dazu noch einige Vorbemerkungen: Angesichts aktuell rasant steigender Wohnungspreise auf dem privaten Wohnungsmarkt weltweit und angesichts der spezifischen Situation einer Zerschlagung der Strukturen europäischer Sozialstaaten durch neoliberale Politik gibt es mancherorts Formen von beinah „Revivals" des Roten Wien, von Aspekten dieser historischen Politik-Form und Verwaltungspraxis, speziell in Bezug auf den Wohnbau. Gerade im Planungs- und Architekturdiskurs ist das Rote Wien wieder von Interesse.[87] Mitunter werden das Rote Wien und die gegenwärtige Wiener Wohnungspolitik als Erfolgsstory exportiert, als Vorbild für andere Stadtverwaltungen, etwa in Form der Wanderausstellung *The Vienna Model*.[88] Das macht Kritik am Roten Wien noch relevanter – Kritik an seinem Erbe, und das heißt auch: Kritik *als* eine Art des Erbens.

86 Nicht zuletzt gibt es für geförderte Wohnungen großteils eine Qualitätssicherung: So gilt im Kontext der Förderungsvergabe das „4-Säulen-System", womit soziale Nachhaltigkeit – neben Ökonomie, Architektur und Ökologie – als relevanter Parameter für den prüfenden Grundstücksbeirat installiert ist. Insgesamt jedoch kippt derzeit aufgrund des großen Wohnbedarfs und des geringen Mieter*innenschutzes im privaten Sektor das Wiener Modell; so wird auch in Wien der Gemeindebau zu dem Ort, wo man/frau einzieht, wenn keine andere Wohnung mehr bezahlbar ist.

87 Um hier nur einige Beispiele zu nennen: Eve Blaus kanonisches Buch wurde 2014 auf Deutsch übersetzt: Eve Blau, Rotes Wien: Architektur 1919–1934, Wien 2014; Andreas Rumpfhuber, Michael Klein (Hg.): Modelling Vienna. Wien, Berlin 2014; Margarete Haderer, Politics and Space: Creating the Ideal Citizen through Politics of Dwelling in Red Vienna and Cold War Berlin, Dissertation, University of Toronto 2014, uvm. Im Rahmen der Veranstaltungen zum 100. Jahrestag der Gründung der Republik Österreich wurde 2018 vermehrt auf das Vermächtnis des Roten Wien zurückgegriffen, 2019 in Form von Ausstellungen zu 100 Jahre Rotes Wien; siehe u.a. Werner Michael Schwarz, Georg Spitaler, Elke Wikidal, Wien Museum (Hg.), Das Rote Wien 1919–1934, Basel 2019.

88 Siehe weiterführend Wolfgang Förster, William Menkins, Das Wiener Modell, Berlin 2016.

Wenn wir uns zeitgenössische, also schon zeitgleich zum historischen Roten Wien formulierte, Kritik anschauen, dann stoßen wir etwa auf einen Einwand, der sozusagen radikalistisch ist. So bemerkte schon 1927 Max Adler, der austromarxistische Theoretiker der sozialdemokratischen Parteilinken, „Häuserbauen, Fürsorge und Schulreform" seien zwar wichtig, aber keineswegs revolutionäre Arbeit. Das Rote Wien beschränke sich, anstatt Besitzverhältnisse in der Produktion anzugreifen, nur auf die Reproduktionsebene (für Max Adler ein rein reformistisches Projekt, das eben „nicht herausführt aus der Klassengesellschaft").[89]

Diese Kritik ist stichhaltig, übersieht oder unterschätzt aber den agonalen Aspekt des Roten Wien: dass in diesem Projekt eine politische Gegner*innenschafts-Beziehung im Rahmen parlamentarischer Wahlen und Prozesse ausgetragen wurde. Es ist (mit Chantal Mouffe gesagt) wichtig, politische Konflikte *auch* innerhalb von Institutionen zu führen und demokratische Spielräume auch *einzurichten*, zu institutionalisieren. Der Einwand, das Rote Wien habe nicht konfrontativ genug im Sinn radikaler Veränderung (Revolution) agiert, ist richtig und übersieht doch zugleich das Moment, dass die politische Dimension sozialer Konflikte, gesellschaftlicher Antagonismen, nicht einfach wegfällt, wenn politische Kämpfe zeitweise weniger akut, weniger laut und zusammenprallend stattfinden. Zu der bereits eingeführten „Unruhe", dem „Rumoren" des Konflikts, das laut Oliver Marchart immer vernehmbar bleibt, gibt es ein Pendant in der Art, wie Otto Bauer in den 1920er Jahren eine „Theorie der Pause" vertreten hat. In Zeiten, in denen der revolutionäre Prozess nicht akut zum Kampf zugespitzt ist, gelte es, möglichst viel an Lebensbedingungen für das Proletariat zu verbessern und *zugleich* die Bereitschaft zu radikaleren Veränderungen nicht aus den Augen zu verlieren und die dafür notwendigen Kräfte zu erhalten.[90]

89 Max Adler zu „Erziehung als Beruf". Dass Adler das Bauwesen gegen die Erziehung ausspielt – Erziehung als ein „Tun, das revolutionär ist, wie kaum ein anderes" –, ist angesichts des Schwerpunkts, den der Austromarxismus auf Kultur- und Bildungsarbeit gelegt hat, nicht wirklich nachvollziehbar. Ders., Neue Menschen. Gedanken über sozialistische Erziehung, Berlin 1924, S. 109ff.

90 Siegfried Mattl, „Pausenfüller. *Das Notizbuch des Mr. Pim* und *Die vom 16er Haus*", in: Mattl, Die Strahlkraft der Stadt. Schriften zu Film und Geschichte, Wien 2016, S. 32ff. Mattl verweist u.a. auf die Verschiebung sozialdemokratischer Politik „von den institutionellen Routinen zu einer Politik der Affekte", insbesondere in der Verlagerung auf das Feld der Kultur, also auch des Wohn-

Hierin liegt auch ein Gegenargument zu der radikalistischen Kritik, wonach das Rote Wien unfähig war, in ihrer gedämpften, auf Aufbauarbeit konzentrierten Form den politischen Kampf gegen ein Bürgertum zu führen, das sich faschisiert und militarisiert wie in Österreich Anfang der 1930er Jahre. Ein konkretes Gegenargument gegenüber dieser Kritik lautet: Gerade die Lebenswertheit und auch die Schönheit *seiner* Stadt, *seines* Roten Wien und *seiner* schützenswerten Einrichtungen, waren wesentliche Motivationen für das Wiener Proletariat, das Risiko eines bewaffneten Aufstands gegen das Dollfuß-Regime – zur Verteidigung der Republik und der sozialen Errungenschaften gegen deren austrofaschistische Demontage – im Februar 1934 auf sich zu nehmen.[91] Und das, obwohl die sozialdemokratische Partei selbst nicht dazu entschlossen war. (Der Aufstand ist jedoch, wie bekannt, gescheitert.)

Alltags. „Bauer avisierte eine Ästhetisierung der Bewegung, die helfen sollte, ‚zu sehen' (wie er erstaunlicherweise formulierte). Damit meinte er das Paradox, die Realität der Pause politisch anzuerkennen, aber in der Gefühlswelt eine andere Realität, die des revolutionären Geistes, zu bewahren." Mattl, „Pausenfüller", S. 34.

91 Mattl, „Pausenfüller: Rotes Wien im Notizbuch des Mr. Pim (1930)", Vortrag bei der Tagung *Postrevolutionärer Film. Nachtrag zur Umwälzung, Aufstand im Rückblick*, Institut für Wissenschaft und Kunst / Institut für Theater-, Film- und Medienwissenschaft, Universität Wien, 25.5.2014.

# 2. Kritisches Erben

*Wenn die Lesbarkeit eines Vermächtnisses einfach gegeben wäre, natürlich, transparent, eindeutig, wenn sie nicht nach Interpretation verlangen und diese gleichzeitig herausfordern würde, dann gäbe es niemals etwas zu erben.*
JACQUES DERRIDA, MARX' GESPENSTER, S. 36

## Geschichtspolitik und *Lost Futures*: Derridas und Fishers Hantologien

Mein hegemoniepolitischer Zugang zum Roten Wien wird nun im weiteren geschichtspolitisch durch den Ansatz eines *kritischen Erbens* erweitert. Dabei geht es nicht darum, das Rote Wien als einen integralen Welt-Entwurf zu beerben, sondern, ein Verhältnis zu seinen politischen Strategien zu bestimmen, das wir heute sinnvollerweise eingehen können – in Stadtkonflikten und in Hinblick auf mögliche Alternativen für die Zukunft. Das heißt zweierlei. Zum einen, dass sich im heutigen Wien sedimentierte politische Konflikte präsentieren, die reaktivierbar sind. Insbesondere sind die Fassaden-Inschriften in Sachen „Erbaut mittels der Wohnbausteuer" als Einschreibungen neu zu lesen, quasi neu zu schreiben, in denen eine Konflikt-Ansage bzw. eine Errungenschaft in einem Hegemoniekonflikt eingelagert ist. Damit kein Missverständnis entsteht: Die Inschriften und die Fassaden, auf denen sie erscheinen, sind in ihrer Lesbarkeit nicht in einem Sinn relevant, wie er in dem von Karl Renner überlieferten Satz von 1930 zum Ausdruck kommt: „Wenn wir zum Schweigen gezwungen wären, würden die Mauern für uns reden!"[92] Mein Verständnis von Erben zielt nicht auf ein Pathos der „beredten Mauern";[93] auch nicht auf die Fassaden-Inschrift als ein Monument großer Namen oder Ahnengalerie der Held*innen (die

92 Zit. in: Frei, Rotes Wien, S. 91.

93 Auch nicht auf einen Ruinen-Gedanken, wie er vielmehr für das Nazi-Kultur-Vermächtnisprogramm rund um die Monumentalbauten Albert Speers steht.

Benennungen der Höfe als sozialistisches „Bildungsprogramm"[94]). Sondern, wenn die Inschriften des Roten Wien als – im vollen Sinn – Programm zu verstehen sind, das als Forderung reaktivierbar ist, dann zunächst in dem ganz einfachen Sinn, dass sie eine *politische Differenz* ausdrücken.[95] Sie zeigen etwas – eine Situation der politischen Konfliktaustragung –, das in der Geschichte *anders* war, und damit halten sie, gerade in unseren heutigen TINA-Verhältnissen, fest, dass es auch heute und in Zukunft anders sein kann. Wenn wir noch Rancières Gedanken vom Sich-Beziehen späterer Kämpfe und Streit-Handlungen auf frühere Gleichheitsinschriften dazu denken, dann tritt an den Inschriften, zusätzlich zum Zeugnis eines Unterschieds zum Heute, noch ihr Charakter als Position bzw. Stellung im hegemoniepolitischen Stellungskrieg zutage. Mit dem Hinweis auf die Wohnbausteuer wird auch das heutige Konflikt-Ziel Umverteilungspolitik, u.a. auch in Form von Steuern, re-artikuliert. Zudem verweist das „Erbaut von der Gemeinde Wien" auf das Konzept von Kommunalität.[96] Und im Einsatz für diese Position (die es unter zunehmend autoritären Bedingungen noch schwerer hat als in einem konventionell bürgerlich regierten Neoliberalismus) gilt es, jede Stellung zu nutzen, also nicht zu wählerisch und nicht puristisch zu sein, eben nicht wie jener erwähnte Diskurs, der dem Roten Wien fehlenden Radikalismus vorwirft und dabei Radikalität zu einem Wert an sich stilisiert. Das ist ein wesentlicher Teil des Hegemoniegedankens.

Der andere Aspekt eines heutigen Rekurses auf Geschichte und Vermächtnis des Roten Wien läuft auf ein *kritisches Erben* hinaus: auf ein selektives, differenzierendes Verhältnis zu eben dieser Geschichte. Das wirkt zunächst so, als wäre es das genaue Gegenteil zu der eben dargestellten hegemonietheoretischen Position, wonach es jede Stellung zu nutzen gilt. Aber dieser Gegensatz ist nur vordergründig: Alles nutzen, was sich bietet, heißt nicht, das jeweils Genutzte insgesamt als großartig und vollständig gelungen hinzustellen.

94 Anson Rabinbach, „Politics and Pedagogy: The Austrian Social Democratic Youth Movement 1931-32", in: Journal of Contemporary History 13.2, 1978, S. 337–356.

95 Siehe Marcharts gleichnamiges Buch *Die politische Differenz*.

96 Bzgl. der Semantik, die im Gemeindebau, Massenwohnbau, Sozialen Wohnbau steckt, Siehe auch Gabu Heindl, „Stadtfreundschaft! Ein Plädoyer für eine neue, intersektionale Solidarität und einen materialistischen Gemeindebau", in: Der Gemeindebau, Falter Nr.37a, 2019.

Und es heißt schon gar nicht, sozusagen alles in Kauf nehmen zu müssen, was die Geschichte des Roten Wien an politischem Problembestand mit sich bringt.

Maßgeblich für meinen Zugang des kritischen Erbens ist zunächst die Art, wie Jacques Derrida in seinem Buch *Marx' Gespenster* mit dem Erbe des Kommunismus und der marxistischen Theorie umzugehen vorgeschlagen hat. In Bezug auf das Erbe des Marxismus nach 1989 spricht Derrida vom „Erben als Aufgabe" und auch davon, „aus[zu]suchen unter den verschiedenen Möglichkeiten, die derselben Verfügung innewohnen." Die Aufgabe besteht darin, das Erbe so radikal wie nötig zu verändern, zu *filtern*, also „eher das eine als das andere davon zu bewahren."[97] Im kritischen Erben dessen, was dem Roten Wien innewohnt, geht es mir dabei um die Suche nach Momenten, in denen das Rote Wien radikaldemokratisch gleichsam sich selbst überschreitet. Damit meine ich etwas, das vergleichbar ist den *Lost Futures*, die der Essayist Mark Fisher jüngst am britischen Sozialstaat der 1970er Jahre und seinen Institutionen festgehalten hat: Fishers Trauer – zum Teil explizit auf Derridas Spuren – gilt nicht den faktisch verwirklichten Formen eines zentralistischen rationalistischen Wohlfahrtsstaats (und seiner Kulturversorgungen); sondern Fisher trauert quasi um die Möglichkeiten und Zukünfte, die in genau dieser vergangenen Gegenwart enthalten waren und durch den neoliberalen Thatcher-Backlash mit verunmöglicht wurden. Und das sind Möglichkeiten und Zukünfte, in denen der eng zugeschnittene sozialstaatliche Rahmen sich selbst überschreiten hätte können; nämlich etwa seine Verengung auf das weiße, männliche, bildungsbürgerliche Normalsubjekt. Mit Mark Fisher gesagt:

> What haunts us is the spectre of a world in which all the marvels of communicative technology could be combined with a sense of solidarity much stronger than anything social democracy could

97 „Ein Erbe versammelt sich niemals, es ist niemals eins mit sich selbst. Seine vorgebliche Einheit, wenn es sie gibt, kann nur in der *Verfügung* bestehen, zu *reaffirmieren, indem man wählt. Man muß,* das heißt: *Man muß* filtern, sieben, kritisieren, man muß aussuchen unter den verschiedenen Möglichkeiten, die derselben Verfügung innewohnen. […] Wenn die Lesbarkeit eines Vermächtnisses einfach gegeben wäre, natürlich, transparent, eindeutig, wenn sie nicht nach Interpretation verlangen und diese gleichzeitig herausfordern würde, dann gäbe es niemals etwas zu erben." Jacques Derrida, Marx' Gespenster, Frankfurt a. M. 1995, S. 36.

> muster […]. The disarticulation of class from race, gender and sexuality has in fact been central to the success of the neoliberal project – making it seem, grotesquely, as if neoliberalism were in some way a precondition of the gain made in anti-racist, anti-sexist and anti-heterosexist struggles.[98]

Beim Vermächtnis des Roten Wien geht es mir nicht nur um die faktische Erbmasse an steuerpolitischen Umverteilungsstrategien und Praktiken des Regierens, sondern darum, was an Ermächtigung in diesem austromarxistischen Framework enthalten ist. Einmal mehr gesagt: Es geht mir um radikaldemokratische Übersetzungen von austromarxistischen Setzungen ohne Paternalismus.

Kritisches Erben bedeutet somit ein Sondieren von Potenzialen und von möglichen Anknüpfungspunkten, und zwar auch unter diskursanalytischem Einbeziehen der Kritikgeschichte des Roten Wien – von der Zeit des Austromarxismus selbst bis hin zu jüngeren Diskursen. Meine Siebe-Tätigkeit ist also auch ein Stück weit eine Kritik dieser Kritik. Um aber auch hier nicht den Anschein zu erwecken, als möchte ich solange filtern, bis die purest-möglichen marxistisch-emanzipatorischen Elemente übrig bleiben: Im Gestus von Derridas dekonstruktiver oder Fishers alltagskulturhistorischer Hantologie an die Sache heranzugehen, bedeutet eher Brechungen, Übersetzungen und Anknüpfungen sichtbar werden zu lassen.[99]

Nicht sehr weit entfernt von Derridas Theorie zum gespenstischen Vermächtnis des Kommunismus gibt mir der Philosoph Ernst Bloch einen fast architektonisch formulierten Gedanken zum Erben an die Hand, wenn er 1935 fragt, was für die marxistischen Bewegungen zu erben wäre an Beständen der bürgerlichen Geschichte, von ihren Errungenschaften wie auch den in ihr tradierten Gegenkräften, und dabei über eine Art Umbauen spricht: „Nichts zu vergessen, alles zu verwandeln," gilt es, und zwar „dialektisch, hoffend, erbend schlechthin".[100] Für Bloch ging die Überschreitung des engen Horizonts einer marxistischen Parteidoktrin noch in die Richtung einer Freisetzung der nicht-rationalen, also religiösen und fantasiebezogenen Potenziale

98 Mark Fisher. Ghosts of my life: Writings on depression, hauntology and lost futures, Winchester 2014, S. 26f.

99 *Hantologie* kann als Lehre des Gespenstischen übersetzt werden: als die Lehre von dem, was generationenübergreifend uns heimsucht, etwa als weiterzudenkende Idee oder als Vermächtnis einer zum Schweigen gebrachten Gruppe.

100 Ernst Bloch, Erbschaft dieser Zeit, Frankfurt a. M. 1985, S. 157.

von utopistischem Fortschrittsdenken aus einem ökonomistischen Rahmen.

Meine (Austro-)Marxismus-Kritik setzt allerdings an verschütteten Beständen an, die, aus der Gegenwart heraus formuliert, folgende drei Perspektivierungen betreffen: erstens eine politiktheoretische, postfundamentalistische Optik auf das austromarxistische Wien aus der Konfliktkonstellation im *gegenwärtigen* Kapitalismus, also Neoliberalismus, heraus (mit Aufmerksamkeit auf nationalautoritäre politische Formungen in jüngster Zeit). Der zweite Aspekt eines kritischen Erbens, eines *Umbauens* des Roten Wien und dessen Bauten, ist im Feld der ästhetischen Kritik angesiedelt. Dabei liegt meine Akzentuierung von Ästhetik auf Gestaltung und Soziologie neuer Lebensformen, neuer Commonalisierungen.

Drittens ist mir kritisches Erben besonders wichtig an den Punkten, an denen organisatorische, verwaltungstechnische, aber auch alltagspolitische Maßnahmen des historischen Roten Wien sich gegenüber Selbstverwaltungsimpulsen und popularen Ermächtigungen als repressiv erweisen. Unter all diesen Aspekten wird es nun um kritisches Erben gehen. Und da ist mir generell wichtig, dass Kritik etwas anderes ist als nur eine negative, aburteilende Tätigkeit: Mark Terkessidis etwa gibt zu verstehen, dass Kritik sehr viel zu tun hat mit der Erneuerung, Wartung und Instandsetzung von dem, was man hoch schätzt und dessen Ermöglichung ein Anliegen ist.[101] Das Wohlwollen meines Fokus auf Ermöglichungs-Spielräume und Agency-Ansätze im Roten Wien, die ich durchaus auch gegen die ausformulierten Machtstrukturen des Roten Wien stark mache – mein generelles Wohlwollen ist nicht zuletzt jener Tatsache geschuldet, die ja schon in den so signifikanten Fassaden-Inschriften zum Ausdruck kommt: Das Rote Wien war ein *realisiertes Projekt*, eine *politische Wirklichkeit* mit einigen utopischen Zügen – und verdient es, als eine solche Wirklichkeit radikal und radikaldemokratisch kritisiert, aber auch in Hinblick auf die Zukunft umgebaut zu werden.

101 Mark Terkessidis, Kollaborationen. Frankfurt a. M. 2015.

## Ziegel, Vorraum, Superblock: Ästhetische Kritik des Wohnens

Kritik am Roten Wien wurde schon zu seiner Zeit laut. Insbesondere natürlich schon seitens seiner politischen Gegner*innen: Diese bezeichneten die austromarxistische Wohnbaupolitik etwa als „Wohnungsbolschewismus".[102] Ich möchte mich aber gar nicht der Agitation seitens der über ihren Macht- und Profit-Verlust besorgten Konservativen widmen. Für mein Argument ist die *Kritik von links* ergiebiger – etwa schon Kritik aus den Reihen des Austromarxismus selbst. Erinnern wir uns an den Einspruch des linkssozialistischen, marginalisierten Partei-Intellektuellen Max Adler, der im Fokus aufs „Häuserbauen" keine revolutionäre Arbeit erkannte,[103] und an den umfassenderen Einwand, dass sich die Wohnbaupolitik auf einer bloßen Reproduktionsebene einrichte und insofern das kapitalistische System, zumal die Produktionsverhältnisse, nicht wirklich anrühre.

Dezidiert im ästhetischen Feld positioniert, lautete die Kritik mancher zeitgenössischer Architekt*innen – unter ihnen Margarete Lihotzky, Josef Frank, Franz Schuster –, dass es das Rote Wien versäumt habe, eine der revolutionären Mission angemessene moderne Ästhetik zu entwickeln. Dass wir im Roten Wien nicht auf einen ausgeprägt modernistischen internationalen (internationalistischen) Stil treffen, hat verschiedene Gründe und Kontexte. Zum einen war ein großer Teil der Architekt*innen, die die Bauten dieser Zeit planten, von Otto Wagner geschult, somit an einer großbürgerlichen Ringstraßenpalais-Ästhetik, die sie in die roten Wohnbauten übertrugen. Im Gegensatz zur Entwicklung einer modernen Ästhetik, wie etwa im Frankfurt der 1920er Jahre, baute Wien im Zeichen einer Burgen- oder Palastästhetik für das Proletariat.[104] Als in den 1970er Jah-

102 Johann Czerny, „Der Wohnungsbolschewismus in Österreich", Niederösterreichischer Verband vom Alpenländischen Haus- und Grundbesitzerbunde, Baden 1925.

103 Max Adler, zit. in: Weihsmann, Das Rote Wien, S. 51.

104 Die Sozialdemokrat*innen selbst bezeichneten die Wohnbauten als „Paläste": „Wer Kindern Paläste baut, reißt Kerkermauern nieder." Julius Tandler, Stadtrat für Wohlfahrts- und Gesundheitswesen im Roten Wien, zit. in: Weihsmann, Das Rote Wien, S. 25. Die „Volkswohnungspaläste" (wie sie von Josef Frank u.a. kritisch genannt wurden) waren angelehnt an frühe sozialistische Utopien (wie etwa jener von Charles Fourier, der schon zu Beginn des 19. Jahrhunderts für das Proletariat Einrichtungen wie Schule, Theater, Kinderkrippen, Bäder, Wäscherei forderte, sowie die Mitte des 19. Jahrhunderts erbaute *Familistère* von Jean-Baptiste André Godin in Guise.) Das Rote Wien betrieb keine *tabula rasa*,

ren eine Phase des erneuerten Interesses am Roten Wien der 1920er einsetzte, wurde diese Palast-Ästhetik für das Proletariat von der Architekturkritik als „romantisch-monumental" bezeichnet.[105] Mehr noch: Diese ästhetischen Urteile wurden mit einer Ideologiekritik an Regression und Verkennung der objektiven soziopolitischen Verhältnisse verbunden. Denn darauf lief der Vorwurf hinaus, das Rote Wien habe „Wohninseln" und idyllisierende „Scheinwelten" hervorgebracht,[106] die dem Proletariat einen Rückzug nahelegten und zugleich die Sicherheit einer Burg inmitten einer in Wahrheit höchst unsicheren, bedrohlichen Umwelt (kapitalistische Ökonomie, christlich-sozial regierte Republik) suggerierten.

Das Rote Wien steht hier in einer Linie mit dem „rückwärtsgewandten Bezugspunkt der Utopie" (Gert Kählers), einem Konzept, das die Frankfurter Trabantenstadt und die Hamburger Großstadterweiterung mit Camillo Sitte, Ebenezer Howard und Charles Fourier verbindet: Wir stoßen hier auf „Züge eines idealisierten Mittelalters",[107] einer Zeit, als Stadtgesellschaft noch übersichtlich war. Dieser Kritik zufolge kommt zu der Ideologie vom vormodernen Idyll noch etwas hinzu, das sich auch in einer modernen Politik als Problem auswirkt: Wenn wir die Höfe in ihrer „panoptischen Form" analysieren, dann ist das ein Hinweis auf eine Art „Biopolitik", bei der die Ästhetik der „Superblocks" (z.B. Karl-Marx Hof) – mit ihren Burg-artigen Zugangstoren und abgeschlossenen, teils straßenunabhängigen selbständigen Formen, mit ihrer Wegeführung zu den Treppenhauseingängen in den Höfen – auch eine Disziplinierungsfunktion erfüllt: Das Leben der proletarischen Massen wird sortiert,

keinen funktionalistischen Städtebau, sondern die Weiterführung der bürgerlichen und gründerzeitlichen Blockstruktur (bis hin zu Palast- und Klosterbau-Tradition, was den Sozialdemokrat*innen die Kritik einbrachte, dass ihre Bauten der Herrschaftsarchitektur zu ähnlich wären). Der Jakob-Reumann-Hof wurde von den Konservativen „Schönbrunn des Pöbels" genannt. Weihsmann, Das Rote Wien, S. 115, S. 121.

105 Weihsmann, Das Rote Wien, S. 124.

106 Gert Kähler, Wohnung und Stadt. Hamburg Frankfurt Wien. Wiesbaden 1985, S. 25.

107 Gert Kähler nennt die Bauten des Roten Wien im Vergleich zu Hamburg und Frankfurt „prüde Architektur", bei der man aber immer den erhobenen Zeigefinger spüre im Sinn von „Seht, das haben wir geleistet." Kähler, Wohnung und Stadt, S. 19.

nicht zuletzt in der Art, dass deren Unübersichtlichkeit und Vielförmigkeit in baulich abgeschlossene Gesamtformen gegossen ist.

Gegen ein solches verallgemeinertes Argument der Geschlossenheit spricht jedoch die Nicht-Geschlossenheit ebenfalls vieler Höfe des Roten Wien, wie sie etwa Eve Blau betont.[108] Der Rabenhof in Wien-Erdberg ist, denke ich, trotz seiner burghaften Anmutung gerade heute stadtplanerisch und landschaftsgestalterisch ein gutes Beispiel dafür, wie die teil-offenen begrünten Höfe der Gemeindebauten bis heute gerade nicht Burg-Rückzugsraum sind, sondern vielmehr öffentlich zugängliche Parks für die Nachbarschaft bilden. Beide, Bauten und Grünraum, sind gleichermaßen Gemeindeeigentum, also eine Form von Gemeingut. Zudem tritt an den Innenhöfen etwa des Rabenhofes in heutiger formaler Sicht ein Moment von spielerischer Verwachsenheit, von urban-dichter Gartenstadt-Ästhetik in den Vordergrund.[109]

Zur Analyse des Superblocks gibt es eine weitere städtebauliche Perspektive: Neben den bürgerlichen Stadthäusern waren die Architekturschaffenden aus der Wagner-Schule auch geprägt von Wagners großstädtischen infrastrukturellen Architekturprojekten, v. a. der Stadtbahn – und wie sich diese in aller Eigenständigkeit in die Stadt einfügten.[110] Die Stadt wurde durch architektonische Einfügungen geformt. Das betrifft die verschiedenen Typologien des Roten Wien gleichermaßen, also die Blockrand-Bebauungsformen, die im Grunde die Gründerzeitstruktur weiterbauen, wie die

108 „The *Gemeindebauten* created spaces that were part public, part private; that were both open and closed; that were available for circulation and public use but also enclosed with the built-up circumference of the city block; that overlapped with the existing urban grid but undermined the logic of its order." Blau, Red Vienna, S. 339.

109 Wenn wir auch Eigentumsverhältnisse als Teil des ästhetischen Programms verstehen, dass nämlich sowohl der Wohnraum als auch die großen Gartenflächen in kollektivem Besitz stehen (heute Gemeinde- oder Genossenschaftsbesitz), kommen die Höfe des Roten Wien dem Gartenstadt-Konzept von Ebenezer Howard näher als es Eigentums-basierte Siedlungen wären. In Howards Gartenstadt-Konzept lautete eine der grundsätzlichen Prämissen, dass aller Boden in kollektivem Eigentum stehen soll (allerdings nicht notwendigerweise in kommunalem). Vgl. Ebenezer Howard, Gartenstädte von morgen. Frankfurt a. M., Wien 1968.

110 Vgl. Eve Blau, Gabu Heindl, Monika Platzer, „Architektur und Politik. Lernen vom Roten Wien", in: Schwarz, Werner Michael, Georg Spitaler und Elke Wikidal (Hg.), Das Rote Wien 1919–1934. Basel 2019, S. 158–165.

herausragenden Superblocks. Nicht zuletzt braucht der Superblock den Hintergrund der generischen Stadt, um *herauszuragen*, um den Anspruch einer *anderen Welt* auch sichtbar zu machen. Dass es heute in der Stadtplanung von Wien keinen elaborierten Städtebau gibt, scheint also bereits im Roten Wien angelegt; Stadtplanung wurde (und wird bis heute in Wien) in Form von Mobilitätsinfrastruktur und Wohnbauprojekten betrieben (selbst wenn es sich um große Stadtentwicklungsgebiete mit Mischfunktionen handelt, dominiert auch heute das Thema Wohnbau).

Das Rote Wien sah generell die Lösung diverser Probleme der Industriegesellschaft im Wohnbau – wie bereits erwähnt bis hin zu Fragen des Exports und der Herstellung günstiger Produktionsbedingungen.[111] Wurde im Austromarxismus die Kulturarbeit in der Erziehung eines selbstbewussten Proletariats zum Stellvertreter revolutionärer Mobilisierung, so wurde – in einem weniger prominenten Zusammenhang – die Wohnbaupolitik zur Stellvertretung bzw. zum Durchführungsort von Sozialpolitik und Wirtschaftspolitik. Statt systemischer Änderungen im Produktionssektor zielte die – wenn wir so wollen – reformistische Politik durch Wohnbau auf geringe Belastung der Arbeiter*innen, wodurch auch die Löhne niedrig sein konnten. Aber mehr noch, im Register von ästhetischer Kritik am Roten Wien: Dass der Wohnbau selbst zum Arbeitsbeschaffungsprogramm und zum Motor der Ankurbelung der heimischen Wirtschaft wurde, dieser Umstand erklärt auch die Wahl von Ziegel als vorherrschendem Material und damit die bis heute erkennbare „pragmatische Ästhetik" der Wohnbauten des Roten Wien.[112] Zie-

111 Im Kontext fordistischer Stadtentwicklungen verfolgten viele Städte das Konzept, durch direkte Intervention in den Wohnungsmarkt, u.a. „die Probleme der modernen Industriegesellschaft (Wohnraummangel, Gesundheitsversorgung, Bildungsnotstand, Verkehrschaos etc.) lösen [zu] können […], um so Wachstum und den materiellen Wohlstand des fordistischen Akkumulationsprozesses zu gewährleisten." Daniel Mullis, Sebastian Schipper, „Die postdemokratische Stadt zwischen Politisierung und Kontinuität. Oder ist die Stadt jemals demokratisch gewesen?", in: sub\urban. zeitschrift für kritische stadtforschung 1 (2), 2013, S. 79–100, hier S. 88.

112 Siehe Blau, Red Vienna. „Kleiner roter Ziegelstein, baust die neue Welt" lautete ein Arbeiterlied in der Ersten Republik (Frei, Rotes Wien, S. 123). Ein Pendant zu dem von Ziegelrot mitgeprägten sozialdemokratischen Roten Wien, jedoch viel mehr ins Auge fallend, ist das von auffällig roten Fassaden geprägte, lange Zeit kommunistische *Bologna Rossa*.

gel war zugleich Baumaterial und Ornament, ganz im Unterschied etwa zu den weißen Putzfassaden der Neuen Sachlichkeit in Frankfurt. Ziegelwände, Ziegelfassaden entsprachen damals nicht den Vorstellungen einer fortschrittsorientierten Moderne, allerdings kamen sie sehr wohl einer Bauweise entgegen, die die Arbeiter*innen vor Ort in Wien beherrschten; und es waren genau die Arbeiter*innen – die „Ziegelbehm" (Ziegelarbeiter aus Böhmen), die „Maltaweiber" (Mörtelmischerinnen) und die „Sandler" (Sandmischer) –, deren Ausbeutung durch die Wienerberger Ziegelfabrik- und Baugesellschaft im Jahr 1888 u.a. zur Gründung der sozialdemokratischen Arbeiterpartei sowie zu ersten Erfolgen der Arbeiter*innenbewegung führte.[113] So wurde die Ästhetik des Backsteins und der Klinkerfassaden zur Ästhetik der Arbeiter*innenkultur und der Arbeiter*innenbewegung.[114] Für das Wohnbauprogramm des Roten Wien bot die Ziegelindustrie qualifizierte und, durch die Mietpreispolitik des Roten Wien, niedrig entlohnbare Bauarbeiter*innen. Nicht zuletzt war das aktive Einbeziehen lokaler Materialien und Bauweisen sowie die daraus resultierende, von der internationalen Moderne abweichende Ästhetik – also ein ausgeprägtes kontextsensitives, situiertes Moment – mit auch ein Grund, warum das Rote Wien in den Masterplan-kritischen, modernisierungs-skeptischen 1970er Jahren

113 Der Arzt Victor Adler schrieb 1888, kurz bevor er die Sozialdemokratische Arbeiterpartei gründete, über die Lage der Ziegelarbeiter*innen: „Die Wienerberger Ziegelfabrik- und Baugesellschaft zahlt ihren Aktionären recht fette Dividenden. [...] Hören wir nun, wie der andere Teil, wie die Arbeiter dieser reichen glänzenden Aktiengesellschaft leben. Nun denn, diese armen Ziegelarbeiter sind die ärmsten Sklaven, welche die Sonne bescheint. [...] Der Hunger und das Elend, zu dem sie verdammt sind, wird noch entsetzlicher durch die Wohnungen, in welche sie von der Fabrik oder ihren Beamten zwangsweise eingepfercht werden." Victor Adler, „Die Lage der Ziegelarbeiter", in: Gleichheit. Sozialdemokratisches Wochenblatt. 48, 1. Dezember 1888, S. 2. Nach einem Streikerfolg der Ziegelarbeiter*innen 1895 kam es zur Gründung von Fachgewerkschaften der Ziegelarbeiter*innen, sowie einer Verbandspresse mit der Zeitschrift *Der Ziegelarbeiter*, zunächst in tschechischer Sprache und danach auch auf Deutsch. 1907 wurde ein erster Kollektivvertrag durchgesetzt. Siehe auch Marie Toth, Schwere Zeiten: Aus dem Leben einer Ziegelarbeiterin, Wien 1992, S. 23ff.

114 Die Nazis hingegen präferierten notorischerweise Naturstein (z.B. Granit) gegenüber dem mit der proletarischen Kultur assoziierten Ziegel. Den Granit-Bau der Nazis hier anzusprechen, ist aber nicht möglich, ohne auf den verbrecherischen Einsatz von Zwangsarbeiter*innen in Steinbrüchen, in deren Nähe oft Konzentrations(neben)lager eingerichtet wurden, einzugehen.

im Kontext der Suche nach Alternativen zur Moderne wieder rezipiert wurde.[115]

Die markanten Ziegeloberflächen Wiens sind also weniger „konservativ“ als es den Anschein hat. Die architektonische Grundriss-Entwicklung der Wohnbauten hingegen weist tatsächlich ein Moment auf, das in Richtung Verkleinbürgerlichung der Arbeiter*innen geht. Mit dem Anspruch, einen klaren Unterschied zum geringen Standard der Bassenawohnungen in den Häusern der Gründerzeit zu markieren, wurde allen kommunalen Wohnungen ein Vorzimmer verpflichtend vorgeschrieben. Dieser Vorraum sollte eine möglichst geschlossene Privatsphäre gewährleisten, eben im Gegensatz zur Bassenawohnung, deren Wasserversorgung lediglich über die kollektive Wasserleitung auf den Gängen des Stiegenhauses (der namensgebenden Bassena) und mit dem zum Sozialklischee gewordenen „Bassenatratsch“ als resultierender Gemeinschaftspraxis erfolgte.

War die Bassena Sinnbild für Tratsch und somit Müßiggang, bildete das Vorzimmer in den neuen Gemeindebauten eine Schwelle und zugleich einen akustischen Puffer zur nun von innen mit Wasser versorgten Arbeiter*innenwohnung – als einer Kleinform der bürgerlichen Wohnung. Nun ist die Isolierung in Form von Kleinfamilien-Wohnungen kein eigentlich sozialistisches Anliegen. Im Gegenteil: Diese Isolierung entspricht allzu direkt Arbeitgeber-Forderungen, wie sie Ende des 19.Jahrhunderts verstärkt erhoben worden waren. Auf paradox anmutende Weise scheinen also die sozialdemokratischen, teils auch kommunistischen Architekt*innen für die „Versittlichung“ der Arbeiter*innen gearbeitet zu haben – und damit also nicht nur an deren Disziplinierung, sondern auch an der Unterbindung von eben den „unberechenbare[n] Formen der Solidarität“,[116] wie sie den Arbeitgebern ein Dorn im Auge waren.

Darin steckt freilich implizit die Überlegung, dass die Bassena ein Ort ist, der für die Bildung einer widerständigen Solidarität gegen das Kapital ausgezeichnet geeignet wäre. Einer Überlegung in diese

115 Für eine Masterplan-kritische, auf Henri Lefebvre basierende Rezeption des Roten Wien siehe: Frei, Rotes Wien.

116 Die „Bonner Conferenzen“ der Arbeitgeber (1870) und deren Betonung auf „Isolirung der Wohnung“ und der „Abgeschlossenheit der Familie und ihrer Wohnung gegen Dritte“ sowie Privatheit und Individualität als probates Mittel gegen unberechenbare Formen der Solidarität werden zitiert bei Sabine Kraft, Arch+ 167/177, 2006, S. 48–50, S.48.

Richtung stellt Frei das Argument gegenüber, dass Zwangskommunikation in den Bassena-Wohnstrukturen eine denkbar schlechte Voraussetzung für Solidarität sei.[117] Freis Einwand ist insofern gut, als er hilft, die sozialromantische Aufladung – à la: Eine alltägliche und lokale Situation mit Charme gilt gleich auch als ein Widerstandsherd – zurückzufahren. Allerdings muss, in Abgrenzung zu Freis Argument, doch auch klar sein: Wenn wir alle geplanten Kommunikationsstrukturen (an Arbeitsplätzen, in Schulen, eben auch im Wohnhaus) als Schauplätze widerständiger Solidarisierung *ausschließen*, dann bleiben nicht allzu viele Orte als politische Optionen übrig. Auf den Zusammenhang zwischen gouvernementalen Praktiken einer Domestizierung der Arbeiter*innenklasse einerseits und widerständigen Netzwerk-Aspekten in den Kindergärten, Bibliotheken und Waschküchen habe ich an anderer Stelle unter der Chiffre „Waschküchen-Urbanismus" geschrieben.[118] Auch die Kinderspielplätze oder Waschküchen waren streng reglementierte Orte, sie waren von Frauen auch nicht bloß selbstbestimmt aufsuchbar, und doch konnten sie sehr wohl zu Orten der Solidarisierung werden.

Johan F. Hartle hat unlängst in einer Studie zur Politik und politischen Ästhetik des Roten Wien der Zwischenkriegszeit an der sozialdemokratischen Stadtplanung und Architektur deren autoritäre und identitätsfixierende Momente hervorgehoben. Hartles Ausgangspunkt ist ein Gedanke von Gilles Deleuze: *das Volk, das fehlt*.[119] Für Hartle ist das Proletariat solch ein *Volk, das fehlt*, und dem gemäß ist es nur „bedingt visualisierbar".[120] Ausgehend davon ist seine generelle Kritik am Roten Wien die, dass die Administration insbesondere in

117 Frei, Rotes Wien, S. 89.

118 Gabu Heindl, „Waschküchen-Urbanismus. Zur Politik und Ästhetik von Wohn-Arbeit", in Viktor Kittlausz (Hg.), Räume der Vermittlung. Ästhetische Prozesse zwischen Alltag und Kunst, Berlin 2013.

119 Anhand politischer Formen von postkolonialem Kino spricht Gilles Deleuze von einem Volk, das fehlt: Gerade das Anerkennen der Tatsache, dass ein Volk, ein Staats- oder Klassen-Volk, nicht gegeben, sondern kolonial verunmöglicht (und minoritär fragmentiert) ist, wird in dieser Perspektive zum Ausgangspunkt für gegenhegemoniale Bilder und Erzählungen. Gilles Deleuze: Das Zeit-Bild. Kino 2. Frankfurt a. M. 1991, S. 280-285.

120 Johan F. Hartle, „Bilder des Roten Wien. Zur prekären Sichtbarkeit des fehlenden Volks*", in: Beate Fricke, Markus Klammer, Stefan Neuner (Hg.), Bilder und Gemeinschaften: Studien zur Konvergenz von Politik und Ästhetik in Kunst, Literatur und Theorie, München 2011, S. 345–375; hier S. 344.

der Stadtplanung darauf gesetzt habe, dieses fehlende Volk als ein bereits vorhandenes zu vergegenwärtigen. So wurde ein nicht repräsentierbares politisches Subjekt an eine gegebene Identität gebunden. Hier kommt ein Zeitaspekt dazu: Vergegenwärtigung als Schließung versus Zukunft als Öffnung. Neben dem *fehlenden Volk* orientiert sich Hartle am Gedanken des Aufschubs, des Ausstehenden und Kommenden, wie er in Konzepten einer „kommenden Demokratie"[121] wirksam ist. Das fehlende Volk ist ein zukünftiges Volk, in einem radikalen, auch radikaldemokratischen Sinn: Diese Zukunft ist nicht Sache eines Plans oder einer Strategie nach Art von Wahlkampfstrategie, Legislaturperiode, Fünfjahresplan. Entgegen solchen identifizierenden Repräsentations-Formen von Politik spricht Hartle (mit Verweis auf Alain Badiou und Jacques Rancière) von einer Öffnung: „Das Proletariat ist eine im Horizont der Geschichte geöffnete Gemeinschaft," der er „eine Scharnierstellung zwischen kontextwirksamer Politik und kontexttranszendierender Geltung" zuschreibt.[122]

Dabei wird mitunter ein Gegensatz, der dem alten Gegensatz zwischen Reform und Revolution zumindest ähnlich ist, unterbaut mit einer deleuzianischen Opposition: schlechte Repräsentation versus gute Unsichtbarkeit, in diesem Fall Unsichtbar-Bleiben des fehlenden Volkes respektive Aussetzen seiner Vergegenwärtigung. Dabei gewinnt die Distanz zur Repräsentation etwas vom Charakter eines puristischen Kriteriums adäquater Politik. Die Frage „Wie kann man sichtbar machen, was nicht aufhört zu fehlen?" wird dann zu der Frage „Welches Bündnis ist noch proletarisch und revolutionär (und nicht bürgerlich in die Ebene abstrakt-*gesellschaftlicher* Repräsentation verschoben)?"[123] Ein solches Auf-Distanz-Gehen zur staatlichen, institutionellen Repräsentation positioniert sich in der Nähe von Politik-Ansätzen, die der *Unterbrechung* einen kategorischen Status geben.[124]

121 Jacques Derrida, Schurken, Zwei Essays über die Vernunft, Frankfurt a. M. 2003, S. 115f.

122 Hartle, „Bilder des Roten Wien", S. 349ff.

123 Hartle, „Bilder des Roten Wien", S. 352, S. 346.

124 Nämlich die Position von Rancière, derzufolge Demokratie eng zusammenhängt mit einer Ästhetik des Erscheinens nach Art von Wahrnehmungsbrüchen in der Kunst; Demokratie soll demzufolge keinesfalls in die Bildung von Institutionen münden, solche Fälle nennt Rancière dann „Polizei".

Derartige implizit ästhetischen Grundannahmen haben einige Konsequenzen im Detail: so etwa, wenn Provokation als ästhetische und rhetorische Qualität von Gebäuden für radikale Konflikt-Politik einsteht. Bei der Provokation geht es aber weniger um hegemoniale Stärkung der eigenen Position als darum, die Gegenseite zu reizen oder gar ein Ärgernis zu sein. Für Hartle ist das Rote Wien überwiegend zu defensiv, wobei er sich genau in diesem Zusammenhang ebenfalls auf Antonio Gramsci und dessen Ausdruck „Stellungskrieg" bezieht.[125] Stellungskrieg hat aber immer auch seine kleinen Offensiv-Anteile und ist teilweise, zeitweise mobil. Hartle dagegen führt das von Gramsci übernommene Konzept in einer rein defensiven Bedeutung ein und – in Bezug auf den Abwehrkampf gegen den Faschismus – gleich assoziiert mit dauerhaft geschlossenen, fixierten Abwehr- und Befestigungsbauten.[126] Er versteht also die Bauten etwas anders als ich in Hinblick auf (ihre) Geschichtspolitik: Er liest sie u.a. als Darstellungen einer immer schon eingestandenen Niederlage, mitunter als Teil eines geschlossenen, ästhetisierten Schicksals, in dem das Rote Wien nur sein eigenes Verhängnis antizipiert.[127]

Daraus resultiert auch ein anderer Gebrauch des Ausdrucks „Sediment" als in meinem Ansatz. Ich gehe mit Laclau und Marchart davon aus, dass das, was in einer Gesellschaft, einer Stadt, auch in ihren baulichen Formen, sedimentiert ist, als politischer Konflikt nicht zu

125 Das Proletariat wird, so Hartle, „für einen Augenblick kämpferisch sichtbar"; im Karl-Marx-Hof als „provokantester" der Gemeindebauten. „[D]ie Gemeindebauten [wurden] bewußt als Interventionen in die symbolische Landschaft der Stadt begriffen, als Provokation der Dominanz von Kirche, aristokratischer Tradition, konservativ regierter Republik und Privatkapital. Diese Funktion erfüllte die offensive Benennung der Wohneinheiten: Giacomo-Matteotti-Hof (1926–1927, V. Bezirk), Karl-Liebknecht-Hof (1926–1927, XII. Bezirk)." Hartle, „Bilder des Roten Wien", S. 356.

126 „Die Gemeindebauten zitieren in ihrer Fassadengestaltung und in ihrer Turmsemantik die Formensprache von Bastionen, Burgen und Festungen." Zugleich hält Hartle hier eine zwiespältige Einschätzung aufrecht: Indem er sich auf Martin Warnkes Konzeption von Bau und Gegenbau bezieht, spricht er von den Gemeindebauten des Roten Wien auch als „Gegenbauten", durch die „zurückerobert werden" sollte. Hartle, „Bilder des Roten Wien", S. 356f., S. 373.

127 „In Vorahnung der politischen Niederlage wurden die Wiener Gemeindebauten schon zu sozialdemokratischen Zeiten als Denkmäler thematisiert, die über Epochen hinaus vom Roten Wien würden Zeugnis ablegen können." „Festungen wurden als Allegorien einer tragischen Niederlage stilisiert." Hartle, „Bilder des Roten Wien", S. 348.

Ende ist. Dieser zeitweise stillgestellte Antagonismus ist reaktivierbar, und die Fassaden des Roten Wien verstehe ich als verdichtete Projektionsfläche einer solchen Reaktivierung. Insofern stimme ich dem geschichtspolitischen Urteil am Ende von Hartles Text zunächst zu: Er interpretiert da Gemeindebauten als „Einspruchsinstanzen, die auch die sozialen Konflikte der Gegenwart neu zu akzentuieren erlauben": „Es war sichtbar. Es hat stattgefunden." – „Eine Erinnerung an die Zukunft, die sich noch heute aus einer Politik gewinnt, die konflikthaft und leidenschaftlich ist."[128] Hartle verlängert nun allerdings seine Kritik an der Vergegenwärtigung und Fixierung von nationalkulturellen Identitäten im Roten Wien auf folgende Weise ins Heute: Unter dem Titel „Das Gedächtnis der Steine" beschreibt er eine Sedimentierung, „eine ikonische Ressource", in der weniger ein Konflikt abgelagert sei als vielmehr ein Konservativismus. Denn:

> Ein solches Sediment sind auch die Bauten des Roten Wien. Das sozialistische Projekt ist in ihm augenblickhaft und unvollständig gegenwärtig […]. Die formalen Kompromisse biedermeierlicher Natur haben den unabgeschlossenen Prozeß sozialer Revolutionierung symbolisch verriegelt und damit auch kommende Aneignungen vorstrukturiert. Heute sind sie nicht selten Heimstätten volkstümlicher Gemeinschaftsideologie, der Bezugnahme auf das, was „wir" bajuwarisch gesprochen, „sind und bleiben".[129]

Konkret zitiert Hartle in diesem Zusammenhang eine Beobachtung von Weihsmann: Es sei kein Zufall, dass um die Jahrtausendwende „mehrheitlich Haider-Wähler und -Sympathisanten im Gemeindebau leben." Und Hartle fügt hinzu: „Kein Baukörper ist unschuldig an seiner Aneignung."[130] Ich möchte gegenüber dieser Sichtweise auf Gemeindebauten, die ihre spätere politische Aneignung mit vorstrukturiert haben, einen Vorbehalt äußern: Dieselben Bauten, die zu Zeiten von Jörg Haider oder von H.C. Strache als prädestiniert erscheinen für hohe Prozentsätze an rechten, insbeson-

128 Hartle, „Bilder des Roten Wien", S. 371.

129 Hartle, „Bilder des Roten Wien", S. 370. Dem entsprechend sieht Hartle auch den Ziegelbau im Roten Wien ganz als Indiz eines fehlenden International Style (auch das wäre ein „Fehlendes").

130 Zum Verweis auf Weihsmann siehe Hartle, „Bilder des Roten Wien", S. 369. Originalzitat im Vorwort der 2002er Wiederauflage von Weihsmann, Das Rote Wien [1985], S. 7.

dere rechtsnational-freiheitlichen Wähler*innen, haben ab ihrem Entstehen bis in die 1990er Jahre äußerst hohe Anteile von Wähler*innen der sozialdemokratischen Partei beherbergt; also nicht unbedingt von linken Wähler*innen,[131] aber von Leuten, die ein umfassendes soziokulturelles Reformprojekt mitgetragen haben, das zum Teil durchaus ‚links' war, also progressiv in rechtlichen Fragen und im katholisch geprägten Österreich entsprechend umstritten.[132] Und weitergedacht würde die These von den Wohngebäuden, die ihre politische Aneignung mit vorprägen, dorthin führen, modernistisch gestaltete Gemeindebauten als Bauten zu sehen, die einer FPÖ-Aneignung, salopp gesagt, vorbeugen. Grundsätzlich findet Aneignung immer in alle Richtungen statt. Tatsächlich weist der modernere Gemeindebau Winarskyhof[133] einen geringeren Anteil an freiheitlichen Wähler*innen auf, während aber die Bewohner*innen etwa der Trabrenngründe – in den 1970er Jahren als spät-moderne Massen-Plattenbausiedlung entstanden, also ebenfalls nicht konservativ in der Bauform – eher freiheitlich wählen.[134] Wahlverhalten ist im architektonischen Kontext wohl nicht so sehr eine stilistische Frage als vielmehr eine (Klassen-)Frage dessen, wer in den Wohnbauten mit mangelhafteren Wohn- und Infrastruktur-Bedingungen zu wohnen hat.[135] Zum Verhältnis von Klasse und Architektur formuliert der marxistische Architekturhistoriker Manfredo Tafuri (im Umfeld des italienischen Operaismus situiert) nachdrücklich:

131 Wobei man sich den Prozentsatz von KP-Wählenden anschauen müsste.

132 Etwa in Sachen Strafrechtsreform oder v. a. Frauenpolitik, z.B. Legalisierung von Abtreibung.

133 Der Winarskyhof wurde 1924–1925 von den Architekten Oskar Wlach, Oskar Strnad, Josef Hoffmann, Josef Frank und Peter Behrens geplant. Auch Margarete Schütte-Lihotzky wirkte mit, die sich ja u.a. mit Frank für eine moderne Ästhetik im Roten Wien ausgesprochen hatte. Die Architektinnen Margarete Schütte-Lihotzky und Ella Briggs waren die einzigen Frauen, die im Wohnbauprogramm des Roten Wien, konkret an Gemeindebauten, mitplanten.

134 Die Trabrenngründe (Siedlung Rennbahnweg) bestehen aufgrund ihrer Größe aus drei Wahlsprengeln, wovon in der Gemeinderatswahl 2015 ein Sprengel, in der Nationalratswahl 2017 zwei Sprengel mehrheitlich freiheitlich gewählt haben. Siehe: Wahlergebnisse auf Gemeindeebene, www.drawingdata.net/sprengel/.

135 Wien weist bei weitem weniger Segregation auf als etwa britische Städte, in denen Social Housing extrem stigmatisiert wurde, dennoch ist in gewissen Bezirken auch in manchen Wiener Gemeindebauten die Festlegung der Bewohner*innen auf ‚niedere Klassen' virulent.

> [J]ust as it is not possible to found a Political Economy based on class, so one cannot „anticipate" a class architecture (an architecture for „a liberated society"); what is possible is the introduction of class criticism into architecture. Nothing beyond this, from a strict – but sectarian and partial – Marxist point of view.[136]

Als einer der pointiertesten Kritiker von Politik und Ästhetik der Bauten des Roten Wien wirft Tafuri der sozialdemokratischen Architektur einen „sozialistischen Realismus" vor. Damit ist gemeint, dass die konkreten Formen der Verwirklichung sozialistischer Wohnkultur in diametralem Gegensatz zu einer sozialistischen Utopie gestanden seien. Tafuri sieht einen Widerspruch zwischen der verbalradikalen Rhetorik und der architektonischen Ästhetik, die nicht nur reformistisch gewesen sei, sondern schlicht reaktionär: Die Wohnungsgrundrisse waren, Tafuri zufolge, so kleinbürgerlich wie die sozialdemokratische Administration.

Das Rote Wien habe mit Biedermeier-Werten Harmonisierung betrieben, wo die gesellschaftliche Wirklichkeit eigentlich in Disharmonie, sprich: Klassenantagonismus, bestanden habe – und, so wäre wohl zu ergänzen, dem entsprechend nach Ausdruck und Bewusstmachung in Form disharmonisierender Architektur verlangt hätte. Wo hingegen Arbeiter*innen ein „Zuhause" geschaffen werde, so Tafuris Einschätzung, sei kein Platz mehr für Utopie.[137] Realismus tritt dabei für Tafuri in unterschiedlicher Form auf: als „Realismus der *Vertrautheit*",[138] etwa in Hofbauten wie dem George Washington-Hof (bis 1932 Wohnhausanlage bei der Spinnerin am Kreuz genannt) und als *„epischer und monumentaler Realismus"*, für den die Ästhetik des

136 Manfredo Tafuri, Theories and Histories of Architecture, New York 1980, S. xv.

137 Tafuri, „Realismus und Architektur", S. 29. „Utopia hat keinen Raum in einer Stadt, die sich dafür entscheidet, ‚Heim' einer ‚bewußten' und von den Werten der ‚Brüderlichkeit' getragenen Arbeiterklasse zu werden." (Ebd.) Siehe auch Manfredo Tafuri, Vienna Rossa. La politica residenziale nella Vienna socialista 1919–1933, Mailand 1980. *Vienna Rossa* war Teil einer großen Rezeptionswelle des Roten Wien im Rahmen des Euro-Kommunismus in den 1970 und 1980er Jahren.

138 „[H]ier wird eine an völkischen Elementen reiche Sprache zu dem Ziel eingesetzt, Bruchstücke einer ‚neuen gemeinschaftlichen Gesellschaft' traulich und reizvoll zu machen. Die leicht wiederzuerkennenden vertrauten Formen haben die Funktion, die Gemeinschaft im Ort zu ‚verwurzeln': die Zukunft wird mit bekannten Worten, die von Heim und Heimat sprechen, evoziert.", Tafuri, „Realismus und Architektur", S. 31.

Karl-Marx-Hofs steht: der „Wohnkomplex" als ein „kollektives Ich" in heroischer Opposition zur falsch geordneten Welt.

Auf Tafuris umfassendere These, dass Architektur sich nicht mit Gesellschaftskritik verbinden lässt, kommen wir zurück. Hier nur drei Anmerkungen, um Tafuris Angriff aufs Rote Wien zu kontern. Erstens: Selbst, wenn wir mit Tafuri übereinstimmen und zugestehen, dass die Wohnhöfe des Roten Wien in sich selbst etwas Harmonisierendes verkörpern, so sind sie doch auf der Ebene der Gesamtgesellschaft der Stadt Wien etwas Disharmonisches, weil sie eben häufig einen Fremdkörper proletarischer Macht in bürgerlichen Wohnumgebungen darstellen.

Zweitens: Ganz so ausgemacht ist es ja nicht, dass eine marxistische oder anders konfliktbewusste und herrschaftskritische Sichtweise auf die Gesellschaft sich absolut nicht mit der Rede vom Zuhause und von der Heimat verträgt. Immerhin endet Ernst Blochs *Prinzip Hoffnung* nicht von ungefähr und sehr deutlich mit einer Positivbesetzung von Heimat. Allerdings mit Heimat als etwas „worin noch niemand war" – und nicht als ein angestammter Kulturbesitz; zudem war Bloch ein scharfer Kritiker kleinbürgerlicher Wohnkulturen der „guten Stube".[139] Insofern ist auch klar, dass diese Heimat etwas anderes sein muss als ein Raum der Bevorzugung von Eingesessenen gegenüber Neu-Zugezogenen, also v. a. von Menschen mit Migrationserfahrung. Damit sind diskriminierende Züge sozialdemokratischer Politik in Wien (damals wie heute) angesprochen, auf die noch zurückzukommen ist.

Drittens: Die Kritik am Biedermeier-Wohnungskonzept im Roten Wien hat gewisse Anklänge an eine Kritik, wie sie mit Adorno assoziiert ist – in etwa: Gesellschaftliche Widersprüche und die Unerbittlichkeit der Verhältnisse werden in der Kultur ideologisch verdeckt, also auch in einer Wohnkultur, die den Ausgebeuteten ‚Gemütlichkeit', heimelige Schutzsphäre etc. suggeriert oder täglich bereitstellt; dem entgegen hält – Adornos Kritik am Funktionalismus zufolge – die autonome Ästhetik auch in der Architektur die Möglichkeit des Einspruchs gegen das herrschende System aufrecht,

139 Der Schlusssatz von *Das Prinzip Hoffnung* lautet: Wenn der Mensch, der „die Gegebenheiten umbilde[t]", sich selbst „ohne Entäußerung und Entfremdung in realer Demokratie begründet, so entsteht in der Welt etwas, das allen in die Kindheit scheint und worin noch niemand war: Heimat." Bloch, Das Prinzip Hoffnung, S. 1628.

nämlich dann, wenn sie eine gewisse Sperrigkeit gegen gesellschaftliche Nutzungsanforderungen manifestiert.[140] In einer solchen Perspektive würde man Wohnbau nach Kriterien modernistischer Kunst beurteilen (Nur keine ‚Behübschung'!).[141] Mir scheint es allerdings eine Reihe politischer Probleme mit sich zu bringen, wenn die Auseinandersetzung mit Wohnbauplanung sich zu eng an strikt utopistischen Kriterien von Kunst orientiert.[142] Denn für Tafuri, in gewissem Ausmaß für einige der hier genannten Autor*innen, liegt in der Art, wie eine egalitäre, universalistische Utopie im Roten Wien *realisiert* wurde, ein *grundsätzliches* Problem, eben weil sie abweicht vom Utopischen als dem, was in der hierarchischen Gesellschaft keinen Ort hat, bzw. nicht repräsentierbar ist. Mein Akzent liegt aber stärker darauf, dass die Realisierung, der zeitweilige ‚Sieg' im Hegemoniekonflikt, die Tatsache, dass das Rote Wien, in Form seiner Bau-

140 „Die raison d'être aller autonomen Kunst seit der Frühzeit der bürgerlichen Ära ist, daß einzig das Unnütze einsteht für das, was einmal das Nützliche wäre, der glückliche Gebrauch, Kontakt mit den Dingen jenseits der Antithese von Nutzen und Nutzlosigkeit. Das läßt die Menschen, die es besser wollen, gegen das Praktische aufbegehren." Theodor W. Adorno, „Funktionalismus heute", in: Ders., Gesammelte Schriften in zwanzig Bänden, Band 10.1., Frankfurt a. M. 1977, hier S. 375–395.

141 Das ist nicht abwegig: Adornos Freund Siegfried Kracauer, gelernter Architekt, hat als machtkritischer Soziologe und Schriftsteller in einem seiner Romane 1928 über den Bauzeichner Ginster geschrieben, der zur Zeit des Ersten Weltkriegs für ein deutsches Architekturbüro eine Arbeiter*innensiedlung entwirft. Der Bauzeichner meint, es wäre ehrlicher, wenn man das Proletariat, das als Kanonenfutter missbraucht wird, nicht in behübschten Wohnräumen, sondern gleich auf einem stilisierten Friedhof unterbringe: „Eine Arbeitersiedlung mußte Ginster entwerfen. [… Er] wunderte sich über die beabsichtigte Niedlichkeit um so mehr, als der Stadtbaurat ihm gegenüber die Arbeiter einmal als Gesindel bezeichnet hatte. Erst wurden sie erschossen und dann in die Gärtchen verpflanzt […] Widerstrebend zeichnete er luftige Räume, in denen das Gesindel sich später wahrscheinlich so glücklich fühlte, daß es sie mit dem Karabiner verteidigte. Freilich konnte man die Arbeiter auch nicht in Löchern unterbringen, aber richtig wäre gewesen, statt der bunten Glaskugeln Grabsteine im Garten aufzustellen." Siegfried Kracauer, Ginster, Frankfurt a. M. 1990 [1928], S. 196f.

142 Damit möchte ich nicht in die Diskussion einsteigen, ob Architektur Kunst ist. Architektur ist aber mit der Wahrnehmungslogik der Kunst eher nicht vergleichbar, ist doch, um es mit Adolf Loos zu sagen, „ein kunstwerk […] niemandem verantwortlich, das haus jedem. Das kunstwerk will die menschen aus ihrer bequemlichkeit reißen. Das haus hat der bequemlichkeit zu dienen." Adolf Loos, „architektur" [1910], in: Ders., Trotzdem, Wien 1997, S. 107.

ten, aber auch als kommunale Idee, umgesetzt wurde, eine nicht zu unterschätzende *Stärke* der egalitären Politik ist. Umso mehr aber gilt es, die Einsprüche von marxistischer wie feministischer Seite aufzugreifen und ernst zu nehmen und sie in meinen Zugang eines *kritischen Erbens* zu übernehmen. Es geht in der Folge um eine radikaldemokratische, feministische und antirassistische Agenda in der Kritik an Machteffekten, Ausschlüssen und Normierungen im Roten Wien. Und wie schon mit Mark Fisher angedeutet: Zu erben gilt es nicht nur aktualisierte und realisierte (Bau-)Formen des Roten Wien, sondern auch und mit Nachdruck *lost futures*: also Momente, die die verengten Rahmungen des sozialdemokratischen Projekts *aus diesem Projekt heraus* überschreiten, bis hin zur Frage nach *Alternativen der Alternative*, die Alternativen *in* der Alternative sind.

### Paternalismuskritik: Störungen der Top-down-Planung

Eine „paternalistische Maschine“[143] von zentralistischer Top-down-Regierung auch im stadtplanerischen und baulichen Bereich, bis in die kleinsten Belange: Das Problem des Roten Wien (stellvertretend für die sozialdemokratische Partei und vice versa) liegt zum einen an einem Widerspruch, der allgemein im Marxismus und in der Arbeiter*innenbewegung seit jeher präsent ist. Es ist dies die oft unauflösbar erscheinende kulturelle Distanz zwischen dem Proletariat und der Führung seiner Organisationen, die überwiegend aus Intellektuellen besteht. Diese Distanz formt sich dann in einer Hierarchie aus. Das liegt zum anderen an einem spezifischen Mangel an Vertrauen der Führung der sozialdemokratischen Arbeiterpartei gegenüber den Wiener Arbeiter*innen.[144] Quasi: Dem Proletariat

143 „It remains one of the tragic ironies of this period of great expectations that, despite the genuine commitment to democracy by Bauer and other principal leaders of the SDAP, they failed to translate this belief into action by allowing the workers to behave as subjects in what was, after all, a common enterprise. [...] The SDAP operated as a paternalistic machine.“ Helmut Gruber, Red Vienna: Experiment in Working-Class Culture, 1919–1934, New York, Oxford 1991, S. 53.

144 Fehlendes Vertrauen in die Bewohner*innen der Gemeindebauten äußerte sich im Roten Wien u.a. im Ersticken von organisatorischen Eigeninitiativen der Bewohner*innen. Diesen Umstand illustriert Frei anhand der Geschehnisse rund um die Eröffnung des politisch zugespitzten Großprojekts Karl-Marx-Hof: Der bereits davor von Mieter*innen gegründete Ausschuss „Karl-Marx-Hof“ organisierte aus eigenen Stücken eine politische Massenkundgebung für den Vorabend der Eröffnung. Diese Initiative wurde von der Parteiführung aber per

ist nicht recht zu trauen, es hält sich nicht an seine Rolle, an seine Mission im historischen Prozess. Solch ein Misstrauen hegt schon Karl Marx.[145] Aber das Misstrauen, konkret: der Vertrauensentzug seitens der politischen Entscheidungsträger des Roten Wien hat auch ganz spezifische Zwecksetzungen. Von einem „paternalism with a social purpose“ schreibt Helmut Gruber. Er bezieht sich auf eine Art von paternalistischer Fürsorge, die im Wohnbauprogramm Formen von Wohnerziehung und Bevormundung annahm.[146] In der Wohnbaupolitik des Roten Wien wurden Wohnungs-‚bedürftige‘ Arbeiter*innen mit standardisierten Wohnungen ‚beschenkt‘. Deren fixe Grundrisse sollten als Ausgangspunkt einer Unterweisung der Beschenkten im *richtigen Wohnen* dienen. Richtig gewohnt wurde und wird bis heute demnach als Kleinfamilie: Auf diesen Typus von Nutzer*innen hin waren die Wohnungen optimiert, und die kleinfamiliäre Organisationsstruktur sollte die bestmögliche Reproduktion des arbeitenden Mannes sicherstellen.[147] Zwar hatte die Sozialdemokratie politisch das Konzept eines „Gemeinschaftsmenschen“[148] im Sinn – aber es gab kaum Bestrebungen, durch entsprechende Typologien oder Bauweisen zur Entwicklung kollektiver Wohn- und Lebensformen beizutragen.[149]

Brief an den Ausschuss abgelehnt, mit dem Argument, dass „die Veranstaltung einer solchen Demonstration seine Befugnisse überschreitet und ausschließlich Sache der Bezirksorganisation sein kann.“ Woraufhin letztere die Organisation der Kundgebung übernahm. Obwohl damals in den roten Wohnhöfen zum Teil fast 100 % sozialdemokratische Wähler*innen wohnten, sollten selbst sozialistische Kundgebungen *für* die Bewohner*innen und nicht *von* ihnen organisiert werden. Frei, Rotes Wien, S. 104, 110ff.

145 Siehe Jacques Rancière in seiner polemischen Darstellung in Der Philosoph und seine Armen, Wien 2010. Darin das Kapitel, das sich besonders mit Marx' *Der Achtzehnte Brumaire des Louis Bonaparte* auseinandersetzt.

146 Gruber, Red Vienna, S. 147. Auf die sozialdemokratische Fürsorgepolitik Julius Tandlers im Gesundheitswesen und auf deren problematischen „Sozialhygiene“-Aspekt sei nur kurz verwiesen mit Doris Byers Macht-analytischer Kritik am „System der Fürsorge als ‚rassenhygienisches‘ Gesellschaftsmodell“, Byer, Rassenhygiene, S. 179–185.

147 Die „father figures“ der Sozialdemokratie sahen die Familie als „passive entity“ (Gruber, Red Vienna, S. 147) und insofern als Instrument zur Reproduktion des Arbeiters.

148 Frei, Rotes Wien, S. 88.

149 Eher als die Entwicklung kollektiver Wohnformen zu fördern, hegten die Partei-Intellektuellen Hoffnungen auf einen künftigen „ganzen Menschen“ mit rationalisierter Sensibilität im Wohnen: Ein vom „Geist der Technik“ beseelter Mo-

Vor diesem Hintergrund fallen Ausnahmen umso mehr auf. Genauer gesagt: Es gilt, diejenigen Momente hervorzuheben, in denen das Rote Wien seinen autoritär verengten Horizont in Sachen Wohn(bau)politik überschreitet – und zwar insbesondere durch Überschreitungen, die aus dem Framework des egalitaristischen, auf kollektive Gerechtigkeit abzielenden sozialdemokratischen Programms heraus erfolgen; Überschreitungen im Namen der Sache, durchaus entgegen den Formen ihrer Umsetzung. Damit meine ich z.B. die fast proto-feministischen Ansätze, die darin liegen, dass in den Wohnungen des Roten Wien die Küchen eben nicht nach dem Raum-Effizienz- und Arbeitsrationalisierungs-Modell der „Frankfurter Küche" geplant wurden, sondern als geräumige gemeinschaftliche Wohn-Küchen: Dadurch wurde eben *nicht* ein der Arbeit der Frauen zugeordneter, gegenderter Raum von der Nutzung durch Wohnen abgetrennt. Freilich: Ein weitaus radikaleres Modell, eine Wohnung ganz ohne private Küche zu planen und dafür das Wohnhaus mit einer großen Gemeinschaftsküche auszustatten – das experimentelle „Einküchenhaus" – wurde nicht Teil eines sozialdemokratischen Wohnbauprogramms. Es entsprach aber Forderungen der Frauenemanzipationsbewegung.[150]

dernisierungsprozess sollte quasi automatisch dazu führen, dass die Massen den Geschmack an Ornamenten und Dekorationen verlieren würden. Otto Neurath, Österreichs Kleingärtner- und Siedlerorganisation. Wien 1923, zit. in: Ders., „Siedlung als Gemeinschaft", in: Junius Verlag (Hg.), Sozialismus und persönliche Lebensgestaltung, Wien 1981, S. 115ff. Erziehung zum Wohnen ist eine gouvernementale Praxis, die über Wien hinaus generell mit dem modernistischen Wohnungsbau verbunden ist. Die im Roten Wien durchgeführte „Klassenerziehung" zum richtigen Wohnen hörte auch bei Zierdecken, respektive bei deren Ausmerzung nicht auf. Siehe auch T.h., „Überflüssige Sehnsucht oder Was die Wohnung beschwert", in: Der Kuckuck 1/35, 1929, zit. in: Junius Verlag (Hg.), Sozialismus. Weiterführend auch die Studien in Irene Nierhaus, Andreas Nierhaus (Hg.), Wohnen Zeigen. Modelle und Akteure des Wohnens in Architektur und visueller Kultur, Bielefeld 2014.

150 Schon um 1900 forderte die Frauenrechtlerin Lily Braun die „Errichtung von Centralküchen, von Centralwaschanstalten, und die Einführung der Centralheizung" zur Unterstützung von Frauen bei der Hausarbeit. In der internationalen Frauenbewegung (auch von deren bürgerlich-konservativen Teilen) wurde das Einküchenhaus kontroversiell diskutiert: als Emanzipations-Tool im Sinn der Entkoppelung von Haushalt und Familie (Lily Braun); als lediglich reformistischer Schritt anstatt der nötigen gesellschaftlichen Revolution (der Vorwurf von Clara Zetkin, 1909); bis hin zum Abtun als „utopischer Traum", denn: Nach der Arbeiterrevolution würden die Männer soviel verdienen, dass die Frauen

Erwähnenswert ist daher das eine im Roten Wien realisierte und als *Heimhof* bekannt gewordene Einküchenhaus im 15. Wiener Bezirk, mit einer ambivalenten Position der Sozialdemokratie dazu: Zum einen geht dieses Projekt auf die bürgerlich-liberale Frauenbewegung zurück, und die Sozialdemokratie (namentlich etwa Käthe Leichter) stand ihm skeptisch gegenüber, weil sie auf die Kleinfamilien-Einheit als vorgegebene Modell-Lebensform der Arbeiter*innenschaft setzte; zum anderen übernahm die Gemeinde Wien aber nicht nur 1924 den Heimhof infolge finanzieller Probleme seiner Gründungs-Genossenschaft, sondern baute ihn auch nach den Plänen von Carl Witzmann um das circa Zehnfache auf 246 Einheiten aus.[151]

Wobei: Die Bewirtschaftung der gemeinsamen Zentralküche des Heimhofs durch bezahlte (familienfremde) Angestellte konnte sich nur eine begütertere Bewohner*innenschaft leisten. Der Heimhof liefert uns somit zwar kein verallgemeinerbares Modell für gegenwärtige progressive Ansätze im sozialen Wohnbau, wenn es um Formen von Vergemeinschaftung abseits der Kleinfamilien-Norm geht oder auch um gerechte Aufteilung von Reproduktionsarbeit. Und vielleicht hat, was den historischen Kontext betrifft, Weihsmann Recht, wenn er von einer regelrechten Alibifunktion des Heimhofs im Roten Wien spricht.[152] Der Heimhof ist ein singuläres Projekt, dem die vorherrschende Parteilinie, vorsichtig gesagt, *nicht nur* ablehnend gegenüberstand. Aber gerade die Formen des Ablehnungs-Diskurses, gerade die geäußerten Ängste vor der Zerrüttung des Familien-Organismus in der bürgerlichen Presse und vor dem sittlichen Verfall der

ohnehin nicht mehr außer Haus arbeiten müssten (SPD-Reichstagsabgeordneter Edmund Fischer 1905). Die autonome Frauenbewegung der 1970er und 1980er Jahre kritisierte das Einküchenhaus dahingehend, dass durch die Arbeit der familienfremden Angestellten die Illusion entstünde, der Kapitalismus sei reformierbar. Mehr zu diesen Kontroversen rund ums Einküchenhaus siehe: Johanna Krawitz, „Kontroversen um den Haushalt zu Beginn des 20. Jahrhunderts in Deutschland", in Johanna Krawietz, Kirsten Scheiwe (Hg.), (K)Eine Arbeit wie jede andere? Die Regulierung von Arbeit im Privathaushalt, Berlin 2014, S. 185ff. Ich möchte auch auf das Standardwerk dazu hinweisen: Günther Uhlig, Kollektivmodell Einküchenhaus. Wohnreform und Architekturdebatte zwischen Frauenbewegung und Funktionalismus 1900–1933, Gießen 1981.

151 Ein erster, bürgerlicher Heimhof für alleinstehende berufstätige Frauen wurde in Wien schon 1911 errichtet (von der von Auguste Fickert gegründeten „Gemeinnützigen Bau- und Wohnungsgenossenschaft Heimhof").

152 Weihsmann, Das Rote Wien, S. 43.

von Hausarbeit (und ihrer Erziehungsfunktion!) entlasteten Arbeiterinnen[153] – diese Ängste *verweisen negativ auf Potenziale*: Potenziale für ein Zusammenleben, das nicht festgelegt ist auf die Familie als Verband, und das sich befreit von traditionellen, subalternen Frauenrollen.[154] Selbstüberschreitungen des proletarischen Maskulinismus und ‚Familialismus' im Roten Wien: Wir kommen auf solche Potenziale kollektiven Wohnens zurück, anhand von konkreten *heutigen* Projekten, die in einer feministischen, queeren und postkolonialen Perspektive – als Rahmungen des kritischen Erbens – auf solche Selbstüberschreitungen antworten.

Die Top-down-Politik des Roten Wien bedeutete ein im vollen Wortsinn abgeschlossenes Projekt, nämlich bis hin zur schlüsselfertigen Übergabe: Der Großteil der 64.000 Wohnungen war nicht nur in Kleinfamilienformaten standardisiert, sondern wurde auch fixfertig in einer Weise übergeben, die unmissverständlich signalisierte: So wird gewohnt.[155] Eigenes Weiterbauen, auch nur die Möglichkeit eigeninitiierter Veränderungen, wurde durch die Gestaltung sowohl der privaten Wohnräume als auch der Gemeinschaftsräume kategorisch vermieden.[156]

153 Zum Heimhof generell und zu überlieferten Statements dazu siehe: www.dasrotewien.at/seite/heimhof.

154 Politische Gegner*innen des Roten Wien, konkret der Austrofaschismus und Nationalsozialismus, erkannten die Verbindung zwischen Heimhof und egalitärem Kollektivismus klar (quasi: klarer als der Austromarxismus selbst); das zeigt sich an der Geschichte des Heimhofs *nach* dem Roten Wien. Im Austrofaschismus wurden Speisesaal und Zentralküche sogleich geschlossen, und 1939 liquidierten die Nazis die Genossenschaft; die meisten seiner Bewohner*innen wurden als Sozialist*innen delogiert bzw. als Jüd*innen verschleppt.

155 Die Bevormundung im Wohnen durch fertige Gesamtkonzepte entsprach der Auffassung so mancher modernistischen Architekturschaffenden. (Und das ist heute auch nicht grundsätzlich anders.) Eine interessante Ausnahme bildet hier Adolf Loos, Unterstützer der Siedler*innenbewegung. Ihm zufolge sollten nicht die Architekt*innen, sondern die Bewohner*innen selbst die Möbel planen/bauen.

156 Trotz der theoretischen Forderung von Otto Bauer nach Eigeninitiative und obwohl das „Laienpublikum" sich für die Wohnsachen sehr interessierte (1922 gab es eine Massendemonstration zur Einbeziehung der Mieter*innen, Siedler*innen und Bauarbeiter*innen in die Wohnbau-Schaffung), war im Massenwohnbau, im Rahmen der Normierung dessen, wie die Arbeiter*innen wohnen sollten, keinerlei Selbstbestimmung durch Mieter*innen vorgesehen. Siehe Frei, Rotes Wien, S. 125. Frei stellt sich sehr explizit die Frage nach dem Verhältnis der Gemeindebauten des Roten Wien zu emanzipativer Architektur. Frei, Rotes Wien, S. 88ff.

Wir sind hier nachgerade mit einem Henne-Ei-Phänomen bzw. einer *self-fulfilling prophecy* konfrontiert: Das Bild vom passiven, die Geschichte erleidenden Proletariat, das in der austromarxistischen Lehre vorherrscht,[157] schlug sich nieder in einer bevormundenden Top-down-Planung. Diese wirkte dann auch tatsächlich entmächtigend, *passivierend*, und reproduzierte das im Konzept vorgesehene Nicht-Subjekt auch in der Wirklichkeit, indem sie jedes Potenzial zur Veränderung (geschweige denn autonomere Formen von Basisdemokratie oder Selbstorganisation) unterband.[158] So bewirkt etwa die Starrheit der Grundrisse, dass die Erziehung zur Kleinfamilie über Generationen hinweg räumlich festgehalten ist: Bis heute können sich in den Gemeindebauten eher keine Wohngemeinschaften bilden, wohl aber Single-Wohnungen. Und auch wenn die heutige Wiener Stadtregierung keine Empfehlungen zur Wohnungseinrichtung mehr ausgibt (das leistet schon eher die Wirtschaft), finden sich im Wiener Gemeindebau bis heute etliche Verbote und Gebote, die oft über ein technisch legitimierbares Maß an Hausordnung hinausgehen, und die so formuliert sind, als wolle man das Gebäude oder die Freiflächen vor den Bewohner*innen schützen.

Zum Abschluss meiner geschichtspolitischen Bezugnahmen aufs Rote Wien gilt es noch kritisch auf *gegenwärtige* Ausprägungen von Paternalismus in der Stadtplanung einzugehen. Wobei da noch vorausgeschickt sein soll: Kritik an paternalistischen Praktiken und ‚Anredeweisen' ist *nicht* zu verwechseln mit einem liberalen Bashing des Sozialstaats: Gegen Entmündigung zu sein, heißt nicht für Deregulierung zu plädieren. Sondern es geht z.B. um recht spezifische Formen, in denen die Wiener Stadtregierung die Wiener*innen adressiert. Bereits erwähnt habe ich die Bevormundung im Wohnbau, das Zuweisen von Wohnungen, den engen Fokus auf die Kleinfamilie, die Überladung der Wohnhöfe mit Verboten in einer oft pittoresken

157 Josef Strasser: Der Arbeiter und die Nation, Wien 1982 [1912], S. 96.

158 In einem explizit politischen Kontext beschäftigte sich Käthe Leichter, Sozialistin und Sozialwissenschaftlerin, 1933 mit dem Verhältnis dieses Nicht-Vertrauens zur drohenden Niederlage im Kampf gegen den Austrofaschismus: Die politische Linke hätte „den Glauben an die schöpferische Kraft der Arbeiterbewegung selbst, das Selbstvertrauen in die eigene Aktions- und Gestaltungskraft" verloren. Käthe Leichter. Die beste Abwehr. In: Der Kampf 11/November 1933, zit. in: Anson Rabinbach, Vom Roten Wien zum Bürgerkrieg, Wien 1989, S. 140.

Vielfalt.[159] Recht prägnant, auch immer wieder im Anblick öffentlicher Einrichtungen, ist die gönnerhafte Rhetorik (und nachgerade Ästhetik) des hoheitlichen Geschenks oder der landesherrschaftlichen Widmung: Gemeint ist die Signatur gemeinschaftlicher Bauten und Räume durch Bürgermeister oder Stadträt*innen, die der Bevölkerung etwas geschenkt zu haben scheinen, weshalb ihr Konterfei samt Unterschrift diesen Park oder Beachvolleyball-Platz, jenes Musikfest oder Donauufer ziert. Die Ansage lautet „Wir schenken euch etwas“ – als wären es die Mandatar*innen persönlich, die für öffentliche Güter sorgen.[160]

Abgesehen von dem Aspekt der Anmaßung paternalistischer Macht ist dieser refeudalisierte Auftritt als schenkende*r Wohltäter*in politisch auch insofern fatal, als dadurch in der öffentlichen Wahrnehmung ein entscheidender Unterschied verloren geht. Verloren geht nämlich der Unterschied zwischen einerseits dem Fall, dass ein Investor[161] sich einen Teil der Stadt profitabel aneignet und zugleich behauptet, im Gegenzug den Wiener*innen huldvoll ein Stückchen Infrastruktur zu schenken, das meist primär zur Aufwertung der privaten Immobilie dient – und andererseits dem Fall, dass die Allgemeinheit sich selbst ‚beschenkt‘, über den Umweg von mandatarisch damit betrauten Repräsentant*innen und vor allem einer Steuerpolitik, in der noch Transfer-Gedanken wirksam sind. Gemeint ist ein Rückführungsprinzip (Re-Transfer), wonach von dem gesellschaftlichen Reichtum, welcher der Stadt durch private Aneignung weggenommen wurde, Teile wieder zurückgeführt werden.

Hier kommen noch einmal die schon angeführten Fassaden-Inschriften des Roten Wien ins Spiel, als Maßstäbe und Perspektiv-Ausrichter: Hieß es einmal, dass dieser Wohnbau mit Geldern errichtet

159 Für die von mir 2015 für den *steirischen herbst* im Haus der Architektur Graz kuratierte Ausstellung *Spielräume | Free Play* haben Drehli Robnik und ich aus über 80 Wiener Gemeindebauten die ‚Verbotskultur‘ auf deren Spielplätzen dokumentiert. Siehe: Gabu Heindl (Hg.), Spielräume | Free Play, Reader zur Ausstellung, Graz 2015.

160 Bis hin zu Jahreszeiten, wenn wir an die bürgermeisterlichen „Schönen Sommer!“-Deklarationen denken. Wie sehr dies Teil oder Parallelphänomen einer bei Österreichs Bundesländer-Regierungen und Landeshauptleuten (Wien ist Stadt und Bundesland zugleich) verbreiteten Art von ‚Landesfürsten‘-, ‚Landesvater‘-, ‚Landesmutter‘-Habitus ist, wäre getrennt zu untersuchen.

161 Oder eine Investorin, aber der Prototyp dieses neoliberalen Akteurs ist heute, insbesondere in Wien, männlich bis maskulinistisch.

wurde, mit denen davonzuziehen die politische Organisation der Arbeiter*innenbewegung den Kapitalakteur*innen nicht gestattet hat – samt der Implikation, dass diese Geldmittel (dieser Wohnbau, diese Stadt) von vornherein *allen* gehören –, so präsentieren sich nach dem Roten Wien bis heute Bürgermeister X und Stadträtin Y als Mäzen*in.[162] Schlagend wird dabei auch die konstruktive Umwandlung einer Bevölkerung von Souveränen, die bei Wahlen Entscheidungen treffen (wie vermittelt auch immer), in eine Bevölkerung als Empfängerin von Services und Wohltaten, die mitunter mit dem Service unzufrieden ist und sich bei Wahlen – wie es in der sozialdemokratischen Folklore heißt – „undankbar" verhält und, als sei dies der ‚Dank' für das schöne rote Stadt-Geschenk, rechts wählt.[163]

162 Es ist ein Symptom einer Art Re-Feudalisierung, wenn das „Errichtet aus den Mitteln der Wohnbausteuer" ersetzt wird durch „Erbaut im Jahr X unter Bürgermeister Y", mit dem markanten „unter", wie in „Untertan".

163 Zugestanden sei aber schließlich, dass eine gewisse Selbstkritik in Sachen Paternalismus heute Teil des (halb)öffentlichen Diskurses der Wiener Stadtregierung ist; abzuwarten bleibt, wieviel von diesem Selbstkritik-Potenzial in Richtung Demokratisierung (bzw. deren Radikalisierung), in Richtung von erweiterter Handlungsmacht (etwa beim Wohnen) oder von Beteiligung von Frauen, Migrant*innen, Minderheiten an politischer Macht und an Geltung im öffentlichen Raum transformiert wird.

# 3. Red Rebel: Stadtpolitische Konfliktfelder und neue Hegemonien

*Women, we built this city and we are key players in this city.*
ADA COLAU, 2015

## Der Fall Siedler*innenbewegung: eine Alternative in der Alternative

Frauen, die bauen, selbstverwaltete urbane Räume, autonom entstandene Selbsthilfe von unten: Die Geschichte der Wiener Siedler*innenbewegung ist die Geschichte einer *Alternative in der Alternative* im Roten Wien,[164] jedoch marginalisiert in der Geschichtsschreibung. Heute ist sie zu einer wichtigen Referenz für Recht-auf-Stadt-Bewegungen geworden, konkreter: eine Referenz für basisdemokratische Selbstorganisation und für Eigenbau sowie für Impulse im Wohnbau allgemein. Der Bauökonom und Architekturpublizist Klaus Novy nannte die Geschichte der Wiener Siedler*innenbewegung auch eine „vorenthaltene Geschichte" – nämlich die eines echten „poor peoples movement". Durch das Nichtschreiben von Geschichten wie jener der Siedler*innenbewegung entfiele aber die Möglichkeit, aus solchen kollektiven Erfahrungen, aus den Erfolgen wie auch aus den nicht-eingelösten Projekten, zu lernen.[165]

164 Die Aufmerksamkeit gilt hier klarerweise stadtplanerischen Hegemonie-Politiken, insofern kommen im engeren Sinn staats- und organisationspolitische Alternativen wie etwa die kurzlebigen Bestrebungen zur Einrichtung einer österreichischen Räterepublik nicht in Betracht.

165 Novy votiert für ein Lernen von den kulturellen Errungenschaften der Siedler*innenbewegung: „Ein Blick zurück nach vorne kann uns hier Phantasie ‚lehren'. Offensichtlich vorenthält uns die geschriebene Geschichte die Alternativen in der Vergangenheit. Kam wirklich alles so, wie es kommen mußte? Ein Wien umringt von Genossenschaftssiedlungen?" Laut Novy hatte die einzigartige Stärke der Wiener Siedler*innenbewegung eine paradox anmutende Ursache: „Gerade weil es in Wien keine Tradition der Kleingärtner- und Bauvereinsbewegung gab,

Die Geschichte der Siedler*innenbewegung ist ein aufschlussreicher Fall paternalistischer Vereinnahmung. Kurz geschildert: Ab 1919 entstanden am Rand von Wien aufgrund der kollektiven Wohnungsnot in illegaler Land-Besetzung „Brettldörfer".[166] Frauen wie Männer ergriffen Eigeninitiative und bauten ihre und anderer Menschen Häuser, einige Architekt*innen wie etwa Loos oder Schütte-Lihotzky unterstützten sie dabei. Jedoch: Die Stadtadministration, der solche Eigeninitiative als Chaos erschien, vereinnahmte und ordnete diese rasch durch Formierungen von Genossenschaften und Verbänden, sodass sich in der Bilanz des Roten Wien neben dem viel umfangreicheren Hochbauprogramm auch tausende Siedler*innenhäuser finden. Novy analysiert diese Bewegungsdynamik so: zunächst ein „Aufbruch in Etappen", „von einem Notprojekt ‚von unten' zu einem Projekt gesamtgesellschaftlicher Veränderung (Gildensozialismus) – bis schließlich zum Abbruch in Raten – von der etatistischen Aneignung bis zum Notprojekt ‚von oben'".[167]

Konnte Otto Bauer im Not-bedingten Selbstbau der Brettldörfer noch einen „Vorboten zum wahren Sozialismus", eine Art libertären Sozialismus mit einer basis-kommunistischen Lebensweise er-

konnte sie in den Jahren nach 1918 fast ganz unter sozialistischen Einfluß geraten." Klaus Novy, „Selbsthilfe als Reformbewegung – Der Kampf der Siedler nach dem Ersten Weltkrieg", in arch+ 55, 1981, S. 26–27. Peter Marcuse spricht von „probably the most widespread example of self-help in housing in the twentieth century in an industrialised country." Peter Marcuse, „A Useful Installment of Socialist Work: Housing in Red Vienna in the 1920ies", in: Rachel G. Bratt, Chester Hartman, Ann Meyerson (Hg.), Critical Perspectives on Housing. Philadelphia 1986.

166 Siehe dazu auch die Ausgabe von *dérive* zu diesem Thema, speziell: Andre Krammer, Friedrich Hauer, „Das wilde Wien. Rückblick auf ein Jahrhundert informeller Stadtentwicklung", in: dérive 71, 2018, S. 8–19.

167 Novy, „Selbsthilfe als Reformbewegung", S. 28. Aus dem 1921 gegründeten Österreichischen Verband für Siedlungs- und Kleingartenwesen (ÖVSuk) mit Sekretär Otto Neurath entstand die „Gemeinwirtschaftliche Siedlungs- und Baustoffanstalt" (bis heute GESIBA) als „gemeinwirtschaftliche Anstalt", die die Siedler*innen unterstützte, ihnen aber auch zahlreiche Richtlinien auferlegte: Ein gewisser Prozentsatz der Baukosten musste durch Bauselbsthilfe (Arbeit) eingebracht werden, dies aber gerade nicht am eigenen Bau – so sollte Solidarität und Wirtschaftlichkeit gewährleistet werden. Novy, „Selbsthilfe als Reformbewegung", S.31. Professionelle Bauleistungen mussten durch das Gewerkschaftsunternehmen *Grundstein* geleistet werden. Eigenleistung wurde von der Gewerkschaft aber kritisch gesehen, sie sah darin Pfusch-Arbeit, Konkurrenz, usw.

kennen,[168] stand später allgemein die Sorge im Raum, dass es den Arbeiter*innen gefallen könnte, als selbständige Bäuer*innen zu leben; sie sollten aber Arbeiter*innen bleiben. Und es gab die Sorge bezüglich möglicher Korruption der Arbeiter*innen durch Besitzdenken (Identifikation mit dem eigenen Häuschen und Garten), wie sie durch Mietwohnungen nicht zu befürchten war.[169] Man sah in der urbanen Großwohneinheit größeres veränderungspolitisches Potenzial als in der (als konservativ verstandenen) Hausform der vorstädtischen Genossenschaftssiedlung.[170] Im Disput der Programme ‚Gartenstadt gegen Großstadt' setzte sich also in Wien letzteres durch. Auch aus nachvollziehbaren Kosten- und v. a. Platzgründen – letztlich verbraucht die Siedlung viel städtischen Boden – entschied sich das Rote Wien für Geschoßwohnbau, somit für eine möglichst große Zahl an Wohnungen im dichten Stadtraum.[171]

Selbst im sozialdemokratischen Engagement, das wilde Bauen zu legalisieren und in genossenschaftliche Bahnen zu lenken, finden sich Konzepte, deren Erbe anzutreten sich für die heutige Wohnbaudiskussion lohnt (eine kritische Neubewertung vorausgesetzt). Zum einen bewirkten die nicht-normgerechte Bauweise der Siedler*innenbewegung und ihre Verstöße gegen die Baugesetze eine Auseinandersetzung mit der Strenge der gesetzlichen

168 Nämlich das Potenzial für eine Weiterentwicklung der Siedler- und Gartenstadtbewegung in Richtung des zu Beginn des 20. Jahrhunderts in England entwickelten „Gildensozialismus". Dieser wurde als Mittelweg zwischen Staatssozialismus und Syndikalismus gesehen, Bauer, zit. in: Novy, „Selbsthilfe als Reformbewegung", S. 34.

169 Otto Neurath bringt noch andere Bedenken ins Spiel: „Würde die Siedlungs- und Kleingartenbewegung wirklich erheblichen Umfang annehmen, dann könnte, wenn nicht gleichzeitig die Macht der Arbeiter und Angestellten wächst, eines Tages das Ergebnis vor uns stehen, daß auf dem Weg über die freiwillige Gartenarbeit allgemein der Achtstundentag durchbrochen wird. Es könnte dann möglicherweise die Unternehmerschaft den Versuch machen, die Löhne so weit herunterzusetzen, daß der einzelne mit der Gartenarbeit zusammen gerade nur das Auslangen findet." Otto Neurath, „Österreichs Kleingärtner- und Siedlerorganisation", S. 113.

170 Nach 1934, im Ständestaat, wurde tatsächlich das Siedler*innenhaus zur spezifischen Wohnform. Siehe Andrea Suttner, Das Schwarze Wien, Wien, Köln, Weimar 2017, S. 128ff.

171 Zu dem Disput Siedlung versus Massenwohnhaus siehe Weihsmann, Das Rote Wien, S. 160ff.

Wohnbau-Standards in Hinblick auf klein dimensionierten Eigenbedarfs-Wohnbau.[172] (Das soll hier kein Pauschalvotum für Deregulierung sein.) Ebenso hohen Aktualitätswert – denken wir etwa an die „halb-fertigen" Häuser des Architekturbüros *Elemental* in Chile (2003) und deren Einfluss auf die weltweite Reflexion zu Selbst- und Weiterbau im Massenwohnbau – hat das Konzept des erweiterbaren „Kernhauses", ein architektonischer Beitrag zur Wiener Siedler*innenbewegung, u.a. von Margarete Schütte-Lihotzky: 1922-1923 entwarf sie im Baubüro des Österreichischen Verbands für Siedlungs- und Kleingartenwesen Kernhäuser, die im Kleinstzustand als „Siedlerhütten" errichtet wurden und Schritt für Schritt im Selbstbau nach außen vergrößert werden konnten.[173] Wieder aufgegriffen wurde das Konzept des Kernhauses in den frühen 1930er Jahren etwa in Form des „wachsenden Hauses" von Martin Wagner und Vertreter*innen des „Neuen Bauens", aber auch in der 1932–1934 errichteten Wiener Stadtrandsiedlung Leopoldau, für deren „Kernhäuser" Aufschließung und Anbauten durch die Siedler*innen selbst geleistet wurden. Diese Siedlung war eine vor allem für Erwerbslose konzipierte „Selbstversorger"-Siedlung in Holz-Lehmbauweise. Richtiggehend formalisiert war solcher Selbstbau in den sogenannten „2.500-Stunden-Häusern": Diese festgelegte Anzahl an Eigenleistungs-Stunden konnte in bestimmten Siedlungen anstelle von Startgeld eingebracht werden.[174]

172 Solche Impulse eröffneten allgemein kostengünstigere Möglichkeiten im Bauen: etwa Reihenhäuser als Mehrfamilienhaus mit nur einer Wohnungstrennwand statt einer Feuermauer zu verbinden, angestoßen durch das von Loos 1921 patentierte Konzept, nachzulesen in: Adolf Loos: „Das Haus mit einer Mauer. Patentbeschreibung", in: Ders., Die Potemkinsche Stadt: Verschollene Schriften 1897–1933, Wien 1983, S. 179: „Man kann, wenn Häuser schon dastehen, mit einer Mauer schon ein neues Haus errichten." Das Patent kam in der von Loos geplanten Mustersiedlung Heuberg 1921–24 zur Anwendung. Siehe auch Weihsmann, Das Rote Wien, S. 107f.

173 Obwohl bis über die Grenzen Wiens beachtet, wurden im Roten Wien nicht viele Kernhäuser umgesetzt. Adolf Loos war kein Befürworter dieses Konzepts und propagierte stattdessen sein „Haus mit einer Mauer". Siehe auch Sophie Hochhäusl, „Von Siedlerhütten und Kernhäusern. Margarete Lihotzkys Beitrag zur Wiener Siedlerbewegung", in Marcel Bois, Bernadette Reinhold (Hg.), Margarete Schütte-Lihotzky. Architektur. Politik. Geschlecht, Basel 2019, S. 70-85.

174 Weihsmann, Das Rote Wien, S. 106ff. Während im Roten Wien Selbstbau-Arbeitsstunden *möglich* waren, wurden sie im „Schwarzen Wien" nach 1934,

Eigenbau-Modelle entstanden allerdings nur im Siedlungsbau. Freiräume für Beteiligung an der Gestaltung oder am Bau von Geschoßwohnbauten hingegen sind historisch wie heute im kommunalen oder geförderten Wohnbau kaum vorhanden; Bewohner*innen sind meist nur Nutzer*innen, im besten Fall Nutznießer*innen, eines Top-down-Systems. Das muss aber nicht alternativlos bleiben.

Eine alternative Praxis von Selbstbauen trat – abgesehen von der marginalisierten Rolle der Siedler*innenbewegung im Roten Wien – quasi ironisch dort zutage, wo die paternalistische Administration und Versorgung noch nicht zu Perfektion gediehen ist. Für einen Moment gab es Partizipation auch im Massenwohnbau, nämlich als die finanziellen Mittel zur „Schlüsselfertigkeit" noch nicht ausreichten: Beim ersten fertiggestellten Wiener Gemeindebau auf der Schmelz, dem Maresch-Bau (1919–20), erforderte dessen reduzierte Ausstattung das Weiter- bzw. Fertigbauen von Außenanlagen sowie Eigenleistungen bei der Wartung seitens der Mieter*innen.[175] In den nachfolgenden Gemeindebauten gab es diese Möglichkeiten zum Mitgestalten und Weiterbauen immer weniger, meist gar nicht. Damit ist natürlich nicht gemeint, dass es gut sei, wenn für Umverteilungsprojekte wie es kommunale Wohnbauten sind, zu wenig Geld vorhanden ist. Allerdings zeigt sich anhand dieses Beispiels, wie ein reduzierter Gestaltungseinsatz – wohlgemerkt: wenn er nicht gezwungenermaßen erfolgt – Freiräume zum Weiterbauen öffnen kann.[176]

unter Hermann Neubacher als Leiter der GESIBA Siedlungen, zur Verpflichtung: Erwerbslose mussten bis zu 2000 Stunden Eigenleistung entrichten.

175 Siehe: Frei, Rotes Wien, S. 126.

176 Gegenwärtige Konzepte bestehen z.B. darin, künftigen Mieter*innen eine Rohbauwohnung zu erstellen, und die Fertig-Ausstattung ihnen zu überlassen. Hier ist das Weiterbauen v.a. auf Individualebene gedacht (etwa Fußböden in der eigenen Wohnung), nicht aber im geteilten Außenbereich als gemeinschaftlich organisierter und gestalteter Raum. Im Freiraum wird heutzutage manchmal eine Form von partizipativem Budget eingesetzt, über das in den ersten Jahren nach Einzug der Bewohner*innen gemeinsam entschieden werden kann.

## Stadtfreundschaft | Konfliktfelder heute: Masse, Boden, Migration

Um an dieser Stelle Derridas Erb-Gedanken wieder aufzunehmen: Die genannten Überschreitungen sind es, die heute den Rekurs aufs Rote Wien inspirieren. Novys „vorenthaltene Geschichten", ähnlich wie Fishers *lost futures*, die es festzuhalten und zu ‚heben' gilt, zeigen Alternativen zum inhärenten und fortbestehenden Paternalismus des Roten Wien (und auch des Wohlfahrtsstaats) auf. Ich möchte nun mit der Frage des Kommunalsozialismus Bereiche verknüpfen, die für die Gegenwart und die Zukunft von Stadt- und Planungspolitik relevant sind. Das sind Masse, Boden und Migration.

Um ein für eine aktualisierte Auseinandersetzung mit Masse zentrales Moment einzubringen: Die *Freundschaft zur Stadt* war wesentlich für die Politik des Roten Wien. Mit der abschnittstitelgebenden Wortprägung *Stadtfreundschaft* klingt die Verbindung von Stadt und der sozialdemokratischen Grußformel „Freundschaft" an, einem Synonym für Solidarität. Stadtfreundschaft sei hier vorgeschlagen als Chiffre, Horizont und Maßstab eines egalitären politischen Handelns: die Stadt im Unterschied zur Siedlung, was nicht auf eine völlige Delegitimierung von Siedlungen hinauslaufen soll, sondern eben das urbane Zusammensein Vieler als Paradigma setzt, samt einem Positivverständnis von Anonymität und, ja, von Masse – Masse verstanden als vielheitlicher Zusammenhang, der Alternativen und Abweichungen, kurz Pluralität, beinhaltet.[177]

Dass es dem Roten Wien um Planung für *die Masse* ging, ist so zentral und so evident, dass es heute viel zu leicht übersehen oder aber falsch eingeschätzt wird. Übersehen wird der positive Akzent, der im sozialistischen Projekt auf Masse liegt, v. a. deshalb, weil Masse heute allzu sehr rein negativ konnotiert ist, und weil ein affirmativer Bezug auf Masse als Teil einer längst überwundenen Vergangenheit gesehen

177 Ich sehe mich hinsichtlich der Affirmation des Massenhaften in Übereinstimmung mit Owen Hatherley, der darauf hinweist, dass vom Konzept der Siedlung und auch von so manchen DIY-Projekten (so wertvoll sie sind) keine kategorischen Lösungen für Wohnprobleme zu erwarten sind, sondern dass es vielmehr der Rehabilitierung von *Massenwohnbau* bedarf. Im Rahmen von Hatherleys *Militant Modernism* fungiert sein Festhalten durch ein kritisches „trying again" als eine Art Parallelkonzept zum hier vorgeschlagenen kritischen Erben. Damit arbeitet Hatherley auch an der Vermittlung eines positiven Begriffs der Masse, vor allem des Massenwohnbaus des britischen Wohlfahrtsstaats. Owen Hatherley, Militant Modernism, Winchester 2009.

wird: einer verhängnisvollen Uniformisierung von Gesellschaft. Fast automatisch wird Masse, im weiteren auch „Massenwohnbau", assoziiert mit Nivellierung nach unten, minderer Qualität, Einheitsbrei oder auch mit dem Identitären in der Masse, als sei diese ein Block mit einer Stimme.[178] Dass diese Assoziationen sich einstellen, noch dazu so automatisch, ist aber selbst ein politisches Phänomen, nämlich die Auswirkung einer (neo)liberalen Definitionshegemonie, einfacher gesagt: eines Schlechtredens, das (nicht nur in Wien) System hat – und in der Folge auch eines fast systematischen ‚Schlechtbauens', ‚Schlechter-Bauens für die Masse', das auch dieses Urteil zur *self-fulfilling prophecy* macht.

Es würde zu kurz greifen, den uniformierenden, disziplinierenden Aspekten des Kollektivismus im Roten Wien die Fallbeispiele für Partizipation und Eigentätigkeit innerhalb der Siedler*innenbewegung eins zu eins entgegenzusetzen, denn diese Alternativ-Praktiken hängen zu sehr am Maßstab des kleinen Häuschens für Einzelne. Historisch gesehen, verläuft die Opposition nicht so sehr zwischen Rotem Wien und Siedler*innenbewegung, sondern das Rote Wien ist seinerseits Alternative – nicht nur zu kapitalisierten, bürgerlich regierten Formen von Gesellschaft, Stadt und Wohnen, sondern auch Alternative zu radikal „sachlichen", undifferenzierten Formen des gestapelten Unterbringens von Massenbevölkerung. Und die Siedler*innenbewegung ist, wie gesagt, Alternative innerhalb der Alternative.

Eine nützliche Denkfigur zur Masse ist der Begriff des *Ornaments der Masse*, wie ihn Siegfried Kracauer in seiner marxistischen Phase 1927 geprägt hat: Während die meisten bei diesem Ausdruck reflexartig an Leni Riefenstahl und uniformiert geordnet aufmarschierende totalitäre Formationen denken, steckt im Massenornament in Kracauers Perspektive etwas ganz anderes als Einheitliches: nämlich der Hinweis darauf, dass Massenformen ständige Entformung und Umformung beinhalten und dass es nicht fix ausgemacht ist, wie moderne urbane Massen sich politisch, kulturell, auch was ihre Arten von Wohnraum betrifft, formen und umformen.[179]

178 Zur negativen Konnotation der Masse siehe Marchart, Das unmögliche Objekt, S. 412 sowie Nikolai Roskamm, Die unbesetzte Stadt: Postfundamentalistisches Denken und das urbanistische Feld, Basel 2017, S. 188ff.

179 Siegfried Kracauer, „Das Ornament der Masse" [1927], in: Ders., Das Ornament der Masse. Essays, Frankfurt a. M. 1963.

Gerade gegenwartspolitisch gesehen, ist es notwendig, Masse als das zu verstehen, was sie ist: nämlich als etwas, wovon nicht so eindeutig und festgelegt klar ist, was sie ist. Das ist gar nicht so paradox, sondern soll vor allem heißen, dass Masse keine monolithische Einheit ist, sondern viele in ihrer Verschiedenheit umfasst.

Ich bevorzuge hier den positiv gewendeten, kritisch ererbten Ausdruck *Masse* – Masse als inhomogene Vielheit – gegenüber einem jüngeren Alternativkonzept wie *Multitude*, weil letzteres das Moment ökonomischer Produktion sehr stark betont,[180] während es mir demgegenüber vor allem auf das Nicht-Festgelegte ankommt, in dem *Politik* sich formt (und das natürlich Momente des Produzierens mit umfasst, die ich eher als Eigentätigkeit oder Agency anspreche). Damit ist auch die Herausbildung einer Massenbewegung wie etwa der Arbeiter*innenbewegung als eine Frage von Politik zu verstehen, von Politik eben nicht als einer in der Ökonomie letztfundierten Form, sondern als Hegemonie-Konflikt mit seinen Kontingenzen, Kompromissen und Unreinheiten.

Kurz gesagt, nun mit Blick auf das Konzept der Maßschneiderung in Architektur, denke ich, dass das Konzept der Masse und des Massenwohnbaus keineswegs zu den Altbeständen urbaner Architektur-Programme entsorgt werden sollte. Es gilt, die Masse als Horizont eines nicht zählbaren Verschiedentlichen zu verstehen und das Planen und Bauen auszurichten an regulativen Ideen von *egalitärer Differenzierung und individueller Nicht-Identität*, von Gleichheit und Freiheit in ihrer ‚unmöglichen', aber unverzichtbaren Verschränkung. Eine populäre Kurzformulierung für Aspekte dieser Orientierung an der – mit Gilles Deleuze gesagt – *dividuellen* Masse lautet *Luxus für alle.* Also *massengeschneidert.*

Der springende Punkt ist, wie radikaldemokratische Formen der Teilhabe, Eigeninitiative und Selbstorganisation in Hinblick auf eine Art *massengeschneiderten* Wohnbau, und zwar konzeptuell schon in der Planungsphase, möglich sind. Beides – die Politik der Planung wie auch die Politik der popularen Ermächtigung –, und zwar in einer durchaus diffizilen, auszuverhandelnden Beziehung, ist Teil von Prozessen der Radikalisierung von Demokratie im Städtebau. Wir kommen darauf in Teil III zurück.

180 Zum Konzept der Multitude siehe: Michael Hardt, Antonio Negri, Empire: Die neue Weltordnung, Frankfurt a. M. 2003.

*Bodenpolitik* bzw. *Grund und Boden* ist das zweite heutige Konfliktfeld (und das ebenfalls eng mit dem Roten Wien verknüpft ist[181]). Für das im Massenmaßstab egalitäre Projekt – Wohnen als Menschenrecht, konkret: leistbarer Wohnraum, Umverteilung, Ressourcenschonung – ist es unverzichtbar, *radikal* im buchstäblichen Sinn zu agieren, also an der Wurzel, am *Grund* des Gefüges der Stadt, somit ganz eminent in der Politik von Grund und Boden. In der heutigen Debatte um leistbaren Wohnbau muss die *Bodenpolitik* (wieder) zentralen Stellenwert erhalten.[182] Denn, um ein Argument von Novy aufzugreifen: Noch vor Fragen der Wohntypologien geht es um grundlegende kommunalpolitische Setzungen;[183] auch darum, dass Boden im Eigentum der Öffentlichkeit bleibt bzw. weiter noch, dass privatisierter Boden kollektiviert und Bodenversiegelung rückgängig gemacht wird. Das Problem des „Bodenmonopols" aufzeigend, weist der Schweizer Architekt und Städtebauer Hans Bernoulli in seinem Buch *Die Stadt und ihr Boden* auf die Potenziale z.B. des Baurechts als „Instrument der Stadtbaukunst" hin: Dabei bleibt Grund und Boden in öffentlichem Eigentum, während er zugleich von Privaten genutzt werden kann.[184]

Boden steht also in einer Reihe mit Wasser und Luft und mit der generellen Problematisierung des Verfügungsrechts über und des

181 Zum Verhältnis von Bodenpolitik und Rotem Wien siehe auch Gabu Heindl, „Towards a Radical Democratic Politics of Urban Land: The Case of (Red) Vienna", in: Angelika Fitz, Elke Krasny (Hg.), Critical Care. Architecture and Urbanism for a Broken Planet, Cambridge, Mass. 2019, S. 125–130.

182 Aufgrund der Bodenknappheit und der stark ansteigenden Bodenpreise gab es in den 2010er Jahren einen Rückgang von geförderter Wohnbautätigkeit in Wien. Mit der 2019 in Kraft getretenen Bauordnungsnovelle wurde mittels der neuen Widmungskategorie „Geförderter Wohnbau" eine Möglichkeit geschaffen, den Bodenpreis zu regulieren: durch deren Zweck-Widmung in Kombination mit einem festgelegten Bodenpreis-Maximum für geförderten Wohnbau. Wieweit diese Maßnahme angewendet wird, muss sich noch zeigen. Seitens privater Grundeigentümer*innen gibt es dazu erbitterten Widerstand: Sie bezeichnen diese Maßnahme als „Quasi-Enteignung" – ihres spekulativen Gewinns.

183 Siehe: Novy, „Selbsthilfe als Reformbewegung".

184 Hans Bernoulli, Die Stadt und ihr Boden, Basel, Berlin, Boston 1991 [1946]. 1926 nahm Bernoulli am Kongress des Internationalen Verbands für Städtebau, Landesplanung und Gartenstädte in Wien teil. Wiener Schrebergärten waren über Jahrzehnte lang im Erbbaurecht verpachtet, bis zum Verkauf von Kleingartengrundstücken im 21. Jahrhundert, also bis zur Schaffung kleinbürgerlicher Eigentumsverhältnisse in diesem Bereich urbaner Grünland-Ressourcen.

100% ÖBB: 100% Öffentlicher (Bebaubarer) Boden.
Installation von Gabu Heindl, Can Gülcü.

politischen Konflikts um basale Ressourcen. Da Boden begrenzt ist – und Stadt ist in gewisser Hinsicht *geteilte Erfahrung der Begrenztheit von Boden* –, spitzt sich die Frage der Verteilung, zumal der Kampf gegen Monopolisierung, anhand dieser Ressource besonders stark zu. Nicht nur liegt das Thema „Boden“ für Stadtplanung und Klimaschutz wie auch als postfundamentalistisch-politische Frage nach Grund und Gründungen nahe, sondern in diesem quasi existenziellen (und dennoch politisierten) Sinn ist Boden Teil des Gemeinguts, was heute vielfach Commons heißt.

Wichtige zukunftsweisende städtebauliche Zielsetzungen, wie etwa großflächige Grünkeile zur Freiraumsicherung in der verdichteten Stadt, Flächenreserven für Landwirtschaft und Biodiversität und natürlich für leistbaren Wohnbau, hängen von Eigentums- und Ausbeutungsverhältnissen von Grund und Boden ab. Generell ist Boden als Gemeingut, ob in Form von Allmende oder als öffentliches Gut, in der gegenwärtigen Finanzialisierung einem verstärkten Aneignungsdruck durch globales Kapital ausgesetzt – aber: An dieser Aneignung sind staatliche, administrative, insbesondere bürokratische Akteur*innen maßgeblich mitbeteiligt.[185] Sprich: Privatisierungen sind das Ergebnis von Politik und ihren Setzungen.

Deshalb richten sich nun einige Hoffnungen auf Commons als eine Alternative zum Privaten wie auch zum Staat. Allerdings: Wir sollten uns Commons nicht zu sehr als ‚sauber getrennt' von diesen beiden Polen vorstellen. Denn zum einen sind unter Bedingungen der (National-)Staatlichkeit von Gesellschaften staatliche Institutionen oder die „öffentliche Hand" Kräfte, die die Commons zwar nicht ‚machen' (Commoning als die Herstellung und Erhaltung von Commons ist eine kollektive Handlung)[186], die ihnen aber Schutz vor Kapitalisierung bieten (können). Zum anderen sind Commons oft längst Teil von Kapitalökonomie, etwa in Form von Urbanität, die als Lifestyle wahrgenommen oder zugerichtet wird, z.B. hippe Formen des Urban Gardening. Auf diese Problematik weist Silvia Federici hin – ihre feministische Perspektive auf Commons lautet „Keine Commons

185 Boden ist Objekt spekulativer Begierde für „neue Einhegungen" im globalen Maßstab. Zu *land grabbing*, also globalem Raub des Allmende-Guts Boden auf dem afrikanischen Kontinent, siehe: Silvia Federici, Caliban und die Hexe. Frauen, der Körper und die ursprüngliche Akkumulation, Wien 2015; Liz Alden Wily, „Globaler Landraub. Die neue Einhegung", in: Silke Helfrich und Heinrich Böll Stiftung (Hg.), Commons. Für eine neue Politik jenseits von Markt und Staat, Bielefeld 2012, S. 166–176. Aber auch Grund und Boden, der eigentlich öffentlich ist, wie etwa urbane Grundstücke staatlicher Eisenbahnen, wird zu spekulativen Höchstpreisen veräußert. Obwohl die Flächen der Österreichischen Bundesbahnen wertvolle öffentliche Bodenflächen sind, werden diese Flächenreserven der ÖBB – weder ökonomisch noch ökologisch nachhaltig – sukzessive profitorientiert zu einem großen Teil an private Wohnbauträger verkauft. Wohnbaurelevante Grundstücke sollten aber in Gemeindeeigentum überführt werden – Unterstützung für eine solche Agenda ist formuliert in: Hans-Jochen Vogel, Mehr Gerechtigkeit! Freiburg 2019, S. 71.

186 Der Entkapitalisierung von Allgemeingut – urbanem Boden wie Wohnraum – widmen sich heute diverse Initiativen: Die deutsche Stiftung trias etwa arbeitet an der Entziehung von Grundstücken aus der kapitalistischen Verwertungslogik, indem sie Grundstücke für die Stiftung erwirbt und sie ausschließlich in (Erb-)Baurecht zur Nutzung weitergibt: also Bodennutzungsrecht statt Eigentum an Boden, somit auch keine Spekulation mehr mit Grund und Boden. Die neue Wiener Genossenschaft WoGen versammelt neue Wohnprojekte, die in partizipativer Planung und in Gemeinschaftseigentum entwickelt werden – zur Unterstützung gemeinschaftlicher, selbstbestimmter Wohn- und Lebensformen. Anders das Mietshäuser Syndikat in Deutschland: Dieser Solidarzusammenhang hat ebenfalls die Entprivatisierung von Häusern zum Ziel und unterstützt die Finanzierung von selbstorganisierten Hausprojekten. Als österreichisches Pendant dazu baut habiTAT etwas Ähnliches auf (siehe auch Kapitel 9).

ohne Community" und: „Community nicht als abgeschottete Realität, als eine sich von anderen absetzende Gruppe von Menschen mit exklusiven Interessen, wie dies bei den auf religiöser und ethnischer Grundlage sich definierenden Communities der Fall ist."[187] Es geht also um Gemeinschaften, um Kommunalität, von Verschiedenen – unter Bedingungen, die deren gleiche Rechte sicherstellen.

Dem ortsfesten Boden quasi gegenüber steht als drittes die heute und in Zukunft dringliche Frage des Zusammenlebens von Bevölkerungen, die zunehmend (ob freiwillig oder unfreiwillig, wobei das natürlich konkret einen großen Unterschied macht) nicht ortsgebunden leben bzw. eine Flucht antreten. Es geht ums Zusammenleben in *Migrationsgesellschaften*. Vieles spricht dafür, aus Derridas *Marx' Gespenster*-Studie neben der Programmatik des Erbens auch denjenigen Gedanken aufzugreifen, wonach wir eine proletarische Internationale heute als eine Internationale der „displaced persons" und „displaced people"[188] begreifen sollten. Proletariat, also die Erfahrung, besitzlos, ausgebeutet, ohne (volle) politische Rechte und sozial ungesichert zu sein, ist heute etwas, das es abseits von nationalstaatlichen Identitätsrahmen zu verstehen gilt; und ein egalitärer Internationalismus, Transnationalismus, globaler Humanismus muss sich als Solidaritäts-Einrichtung bewähren im Kontext weltweiter Arbeitsmigration und Fluchtmigration. Das ist in jedem Sinn nicht weit entfernt von Wien. Städte sind generell Migrationsdestinationen; und die kapitalistische Aneignung und Monopolisierung von Grund und Boden – Landraub, *land grabbing* – im globalen Süden, insbesondere auf dem afrikanischen Kontinent, ist ein eminenter Fluchtgrund, der Menschen u.a. nach Wien bringt.

Im Kontext von gegenwärtiger Migration und der Verschärfung von rassistischen Ideologien und Politiken tritt an der Geschichte, am Problem-Erbe des Roten Wien ein bislang von mir noch wenig beleuchteter Aspekt in den Vordergrund. Es geht um die deutschnationalen Züge an der Politik der österreichischen Sozialdemokratie der 1920er Jahre, wie sie etwa in Otto Bauers „Verwirklichung

187 Und weiter: „Wie können wir verhindern, dass die Commons kooptiert werden und, anstatt eine Alternative zum Kapitalismus zu bieten, der untergehenden Kapitalistenklasse als Rettungsinsel dienen?" Silvia Federici, Die Welt wieder verzaubern. Wien 2020, S. 135.

188 Derrida, Marx' Gespenster. Siehe weiters Jacques Derrida, „The principle of hospitality", in: parallax 11.1, 2005, S. 6–9.

der nationalen Kulturgemeinschaften"[189] angelegt sind, bis hin zu Momenten eines system-immanenten Rassismus, wie er im historischen Roten Wien in biopolitischen Praktiken der Wohlfahrtspflege und Rassenhygiene artikuliert wurde. Im gegenwärtigen Wien begegnet uns ein Zugangssystem eingelassen in Wohnbauprogramme, das Diskriminierung von Nicht-Wiener*innen durch entsprechende Ausschlusskriterien praktiziert. Parallelen zwischen damals und heute sind frappant: Das Punktesystem zur Wohnungsvergabe im Roten Wien bevorzugte Einheimische als „gewisse Schutzmaßnahmen gegen (fremdländische) Zuwanderung"[190]. Auch rund hundert Jahre später sorgen Zugangshürden und ein „Wien-Bonus" dafür, dass viele Menschen, die erst vor kurzem nach Wien gezogen sind (also nicht nur Menschen, die aus Krisengebieten nach Wien geflüchtet sind, sondern auch Zuziehende aus den Bundes- oder Nachbarländern, aber auch all jene, die aus diversen Gründen nicht gemeldet waren), kaum Zugang zu kommunalem Wohnbau finden.[191]

Das hat durchaus seine Ironie – auch in Hinblick auf die zunehmend migrationsfeindliche Politik in der EU: Heute wie auch schon circa 1930 steht das Rote Wien in einem Gegnerschafts- bzw.

189 Otto Bauer: Die Nationalitätenfrage und die Sozialdemokratie, § 9, 1907. Dort ist etwa die Rede von der „auf Erziehungsgemeinschaft beruhenden Nation" sowie von Bildung, die „in jedem Kinde der Nation durch die Vermittlung der nationalen Kultur wahrhaft den Nationalcharakter hervorbringt". www.marxists.org/deutsch/archiv/bauer/1907/nationalitaet/09-verwirk.html.

190 Weihsmann, Das Rote Wien, S. 37. Weihsmann weist hier auf eine Tabelle mit Punktewerten von Kriterien für Wohnungszuteilung hin: Österreichischer Staatsbürger zu sein, war einen Punkt wert, in Wien geboren zu sein, vier Punkte, seit 1914 ansässig zu sein, vier Punkte; für Obdachlose, Kriegsbeschädigte oder Gekündigte gab es jeweils fünf Punkte.

191 Erst 2006 musste die Wiener Stadtpolitik nach einer EU-Rüge die Gemeindebauten für EU-Bürger*innen öffnen. 2015 änderte die Stadt Wien die Richtlinien der Vergabe von geförderten Wohnungen durch *Wiener Wohnen* und führte den „Wien-Bonus" ein. Dieser bedeutet: Zum einen müssen Bewerber*innen für die Aufnahme in die Liste für geförderte Wohnungen ein mindestens zwei Jahre lang durchgängiges Melde-Verhältnis an einer Wiener Adresse vorweisen. Dazu kommt in einer weiteren Verschärfung, dass die Dauer eines Hauptwohnsitzes in Wien eine Vorrückung in der Warteliste erwirkt: „Personen, die bereits länger in Wien wohnhaft sind, können einen Bonus von bis zu 9 Monaten in der Reihung der Angebotslegung erhalten. Für jeweils volle 5 Jahre, für die eine Person ihren Lebensmittelpunkt in Wien nachweist, werden 3 Monate gutgeschrieben. Es werden maximal 15 Jahre angerechnet." Webseite der Stadt Wien: www.wien.gv.at/politik-verwaltung/wienbonus/.

Alternativ-Verhältnis zu einer nationalistisch-ethnopuristisch agierenden Bundesregierung, steht die Stadt in einer konflikthaften Enklave gegen ein damals katholisch-autoritäres, heute zwischen neoliberal, populistisch und autoritär nach rechts gesteuertes Österreich. Auch diese gegenwartshistorische Negativ-Konstellation legt eine kritische Re-Lektüre der Politik des Roten Wien nahe. Das „Volk, das fehlt" ist heute wieder im Kontext von (Post-)Kolonialismus- und Rassismus-Kritik mit seiner Herkunft in Verbindung zu setzen.[192] Sprich: Es stellt sich die Frage, welche Leute heute die *missing people* sind – die symbolisch und praktisch als rechtlos, unsichtbar, unbetrauert, politisch oder öffentlich nicht repräsentierten Leute. Diesbezüglich bedeutet die Bildung einer hegemoniepolitischen Äquivalenzkette gegen den Neoliberalismus vor allem, Klassenfragen, Rassismuskritik, feministische und queere Projekte *nicht gegeneinander auszuspielen.*

Sondern: Es geht vielmehr um die Konzeption und praktische Einrichtung einer neuen, intersektionalen Hegemonie, in der die ‚soziale Frage' verbunden ist mit Migrationspolitik und postkolonialen Agenden sowie ökologischen Maßnahmen im Rahmen einer globalisierten Ökonomie. Mein Ansatz, das Intersektionale[193] starkzumachen, zielt in Richtung Demokratisierung bzw. deren Radikalisierung, in Richtung erweiterter Handlungsmacht, etwa beim Wohnen, und der Beteiligung von Frauen, Migrant*innen, Minderheiten an politischer Macht und an Geltung im öffentlichen Raum.[194] Anders gesagt: Um den engen institutionellen Horizont des Kommunal-

192 Eine nicht unbeträchtliche Ironie liegt in dem Umstand, dass eine der Fragen des Staatsbürgerschaftstests/Landesgeschichte Wien „Was meint man, wenn man vom ‚Roten Wien' spricht?" lautet. Somit fungiert ein Wissen um das Rote Wien als ein Bestandteil der Schikanierung von als nicht dazugehörend gedachten Gruppen. Siehe: Assimina Gouma, Petra Neuhold, Paul Scheibelhofer, Gerd Valchars, „Fangfragen für das ‚rote' Wien", in: Perpektiven 11/2010, www.perspektiven-online.at/2010/05/07/migration-fangfragen-fuer-das-rote-wien/.

193 Intersektionalität ist eigentlich ein Begriff aus der Diskriminierungsforschung, den ich hier aber wende: nämlich vom Negativen mehrfacher Benachteiligungserfahrungen (Überlagerung von z.B. sexistischer, rassistischer und klassistischer Diskriminierung) ins potenziell Ermächtigende von Bündnissen im Zeichen geteilter egalitärer Kämpfe.

194 Siehe auch Gabu Heindl, „So Many Reports, So Many Questions. For Instance: Is There Such a Thing as Postcolonial Critical Planning?", in: Model House Research Group (Hg.), Transcultural Modernisms, Berlin 2013, S. 244–255.

sozialismus zu überschreiten, müssen wir nicht nur ins Utopische oder „Kommende" ausschwärmen. Sondern wir haben anhand verstreuter, aber doch hinreichender Phänomene politischer Hegemonie heute konkrete Beispiele radikaldemokratischer Praxis-Ansätze vor uns: so etwa einen *Neuen Munizipalismus.* Der nun folgende Abschnitt zu ebendiesem fungiert auch als eine Art Nachsatz zum Roten Wien, stellt doch der Neue Munizipalismus auch ein Gegenüber zu dieser kommunalsozialistischen Formation dar.

### Neuer Munizipalismus: Zum *Scale Bending* durch *Sanctuary Cities*

*Fearless Cities, Sanctuary Cities, Rebel Cities* … *Fearlessness* als Kraft in einem Netzwerk gegen rassistische Politik, *sanctuary* als Raum-Form des Willkommen-Heißens von Neuankömmlingen, *rebels* als Akteur*innen: Derartige (Selbst-)Zu-schreibungen betreffen Städte als Subjekte wie auch Schauplätze eines *Neuen Munizipalismus.* Ein Blick auf die Stadt als in diesem Sinn neue (macht)politische Akteurin ist für Fragen einer radikaldemokratischen Stadtplanungspolitik aufschlussreich.

Bei den spanischen Gemeinderatswahlen 2015 zogen in mehrere Stadtparlamente Vertreter*innen feministischer und basisdemokratischer Politik-Bewegungen ein. Aus Selbsthilfe-Organisationen und sozialen Bewegungen in der spanischen Humanitätskrise entstanden, wurden sie Teil der Stadtregierungen, u.a. von Madrid, Barcelona, Valencia – als Plattform sozialer (sozialistischer) und vor allem kommunaler Bewegungen. Es handelt sich bei diesen unter dem Begriff Neuer Munizipalismus[195] zusammengefassten Bewegungen um Bottom-up-Initiativen, die sich auf den „Anarcho-Syndikalismus" der spanischen Revolution der 1930er Jahre beziehen und zugleich aber (anstelle eines ‚Exodus aus dem Staat') ganz bewusst *in die Institutionen gehen,* also hegemoniepolitisch und dabei experimentierfreudig auf lokaler Ebene an konkreten, auch institutionellen

195 Im deutschsprachigen Raum erfolgt die Debatte zum Neuen Munizipalismus u.a. im eipcp-Netzwerk, siehe: Christoph Brunner, Niki Kubaczek, Kelly Mulvaney, Gerald Raunig, Die neuen Munizipalismen, Wien, Linz 2017, sowie: Lisa Vollmer, „Keine Angst vor Alternativen. Ein neuer Munizipalismus", in: sub\urban. zeitschrift für kritische stadtforschung 5 (3), 2017, S. 147–156.

Alternativen zum globalen Neoliberalismus arbeiten; prominentestes Beispiel ist Barcelona en Comú („Barcelona Gemeinsam").[196]

Die neuen munizipalistischen Bewegungen und Stadtregierungen versuchen zum einen, eine ökonomische Alternative zu den restriktiven, sozial destruktiven neoliberalen Austeritätspolitiken zu formulieren, die von staatlichen Regierungen v. a. südeuropäischer Länder mit umgesetzt werden. Sie reagieren damit proaktiv auf eine Krise bezüglich der Verteilung gesellschaftlichen Reichtums, auf konkrete soziale Versorgungskrisen, insbesondere auch im Hinblick auf die Wohnungssituation, und stellen dem ein allgemeines *Recht auf Stadt* entgegen. Dies sowie die bereits angesprochenen Enklaven-Situationen (linke Stadt im rechten Land) machen neu-munizipalistisch geprägte Städte dem historischen Roten Wien vergleichbar.

Um beim Beispiel Barcelona zu bleiben: So wurde ein bereits bestehendes Gesetz aktiviert, das eine Leerstandssteuer auf Wohnungen von Finanzinstitutionen effektiv einfordert, mit dem Ziel, die Vermietung dieser über lange Zeit leerstehenden Wohnungen zu motivieren, und mehr noch: Vergleichbar der Anwendung des Wohnungsanforderungsgesetzes im Roten Wien, nutzt die sozialistische Stadtregierung eine gesetzliche Möglichkeit, Wohnungen in Gebieten mit Wohnungsnot, die jahrelang leerstehen, für eine definierte Zeit zu enteignen und an Wohnungssuchende zu vergeben.[197] Längerfristig ist der Aufbau eines Wohnbauprogramms geplant mit Forderungen nach kommunalem oder genossenschaftlichem Wohnbau, formal bestärkt in einem Right to Housing Plan (2016–2025) – die Probleme werden darin in akute und chronische unterteilt. Daraus resultieren konkrete Schritt-für-Schritt-Maßnahmen zur Re-Kommunalisierung öffentlicher Güter und Neudefinitionen des Konzepts „Gemeingut".

196 Im Zuge dessen wurde Bewegungsaktivistin Ada Colau, die jahrelang Räumungen verhinderte und sich für menschenwürdiges Wohnen einsetzte, 2015 zur Bürgermeisterin von Barcelona. Wir erinnern uns an die Forderung von Chantal Mouffe, in die Institutionen zu gehen und zugleich außerhalb Kräfte zu bündeln. Der Weg von Bewegungsaktivistinnen wie Ada Colau in die Institution wird aber von den aktivistischen Kolleg*innen, die die Möglichkeit zur Veränderung nur von außen sehen, kritisch beurteilt.

197 Gemeint ist der Artikel 15 im katalanischen Gesetzbuch, der es der Stadtverwaltung ermöglicht, Immobilien für eine Periode von vier bis zehn Jahren temporär zu enteignen, wenn sie in einer Gegend liegen, in der Wohnungsmangel herrscht.

Allerdings zeigt der Vergleich mit dem Roten Wien auch gravierende Unterschiede: Der Neue Munizipalismus agiert als Alternative zu einer (sozialistisch-)paternalistischen Gouvernementalität, und zwar in verschiedener Hinsicht: einerseits durch ausgeprägte feministische Ausrichtung (die sich auch in der starken Beteiligung von Frauen auf allen Ebenen widerspiegelt), anderseits durch basisdemokratische Ausrichtung im Sinne möglichst umfangreichen Empowerments der Stadtbewohner*innen.[198] Die Verringerung der Distanz zwischen (meist intellektuellem) politischem bzw. Expert*innen-Personal und der Bevölkerung ist dabei ein ständiges Problem wie auch Anliegen.[199] Da liegt der – auch schon gegenüber früheren basisdemokratischen Politiken vorgebrachte – Einwand nahe, solch umfassende, wenig mittelbare Beteiligungsprozesse seien kaum praktikabel, weil ineffizient im Hinblick auf die Bedürfnisse größerer Gemeinwesen. Einem solchen Einwand begegnen die Organisationen mit einer Reihe von Ansätzen: Diese reichen von einem selbstverschriebenen „Ethischen Codex" (festgesetztes Durchschnittsgehalt von Mandatar*innen, Transparenz- und Rechenschaftspflichten, Verbot von Finanzierung durch große Banken, etc.) bis zur gezielten Erprobung neuer Beteiligungsverfahren, im Wissen darum, dass die bislang praktizierten nicht perfekt sind. Komplementär zu diesem experimentellen Aspekt ihrer Politik umfassen munizipalistische Kämpfe zugleich – auch: zunächst und ‚lediglich' – ein Wieder-Anknüpfen an frühere, in der Umverteilung nach oben verloren gegangene, sozialstaatliche Errungenschaften.[200]

198 Diese basisdemokratische Ausrichtung brachte Colau während des Unabhängigkeitsreferendums in Katalonien 2017 in ein realpolitisches Dilemma: Sie unterstützte dessen Abhaltung, obwohl sie politisch nicht mit dem Ergebnis übereinstimmte.

199 Die Distanz zwischen Politik-Intellektuellen und Basis soll „so gering wie möglich sein, sodass diese ‚neue' Politik einfach eine Tätigkeit mehr im Leben einer_s jeden werden kann", so Montserrat Galcerán Huguet, „Der Kampf für den sozialen Wandel und seine Ankunft in den Institutionen", in: Brunner, Kubaczek, Mulvaney, Raunig, Die Neuen Munizipalismen, S. 37, und weiter (verwandt dem hegemoniepolitischen Problem der Bildung von „Äquivalenzketten") auf S.40: „Entscheidungen werden [horizontal] getroffen und respektiert, aber die Sorge um die Vielfalt herrscht ebenso vor wie die aktive Suche nach Konsens und das Erkennen, Bearbeiten und Auflösen von Dissens."

200 Viele Errungenschaften des Sozialstaats der 1970er Jahre muten in heutigen Zeiten politisch-ideologischer Hegemonie des Neoliberalismus regelrecht *utopisch* an.

Wichtig an der Konzeption politischer Macht im Neuen Munizipalismus ist, dass dieser das Regieren von Städten und Gemeinden nicht als einen Ersatz- oder Nebenschauplatz zur nationalstaatlichen Souveränität auffasst. Die Bewegungen verstehen sich nicht als ‚Gegengewicht' zu einer ‚wahren Macht', sondern als ‚neue Macht', die das Potenzial der Größenordnung der Stadt anerkennt. Im Maßstab von Städten sei konsequente Sorgearbeit in den Nachbarschaften möglich und spürbar, institutionelle Apparate könnten verändert werden, so die Devise. Das Projekt testet radikale Demokratie durch kritisch gehandhabte Repräsentation wie auch durch lokale Teilhabe-Formate wie Nachbarschaftsräte oder partizipative Budgets.[201]

Neben dem Maßstab der Nachbarschaft und Stadt agieren die Vertreter*innen des Neuen Munizipalismus zugleich global und vernetzen sich auf übernationaler Ebene mit politisch ähnlich agierenden Städten. Hier kommt ein Begriff zum Tragen aus der kritischen Geografie: Als *Scale Bending* bezeichnet Neil Smith bereits in den 1990er Jahren eine solche Form des Maßstabs-Überspringens:[202] Im Rahmen einer Dreiteilung in den urbanen, nationalstaatlichen und globalen Maßstab sozialer Aktivitäten springen Akteur*innen von ersterem in letzteren Maßstab, überspringen also den Level des Staat-

201 Zum partizipativen Budget (oder Bürgerhaushalt) siehe: Bernhard Leubolt, Staat als Gemeinwesen. Das Partizipative Budget in Rio Grande do Sul und Porto Alegre. Wien 2006. In den hier angesprochenen Politikformen ist ein zentrales Anliegen die Offenheit der Stadt, v.a. da, wo es um Selbstorganisation und um Gemeinwohl, um Commons, geht: Wer ist Teil der Kommune, der Gemeinschaft? Wieviel Selbstbestimmtheit ist möglich in einer repräsentativen Demokratie? Wie sind diejenigen repräsentiert, die (noch) nicht da sind? Brunner, Kubaczek, Mulvaney, Raunig, Die Neuen Munizipalismen, S. 43ff.

202 „Cities and states are not supposed to have their own foreign policy, presumably the prerogative of national states. Private individuals are not supposed to dwarf nation-states in bankrolling other national and transnational state institutions. In the home of the free, ‚domestic' activists are not supposed to jump scale and appeal to international authority for the resolution of local complaints. And since when did global corporations displace nation-states as the proper purveyors of diplomatic emissaries? Taken together, these events suggest intense ‚scale bending' in the contemporary political and social economy. Entrenched assumptions about what kinds of social activities fit properly at which scales are being systematically challenged and upset." Neil Smith, „Scale bending and the fate of the national", in: Eric Sheppard and Robert B. McMaster (Hg.), Scale and Geographic Inquiry, Oxford 2004, S. 192–212, hier S. 193. Siehe auch Ders., Uneven Development. Nature, Capital, and the Production of Space, Athens 2008 [1984].

lichen. Sie halten sich quasi nicht an die aus der nationalen Moderne tradierte Festlegung, dass Politik auf den Staat fokussiert wäre. Als „rebellische Städte",[203] auch in diesem Sinn, übernehmen sie also einige der Aufgaben, die von den Nationalstaaten nicht geleistet werden.[204]

Dies wird am sichtbarsten beim Thema Migration. Während viele europäische Nationalstaaten Europas heute daran arbeiten, ihre jeweiligen Grenzen zu militarisieren und zu schließen, sehen und formulieren die neuen munizipalistischen Bewegungen Migration als Potenzial, nicht als Problem; dies in dem Bewusstsein, dass es eben ohne Migration keine Stadt gibt. Weltweit organisieren sich seit Ende des 20. Jahrhunderts *Sanctuary Cities*, die aktiv gegen ausgrenzende staatliche Migrationspolitiken vorgehen. Unter ihnen finden sich heute neben Barcelona und Palermo mehrere britische Städte, wie z.B. Sheffield, und viele US-amerikanische Städte. Diese Städte engagieren sich mit kommunalen und lokalen Mitteln *gegen* staatliche Abschiebungspraktiken und *für* gleichen Zugang zu öffentlichen Gütern für *alle*, also auch für Geflüchtete und *Sans Papiers*.[205]

203 David Harvey spannt in seinem Buch *Rebel Cities* einen historisch weiten Bogen von der Pariser Commune über das Rote Wien und das Rote Bologna hin zu den gegenwärtigen rebellischen Städten Porto Alegre, Curitiba, El Alto etc. David Harvey, Rebel Cities, London, New York 2013.

204 Im theoretischen und institutionellen Diskurs der Neuen Munizipalismen muss aber auch jene Problematik erörtert werden, die Marc Purcell als „local trap" bezeichnet, nämlich die Gefahr, dass eine alternative Politik gänzlich auf den Stadtmaßstab fokussiert bleibt und dessen Bezogenheit auf die nationalstaatliche Dimension völlig außer Acht lässt. Siehe: Bertie Russell. „Beyond the local trap: New municipalism and the rise of the fearless cities." Antipode 51.3, 2019, S. 989–1010.

205 „[S]ome jurisdictions have been unwilling to assist the federal government in enforcing measures that distinguish between legal and non-legal residents of the community. Some of these jurisdictions have adopted formal or informal policies limiting cooperation with federal immigration authorities. This latter category of jurisdictions is sometimes referred to as ‚sanctuary cities'", so Michael John Garcia in „‚Sanctuary Cities': Legal Issues", CRS Report for Congress, 2009. www.crs.gov. Die Ursprünge der *sanctuary*-Bewegung liegen in den 1980ern, als US-Kirchen undokumentierten zentralamerikanischen Refugees Zuflucht boten. Bundesstaaten und Städte haben daraufhin in Unterstützung dieser Bewegung Deklarationen erstellt. Siehe auch Jorge L. Carro, „Municipal and State Sanctuary Declarations: Innocuous Symbolism or Improper Dictates?", in: PEPP. L. REV. 16, 1988–1989, S. 297.

In diesem Zusammenhang finden sich auch Bemühungen um eine Urban Citizenship und erste (Teil-)Realisierungen.[206]

*Sanctuary Cities* stehen unter Druck von konservativen oder rechtspopulistischen Nationalstaatsregierungen; die Ausfälle von US-Präsident Donald Trump gegen Städte, die seine inhumanen Abschiebungs- und Grenzregimes nicht mittragen, wurden notorisch, und Beispiele für Finanzpolitiken der „Austrocknung" von Städten und Negativ-Kampagnen seitens rechter Nationalstaatsregierungen häufen sich. Die finanzielle Austrocknung des Roten Wien habe ich bereits angeführt. David Harvey verweist aber gleich noch weiter zurück: darauf, wie ähnliche Marginalisierungserfahrungen auch der Pariser Commune ein Ende bereiteten.[207]

Das ist mit ein Grund dafür, dass diese Städte heute ihre lokalen, munizipalen Politiken in einem globalen Maßstab zu Allianzen verbinden, indem sie Städtenetzwerke gründen. Darauf zielt das Netzwerk der *Fearless Cities* (dabei wieder prominent Barcelona), die sich dem hegemonialen rechtspopulistischen (Un)Sicherheitsdiskurs samt Law&Order-Politik gezielt nicht anschließen. *Sanctuary* und zugleich *fearless*: Die rebellischen Städte versuchen, Hegemoniepolitik mit der Popular Agency lokaler Initiativen zu verbinden – und sind selbst radikaldemokratische Akteur*innen.

Abschließend ein Wort zu dem selbstermächtigenden, fast anmaßenden Pathos, das Labels wie *Fearless Cities* und *Rebel Cities* implizieren. Vom Standpunkt radikaldemokratischer Hegemoniepolitik(theorie) aus betrachtet, erscheinen diese (Selbst-)Zuschreibungen als performative Akte, als so etwas wie *Politiken des Namens*: Es geht dabei nicht um die Trennschärfe eines Begriffs, sondern um das Pointierte, auch gefühlspolitisch Aufgeladene, einer Kampfansage und den rückwirkenden Subjekt-Effekt – entlang der Laclau'schen Denklinie vom Namen oder vom politischen *demand*, der ‚sein' militantes populares Kollektiv-Subjekt erst in die gesellschaftliche Wirklichkeit setzt.[208] Damit ist keine bloße ‚Symbolpolitik', quasi als ‚Ersatz für echte Politik', gemeint und auch keine post-

206 So etwa die „New York City ID" [IDNYC], 2013 eingeführt, oder auch das Projekt „Züri City Card" in Zürich.

207 David Harvey (mit Verweis auf Henri Lefebvre) in „The Right to the City", in Harvey, Rebel Cities, S. 8.

208 "[T]he *name* as a highly cathected rallying point does not *express* the unity of the group but becomes its *ground*." Ernesto Laclau, *On Populist Reason*, London,

modernistische Zeichen-Mystik; sondern letztlich knüpft dies an die Gramsci'sche Einsicht an, wonach der Alltagsverstand, samt seinen Neigungen zu Pathos und seinem Bedarf nach Orientierungen (bis hin zur Folklore), ein Medium ist, in dem Politik operiert und demokratische Politik operieren muss. Im Sinn radikaldemokratischer Hegemoniepolitik, von angemaßten Subjektivierungen, nicht zuletzt auch in der Institutionalisierung von Politik (zu der es ebenfalls Mut braucht), über die Sieges-Inschriften des Roten Wien bis zu neu-munizipalistischen Ansagen von Ada Colau, geht es um das Erreichen, auch Inszenieren, von „kleinen großen Siegen".[209]

Die radikaldemokratischen, institutionellen und zugleich in der anarchischen Tradition agierenden munizipalistischen Bewegungen zeigen eine neue Form von Hegemoniepolitik auf, die nicht der politiktheoretischen Position von Mouffe entspricht, aber auch nicht der von Rancière. Viel mehr experimentieren sie – gerade auch durch ihr *Scale Bending* – mit einem neuen Hegemonie- und Formierungsbegriff: Es verbünden sich in Kontexten multipler Intersektionalität etwa Queers und Elektriker*innen, Städte selbst werden zu Akteur*innen, die über den Atlantik hinweg agieren und dabei die Nationalebene überspringen, Bewegungsformen entwickeln, die in verschiedenen Maßstäben und auf verschiedenen Ebenen relevant werden. Diese neuen Akteure *springen* eher als dass sie an der Bildung einer langen (Äquivalenz-)Kette arbeiten. Dabei entstehen anmaßende Subjektansprüche, komplexe Gefüge und ‚unreine' Situationen, in denen es jedenfalls nötig ist, sich auf urbane Konfliktkonstellationen ebenso einzulassen wie auf institutionelle Strukturen und Regelungen von Planung.

New York 2005, S. 231. Zu Laclaus Theorie der *performativen Forderung* siehe Teil III.

209 Ada Colau, Adrià Alemany, ¡Sí se puede!: Crónica de una pequeña gran victoria, Barcelona 2013, S. 20.

# PLANUNG

Teil II widmet sich der Planung und damit einer neoliberalen Situation: Deregulierung, kommunikative Planung und kooperative Planungsprozesse bedürfen einer historisierenden Analyse in Hinblick auf grundsätzliche politische Bedingtheiten von Architektur und Städtebau (ähnlich wie in Teil I zur Politik anhand des historischen Roten Wien). Auch dies im Horizont von Demokratietheorie, Geschichtspolitik und Problem-Formen der Realisierung konkreter gesellschaftlicher Utopien.

Heutige Anforderungen und Konfliktlagen der Stadtplanung – Wohnbau für die Vielen, Bodenpolitik und Ressourcenschonung, Migration und Teilhabe – erfordern proaktive radikaldemokratische Stadtplanung, um die Privatisierung städtischer Räume zu stoppen *und* Zukunftsperspektiven einer sozial und ökologisch gerechten Stadt zu entwickeln. Zugleich aber fehlt es historisch bedingt an ebendieser proaktiven Stadtplanung, zum einen aus Distanzierung zur modernistischen Tabula-Rasa-Masterplanung heraus, zum anderen durch Ausweitung von Kapital-Spielräumen bei gleichzeitiger Verschlankung der Stadtverwaltungen. Beides wird im Folgenden erläutert. Für kritische Planer*innen bringt die Erkenntnis, dass Planung allzu oft Handlanger für kapitalistische Umformung von städtischem Raum ist, ein zusätzliches grundsätzliches Dilemma mit sich.

Mehr Planung also: Ja, aber wie? Mit wem, durch und für wen? Durch Planung wird veränderndes bauliches Handeln projektiert. Im Spiel ist dabei nicht nur Arbeitsteilung und Kooperation; vielmehr liegen hier *stadtkonfliktreiche* Beziehungen vor. Planung ist zudem situiert im Feld von Bedingungen, die ihrerseits für die Stadtplanung nicht (und generell nie zur Gänze) planbar sind und die zugleich situiert sind im Feld von Gesetzen und Regulierungen, die ebenfalls Bedingungscharakter haben. Planung wirkt dabei aber auf diese zurück und stellt so neue, veränderte Bedingungen mit her.

Mit der Forderung nach kritischer Planung kommt ein weiteres *kritisches Erben* ins Spiel: ein Erben der Demokratisierungsversuche von Planung in den 1960er und 1970er Jahren, u.a. der Anwaltsplanung. Nach Bestandsaufnahme der heutigen Krise der Planung und politiktheoretischer Ansätze zur Planung stelle ich diesen Ansätzen schließlich mein Konzept von Planungspraxis als strittige Setzung und Positionierung zur Seite, zum Teil auch gegenüber – in Hinblick auf (selbst)kritische Handlungsfähigkeit im Sinn radikaldemokratischer Agenden in der Planung.

# 4. Krise der Planung: Vom Masterplan zur Anwaltsplanung

*Jungs, hier kommt der Masterplan!*
TOCOTRONIC, „DER MASTERPLAN", 1995

*At best we help ameliorate the condition produced by the status quo; at worst we engage in outright destruction.*
ROBERT GOODMAN, AFTER THE PLANNERS, 1972

## Planung (in) der neoliberalen Stadt

Ganz allgemein ist Stadtplanung mit Wertsetzungen einer kapitalistischen Ökonomisierung von Gesellschaft konfrontiert: Planung wird geprägt, bestärkt, auch begrenzt, gar durchkreuzt von dogmatischen Imperativen des Wirtschaftswachstums. Das ist insbesondere heute von enormer Tragweite, da etwa notwendige Maßnahmen zur Eindämmung der Folgewirkungen der menschen(mit)gemachten Erderwärmung (Klimawandel), was stadtplanerische Agenden sein müssten, zurückgedrängt werden – zugunsten neoliberaler Umverteilung und zugunsten von Spielraumerweiterung für das Kapital.[210] Ganz zu schweigen von rezenten Phänomenen des Demokratie-Abbaus im Zeichen von Ethnopurismus, Renationalisierung und Sicherheitsdogmatik.

Spezifischer hat Gesellschaft, auch Stadtplanung, es nun seit den 1970er Jahren mit Prozessen zunehmender *Postfordisierung* zu tun. Gemeint ist damit der Übergang der kapitalistischen Wirtschaft und der mit ihr verkoppelten Akkumulationsweise und Regierungstechniken zum Postfordismus, also von eng disziplinierenden

210 Siehe Ulrich Brand, Markus Wissen, Imperiale Lebensweise. Zur Ausbeutung von Mensch und Natur in Zeiten des globalen Kapitalismus, München 2017.

zu geschmeidig kontrollierenden Machtformen.[211] Postfordistische Veränderungen der Arbeitsverhältnisse in Richtung Projekt- und Teamwork haben zudem zur Folge, dass die für Projektkooperationen äußerst produktiven urbanen Zentren lukrative und begehrte Investitions-Orte für Immobilien-Anleger*innen und zu Wohn- und Arbeitsstätten für urbane Kreativarbeiter*innen wurden.

In Hinblick auf Stadtplanungsfragen der *Unternehmerischen Stadt* im engeren Sinn sind hier Praktiken wirtschaftlich-politischer *Deregulierung* zu nennen, was sich auf der Ebene von Stadtregierungen in Phänomenen auswirkt, die oft unter dem Begriff *New Urban Governance*[212] zusammengefasst werden: Die Stadt als öffentliche kommunale Akteurin arbeitet vermehrt mit Privaten zusammen, will dabei ‚schlank' sein, service-orientiert gegenüber einer Bevölkerung, die als Kundschaft verstanden wird, und profitabel wirtschaften soll sie auch noch.

Dazu kommt das Begleitphänomen, dass Widerstands-, Protest-, Kritik- und Oppositionsformen der sozialen Kämpfe der 1960er und 1970er Jahre mittlerweile als Bestandteile und Triebkräfte von Führungs- und Effizienzsteigerungspraktiken wiederauftauchen. An dieser Stelle soll dahin gestellt bleiben, ob – pauschal gesagt – die Widerstände von gestern durch Regierungsformen von heute kooptiert, umgewandelt, verzerrt oder nur zum Schein integriert wurden. Wobei ich einen Unterschied sehe zwischen der Vereinnahmung der Kunst und jener der Architektur: Während Luc Boltanski und Ève Chiapello überzeugt sind, dass die Widerstands-Energien der „künstlerischen Kritik" vereinnahmt wurden,[213] sehe ich im Kontext der Architektur und Planung, dass viele Versprechungen der 1960er und

211 Zur Postfordisierung siehe etwa: Michael Hardt, Antonio Negri, Empire: Die neue Weltordnung, Frankfurt a. M. 2003; Gilles Deleuze, „Postskriptum über die Kontrollgesellschaften", in: Deleuze, Unterhandlungen 1972–1990, Frankfurt a. M. 1993. Spezifischer zu Raumfragen im Postfordismus siehe die Beiträge in Gabu Heindl (Hg.), Arbeit Zeit Raum. Bilder und Bauten der Arbeit im Postfordismus, Wien 2008.

212 Siehe Susanne Heeg, Marit Rosol, „Neoliberale Stadtpolitik im globalen Kontext. Ein Überblick", in: Prokla – Zeitschrift für kritische Sozialwissenschaft, 149, 37 (4), 2007, S. 491–509.

213 Siehe den einschlägigen soziologischen Klassiker in Hinblick auf die Transformation von Sozialkritik und „künstlerischer Kritik" in Betriebsführungstechniken: Luc Boltanski, Ève Chiapello, Der neue Geist des Kapitalismus, Konstanz 2003.

1970er Jahre (bevor sie jemals ‚vereinnahmt' werden konnten) gar nicht angenommen, nicht ausreichend angegangen wurden.

Ausgehend von seiner Analyse von *uneven development* beleuchtet Neil Smith die räumlichen Bewegungsmuster des Kapitals im urbanen Maßstab und zeigt auf, wie Planung in die ungleiche Stadtentwicklung funktional eingebunden ist. Planung wertet privat angeeignete Grundstücke auf, erhöht deren *rent gap*, also den Unterschied des Ertrags, den ein Grundstück vor und nach einer planerischen ‚Verbesserung' abwirft.[214] Hier ist der von Architekturtheoretiker Stephan Trüby ins Spiel gebrachte Ausdruck „Neoliberalisierungsarchitekturen" prägnant als Bezeichnung für heute gängige Investor*innen-, Rendite- und Spekulationsarchitektur, deren Budgetierung ermöglicht wurde durch Finanzialisierungsschübe, wie sie rezente Krisen bewirkt haben.[215] Auf der Planungebene bedeutet Neoliberalismus nicht zuletzt eine massive Verschiebung von öffentlichem zu privatem Interesse inklusive Rückbau wohlfahrtsstaatlicher Sicherungen.[216]

214 Smith beschreibt *uneven development* als „both the product and the geographical premise of capitalist development", als „seesaw movement" (Schaukelbewegung), gut illustrierbar am jüngeren Beispiel von vor allem amerikanischen Städten: Zunächst werden die Vorstädte lukrativ entwickelt, dadurch kommt es in Innenstädten zu *underdevelopment*, wodurch wiederum dort die *rent gaps* größer werden, was Entwicklungsinvestitionen anzieht – das ist der gegenwärtige Zustand: Entwicklungsbooms in städtischen Zentren, quasi bis die *rent gaps* in den Vorstädten (oder anderswo) wieder hoch sind, attraktiv genug, um Kapital von den Stadtzentren abzuziehen. Hierin liegt eine ironische Pointe, auf die Smith hinweist: Während es landläufig, im antikommunistischen Ressentiment, dem Sozialismus angekreidet wird, dass er zuviel an Gleichmacherei mit sich bringe, ist es mit Smith gesehen gerade diese kapitalistische Bewegung, die stets ausgleichend agiert. Smith, Uneven Development. Nature, Capital, and the Production of Space, Athens, London 2008 [1984], S. 206ff.

215 Stephan Trüby, „Gibt es neoliberale Architektur?", www.baumeister.de/gibt-es-neoliberale-architektur/. Siehe dazu auch Ana Jeinić, Anselm Wagner (Hg.), Is There (Anti-)Neoliberal Architecture? Berlin 2013.

216 Als „Marktfundamentalismus" zielt Neoliberalismus auf eine „Laissez-faire"-Politik ab, die eine starke Reduktion staatlicher Steuerungsmöglichkeiten bedeutet. Der „roll-back neoliberalism" der 1970/80er Jahre forcierte den Rückzug des Wohlfahrtsstaats, während ab den 1990er Jahren die Phase des „roll-out neoliberalism" repressiveren Charakter annimmt. So das Phasenmodell von Jamie Peck, Adam Tickell, „Neoliberalizing Space", in: Antipode. A Radical Journey of Geography 34, 3, 2002, S. 380–404. Siehe auch Jenny Künkel, Margit Mayer (Hg.), Neoliberal Urbanism and its Contestations: Crossing Theoretical

Öffentliches Interesse verlagert sich im Zeichen der *scarcity*, der Verknappung öffentlicher Ressourcen,[217] nicht nur hin zum Regime einer militarisierten Security, sondern zur regelrechten *Scare City*.[218] Privater Raum wird nicht nur immer mehr zum (ausgebauten) Rückzugsort, sondern auch stärker, aggressiver gesichert; bauliche Auswirkungen davon sind etwa Gated Communities. Im öffentlichen Raum stoßen wir auf *defensive architecture,* feindliche Einrichtungen im öffentlichen Raum, die richtiger *hostile architecture* bezeichnet werden: Ikonisch wurden etwa Sitzbänke, die so gestaltet sind, dass sie die Nutzung als Schlafstätte durch Obdachlose verunmöglichen, oder bauliche Maßnahmen gegen Skater*innen.[219] Eine gouvernementale Auswirkung ist die Zunahme von Security-Akteur*innen im öffentlichen Raum, Polizei wie auch privaten Sicherheitsdiensten, letztere insbesondere in Umgebung privater Investitionsobjekte. Damit aber sind wir in einem veränderten, einem von Schutzzonen und harten Segmentierungen durchsetzten öffentlichen Raum.

Stadtplanerisch zeigt sich das in stärker artikulierter räumlicher Segregation: heute, schematisch gesagt, zwischen ‚reichen' Stadtzentren und ‚armen' Peripherien (in US-Metropolen der 1970er Jahre etwa war es noch umgekehrt). Die Auslagerung von sozialem Wohnbau an den Stadtrand und der private Sicherheitsdienst im Zentrum, wie etwa im Goldenen Quartier in der Wiener Innenstadt, hängen also zusammen: Menschen werden wieder zunehmend auf Klassen-Räume festgelegt.[220] Es ist dies ein Aspekt jener Fixierung der Leute auf eine

Boundaries, Basingstoke, New York 2012. Siehe auch Mark Swenarton, Tom Avermaete, Dirk van den Heuvel (Hg.), Architecture and the Welfare State. London 2014.

217 Siehe auch Jon Goodbun, Deljana Iossifova, Jeremy Till, Scarcity. Architecture in the age of depleting resources. Architectural Design 82, 4, 2012; weiters Jon Goodbun, Michael Klein, Andreas Rumpfhuber, Jeremy Till, Das Design der Knappheit, Studienhefte Problemorientiertes Design 7, Hamburg 2018.

218 Das Selbstverständnis von neu-munizipalistischen Städten bzw. *Rebel Cities* und *Sanctuary Cities* (siehe Kapitel 3) als ostentative *Fearless Cities* ist eine Gegenposition zum Management von Angst im Zeichen der polizeilich abgeschlossenen, strukturell fremdenfeindlichen *Scare City*.

219 Ein ausführliches Archiv bietet Nils Norman unter: www.dismalgarden.com/archives/defensive_architecture.

220 Dies nach Jahrzehnten, die eher geprägt waren von sozialer Mobilisierung in Großstädten. Dazu ein historisches Beispiel in Wien: Die U-Bahn-Verbindungen der

Identität und einen definierten Ort, die Jacques Rancière in seiner Politiktheorie als Wirkungsbereich der „Polizei" im erweiterten Sinn anspricht.[221]

Nun gibt es Planungstheoretiker*innen, die – mit durchaus guten Argumenten – in Anknüpfung an Rancières Polizei-Begriff Planung als eben dies theoretisieren: als einen Teil der Polizei, welche die Aufteilung sozialer Anteile und Räume festlegt und aufrechterhält. In einer solchen Sichtweise zeigt sich, dass Planer*innen unweigerlich Kompliz*innen sind, und das ist nicht moralisch, sondern strukturell gemeint. Als eine geraffte Diagnose der gegenwärtigen Planungssituation sei zunächst festgehalten: Eigentumsverhältnisse und der freie Markt (z.B. der Markt für urbanen Grund und Boden) bestimmen maßgeblich stadtplanerische Grundbedingungen: etwa die vorwiegende Verortung von sozialem Wohnbau in Randlagen oder Kostendeckelungen, die eine geringe Standardgröße von Sozialwohnungen bedingen. Architekt*innen bemühen sich dann, aus dieser Situation noch das Beste, Humanste etc. zu machen.[222]

Diese Vordeterminiertheit von Planung durch die kapitalistischen Eigentumsverhältnisse in ihrer jeweiligen Macht-Ausformung – heute eben: postfordistisch, neoliberal, Immobilien-investitionsorientiert – wirkt sich aus: Es mangelt an proaktiver Stadtplanung und Stadtplanungspolitik und mangelnde Planungspolitik überlässt die Stadt dem Markt. Anstelle von proaktiver herrscht eine *reaktive* Planung vor, ein anderes Wort dafür ist „investorengetriebene Stadtentwicklung"[223] bzw. postpolitische Planung. Wenn wir in Rechnung stellen, dass Planung eine auf Zukunft gerichtete Tätigkeit ist, die bei aller technischen und strategischen Nüchternheit immer *auch* mit einem Moment von Utopie zu tun hat, dann zeigt sich folgendes Bild: Es fehlt an demokratisch artikulierten, verhandelten und orientierten Konzepten und Ideen, wie die Stadt werden (oder allenfalls bleiben)

1970er Jahre galten seinerzeit als neuartiger Schnellzugang für die proletarische Bevölkerung, etwa aus Wien-Favoriten, in die großbürgerliche Innenstadt.

221 Jacques Rancière, Das Unvernehmen. Politik und Philosophie, Frankfurt a. M. 2002.

222 Siehe auch Kapitel 8 zum „Existenzminimum".

223 Im Wiener Kontext wurde dieses Wort geflügelt im Zusammenhang mit Projekten der frühen 2010er Jahre. Wobei hier nicht Investor*innen für ihr Interesse, eine möglichst hohe Ausnützung ihres Areals zu erzielen, kritisiert sein sollen, sondern die Verantwortlichen der Stadtplanung und der Politik.

soll – sprich, es fehlt an durchsetzungsfähigen Zukunftsvorstellungen mit Utopie-Potenzial vonseiten der Öffentlichkeit. Im Gegenzug aber gibt es laut vernehmbare und klare Vorstellungen, auch Ideen (nämlich Geschäftsideen) und so etwas wie ein Zerrbild von Utopien auf Seiten derer, die mit urbanem Raum Profit machen, indem sie in der Stadt – und letztlich: die Stadt – *planen.*

Eine Form von Kritik am Fehlen von Stadtplanung wurde schon in den 1990er Jahren innerdisziplinär geäußert, pikanterweise von einem prominenten Vertreter der „Neoliberalisierungsarchitektur", Rem Koolhaas. Im kanonischen Text „Whatever happened to Urbanism?" beschreibt Koolhaas eine Situation, die er von Widerspruch geprägt sieht: In Zeiten rasanter Urbanisierung, von Stadtwachstum und der Gründung neuer Städte und Stadtteile (damals klassisches Beispiel: China) stünde die Architektur ohne jeglichen Urbanismus da. Seiner Polemik zufolge gebe es nach dem „death of urbanism" nur noch Architektur (eben keine Stadtplanung), als eine Tätigkeit, die unter dem Bann des Vermächtnisses von 1968 stehe, also ganz im Zeichen einer Generalabsage an Stadtplanung zugunsten von Praktiken des Situationismus, des flanierenden *dérive*, der Feierung urbaner Altbestände und der Macht-Skepsis.[224] Gerade jetzt, wo sie dringend benötigt sei, gebe es keine Stadtplanung mehr. Als Zyniker (nicht im moralischen Sinn, sondern quasi strategisch) benennt Koolhaas durchaus einige relevante Symptome treffend: So ließe sich in Anknüpfung an seine Polemik darlegen, dass, während engagierte Urbanist*innen *dérive*-mäßig flanieren, sich von ihnen unbemerkt oder zumindest unwidersprochen der neoliberale Zugriff der Zentren der Städte bemächtigt und sie in seinem Sinn umgestaltet.

Bei Koolhaas mündet die Diagnose allerdings in einen unpolitischen Formalismus. Am Ende seines kanonischen Texts meint Koolhaas: „What if we simply declare that there is no crisis – re-

224 „Since [May '68] we have been engaged in two parallel operations: documenting our overwhelming awe for the existing city [... and] laughing the professional field of urbanism out of existence, dismantling it in our contempt for those who planned (and made huge mistakes in planning) airports, New Towns, satellite cities, highways, high-rise buildings, infrastructures, and all the other fallout from modernization." Rem Koolhaas, „Whatever happened to Urbanism?", in: Rem Koolhaas, Bruce Mau, OMA, S, M, L, XL, New York 1995, S. 959–971, hier S. 965.

define our relationship with the city not as its makers but as its mere subjects, as its supporters? More than ever, the city is all we have."[225] 2014 tut Koolhaas als Chef-Kurator der Architektur-Biennale in Venedig tatsächlich so, als ob es keine Krise gäbe, und nennt seine Ausstellung programmatisch *Fundamentals*. Die Auseinandersetzung mit fundamentalen Basis-Elementen der Architektur sollte die Disziplin wieder stärken. Bezeichnend und umstritten war seine Auswahl von *12 Fundamentals*, die sich aus Raumelementen wie Balkon, Treppe, Wasserklosett oder Gang zusammensetzten. Politik oder auch Besitzverhältnisse kamen darin nicht vor. Der Anschein liegt nahe, Rem Koolhaas hätte seine eigene These vergessen: Wenn er nun die Rückbesinnung auf architektonische Grundelemente fordert, dann lässt sich dagegen allzu leicht in jener Weise polemisieren, die er mit seiner spitzen Kritik an den 68er-Architekturschaffenden vorgegeben hat: Architekt*innen, die sich um diese *Fundamentals* ihrer Baupraxis sorgen, werden sich – und das ist eben mein Einwand – mit Elementen und Ausformungen von Fenstern, Türen oder Treppen beschäftigen, während Privatisierung und neoliberaler Ausverkauf öffentlicher Güter unwidersprochen bleibt.[226] Ich werde daher im Folgenden einigen anderen Sichtweisen auf die Geschichte eines *Rückzugs der Planung* nachgehen.

### Kritik des Masterplans | Ende der Fundamente

Bekanntlich bauten modernistische Konzepte der Architektur und Stadtplanung auf Voraussetzungen von oft notorischer Unerschütterlichkeit auf – auf als stabil gedachten Fundamenten, als da sind: Rationalisierung, Effizienz, Funktionstrennung oder auch, in noch deutlicherer Verknüpfung mit politischen Bewegungen, ein zur Uniformierung tendierender Gleichheitsbegriff. Und auch Größe stellte für die moderne Stadtplanung und ihre Masterpläne kein Pro-

225 Koolhaas, „Whatever happened to Urbanism?", S. 971.

226 Das heißt nicht, dass die Qualität von Architektur, ihrer Form, Fassaden, Elemente und Details nicht wichtig ist. Aber ebenso wichtig sind ihre Grundbedingungen. Siehe dazu auch die Kritik von Reinhold Martin, „Fundamental #13", in: PlacesJournal, May 2014 und Gabu Heindl, „Architektur: Praxis der Kontingenz in Permanenz. Von Fundamentals, Sedimentierungen und Setzungen", in: Katharina Eck, Johanna Hartmann, Kathrin Heinz, Christiane Keim (Hg.), Wohn/Raum/Denken. Politiken des Häuslichen in Kunst, Architektur und visueller Kultur, Bielefeld, noch nicht erschienen.

blem dar, sondern war sogar Ziel, ganz im Sinn von: „Make no little plans.“[227]

Diese Planungsfundamente wurden in den 1960er und 1970er Jahren erschüttert. Nun ist es hier nicht meine Intention, einen kompletten empirischen und theoretischen Überblick über diese Prozesse sowie über die mit ihnen verbundenen Planungsdebatten zu geben. In meinem Fokus steht der Wandel vom *Masterplan*[228] zu *partizipativen* Planungsprozessen der *Kollaboration* und *Kommunikation.*

Ein Ausgangspunkt dabei ist, dass die Architektur (und nicht nur sie) sich von integrierenden modernistischen Weltbildern, die ein Universelles vorgaben, loslöst hat.[229] Die daraus resultierende postideologische Ausrichtung von Architektur ist nicht zuletzt eine Folge einer generellen Abwendung von den überzeugungsgetriebenen *großen Erzählungen* und gesellschaftspolitischen Großprojekten.[230] Die Totalitarismuskritik der Nachkriegsjahrzehnte schlägt also auch auf die moderne Masterplan-Architektur durch, die sich bis dahin

227 „Make no little plans“ ist ein Fragment eines Zitats von Daniel Burnham (1846–1912), Architekt der Chicagoer Schule und Vertreter eines monumentalen Städtebaus, dessen Masterpläne einflussreich für die amerikanische Stadtplanung waren. Siehe das Video *Make No Little Plans: Daniel Burnham and the American City* (Judith McBrien, USA 2010).

228 Im Weiteren steht der Begriff Masterplan hier auch als Kondensierung für das, was in der Stadtplanungskritik auch „Top-down“, „Tabula Rasa“ und in der Planungstheorie-Sprache auch „rational planning“ oder „comprehensive planning“ (umfassende Planung) heißt.

229 Mit der Postmoderne bildete sich ab den 1970er Jahren ein apolitisches Selbstverständnis von Architekt*innen heraus. Architekturschaffende sollten sich auf ihren „Job“ konzentrieren: „[T]he architect's ever diminishing power and his growing ineffectualness in shaping the whole environment can perhaps be revised, ironically, by narrowing his concerns and concentrating on his own job.“ Robert Venturi, Complexity and Contradiction, New York 1996, S. 14. Für einen Überblick zum „apolitischen“ architektonischen Diskurs in den 1970er Jahren siehe Tahl Kaminer, The Efficacy of Architecture, New York 2017, S. 2ff.

230 In den Worten des wirkmächtigen Architekten und Vordenkers von modernistischem Städtebau Le Corbusier: *„Das Zentrum der Städte ist tödlich erkrankt, ihre Umfriedung ist wie vom Ungeziefer zerfressen.* […] Ich denke also ganz kühn daran, daß man auf die Lösung verfallen muß, das Zentrum der Großstädte niederzureißen und wieder aufzubauen“, in: Le Corbusier, Städtebau, Stuttgart 1979 [1929], S. 83. Darin verweist er auch auf die städtebaulichen *tabula rasa*-Maßnahmen im Paris des 19. Jahrhunderts: „Es ist wahrhaft bewundernswert, was Haussmann zu schaffen verstand. Dabei sanierte er zugleich die Finanzen des Kaisers, indem er mit dem Chaos aufräumte!“ Le Corbusier, Städtebau, S. 125.

in kapitalistischen wie kommunistischen Gesellschaften durchgesetzt hatte. Und auf den modernen Wohnbau: Von Charles Jencks stammt die Deklaration eines „death of Modern Architecture", den er auf den Abriss der Wohnsiedlung Pruitt-Igoe in St. Louis 1972 datiert.[231] Der Abriss eines auf Verbesserung durch Standardisierung hin entworfenen Massen-Wohnbaus wird zum Inbegriff von Tod und Unmöglichkeit moderner Architektur und umfassender Planung als „social engineering". Die Ablösung der Architektur von „ideologischen Haltegriffen"[232] verstärkt sich mit dem Ende des kommunistischen Staatensystems 1989 noch weiter.[233]

Kritik am Masterplan wurde ab den 1960er Jahren aber auch von explizit ideologischen Positionen aus vorgebracht. Eine rechts orientierte Kritik ortete an *comprehensive planning* einen Mangel an Markt-Spielraum (und trug mit solcher Kritik mit bei zur Herausbildung einer Architektur der freien Formen und freien Kapitalbewegungen in der Postmoderne). Vorwürfe von links lauteten, dass der Masterplan sozialen Raum als *tabula rasa* konzipiert und ein ausschließliches Top-down-Verhältnis zu ihm einnimmt;[234] inso-

231 „Happily, we can date the death of Modern Architecture to a precise moment in time […] Modern Architecture died in St. Louis, Missouri, on July 15, 1972 at 3:32 p.m." Siehe Charles Jencks, The Language of Post-Modern Architecture, New York 1978, S. 23.

232 Nikolaus Kuhnert beschreibt das Scheitern der Utopien des Sozialismus 1989 als „nachhaltig" für die Architektur, weil es danach „keine ideologischen Haltegriffe" mehr gegeben habe. Nikolaus Kuhnert, in: Kuhnert, Stephan Becker, Kristina Herresthal, Anh-Linh Ngo, „Die 1960er- und 70er-Jahre: Von der Politisierung zur Rationalen Architektur", Arch+ 229, 2017, S. 7–19, hier S. 19.

233 Der 2019 begonnene Abriss des in den 1970er Jahren von Alison und Peter Smithson geplanten Robin Hood Gardens in London könnte ein ähnliches Ende für den sozialen Wohnbau des Wohlfahrtsstaats markieren wie der Abriss von Pruitt-Igoe für den Modernismus im Wohnbau. Die Smithsons zählten in der zweiten Hälfte des 20. Jahrhunderst zu den markant kritischen Positionen aus der Praxis und von CIAM X (Congrès International d'Architecture Moderne X, 1956): „Kein abstrakter Masterplan steht zwischen dem Architekten und dem, was er zu tun hat, nur die ‚menschlichen Tatsachen' und die Logistik der Situation." Alison Smithson, Peter Smithson, Italienische Gedanken: Beobachtungen und Reflexionen zur Architektur (Bauwelt Fundamente, Band 111), Basel 2000, S. 10.

234 Der Überblick, den Susan Fainstein gibt, ist von solch kaum zu überbietender Dichte, dass ich nicht darauf verzichten möchte, ihn wiederzugeben: „The left has attacked planning for its class bias (Harvey 1978, Gans 1968), for its anti-democratic character (Davidoff and Reiner 1962, Yiftachel 1998), and for

fern ist er, gelinde gesagt, simplifizierend in Bezug auf die Komplexität, auf die „wickedness" von Planungsproblemen[235] – mehr noch, er ist autoritär und antidemokratisch. Aus dieser Kritikperspektive wird das für den Typus des modernistischen Genie-Architekten ikonische Bild Le Corbusiers mit seiner Hand über dem Modell des Plan Voisin – ein *tabula rasa*-Masterplan für Paris, bezahlt vom Flugzeug- und Automobilhersteller Voisin – ob seiner Anmaßung göttlicher Omnipotenz als ein Negativ-Bild wahrgenommen. Jane Jacobs, prononcierte Kritikerin von Le Corbusier, gab der modernistischen Stadtplanung die Schuld an der Unlebbarkeit moderner Metropolen; weder die Städte können leben noch die Leute in ihnen, so ließe sich ihre Rede vom *Life and Death of Great American Cities* schematisieren.[236]

### After the Planners: Anwaltsplanung und ihre Selbstkritik

Am ergiebigsten für mein Projekt in Richtung eines radikaldemokratischen Planungsverständnisses sind die Diskurse und Praktiken im Kontext der Neuen Linken und Neuer Sozialer Bewegungen ab den 1960er Jahren. Aus der Kritik an Masterplan-Stadtplanung

its failure to take account of difference (Thomas 1996). The right sees planning as denying freedom (Hayek 1944) and producing inefficiency (Anderson 1964) and regards markets as the appropriate allocators of urban space (Klosterman 1985). Centrists consider comprehensive planning inherently undemocratic and unattainable (Altshuler 1965) and see the modernists' efforts to redesign cities as destructive of the urban fabric and indifferent to people's comfort and desires (Hall 2002, Jacobs 1961)." Susan S. Fainstein, „Planning and the Just City", in Peter Marcuse, James Connolly, Johannes Novy, Ingrid Olivo, Cuz Potter, Justin Steil (Hg.), Searching for the Just City: Debates in Urban Theory and Practice. London, New York S. 19–39, hier 19.

235 Auf das Problem der Schematisierung von Planungsprozessen zielt besonders die Rationalismus-Kritik von Horst Rittel und Melvin Webber (1973): Ihnen zufolge sind die meisten Planungsaufgaben gesellschaftspolitisch und daher „wicked problems": Planung kann nicht rational und technisch begründet werden, weil der Moment, in dem das planungsrelevante Wissen vollständig wäre, weder angebbar noch erreichbar sei. Planung ist also kategorisch nie genug und hört nie auf. Horst W. J. Rittel, Melvin M. Webber, „Dilemmas in a general theory of planning", in: Policy Sciences, 4, 2, 1973, S. 155–169. Siehe auch Jesko Fezer und a42.org, die herausarbeiten, warum es im Planungsprozess „bösartiger Probleme" um Objektivierbarkeit statt um Objektivität gehen soll, und dass eine Antwort darauf immer politisch ist. Jesko Fezer, a42.org, „Planungsmethodik gestern", in: Disko 6, 2007, S. 17.

236 Jane Jacobs, Life and Death of Great American Cities, New York 1992 [1961].

und zerstörerischen *tabula rasa*-Sanierungen sowie am autoritären und allwissenden Gestus institutioneller Planungs-Expertise wurden Forderungen nach demokratischer Planung laut – etwa Paul Davidoffs Ruf nach „effective urban democracy".

Für eine solche Positionierung findet Davidoff klare Worte: „If a planner is not working directly for the objective of eradicating poverty and racial and sexual discrimination, then she or he is counter-productive."[237]

Einen der radikalsten Ansätze unter den angloamerikanischen Modellen partizipativer Stadtplanung, die auf Teilhabe und Mitwirkung von Bürger*innen an Planungsentscheidungen abzielten, auf Planung im Kontext, Engagement von Architekt*innen mit der Bevölkerung vor Ort,[238] stellt *advocacy planning*, die in den USA schon ab den 1960er Jahren praktizierte *Anwaltsplanung*, dar. Beim Ausloten planerischer Möglichkeiten mit künftigen Nutzer*innen, Anrainer*innen und Betroffenen war der Anwaltsplanung vor allem wichtig, dass Planer*innen im Rahmen ihrer anwaltlichen Vertretung *parteiisch* agieren im Sinn einer Positionierung in politischen, z.B. antirassistischen, Projekten.

Die Anwaltsplanung hat also ein klar politisches Selbstverständnis – und stößt darin zugleich an ihre Grenzen. Grenzen allerdings, über die sie sich in einigen Fällen ein kritisches Selbstbewusstsein verschafft: *After the Planners* (1972) ist der Titel von Robert Goodmans „bitterer Analyse", wie er es nennt, in Hinblick auf die Ungleichheit und Ungerechtigkeit, die Planungsprozesse in den USA reproduzierten und bestärkten – und er sieht auch die politisch enga-

237 Paul Davidoff, „Advocacy and Pluralism in Planning", in: Susan S. Fainstein, Scott Campbell (Hg.), Readings in Planning Theory, Hoboken 2012 [1965], S. 191–205, hier S. 193 und ders., „The Redistributive Function in Planning: Creating Greater Equity Among Citizens of Communities", in: Robert W. Burchell, George Sternlieb (Hg.), Planning Theory. A Search for Future Directions, New Brunswick Center for Urban Policy Research, New Brunswick 1978, S. 69f.

238 In den USA wurden in den 1960er Jahren verschiedene Formate der Teilhabe von *urban planning* entwickelt. Für *transactive planning* ist direkte Partizipation das zentrale Ziel: gemeinsames Planen im gegenseitigen Lernen von Planenden und Partizipierenden. Siehe John Friedman, Retracking America: A Theory of Transactive Planning, Garden City, New York 1973. Zu *advocacy planning* siehe Paul Davidoff, „Advocacy and Pluralism in Planning".

gierte und gegenhegemonial parteiische Anwaltsplanung als keineswegs ausgenommen davon.[239]

Aufbauend auf seine eigenen Erfahrungen als *advocate planner* beschreibt Goodman die Dilemmata des Versuchs, ungerechte Verhältnisse durch Anwaltsplanung zu kompensieren. Letztlich, so Goodmans Einschätzung, gelingt nicht einmal solche Kompensation; vielmehr erwiesen sich Architekt*innen und Planer*innen grundsätzlich als „Handlanger am Reißbrett" im Verhältnis zu *social change*, einmal mehr vergleichbar der Rancière'schen Polizei – allerdings in der Rolle von „soft cops".[240]

Ausgehend von Goodmans stringenter Analyse lassen sich einige Punkte der (Selbst-)Kritik an Anwaltsplanung hervorheben: Erstens ändert sie nicht grundsätzlich etwas an Abhängigkeits- und Armutsverhältnissen; die Betroffenen erhalten womöglich

239 Für einen Überblick zur Anwaltsplanung, konkret auch zur Positionierung der Gruppe ARCH (Architects Renewal Committee in Harlem) gegen rassistische Architektur in Harlem, zu Metro Link und Urban Planning Aid (UPA in Boston, deren Mitglied Robert Goodman war) und ihrem „war on poverty" siehe Jesko Fezer, „Soft Cops und Anwaltsplanung. Planungspolitik oder die Politik der Methode (1963–1973)", in: Claudia Mareis, Matthias Held, Gesche Joost (Hg.), Wer gestaltet die Gestaltung? Praxis, Theorie und Geschichte des partizipatorischen Designs, Vol. 1, Bielefeld 2014. Darin analysiert Fezer auch Goodmans Argumentation im Detail.

240 „[W]e're the soft cops. Planners want ‚social change'; they deal in words, drawings, programs and buildings, not guns and napalm. But the kind of ‚social change' they usually find themselves dealing with, whether or not they recognize it, is organizing the oppressed into a system incapable of providing them with a humane existence, pacifying them with the meager welfare offerings that help maintain the status quo. At best we help ameliorate the condition produced by the status quo; at worst we engage in outright destruction." Robert Goodman, After the Planners, Middlesex 1972, S. 53.
Erwähnt sei allerdings Goodmans in den 1970er Jahren – in Anschluss an seine Kritik der Anwaltsplanung – skizziertes Konzept einer Radikalisierung von *advocacy planning* in Richtung *radical planning* und *guerrilla architecture* mit ihrer strategischen Taktik: „The style and scale of such a guerrilla design process obviously won't come near to meeting the quantity of environmental needs in this country; there would have to be more radical change in most of our institutions for this to happen. Its usefulness, however, is as a strategic tactic in an ongoing struggle for change. […] And it is a process not easily co-opted by the existing institutions." – „Guerrilla architecture also moves in the direction of cultural change by beginning to break the traditional bond between people and professionals in the creation of an architectural environment." Goodman, After the Planners, S. 236, 238.

lediglich ein Forum, eben diese Lebensbedingungen zu beschreiben. Zweitens geht das – oft reflexartig – als Errungenschaft angeführte Moment, dass Anwaltsplanung den Marginalisierten Gehör verschafft, ins Leere (wenn wir Goodmans Kritikperspektive folgen), denn: Gehört-Werden allein ermögliche unter Bedingungen kapitalistischer Ökonomie noch keine gleichberechtigte Auseinandersetzung.

Drittens hat Anwaltsplanung etwas von Schein-Demokratie, insofern sie die von ihr vertretenen Gruppen tendenziell zu sehr homogenisiert, interne Widersprüche und Konflikte nicht ausreichend in den Blick nimmt. Kaum hervorgegangen ist aus ihr dauerhaftes Empowerment der Beanwalteten und vor allem dem Empowerment von nichtweißen und nichtmännlichen Akteur*innen in der Planung wurde nicht ausreichend Raum gegeben. Aus feministischer Perspektive ist also hinzuzufügen, dass wir bei der Anwaltsplanung paternalistisch-mächtige ‚wohlwollende' Planer (meist Männer) vor uns haben. Nicht zuletzt deshalb war hier bislang durchgängig von Anwaltsplanung die Rede – und nicht von Anwält*innenplanung. Letztere, bislang kaum geschriebene Geschichte ist Anliegen u.a. des feministischen Ausstellungsteams von *Now What?! Advocacy, Activism & Alliances in American Architecture since 1968*, das sich zum Ziel gesetzt hat, die Geschichte von aktivistischen Anwältinnen und POC in der Planung und zugleich von deren Marginalisierung in der männlich-weißen Planungsdomäne sichtbar zu machen.[241]

Die hier dargelegten Dilemmata von Anwaltsplanung sowie die Argumente selbstreflexiver Praktiker*innen wie Goodman ähneln den (marxistisch orientierten) Einwänden, die Manfredo Tafuri als Theoretiker in Hinblick auf Unmöglichkeit kritischer Planung vorgebracht hat, etwa anhand des Roten Wien (siehe Kapitel 2). Einer solchen Kritik der kritischen Planung zufolge arbeitet jegliche Pla-

241 *https://www.nowwhat-architexx.org*. Diese intersektionalen Kämpfe hat Arthur L. Symes, ab 1968 Black American Programmdirektor von Architecture in the Neighborhoods (initiiert von ARCH – Architect's Renewal Committee in Harlem) auf den Punkt gebracht: „Architecture and planning are just too important to be omitted from the lives of people who happen to be poor." Zitiert in: Brian D. Goldstein, „The Search for New Forms: Black Power and the Making of the Postmodern City", in: The Journal of American History 103–2, 2016, S. 375–399, hier: S. 387.

nung unvermeidlich der herrschenden Macht zu; konkret heißt das, dass sich Stadtplanung und Architektur durch avancierten Kapitalismus funktionalisieren lassen, in der Art, dass sie als Ausgleichsmechanismus für soziale Ungleichheiten fungieren. Planung werde somit quasi zu einer wohlfahrtsstaatlichen Reparatureinrichtung neben anderen, oder – der kritischen Analyse aus postkolonialer Perspektive von Ananya Roy zufolge – zu einer Akteurin humanitärer Ethik, die nicht *radikal* ansetzt, also nicht am Entstehungszusammenhang von Ungleichheit; stattdessen kompensiere Planung systemische Defekte durch Kreativität, ‚humanitäre' Gestaltung – bis hin zu Kriegs-, Entwicklungs- und Katastrophenhilfe.[242]

Diese Problemlagen von unhintergehbarer Systemverstricktheit begegnen uns heute in zugespitzter Form. Um das in groben Zügen zu charakterisieren: Ist kritische, radikaldemokratische, womöglich sogar (in einem politischen Sinn) *utopische* Planung möglich? Wie sehen radikale Alternativ-Konzepte (der Stadt, des kollektiven Wohnens etc.) zum neoliberalen Mainstream aus? Ist anti-neoliberale Architektur überhaupt möglich?[243] Die ernüchternde Bestandsaufnahme eines Tafuri wiederholt sich in ideologiekritischer Form (auf Basis von Jacques Lacan und Slavoj Žižek) beim Planungstheoretiker Michael Gunder: Er argumentiert, dass Planung intrinsisch neoliberal sei: „this ideological component of planning largely reflects the dominant ideology of the time“, mehr noch: Planung sei nicht nur kompromittiert in ihrem Anspruch, von neoliberalen Macht- und Profit-Agenden unabhängig zu verfahren, sondern: „Planning *is* the ideology of contemporary neoliberal space.“[244] Ist das also der Moment, in dem wir aufhören sollten zu planen?

242 Planungstheoretikerin Ananya Roy bezeichnet das ethische Dilemma, in das Planer*innen sich begeben, die im Namen des *Empire* Bedürftigen in Kriegssituationen helfen, als „band-aid myth“: „How can one not participate in rebuilding lives in Afghanistan? How can one not participate in designing social services for the Iraqis? Would not the retreat of planners cede this territory to those less benevolent, less trained, less caring? Might it not be possible to subvert the imperial goals of these institutions by working for them? I call this ethical dilemma the ‚band-aid myth.'“ Ananya Roy, „Praxis in the Time of Empire“, Planning Theory 5.1, S. 8.

243 Siehe dazu die Auseinandersetzung in Jeinić, Wagner, (Anti-)neoliberal Architecture.

244 Michael Gunder, „Planning as the ideology of (neoliberal) space“, in: Planning Theory 9, 4, 2010, S. 298–314, hier S. 308. Hervorhebung: G.H. Siehe auch: Slavoj

(Sofern wir neoliberaler Politik und Ökonomie kritisch bis ablehnend gegenüberstehen?)

Ähnlich wie anhand der Hegemoniepolitik des Roten Wien geht es mir aber nun bei der Auseinandersetzung mit Theorien und Praktiken kritischer Planung der 1960er und 1970er Jahre um eine Art von *kritischem Erben*. Das heißt zuallererst, das *Erbe der (selbst-) kritischen Auseinandersetzung* mit diesen Planungsansätzen anzutreten. Die Selbstkritik etwa der Anwaltsplaner*innen kritisch zu beerben, kann nicht heißen, sich in den genannten Dilemmata einzurichten, etwa in Form einer schick verzweifelten Position (von wegen „Alles ist vom Kapital vereinnahmt" – und es dabei bewenden lassen) oder indem man die Trennung von Kritik und Planung weiter bekräftigt.[245]

Ich schlage vor, zu historisieren; und dabei machtkritisch zu fragen: Wem und welchem Zweck hat die Anwaltsplanung gedient? Dann tritt zunächst hervor, dass Anwaltsplanung versucht hat, Bottom-up-Pläne gegen damalige Top-down-Pläne zu artikulieren, dass sie eine pluralistische Form von öffentlichem Interesse zum Ziel hatte (und in einer pluralistischen Gesellschaft gibt es nicht *ein* einheitliches *public interest*), dass sie diese Interessen gegen die Vorherrschaft von Kapitalinteressen, gegen staatlich-administrative Bevormundung, gegen rassistische Platz-Zuweisungen und Entrechtungen in den Städten verfolgte – allerdings gekoppelt mit dem Problem, in der Vertretung selbst bevormundend zu agieren.

Eine Antwort auf die Unmöglichkeit, durch Planung mit und aus den *communities* heraus Umverteilung zu erzielen, lautete *equity planning*: *equity* verstanden als Chancengleichheit. Anstatt basisdemokratisch zu arbeiten, sollten Planer*innen entsprechende Positionen in Politik und Verwaltung einnehmen, in denen sie sich für eine „redistributive function in planning" einsetzen können. Ziel der Planung war es, „to create conditions of greater justice, equality, or fair-

Žižek, „The Spectre of Ideology", in: Slavoj Žižek (Hg.), Mapping Ideology, London, New York 2012.

245 Zu einer Kritik dieser Trennung im Kontext des *post-criticality*-Diskurses in der Architektur siehe Ruth Sonderegger, „Professional Critique?", in: Gabu Heindl, Michael Klein, Christina Linortner (Hg.), Building Critique. Architecture and its Discontents, Leipzig 2019, S. 28–41.

ness – which is usually termed equity."[246] Diese Form von Planung führt also wieder weg von Formen der Organisation direkter Teilhabe am Planungsprozess von *Wenigen*, hin zur Positionierung von Planer*innen im Rahmen einer ‚starken' institutionellen Planung, die sich die Umverteilung von Anteilen *Vieler* als aktive Planungsagenda vornimmt.

Während dialogische Partizipationsprozesse strukturell eher als Prozesse mit einer limitierten Anzahl an Teilnehmer*innen konzipiert sind, zielt *equity planning* als institutionelle Planung also darauf ab, möglichst vielen gerechtere Bedingungen zu schaffen. *Equity planning* bedeutet damit in Europa etwas anderes als in den USA – und heute etwas anderes als in den 1960er Jahren oder auch in den 1920er Jahren; ist doch Umverteilung durch institutionelle Planung ein Ziel, das in den sozialdemokratischen Städten der Zwischenkriegszeit (wie etwa im Roten Wien), aber auch in den wohlfahrtsstaatlichen Planungsagenden des Nachkriegs-Europa durchaus verfolgt wurde. *Equity planning* ist also auch heutiger engagierter Stadtplanung im öffentlichen Interesse durchaus vergleichbar – beide stoßen somit auf ähnliche Grenzen in Fragen der Vereinnahmung und im Zusammenhang eigenlogischer Dynamiken von Institutionen.[247]

246 Paul Davidoff, „The Redistributive Function in Planning", S. 69. *Equity planning*, in den USA der 1960er Jahre konzipiert, fokussiert auf Arbeit in und mit öffentlichen Verwaltungsstrukturen für eine aktive Umverteilung hin zu den benachteiligten marginalisierten Gruppen und für eine Erweiterung derer – auch räumlichen – Wahlmöglichkeiten. Siehe Norman Krumholz, „A Retrospective View of Equity Planning, Cleveland 1969–1979", Journal of the American Planning Association 48, 2, 1982, S. 163–74.

247 Dennoch ist der Weg in die Institutionen für kritische Planer*innen heute wieder von Interesse: So etwa übernahm Architekt und Community-Aktivist Damon Rich (CUP, Centre for Urban Pedagogy) für einige Jahre die Position des Planungsdirektors von Newark, New Jersey, um danach wieder an Partizipationsprojekten und in der Lehre tätig zu sein. In Großbritannien wurde 2017 von Architekturschaffenden das erfolgreiche Projekt *Public Practice* ins Leben gerufen, das Architekt*innen in öffentliche Planungsabteilungen vermittelt, wo sie 90 Prozent ihrer Arbeitszeit einbringen, 10 Prozent sind dem Wissens- und Erfahrungsaustausch und der gemeinsamen Forschung der *Public Practice*-Gruppe gewidmet, um einen Wissenspool für die öffentlichen Planungsämter wiederherzustellen, der zum einen durch Thatchers Zerschlagung der Welfare-State-Planung verloren gegangen ist und zum anderen für die neuen öffentlichen Planungsaufgaben im 21. Jahrhundert zu entwickeln ist.

# 5. Postpolitik, Agonismus, Mangel in der Planung

*The road to hell is paved with good intentions.*
Karl Marx, Madonna, Pink[248]

## Das Postpolitische an kommunikativer Planung

Kommunikative Planung ist an sich eine demokratische Errungenschaft, zumal in Hinblick auf Demokratisierung von Planungsprozessen, was Kritik an ihr auch bis zu einem gewissen Grad problematisch macht. Aber: Sie mündet nicht selten in eine Form der „Inklusion", die Konflikt entpolitisiert, Dissens neutralisiert und zur Legitimation majoritärer Verwaltungsinteressen wie auch privater Profit-Agenden herangezogen wird – so die kurzgefasste Diagnose der umfangreichen kritischen Literatur zu kommunikativer Planung und kollaborativer Prozessgestaltung.[249]

Tatsächlich geht der kommunikative Ansatz in der Planung weitgehend zurück auf den Einfluss des Habermas'schen Modells kommunikativen, vernunftbasierten Handelns, das zwangsfreie Öffentlichkeiten des Austauschs von Argumenten gewährleisten

248 Dieses oft zitierte Sprichwort wurde auch zu einer stehenden Wendung seitens der Planungskritik für Planungsprozesse, die mit den guten Absichten kommunikativer Planer*innen beginnen und dann durch die ökonomischen Interessen der Investor*innen und Entwickler*innen einem ganz anderen Ziel zugeführt werden. Siehe auch Tore Sager, „Communicative Planners as Naïve Mandarins of the Neo-liberal State?", in: European Journal of Spatial Development, 12, 2005.

249 „It is difficult to fault communicative planning as a desirable ideal of democratically determined local planning and community empowerment. Yet, the evidence suggests that collaborative, or communicative planning, has largely been captured, or has simply been intentionally deployed, to obscure and facilitate the dominant ideology of contemporary market forces." Gunder, „Planning as the ideology of (neoliberal) space", S. 302.

soll.[250] So zielt der im deutschsprachigen Raum als „kommunikative Planung“, in Großbritannien als „collaborative“, in den USA als „communicative“ geläufige Planungsansatz darauf ab, durch *Inklusion* in offene, ergebnisoffene Prozesse der Teilhabe einen nicht-vorherbestimmten Konsens aller Beteiligten zu finden. Dem wäre in einer Perspektive, die sich an Michel Foucaults Analysen der *Gouvernementalität* orientiert, entgegenzuhalten, dass diese Ansätze kommunikativer Teilhabe letztlich Versuche sind, Regierenstechniken und -praktiken an eine Krise der Gouvernementalität, ausgelöst nicht zuletzt durch Neue Soziale Bewegungen, anzupassen bzw. einen Ausweg aus ihr zu finden: Planung im Sinn eines „Regierens durch Community“[251] und der Selbstregulierung erweist sich als Teil des allgemeinen machtgeschichtlichen Übergangs vom fordistischen Regieren und Wirtschaften (Top-down-Adressierung; wohlfahrtsstaatliche Sicherungen und Bevormundungen) hin zum postfordistischen Macht-Dispositiv, das Selbstverantwortung, Selbstführung, Teamwork, Mit-Reden und Sich-Einbringen als Kontrolltechniken fördert (bis hin zur Umwandlung von 1968er-Oppositionsformen in Effizienzsteigerungspraktiken).

Generell zeichnet sich seit den 1980er Jahren ein problematisches Naheverhältnis ab zwischen kommunikativer Planung und *New Urban Governance*: Deren neoliberale Agenden wie Wachstum,

250 Jürgen Habermas, Theorie des kommunikativen Handelns, Frankfurt a. M. 1981. Die *critical communicative planning theory* versucht, das Potenzial der Habermas'schen Theorie für die Planung kritisch weiter zu entwickeln, siehe u.a. John Foresters *critical pragmatism*. U.a. geht es der kritischen Reflexion um das Problem der Sprache: „Hillier (2003) demonstrated, drawing on Lacan, that the Habermasian fallacy of communicative planning as consensus-formation can never be achieved in language because language is always incomplete and predicated on misrecognition and lack, not to mention driven by undefinable agonism that resides outside of symbolic representation, or imagination, in what Lacan terms the Real.“, Gunder, „Planning as the ideology of (neoliberal) space“, S. 304. (Neben der Sprache sind natürlich auch andere ‚Medien‘ Schauplätze von *misrecognition*.)

251 Nikolas Rose, „Tod des Sozialen? Eine Neubestimmung der Grenzen des Regierens“, in: Ulrich Bröckling, Susanne Krasmann und Thomas Lemke (Hg.), Gouvernementalität der Gegenwart, Frankfurt a. M. 2000, S. 72–109, hier S. 81. Siehe auch Christa Kamleithner, „‚Regieren durch Community‘: Neoliberale Formen der Stadtplanung“, in: Matthias Drilling, Olaf Schnur (Hg.), Governance der Quartiersentwicklung. Theoretische und praktische Zugänge zu neuen Steuerungsformen, Wiesbaden 2009, S. 29–47.

Wettbewerb und Privatisierung sind eng gekoppelt mit einem *New Urban Management*, das Bevölkerungen nicht mehr als Zivilgesellschaften oder politische Subjekte konzipiert, sondern als Kund*innen.[252] Die entpolitisierte Schwundform eines demokratischen Aspekts dieses Managements begegnet uns unter dem Namen der *Teilhabe* bzw. *Partizipation*; dass dabei auch Investor*innen als Kund*innen verstanden werden, auf deren Wünsche – profitable Verwertung von Kapital (bzw. Grund und Boden) durch Städtebau – seitens Stadtverwaltungen einzugehen ist, das ist geläufig unter Euphemismen wie „Aushandlungs-Urbanismus", „governing through participation"[253] und natürlich PPP, also Public Private Partnership (die vermeintliche „Partnerschaft" zwischen Staat bzw. Gemeinde und Privatwirtschafts-Akteur*innen).[254]

In der politisch (demokratisch) ausgerichteten Kritik des Partizipationsaspekts kommunikativer Planung liegt *ein* Schwerpunkt auf dem Aspekt des Deliberativen: Der Umstand, dass die letztendliche Herstellung eines Konsenses das unabdingbare geteilte Ziel des Prozesses sein muss, schließt demnach radikal verfasste Ansprüche aus dem Prozess aus. Politik, sofern sie Konflikt-Austragung ist, wird so zum No-Go. Einen etwas anderen Akzent setzt jene Kritik, die auf die immanenten, systemlogischen Grenzen der Partizipation hinweist: darauf nämlich, dass die Teilnahme an Partizipationsprozessen in einem hohen Ausmaß voraussetzt, dass man zu einer zur Teilnahme ermächtigten, ‚befugten' sozialen Gruppe gehört. Sprich: Die soziale, kulturelle und politische Hegemonie einer gebildeten bürgerlichen Mittelschicht bildet sich in Partizipationsprozessen ab, setzt sich in ihnen um, sodass solche Prozesse im Gebauten v. a. weiße Mittelschichtgeschmäcker reproduzieren. Und auch die Zentrierung der Prozesslogik auf den Austausch rationaler Argumente ist nicht gleichbedeutend mit Demokratie schlechthin, sondern reproduziert

252 In der Stadt Wien zeigt sich ein Verständnis der Bevölkerung als Kundschaft etwa in Form von „KundInnenbefragungen", siehe www.fsw.at/p/kundinnenbefragung/ oder auch in Form der Kund*innen-Nummern, die etwa Kindern bei der Anmeldung für einen Kindergartenplatz vergeben werden: www.wien.gv.at/bildung/kindergarten/platzsuche/kundennummer-anmeldung/.

253 Marit Rosol, „Governing cities through participation – A Foucauldian analysis of CityPlan Vancouver", in: Urban Geography 36, 2, 2015, S. 256–276.

254 In Österreich ist das im Besonderen die Vertragsraumordnung, die sich in *städtebaulichen Verträgen* und *kooperativen Verfahren* formalisiert.

die Macht jener, die über Rationalität verfügen bzw. deren Verfasstheit definieren.[255] Statt von Demokratie wäre hier, so Mark Purcell, eigentlich von Machttechniken einer „persuasion through rational argumentation“ zu sprechen.[256]

Christer Bengs weist darauf hin, dass schon die Terminologie kommunikativer Planung ein zentrales Machtgefälle unkenntlich macht, indem sie (parallel zur Anrede der Bürger*innen als Kund*innen im New Public Management) alle am Planungsprozess Beteiligten als *stakeholders* anspricht:[257] Als Stakeholder*innen gelten sowohl Investor*innen, die ein Gewinninteresse an einem Planungsobjekt haben, als auch Bürger*innen, die (oft als Anrainer*innen) von Planungsresultaten in den Bedingungen ihres Alltagslebens betroffen sind. Hinzu kommt der wesentliche Unterschied, dass die investierenden Stakeholder*innen sich im Prozess durch ein breites Instrumentarium an Vertretungsformen und Expertise einbringen, über das die nicht-investierenden meist nicht verfügen. Oft beteiligen sich Leute euphorisch in dem Glauben, ernst genommen zu werden, finden aber am Ende kaum etwas von den von ihnen vorgebrachten Themen in der Planung wieder. Klaus Selle spricht hierbei von einer „Inflationierung nachhaltig wirkungsloser Teilhabe-Verfahren“ und prägt in diesem Kontext den passenden Ausdruck *Particitainment.*[258] Abseits dieser Problema-

255 Siehe v. a. Sherry Arnstein, „A Ladder Of Citizen Participation“, in: Journal of the American Institute of Planners, 35, 4, 1969, S. 216–224.

256 Purcell, „Resisting Neoliberalization“, S. 154. Ähnlich auf S. 141: „What the neoliberal project requires are decision-making practices that are widely accepted as ‚democratic‘ but that do not (or cannot) fundamentally challenge existing relations of power. Communicative planning, insofar as it is rooted in communicative action, is just such a decision-making practice.“

257 Christer Bengs, „Planning Theory for the naive?“, in: European Journal of Spatial Development, 18/2005, S. 1–10, hier S. 9. Aus der Planungspraxis in Wien vgl. z.B. Magistrat der Stadt Wien, MA 18, Smart City Wien. Rahmenstrategie, 2014, S. 107: „Kernstück der Initiative ‚Smart City Wien‘ ist ein langfristiger Stakeholder-Prozess, in dem sich sämtliche Interessengruppen in- und außerhalb der Stadtverwaltung in Form allgemeiner und thematisch spezieller Beratungsgruppen formieren.“ (S. 106), sowie: „Als Stakeholderinnen oder Stakeholder (engl. ‚Teilhaberin‘/ ‚Teilhaber‘) wird eine Person oder Gruppe bezeichnet, die ein berechtigtes Interesse am Verlauf oder Ergebnis eines Prozesses oder Projekts hat.“

258 „Statt substanzieller Diskurse im Kontext einer lebendigen lokalen Demokratie wird eine Bürgerbeteiligung inszeniert, die Teilhabe an Meinungsbildung und Entscheidungen suggeriert, ohne dies einlösen zu können.“ Klaus Selle, „‚Particitainment‘ oder: Beteiligen wir uns zu Tode?“, PND | online III, 2011, S. 3.

tik stellt sich grundsätzlich die Frage, wer nun das *öffentliche Interesse* (den „public stake“) im Planungsprozess übernimmt. Es wäre zu erwarten, dass Regierungs- und Verwaltungs-Vertreter*innen das Mandat der – in sich selbst noch differenzierten, oft divergierenden – öffentlichen Interessen übernehmen; diese Akteur*innen aber sehen sich allzu oft als Vermittler*innen, die der New-Public-Management-Logik zufolge als vorrangiges Interesse die *korrekte Abwicklung des Prozesses* haben. Dies nicht zuletzt deshalb, weil das politische inhaltliche Ziel fehlt bzw. erst *durch den Prozess ermittelt werden soll.* Nun könnte – ich meine: *sollte* – dieses öffentliche Mandat auch bei den Planer*innen liegen, doch oft werden diese direkt von den zu Profitzwecken investierenden Parteien bezahlt – und befinden sich, sobald das öffentliche Interesse nicht dem Privatinteresse entspricht, mindestens in einem Dilemma. Wer nimmt nun also in solchen Prozessen das öffentliche Interesse wahr? Die Frage nach dem Inhalt öffentlichen Interesses (wissend, dass dieses ‚gespalten‘ ist) ist also politisch mindestens ebenso relevant wie die nach der formalen Gestaltung eines möglichst kooperativen, kommunikativen Prozesses.

Kommunikative Planung ist eine exemplarische Form „postpolitischer“ Planung. Zumal Stadtplanung dabei als technokratischer, ‚ideologiefreier‘ Prozess konstruiert wird: Sie wird entpolitisiert nicht zuletzt dadurch, dass grundlegende Planungsentscheidungen seitens politischer Institutionen und Akteur*innen regelrecht ausgelagert werden.[259] Die Art von Befragungen der Bevölkerung (bzw. eines Teils davon), die der Absicherung, Selbstvergewisserung und Verantwortungs-Freisprechung seitens Planungsinstitutionen dienen, fällt in diesen Bereich.[260] Neben solchen Scheindemokratie-Formen be-

259 Mit ein Grund dafür ist die Vorherrschaft einer Auffassung, der zufolge es eine zuordenbare, eben dezidiert politische Entscheidung zu vermeiden gilt, weil ja immer jemand von Planungsentscheidungen auch negativ betroffen ist (und seien dies Investor*innen, deren Gewinnoption eingeschränkt wird), weil also nie allen alles recht gemacht werden kann. Das grenzt an Nihilismus in Bezug auf Entscheidungsverantwortlichkeit.

260 Ein prominentes Beispiel in Wien ist die „BürgerInnen-Umfrage Mariahilfer Straße“ 2014, in der nach langer politischer Diskussion darüber, wer zur Abstimmung über die Verkehrsberuhigung der Straße berechtigt sein solle, die Bewohner*innen der zwei angrenzenden Bezirke (inklusive der dort wohnenden EU-Bürger*innen) befragt wurden und letztlich dafür stimmten. Aber auch außerhalb der Stadtplanung ist die direkte Demokratie in Form von Befragungen problematisch, da die plebiszitäre Demokratie von der Vorstellung eines mit

gegnen wir auch häufig der Delegierung von Planungsentscheidungen an Expert*innen: Als vermeintlich neutral über den Interessenslagen Stehende sind sie oft von Investor*innen beauftragt.[261] Mehr noch, letztere finanzieren häufig auch das kooperative Verfahren: Das Verhandlungs-Dispositiv selbst, der Tisch, an dem verhandelt wird, wird von einer verfahrensbeteiligten Partei zur Verfügung gestellt – ein vor einem ordentlichen Gericht unvorstellbarer Zustand.

Eine wichtige Facette jener Entpolitisierung, die kommunikative Planung zu einer postpolitischen macht – zu einer, die sich von Politik abwendet, sprich: sie nicht sehen will –, ist die Form, in der prozessbeteiligte Investor*innen *nicht* als interessierte Partei ins Spiel kommen; sei es gerade weil sie, wie eben dargelegt, den Prozess selbst finanzieren und so als Wohltäter*innen der Förderung demokratischer Kultur erscheinen; sei es dass, häufiger noch, Investor*innen – zumal in der öffentlichen, medialen Wahrnehmung – es verstehen, sich als Mäzen*innen und Spender*innen gegenüber dem Gemeinwesen zu inszenieren. Gemeint sind jene Zusatz-Investitionen in öffentliche Freiräume und Infrastruktur, zusätzlich zu dem baulichen Objekt des primären Gewinninteresses, also etwa eine Fußgängerzone, die ein Investor*innenkollektiv, oder öffentliche WC-Anlagen, die ein Investor sich verpflichtet, mit dem jeweils als Investment angestrebten Bauvorhaben mit zu errichten.[262]

Was wir somit vor uns haben, ist eine nachgerade *neofeudale* Situation, die oft auch am gemeinsamen Verhandlungstisch in dieser Weise wahrgenommen wird: dass nämlich Kapital-Akteur*innen aus ‚Großherzigkeit der Stadt etwas schenken'. Faktisch schreiben PPP-Vereinbarungen dieser Art ja vor, welchen Anteil oder was die Öffentlichkeit im Rahmen einer Umwidmung eines Bebauungsplans

sich identischen (nicht gespaltenen), also „unmittelbar abfragbaren Volkswillens" ausgeht – wohingegen eine demokratische Konzeption das Volk in seiner souveränen Rolle grundsätzlich als nicht mit sich selbst identisch sieht.

261 Meine Erfahrung in Gestaltungbeiräten bringt noch eine weitere Facette ins Spiel: die Delegitimierung von Expert*innen mittels Selbst-Zuschreibung von Expertise, etwa indem Politiker*innen (Bürgermeister*innen) selbst ein Machtwort sprechen wollen über ein Bauprojekt.

262 Die Fußgängerzone bezieht sich konkret auf die erste privat finanzierte Begegnungszone Wiens: die Umgestaltung der Wiener Herrengasse durch die Eigentümer*innen der dortigen Stadthäuser und Palais (2016); das WC-Beispiel auf das geplante (aber auf Widerstand hinauf nicht realisierte) Großrestaurantprojekt „Sky & Sand Donaukanal" am Wiener Donaukanal (2015).

und erzielter Wert- und Gewinnsteigerung erhalten soll. Das Ergebnis der Vereinbarung wird hier in Form einer Sachleistung, nämlich einer Bauleistung, erbracht. Dass am Ende eine von Investor*innen ‚dankenswerterweise gestiftete' Infrastruktur im Raum steht – im urbanen Raum wie auch im symbolischen Raum –, dieser Eindruck beruht auf einem fehlenden Bewusstsein der Öffentlichkeit davon, dass eigentlich *sie* es ist, die hier etwas (ver)schenkt: Stadtplanung, als Vertreterin der Öffentlichkeit, bewirkt durch Plan-Änderungen und Investitionen in Infrastruktur eine Wertsteigerung von Grundstücken und Immobilien;[263] sie gibt somit Werte in private Hände und lässt sich nur einen kleinen Teil davon zurückerstatten, noch dazu unter mäzenatisch-feudalen Vorzeichen. Einem solchen postdemokratischen Zustand sollte dadurch abgeholfen werden, dass Rückerstattungs-Leistungen in Form von Abgaben festgelegt und deklariert werden.[264] Über diese pragmatisch-politische Forderung hinaus ist in konzeptuell kritischer Hinsicht festzuhalten, dass Rhetoriken und Praktiken kommunikativer Planung Prozesse in Gang setzen und routinisieren, die vorgeblich demokratisch sind, aber von Macht- und Ungleichheitsverhältnissen systematisch absehen; mehr noch, sie bringen auch ein dezidiert subalternes, eben feudales, Mindset zur Geltung.

Als Zwischen-Resümee zur kommunikativen Planung ergibt sich folgendes diachrones Bild: Während sich im selbstreflexiven Diskurs zur Anwaltsplanung der 1960er und 1970er Jahre die Kritik darauf bezog, dass die planerische Anwaltschaft für sozial marginalisierte, vulnerable Gruppen zu wenig Ermächtigung und zu viel Trostpflaster-Effekt bedeute, steht die Kritik heutiger, postpoli-

263 Die Steigerung des Marktwerts von Immobilien passiert stets, auch ohne Investition, allein durch die Produktion von Urbanität der Stadtbewohner*innen. Ergebnis davon am unregulierten Markt sind steigende Mieten und Kaufpreise.

264 Eine Art von Steuer oder Abgabe (ähnlich der Schweizer Widmungsabgabe zur Abschöpfung von planungsbedingten Mehrwerten) würde die Investition in Infrastruktur an einem anderen Ort (also nicht direkt beim eigenen Grundstück) ermöglichen, also dort, wo möglicherweise eher eine Investition nötig wäre, es aber kein Privatinvestment gibt. Bleibt die Rückerstattung am Ort der Privatinvestition, bewirkt sie primär eine weitere Wertsteigerung ebendieser Investition. Siehe auch Manfred Russo, „Widmungsabgaben und Erbbaurecht als Instrumente des Baulandmanagements und der Planung", in: ÖGFA (Hg.), Das Geschäft mit der Stadt: Zum Verhältnis von Ökonomie, Architektur und Stadtplanung, UmBau 28, Basel 2016.

tischer kommunikativer Planung vor einem verschärften Problem. Die Anwaltschaft hat sich hinsichtlich der zu vertretenden Gruppen, Subjekte und Interessen verschoben: Vertreten wird zunehmend die neoliberale Kapitalseite. Aus Anwaltsplanung wurde die Planung der Anwälte – der Investor*innen. Es ist hier mehr im Spiel als die oft genannte ‚Ökonomisierung' sozialer Prozesse: Denn diese Ökonomisierung – gemeint ist damit die Hegemonie von Kapitalinteressen und ihren neoliberalen Ideologemen, Rhetoriken und Führungstechniken – ist ja nicht selbstläufig, sondern ist postpolitisch in dem Sinn, dass Möglichkeiten und Terrains politisch-konfliktueller Ausverhandlung eingeschränkt bzw. gewinnoptimierend instrumentalisiert werden – und das geschieht nun genau durch *politische* Entscheidungen. Kurz gesagt: Auch Entpolitisierung ist politisch, vollzieht sich politisch.[265]

An diesem Punkt gilt es, von Konzepten der kommunikativen Planung, die eine „ideale Sprechsituation" tendenziell fetischisieren und damit zur Verschleierung politischer Wirklichkeiten beitragen, überzugehen zu Konzeptionen, die das Konfliktmoment von Politik, die Politik *als* Konflikt, dezidiert anerkennen. Wobei es nicht darum geht, Errungenschaften der Partizipation zu bekämpfen, sondern lediglich die *Konsens-Verpflichtung* in partizipativen Planungsprozessen.

### Repolitisierung der Partizipation: Agonismus in der Planung | Antagonismus in der Stadt

Auf die eben beschriebene Entpolitisierung in und durch Planung reagiert u.a. die *agonistische Planungstheorie*.[266] Ausgehend von der Politiktheorie des Agonismus bei Chantal Mouffe zielt diese auf Folgendes: In der Stadtplanung ist der grundlegende Konflikt, der politische *Antagonismus*, als unabstellbar und unhintergehbar anzuerkennen; und es gilt, diesen Antagonismus in *agonaler* Form, durch Konflikt-Austragung, politisch lebbar zu machen. Es geht nicht da-

265 Selbst das Obszönitätsverdikt gegen ‚die Politik' – sprich: dass sie ein allzu menschliches, immer schmutziges, schnödes Geschäft sei, das aus den rationalen Abläufen der Wirtschaft und der Technik herauszuhalten sei wie eine Geschmacklosigkeit – ist als implizite Diskursgrundlage politisch etabliert.

266 Siehe u.a. Raine Mäntysalo, „Dilemmas in Critical Planning Theory", Town Planning Review 73.4, 2002, S. 417–436. Jean Hillier, Shadows of power: an allegory of prudence in land-use planning, New York 2002.

rum, Konflikte zu dämpfen oder abzudrehen, sondern darum, Spielräume einzurichten, dissensfreundliche Raum-Dispositive, in denen Stadtkonflikte zutage treten und ohne die Verpflichtung, in Konsens zu münden, anerkannt werden, auch bestehen bleiben können.[267]

Die agonistische Planungstheorie verfehle aber, indem sie in der Planung auf das Austragbar-Machen von Konflikt ziele, eben genau das Moment des Konflikts und somit den Kernbestand von Politik: Erik Swyngedouw etwa gibt zu bedenken, dass, mit Rancière gedacht, Politik wesentlich *Störung* von Normalabläufen der gesellschaftlichen Ordnung sei, dass aber Planung per definitionem der *Ordnung* zugehöre: Störung lasse sich aber kategorisch nicht ordnen und planen.[268] Und Mustafa Dikeç geht hier noch ein Stück weiter, indem er Planung mit der Rancière'schen Polizei gleichsetzt[269] – also mit Polizei im erweiterten Sinn der Ordnungsmacht, die die Anteile, Positionierungen und Rollen der Individuen und Gruppen in der Gesellschaft festlegt und sozusagen darauf schaut, dass jede*r an ihrem/seinem Platz ist.[270]

267 Wie die Konfliktaustragung konkret aussieht, beleuchten die Texte zu agonistischer Planungstheorie nur wenig. Ich werde vor allem im Teil III einiges an Aufschluss über das Konfliktmoment radikaldemokratischer Architektur- und Planungspraxis geben, etwa in Hinblick auf die für agonistische Politik wesentlichen Fragen von Bündnissen und gemeinsamen Gegner*innen.

268 Erik Swyngedouw, „Die postpolitische Stadt", in: sub\urban. zeitschrift für kritische stadtforschung 1 (2) 2013, S. 141–158.

269 Mustafa Dikeç, „Space, Politics and the Political", in: Environment and Planning D: Society and Space 23, 2, 2005, S. 171–188, hier S. 181.

270 Ich möchte diesen Vorbehalten gegen die agonistische Planungstheorie zweierlei erwidern. Zum einen quasi *gegen* Rancière: eine von ihm ausgehende Konzeption von demokratischer Politik vorrangig als Störung – als Ereignis, Bruch, Erscheinen – kommt einer puristischen Verengung des Spektrums möglicher demokratisch-egalitärer politischer Handlungen gleich. Außerdem neigt die Betonung der Störung dazu, den *institutionellen* Aspekt von Politik – die *Einrichtung* von Gesellschaft und von Alltagsabläufen, auch von Konflikt-Abläufen – auszublenden oder als unpolitisch zu disqualifizieren. Zum anderen, und nun *mit* Rancière formuliert, möchte ich die Gleichsetzung von Planung und Polizei damit kontern, dass auch für Rancière Polizei nicht gleich Polizei ist, ja, dass seine Konzeption der Postdemokratie darauf hinaus läuft, dass sich machtpolitische Bedingungen für demokratische Handlungen zum Schlechten verändern – nämlich mit dem Wandel von Parlament und Gesetz hin zu Medienkampagnen und Direktzugriffsmaßnahmen als vorrangigen Formen der Ausübung politischer Macht. Siehe: Rancière, Unvernehmen.

Mehr an Ernesto Laclaus Antagonismustheorie ausgerichtet ist die Position von Planungstheoretiker Nikolai Roskamm. Der von Mouffe (der jahrzehntelangen konzeptuellen Partnerin Laclaus) inspirierten agonistischen Planungstheorie, die auf agonale Konfliktaustragung abstellt, wirft er sinngemäß den Denkfehler vor, dass sie vorgebe, Konflikt als ein zu erreichendes Ziel planen zu können. Was im Unterschied dazu einzig möglich und sinnvoll sei, so Roskamm, sei eine politische Theorie der im Antagonismus als unmöglichem Grund gründenden Stadt. Dieser Ansatz ist eine Art Konflikt-Ontologie des Urbanen: Die Stadt ist demnach wesentlich Konflikt. Von dieser Bestimmung aus lässt sich dann weiter beschreiben, wie Planungsprozesse den unabstellbaren Antagonismus in agonale Austragungen zu überführen trachten und ihn so zähmen; und „wie in der Politik und in der Planung versucht wird, Kontingenz zu verdrängen und Antagonismus zu domestizieren. […] Der *agon* sublimiert den grundlegenden Antagonismus". Für Roskamm ist die „Herstellung eines *agon* als gezähmter Antagonismus" also lediglich eine „gute Beschreibung für die Funktionsweise von Planung", mit dem Ziel „[d]as konfliktorische Brodeln des Sozialen zu einem […] Schachbrett zu transformieren". Agon ist nur als ein „unmögliches Ziel" denkbar.[271] Ich schließe mich dieser Einschätzung an, insbesondere deshalb, weil ein unmögliches Ziel im postfundamentalistischen Sinn gerade kein irrelevantes oder sinnloses Ziel ist, sondern eines, das, auch wenn seine Voll-Erreichung unmöglich ist, unbedingt angepeilt werden sollte.

Allerdings geht es mir im Unterschied zu Roskamm um die postfundamentalistische Theorie einer radikaldemokratischen Stadtplanungs*praxis*. Dabei gilt es, das hohe Ausmaß, in dem Planung in die herrschende gesellschaftliche Ordnung eingebunden ist, kritisch zu reflektieren. Und ebenfalls im Unterschied zu Roskamms ontologischem Zugang verfolge ich nicht das Ziel einer reinen Theorie, die einem ‚Sein des Konflikts' bzw. einem ‚Sein des Politischen' als umfassender Grund (oder vielmehr Abgrund) zählt.[272] Stattdessen zielt

271 Nikolai Roskamm, Die unbesetzte Stadt: Postfundamentalistisches Denken und das urbanistische Feld, Basel 2017, S. 173f und S. 15.

272 Roskamms Ziel ist es, „den Stadtbegriff von der sozialwissenschaftlichen auf eine sozialtheoretische Ebene zu verschieben, von der Ebene des Sozialen, Empirischen und Partikularen auf die Ebene des Politischen, Theoretischen, Totalen." Roskamm, Die unbesetzte Stadt, S. 9ff.

mein Theoretisieren auf eine konflikthafte *Praxis* der Planung, und in dieser Praxis, die eine politische ist, lässt sich die Reinheit einer Konflikttheorie nicht halten. Die Konflikte, um die es dabei geht, lassen sich mit der ontologischen Auftrennung von „die Politik" und „das Politische" nicht beschreiben. Und diese Konflikte sind auch nicht das *Ziel* der politischen Planung: Sie sind vielmehr immer schon da, ob als unterdrückte, unsichtbar gemachte oder bisweilen offen ausbrechende. Und zusätzlich zu dieser ‚Voraus-Setzung' namens Konflikt ist auch das Konflikt-Handeln eine Art Methode, eine Verfahrensweise der Planungspraxis, die ich hier auf ihre politischen Aspekte hin theoretisiere. Deren Ziele aber sind radikaldemokratische: Ausweitung und Vertiefung der Demokratisierung einer von Herrschaft, Ausgrenzung und Ausbeutung bestimmten Wirklichkeit, zumal urbanen Alltagswirklichkeit – und *entgegen* diesen hegemonialen Machtformen.

Für eine solche Zielorientierung wird in heutigen demokratischen Bündnissen oft ein „Recht auf Stadt" postuliert, entsprechend dem 1968 von dem Marxisten Henri Lefebvre formulierten Konzept. Für Lefebvre bedeutet Recht auf Stadt „Recht auf das städtische Leben", einen Anspruch, Stadt aktiv mitgestalten zu können.[273] Roskamm liest Lefebvre nun dahingehend, dass dessen Differenzierung von *urbanistischer* Praxis und *urbaner* Praxis der Gegenüberstellung von Agonismus und Antagonismus entspricht. *Urbanistisch* nämlich nannte Lefebvre die damalige offizielle Planung, die jede alltägliche *urbane* Praxis unterbindet; diese urbane Praxis aber ist der Antagonismus, der die Ordnung stört. Roskamm liest dabei den „undogmatischen marxistischen" Denker Lefebvre explizit als postfundamentalistischen Denker, zumal dieser ein Konzept der Kontingenz wie auch des Ereignisses gegen ökonomische Schließungen in Stellung bringt.

Die Orientierung auf ein Ziel hin – auch ein so umfassendes Ziel wie radikale Demokratisierung, das dann in jeweiligen Projekten als Richtschnur dient (auch indem es z.B. in Koalition mit einer vergessenen Geschichte eintritt) – ist ein Aspekt, den aber auch die agonistische Planungstheorie hervorhebt. Die Zielorientierung verbindet dann den Agonismus als Austragung eines Konflikts, als eines *Gegen*-Verhältnisses, mit der projektiven Perspektive, die der Planung

273 Henri Lefebvre, Das Recht auf Stadt, Hamburg, 2016 [1968], S. 166.

innewohnt, also Planung im Kampf *für* etwas.[274] Zugleich gibt die Radikaldemokratie-Orientierung dem Agonismus (und damit der Planung) einen anderen Drall: Sie bringt nämlich ein Moment des Radikalen, des Maßlosen, jedenfalls nicht Gemäßigten, wieder ein.[275] Der Agonismus erscheint dann nicht mehr als eine quasi durch Zähmung verkümmerte Defizienzform des radikalen Antagonismus, sondern spielt seine Kriterien von Konfliktivität und Radikalität in Forderungen, Bündnissen (Äquivalenzketten) und Kampf-Konstellationen aus. Dabei kommt auch die Kontingenz anders ins Spiel (anders als in einem ontologischen Sinn der radikalen Ungründbarkeit der Stadt), nämlich in den Unwägbarkeiten von involviertem und politischem Handeln.

### Das Paradox der unbesetzten Stadt und die (ideologische) Rede vom Mangel

Mit Blick auf Stadtkonflikte möchte ich v.a. da in Dialog mit Roskamms Planungstheorie treten, wo er seine „These von der unbesetzten Stadt" explizit in Nahbeziehung zur psychoanalytischen Theorie setzt, zu Jacques Lacans Theorem des fundamentalen Mangels: Demzufolge treibt ein grundlegender Mangel das Subjekt zu immer neuen, verschobenen, kontingenten Teilbefriedigungen an. Der Mangel motiviert und strukturiert also das Begehren; ohne Begehren kein Subjekt, der Mangel ist das, was das Subjekt ermöglicht. Eine Reihe an poststrukturalistischen, von der Dekonstruktion inspirierten politischen Theorien, wie ich sie hier ebenfalls für Planungspolitik und radikaldemokratische Architekturtheorie in Anspruch nehme, bauen auf diesen Gedanken auf, indem sie ihn auf Gesellschaften und Kollektive übertragen. Gerade dass es keine dauerhafte vollständige Befriedigung, Erfüllung gibt, ermöglicht immer neue, andere Befriedigungen – nüchterner gesagt: immer neue, andere Formungen von Gesellschaft, von Stadt bzw. ihren Teilaspekten in deren Geschichtlichkeit. Roskamm greift Lacans Konzept des Mangels auf, mit einem Fokus mehr auf dessen ontologische Dimension, und er zieht eine direkte Parallele zu seiner These der unbesetzten Stadt:

274 Ähnlich Jean Hillier: „While agonism is generally construed as a struggle against, it may also be construed as a struggle for." Hillier, „Agon'izing Over Consensus: Why Habermasian Ideals cannot be ‚Real'", in: Planning Theory, 2(1), S. 37–59, hier S. 43.

275 Um vermessene Forderung und Kritik des Maßes geht es im 8. Kapitel.

> Die Unbesetztheit ist nichts anderes als eine Ausdrucksform von Lacans notwendigem Mangel. Würde die Stadt besetzt und die Mangelsituation dauerhaft beseitigt, würden nicht nur Planung und Urbanismus überflüssig werden, sondern letztlich eben auch die Stadt selbst (als Ort des Mangels und des Begehrens). Deshalb ist die Unbesetztheit eine konstitutive Bedingung von Stadt.[276]

Der Lacan'sche Mangel ist ein grundlegender; sozial gesehen, ein Riss am Grund von Gesellschaft bzw. Stadt; politisch gesehen, entspricht er dem Antagonismus, durch den jede Gesellschaft auf die Abwesenheit eines sicheren Grundes gegründet ist, somit notwendig auf Konflikt. Diesem fundamentalen Mangel-Verständnis steht ein zweites Verständnis von Mangel zur Seite: Mangel im Sinn einer Mangelhaftigkeit – nicht auf einer tiefen Seins-Ebene, sondern auf einer quasi ontischen Ebene von Alltag und Allgemein-Erfahrung. Der Mangel ist hier ein empirisch feststellbarer, diskursiv festzumachender urbaner Defekt:

> Der fest-gestellte Mangel (etwa der Mangel an Sicherheit, Wettbewerbsfähigkeit oder an Nachhaltigkeit) legitimiert Planung und macht sie notwendig. Planung ist aus dieser Perspektive vor allem dafür da, Mangel durchzusetzen und dann Lösungen anzubieten, ihn zu beheben. […] Planung wird also sowohl für die Identifizierung des Problems […] als auch für dessen Lösung verantwortlich.[277]

So verstanden, ist der Mangel ein Objekt, das ein Mangel-Diskurs hervorbringt, indem er es beschwört.[278] Dies möchte ich zunächst mit Blick auf Diskurs-Macht-Anordnungen näher betrachten. Und zwar erstens unter dem Aspekt von Profit-Strategien, zweitens aus einer im engeren Sinn diskurskritischen Perspektive. Was die Strategien zur profitablen Verwertung von Kapital vermittels der Stadt betrifft, so hat Neil Smith in seiner Gentrifizierungstheorie das Moment des

276 Roskamm, Die unbesetzte Stadt, S. 163.

277 Ebd.

278 Vom Mangel zu sprechen, ist gewissermaßen eine legitimatorische Trumpfkarte im Diskurs der Planungspolitik. Ähnlich Gunder und Hillier: „the political or technical deployment of a ‚lack' or ‚deficiency' is a powerful planning and political trope for response and action, [as] who would wish to live in a ‚deficient' city lacking in safety, competitiveness, sustainability or some other shortfall?" Michael Gunder, Jean Hillier, Planning in Ten Words or Less, Farnham 2009, S. 24.

*rent gap* hervorgehoben: also den Unterschied zwischen dem Profit, den ein Objekt vor und nach einem Investment abwirft.[279] Das heißt, ein „rhetorisch induzierter Wertverlust" vergrößert die Gewinnspanne, nämlich so: Je erfolgreicher ein Mangel-Diskurs geführt, ein urbaner Raum als dringend sanierungsbedürftige Problemzone des Mangels *schlechtgeredet* wird, desto besser die Verwertungsbedingungen des investierten Kapitals. Öffentliche Planungsautoritäten werden sich entschließen, Investor*innenstrategien zu unterstützen, wenn die Kapital-Akteur*innen diskursiv eine Situation inszeniert, produziert haben, in der die Behebung von baulichen, räumlichen, sozialen, infrastrukturellen oder ästhetischen Mängeln als alternativlos erscheint.

Typischerweise wird dann kooperativer Planung und PPP-Projekten eine ‚Problemlösungsrolle' zugeschrieben. Dabei werden jene Machtverhältnisse schlagend, die ich anhand der Kritik kooperativer Planung angesprochen habe: Wer nimmt teil an Kooperation bzw. Partizipation, wer nicht? In solchen Prozessen von vornherein mächtig bzw. stark repräsentiert sind Investor*innen bzw. Angehörige und Habitusformen der Mittelschicht. Von besonderer aktueller Relevanz in diesen Machtverhältnissen rund um diskursiv erzeugte urbane Mangelsituationen ist die ebenfalls politisch konstruierte finanzielle Mittellosigkeit von Stadtverwaltungen: Dass die öffentliche Hand in Städten zu wenig Mittel zur selbstständigen ‚Problemlösung' und ‚Mängelbehebung' hat – oder auch zur Analyse, ob eine solche überhaupt nötig ist –, das liegt zu einem großen Teil an einer neoliberalen Politik, aus der u.a. geringes Steueraufkommen resultiert. Das heißt, der potenziell am Gemeinwohl orientierte finanzielle Handlungsspielraum der Kommunen verringert sich zugunsten einer Erweiterung der Spielräume des Kapitals, das dann in den von ihm selbst herbeigeredeten Mangel-Situationen als Retter in der Not auftreten kann, dem sich die als handlungsunfähig dastehenden Kommunen in einer weiteren Wendung der Machtabtretung in Form von PPP-Projekten ausliefern. (Man könnte hier von einem Teufelskreis sprechen.)

In einer diskurskritischen Perspektive auf den Mangel-Diskurs zeigt sich, wie sehr es da um schlichtes ‚Schlechtreden' geht. Das

279 Siehe dazu auch Neil Smith, The New Urban Frontier. Gentrification and the revanchist city, London, New York 1996.

erfolgt nicht zimperlich und setzt eine regelrechte Poesie des sozialen und räumlichen *Ekels* ins Werk. Das wird schon deutlich durch einen kurzen Blick auf einige Wiener Beispiele aus den letzten Jahren: Der geplante Zugriff auf das innerstädtische Gelände des Wiener Eislaufvereins am Heumarkt durch ein Investorenprojekt geht seit 2012 mit einer Medienkampagne einher, die dem Zweck dient, einen Notstand heraufzubeschwören. Einen Notstand eben nicht nur im sozialtechnischen Sinn als „Zone offensiver städtebaulicher Erneuerung (‚Stadtreparatur')", wie die Zone im *Masterplan Glacis* genannt wurde,[280] sondern auch mit jener Art von Deutlichkeit, die dem Ästhetischen anhaften kann. Ästhetisch gesehen, war in Hinblick auf die Sommernutzung des Eislaufvereinsgeländes durch einen großen, niedrigschwelligen Urban Beach namens *Sand in the City* direkt neben dem Konzerthaus die Rede davon, dass die Besucher*innen des Konzerthauses bei ihrem Blick aus den Panoramafenstern des Foyers mit einem „Schandfleck" konfrontiert seien.[281] Ein anderes Beispiel: Als ein Investor am Wiener Donaukanal – einem innerstädtischen Naherholungsgebiet, das in den 2000er und 2010er Jahren den Charakter eines hippen, stark frequentierten Ausgehviertels am urbanen Erlebnis-Ufer annahm – auf der letzten noch unbebauten horizontalen (nicht abschüssigen) Wiese eine Großgastronomie mit bis zu 800 Sitzplätzen errichten wollte, kam es 2015 zu Protesten gegen diese profitorientierte Aneignung, die mit dem Mangel-Faktor operierte.[282] Die öffentliche Kampagne seitens des Investors, der sich mit politischem Widerstand aus den nicht-besitzenden Nutzer*innen-Communities heraus konfrontiert sah, ging so weit, der unbebauten Wiese jegliche soziale und räumliche Nutzungsqualität abzusprechen und stattdessen einen durch Investment zu behe-

280 In Reaktion auf den Projektverlauf wurde der *Masterplan Glacis* 2014 von der Stadt Wien in Hinblick auf die zukünftige städtebauliche Entwicklung entlang der ganzen Wiener Ringstraße beauftragt. Zur darin vorgeschlagenen „Stadtreparatur" siehe Magistrat der Stadt Wien, MA 21, Masterplan Glacis, S.12, www.wien.gv.at/stadtentwicklung/studien/pdf/h000031a.pdf.

281 Brigitte Groihofer, „Ende der Eiszeit?", Architektur und Bauforum 08, Aug. 2014 über das „zum Schandfleck verkommene[n] Filetgrundstück inmitten der Stadt". Eine Bildunterschrift der Coverstory lautet: „Traurig: Seit Jahren sind die Konzerthausbesucher diesem Ausblick auf Abfallcontainer, Gerümpel, devastierte Hütten und dicke Netze zum Schutz vor Pucks oder Bällen ausgesetzt."

282 Ich komme auf diese Proteste als Form eines popularen Kampfes um Freiraum (als nutzungsoffenen, nicht-kommerziellen Raum) in Kapitel 9 zurück.

benden Notstand in den Raum zu stellen, zumal mit deutlichem Ekel-Charakter. Der Investor bezeichnete die von ihm begehrte, in den warmen Monaten von verschiedensten Leuten zum Sich-Treffen, Abhängen, Trinken, Picknicken genutzte, zentral gelegene Wiese als reinen „Hundstrümmerl“-Ort, also eine wesentlich dem Hundekot vorbehaltene Location.[283]

Ein drittes Beispiel, vom Kanal zum Wal: Bei einem öffentlichen Anrainer*innen-Hearing für ein großes Investitionsprojekt am Wiener Franz-Josefs-Bahnhof 2018 wurde den versammelten Bewohner*innen vor Augen geführt, dass ihre offenbar mangelhafte Wohnumgebung einer umgehenden Sanierung und Investition bedürfe. Um die Dringlichkeit dieses Vorhabens zu untermauern, erzählte die Geschäftsführerin des *6B47 Althan Quartiers* (der 6B47 Real Estate Investors AG) eine Anekdote: Als sie mit ihrem kleinen Sohn am Franz-Josefs-Bahnhof vorbeispaziert sei, habe sie mit ihrem Kind spontan über das Gebäude als einen „gestrandeten Wal“ gesprochen, eine Bezeichnung, die sie in ihrer weiteren Rede an die Anrainer*innen noch zu einem „stinkenden Wal“ steigerte: Neben einem solchen hätten, so insinuierte die Geschäftsführerin, die Bewohner*innen der Umgebung also all die Jahre gelebt. Durch diesen eigentlich auch die Anwesenden herabsetzenden Vergleich

283 „Wir wollen sie [die Wiese] gestalten, dann liegen hier vielleicht auch wirklich Menschen und nicht nur Hundstrümmerl“, Zitat des Investors in: Anna Thalhammer, „‚Sky & Sand‘: Phantomlokal am Donaukanal“, Die Presse 17.03.2015 und https://diepresse.com/home/panorama/wien/4686690/Sky-Sand_Phantom-lokal-am-Donaukanal/. Wenn wir gerade bei solch ‚abjekten‘ Themen und bei dringenden ‚Kanal-Fragen‘ sind: Gerade am Donaukanal zeigt sich in den letzten Jahren das problematische Bild, dass die öffentliche Hand in diesem Raum eine sanitäre Infrastruktur wie öffentliche Toiletten nicht selbsttätig, sondern in Form von PPP-Projekten zur Verfügung stellt. So erhielt der soeben zitierte Investor drei Jahre nach erfolglosem Privatisierungsversuch der Donaukanalwiese einen Direkt-Pachtvertrag über zwanzig Jahre für sein Lokal *Blumenwiese* auf einem anderen zentralen Kai-Ufer-Stück. Eine Tageszeitung berichtete, dass dort – sozusagen als Gabe an die Öffentlichkeit – in den Öffnungszeiten das WC frei zugänglich sein solle: Stefanie Rachbauer, Julia Schrenk, „Schlagabtausch auf der Blumenwiese“, Kurier 31.5.2018, https://kurier.at/chronik/wien/schlagabtausch-auf-der-blumenwiese/400043647. (In der Zwischenzeit ist es bereits kostenpflichtig.) Ein kleines Stück einer Infrastruktur, die klassischerweise zu den öffentlichen Aufgaben (oder zu einer Gemeinwohl-Ökonomie) zählt, wird Verhandlungsangelegenheit in groß angelegten Kommodifizierungsprozessen von urbanem Raum.

waren offenbar alle zu behebenden Mängel so evident, dass auf eine Publikumsdiskussion mit den zum Hearing (im vollen Wortsinn) geladenen Anrainer*innen verzichtet wurde.[284]

Es geht mir hier nicht darum, dass beim Propagieren profitabler Privatinvestitionsprojekte unschöne Worte benutzt wurden und werden. Vielmehr tritt in diesen Aussagen ein Diskurs zutage, der eine politische Logik hat und politische Perspektiven auf Stadt und Gesellschaft zum Ausdruck bringt. Es ist wohl ein Zufall, allerdings ein bezeichnender Zufall, dass die Projektentwicklerin mit ihrer Metapher vom „gestrandeten, stinkenden Wal" ein Bild verwendet, das Oliver Marchart in seiner politischen Sozialtheorie hervorhebt: Der Vergleich des Gesellschafts-Ganzen mit einem „gestrandeten Wal" geht auf den Wissenschaftstheoretiker und Soziologen Bruno Latour zurück, und Latour meint damit eine Art ganzheitlichen Gesellschaftskörper, den traditionelle Sozialtheorien quasi bis zu dessen Verwesung in Gebrauch halten. In Marcharts postfundamentalistischem Kontext drückt dieses Bild allerdings eine ganz andere Qualität von Gesellschaftlichkeit aus, die einem monströsen, schwer loszuwerdenden „unmöglichen Objekt" gleichkommt.[285] Gesellschaft, auch Stadt, als gestrandeter Wal – das ist ein Ausdruck für etwas an der Stadt und am Zusammensein von vielen Verschiedenen, das (noch) nicht auf Linie gebracht ist, nicht saniert, nicht flexibilisiert, weil das Kapital es noch nicht (genügend) durchgeformt hat. Ähnlich verhält es sich bei dem Ausdruck „Hundstrümmerl-Wiese" am Donaukanal, aber hier schwingt eher die Vorstellung mit, dass in einem Raum nichts ist, nichts Relevantes, nichts von menschlicher Bedeutung, solange dort nicht Geld investiert und Gewinn erwirtschaftet wurde. Das ist eine klassische koloniale Vorstellung (quasi: Solange wir nicht Fortschritt und Investment

284 Ich war selbst anwesend bei dieser Informationsveranstaltung am 16.3.2017 im Speisesaal der Bank Austria am Julius-Tandler-Platz 3. Siehe auch Kurto Wendt, „Die Privatisierung der Stadtplanung oder der stinkende Wal", in Augustin 433, online version vom 27.03.2017. https://augustin.or.at/zeitung/tun-und-lassen/die-privatisierung-der-stadtplanung.html; sowie: „‚Der Franz-Josefs-Bahnhof ist ein Wal, ein großer, stinkender, gestrandeter Wal', sagt […] Geschäftsführerin der JTP Projektentwicklungs GmbH", in: Wojciech Czaja, „Franz-Josefs-Bahnhof: Franz Josephs Glück und Ende", Der Standard 18.2.2018, https://derstandard.at/2000074416826/Franz-Josefs-Bahnhof-Franz-Josephs-Glueck-und-Ende.

285 Oliver Marchart, Das unmögliche Objekt: Eine postfundamentalistische Theorie der Gesellschaft, Berlin 2015, S. 15f.

dorthin gebracht haben, war dort nichts außer *matter out of place*,[286] nur Leere, die mit Geschäftsideen und Problemlösungen gefüllt werden muss). Und schließlich bringt die PR zum Investment-Projekt am Heumarkt und am Standort des Eislaufvereins bzw. des Urban Beach, der dem Konzerthaus-Publikum als „Schandfleck" erscheint, eine doppelte Klassen-Logik auf den Punkt. Denn einerseits ist es verräterisch, dass der dringende Sanierungs- und Reparaturbedarf meistens an profitablen Adressen – an Adressen für hochpreisigen Konsum, Luxustourismus, Stadt-Marketing – angemeldet wird und nicht etwa in traditionellen Arbeiter*innenbezirken. Und anderseits: Bei der niedrigschwelligen Sommernutzung als Urban Beach (*Sand in the City*), der von einer kleinbürgerlichen, proletarischen, auch migrantischen Klientel frequentiert wird – anders als die gewinnträchtigen, von schicker, studentischer, städtetouristischer Kundschaft besuchten Urban Beaches und Sommerlokale am Donaukanal –, da stellt sich die Frage, *wessen* Vorstellungen von einem schönen, angenehmen Freizeit-Ort als legitim und maßgeblich gelten (eben nur die der Konzerthaus-Gäste und der künftigen Klientel am sanierten Heumarkt) und *wessen* diesbezügliche Vorstellungen hingegen als unqualifiziert und geschmacksverwirrt gelten. Letzteres sind die Geschmäcker von Leuten, die diesem Ort *nach* seiner investorischen Mangel-Behebung eher fernbleiben werden, aufgrund von Restriktionen klassenkultureller, preispolitischer und wohl auch sicherheitspolizeilicher Art.

Ich möchte an diese diskurskritische Erörterung nun mit zwei konzeptuellen Konsequenzen anschließen, die ich aus der Auseinandersetzung mit Roskamms Konzept ziehe, in dem dieser die grundsätzlich mangelhafte Stadt und die unbesetzte Stadt in ein Naheverhältnis zueinander rückt. Meine These lautet erstens: Urbaner Raum ist *nie unbesetzt*, er ist *immer besetzt*, entweder durch ‚das Kapital', also durch eine kapitalförmige oder primär Profitinteressen verpflichtete Aneignung – oder anders. Es macht eben einen Unterschied, *wie besetzt wird*. Es gibt, so meine ich, Arten der Stadt-Besetzung, die dem Theorem „unbesetzte Stadt" näher und solche, die ihm ferner sind, denn: Besetzung in Form von Kapitalisierung – und durch Konsens-Verordnung als deren Ausdruck im Register einer

286 Ich verwende diesen Begriff aus: Mary Douglas, Purity and Danger: An Analysis of Concepts of Pollution and Taboo, London, New York 1966.

*Politik durch Entpolitisierung* – bedeutet *Dauerbesetzung*, bedeutet polizeilich restriktiv ausschließende, Kaufkraft-exklusive, zunehmend auch implizit rassistische Aneignung von Stadt-Raum als Privatisierung bzw. Öffentlichkeits-Reduktion auf Dauer. Eine solche Aneignung – die auf den nicht mehr mangelhaften, sondern ‚kostbaren', also per se ‚exklusiven' baulichen Ort hinausläuft (ob er nun „Goldenes Quartier" heißt oder auch weniger neofeudal) – geht einher mit der Verhinderung von niedrigschwelliger Nutzungsvielfalt und Konfliktaustragung. Sie geht einher mit der Verhinderung von Geschichte als Veränderung, somit von menschlicher Gesellschaft, also von Stadt.

Das heißt allerdings, und das ist mein zweiter Punkt: Eine *gänzliche Unbesetztheit* von Stadtraum resultiert (auf einer ‚ontischen' Ebene sozialer Wirklichkeit) in den meisten Fällen über kurz oder lang in einer *Kapital-Besetzung*. Eine Besetzung, Markierung oder Einschreibung durch öffentliche Aneignung hingegen sowie weiters durch proaktive Stadtplanung und Gesetze, die diese Räume als öffentliche einrichten, stärken und rahmen – solch eine Besetzung kommt einigen Momenten des Theorems der unbesetzten Stadt nahe. Denn: Unbesetzte Stadt heißt wesentlich, dass es keine Besetzung als vollständige, stabile und dauerhafte gibt, sondern dass Besetzungen, Aneignungen, einem (konflikthaften) Wandel unterliegen. Und dieses Moment wechselnder, instabiler oder semi-stabiler Besetzungen auf Zeit ist sichergestellt durch eine *öffentliche* Besetzung von urbanem Raum, gesetzlich gerahmt gegen Kapitalisierung und Privatisierung, aber offen für eine Vielzahl von vorübergehenden, einen Raum nicht vollgültig definierenden Nutzungen.[287] Halten wir weiters fest, dass der Sinn der grundlegenden Mangelhaftigkeit der Stadt nicht darin liegt, dass alles möglichst kaputt sein soll, sondern darin, dass der *Mangel als Unvollständigkeit* gerade die Herausbildung immer neuer, vorübergehender, strittiger Formungen und Besetzungen von Stadt-Raum ermöglicht: Dann ist auch dieser Ermöglichungs-Aspekt am grundlegenden Mangel etwas, das nicht beseitigt, sondern vielmehr aufrechterhalten ist in einer Freihaltung

287 Wohlgemerkt: einen *öffentlichen* Raum. Um hier nicht missverstanden zu werden: Bei Wohnraum – als per definitionem privat genutztem Raum – geht das öffentliche Interesse dahin, dass seine Nutzung *nicht* kurzfristigem Wechsel unterliegt (wie ihn Vermieter*innen mittels kurz befristeter Mietverträge anstreben). Vielmehr müssen im Sinn von Wohnsicherheit Befristungen verboten werden.

von Raum; und zwar in einer Freihaltung durch Planung und Gesetze und in einer offenhaltenden Besetzung zugleich.[288]

*Unbesetzung* ist also nur als *gesetzte*, als *eingerichtete* möglich. Im Rahmen radikaldemokratischer Planungspraxis könnten wir Planung als eine unvermeidliche *Setzung* konzipieren, die aber *strittig* ist. Einige theoretische Konturen zu diesem Setzungs-Aspekt samt seinem Kontingenz-Moment lege ich hier im Folgenden vor.

288 Dies durchaus im Sinn von Hannah Arendts wechselseitiger Bedingung von Institution und Initiative: „*Institution* und *Initiative* müssen in ein Verhältnis gebracht werden. Wenn die Initiative erlahmt und keine Neuanfänge in den öffentlichen Raum nachströmen, dann hilft auch das ‚institutionell-organisatorische Gerüst' der Republik nicht mehr." Oliver Marchart, Neu beginnen. Hannah Arendt, die Revolution und die Globalisierung. Wien 2005, S. 133.

# 6. Radikaldemokratische Konsequenzen | Strittige Setzungen

*Architecture depends.*
Jeremy Till[289]

## Gründung als Positionierung, postfundamentalistisch

Planungskritik und Agonismus zusammengedacht, geht es nun um Möglichkeiten einer postfundamentalistischen, radikaldemokratischen Planungstheorie, die *Planung als kontingente, strittige Setzung* konzipiert. Der Begriff der Setzung bringt zunächst den räumlichen Aspekt des *Positionierens* ins Spiel, das Beziehen einer Position und das sich – oft nur zeitweise – Einrichten (an) einer Position. In der Planungspolitik – im Feld der Architektur und Stadtplanung – werden natürlich immer wieder räumliche Positionen definiert, bezogen, eingerichtet. Dieses Positionen-Beziehen, Positionen-Besetzen, erfolgt allerdings seinerseits immer schon *von* einer bestimmten Position aus.[290] Diese Einsicht steht im Gegensatz zur Idee, Planung könnte neutral sein, müsse geradezu aus einer neutralen (Nicht-)Position heraus geschehen. Wir sind in der Planungspolitik – so wie in jeglicher Politik – jedoch immer schon positioniert (wenn auch meist nicht fix auf Dauer an derselben Stelle). Kurz gesagt: keine Setzung ohne Voraussetzung.

289 Der programmatische Satz ist de facto ein Buchtitel: Jeremy Till, Architecture Depends, Cambridge, Mass. 2009.

290 Vgl. Jesko Fezer: „Wenn Design politisch ist, dann gibt es – so wie es konservative und fortschrittliche, soziale und neoliberale Politik gibt – auch rechtes und linkes Design. Demokratische Politik ist nicht ohne gesellschaftliche Positionierung und ohne die Auseinandersetzung darum zu haben. Design auch nicht." Jesko Fezer, „Parteiisches Design", in: Christoph Rodatz, Pierre Smolarski (Hg.), Was ist Public Interest Design? Beiträge zur Gestaltung öffentlicher Interessen, Bielefeld 2018, S. 215–225, hier S. 220.

Die Setzung ist immer schon da, sie ist selbst die Voraussetzung, sie geht quasi sich selbst immer voran. Mit einem solchen Setzungsbegriff betreten wir zwei diffizile Bereiche: Der eine ist das immer schon stratifizierte Feld eines Stellungskriegs, auf dem jene *Hegemoniepolitik* stattfindet, wie sie Antonio Gramsci theoretisiert hat.[291] Der andere diffizile Bereich ist jener von Operationen, die sich selbst nachhaltig problematisieren. Damit meine ich Folgendes: In einer postfundamentalistischen Konzeption von Setzung kommen zwei Bedeutungen, die auf den ersten Blick konträr erscheinen, in sehr nahen Kontakt miteinander. Zum einen macht die Setzung etwas *wirklich*, macht es existent; zum anderen ist sie eine ‚Annahme', etwas, das nicht unveränderbar für immer gilt, sondern unter Bedingungen. Etwas wird in die Wirklichkeit gesetzt – z.B. in den alltäglichen urbanen Raum – und zwar zunächst in Form der Planung als hypothetische Annahme, die ihrerseits bereits Streitobjekt ist, weiters als gebaute Annahme (wobei natürlich gebauter Raum mehr als nur Annahme ist und *jedenfalls* aber potenzielles Streitobjekt). Dieses Moment einer hypothetischen Annahme entspricht, in die Politik übersetzt, dem, was Hegemonie- und Antagonismustheoretiker Oliver Marchart als „provisorisch" anspricht und zwar als ein *Gründungsparadox* – ich würde in diesem Kontext sagen: Setzungsparadox – des Postfundamentalismus: „Obwohl Gesellschaft nicht ultimativ zu gründen ist, so die postfundamentalistische Pointe, muss sie dennoch provisorisch gegründet werden."[292]

Das postfundamentalistische Gründungsparadox leitet sich von einem dekonstruktivistischen Theorem her: Die Unmöglichkeit von etwas umfasst dessen Möglichkeitsbedingung. Buchstabieren wir diesen eigentümlichen Gedanken aus, mit der Gesellschaft im politischen Blick, dann bedeutet er, der Reihe nach, Folgendes: Gründungen, Fundamente sind so zu verstehen, dass sie niemals dauerstabile, gesicherte Garantien abgeben, keine Kausalgründe, aus denen etwas

291 Siehe Kapitel 1.

292 Mit dem Begriff Postfundamentalismus fasst Oliver Marchart aktuelle Theorien des Politischen zusammen, denen gemeinsam ist, dass sie von einem *Verzicht auf Letztgründungen* von Gesellschaft ausgehen. Ders., Die politische Differenz: Zum Denken des Politischen bei Nancy, Lefort, Badiou, Laclau und Agamben, Berlin 2010, S. 246. Das Provisorische meint hier nicht das Wort im Alltagssprachgebrauch, sondern die jedem Ding, das in die Welt gesetzt wird, inhärente Kontingenz.

notwendig zu folgern wäre. Wenn wir den Politik- und Gesellschaftstheoremen von Marchart folgen, dann gibt es keine Fundamente der Gesellschaft – gerade *deshalb* sind wir aber mit den Fundamenten niemals fertig, ist deren Frage nie erledigt: Es ist unmöglich, einer Gesellschaft einen ultimativen, alles ganz bestimmenden Grund, als Fundament oder Basis-Ordnung, zu geben. Wäre dies nämlich möglich, wäre eine Gesellschaft damit vollständig gegründet, hätte sie ein für alle Mal eine Grundlage und Ordnung – dann wäre diese definitiv, und es gäbe keine Veränderung, keine Geschichte, folglich kein kollektives menschliches Leben wie wir es kennen, also keine Gesellschaft.

Gesellschaft ist unmöglich als etwas vollständig Gegründetes; und doch *gibt* es Gesellschaften und mit ihnen Ordnungen – doch sind diese mit der Zeit veränderbar, sei es schleichend oder abrupt. Das ist ein wesentlicher Punkt, auf den der *Post*fundamentalismus besteht: Gerade die *Unmöglichkeit einer Voll-Gründung ermöglicht Teil-Gründungen.* Gesellschaften und gesellschaftliche Räume sind nie *gänzlich ohne* Ordnung und Fundament. Das heißt: Eine vollständige Abwesenheit von Fundamenten gibt es ebenso wenig wie eine vollständige Präsenz von Fundamenten.

In modernen Gesellschaften wird es offensichtlich und ist es vielfach anerkannt, dass das Weltbild vollständiger, allumfassender Fundamente und Ordnungen und entsprechender Politiken überholt ist; aber die Aufgabe und die Möglichkeiten des Gründens sind damit eben nicht abgetan, sondern bleiben aufrecht. Das ist der Kernunterschied zu dezidiert *anti*fundamentalistischen Zugängen zu Politik, Geschichte und gesellschaftlichem Raum, die eher davon ausgehen, dass Gesellschaften immer im Fluss wären, in völliger Nicht-Identität oder Fragmentierung. Aus postfundamentalistischer Sicht gibt es hingegen immer einen *gewissen Grad an Stabilisierung, Identifizierung, Ordnung, eben Gründung bzw. Fundamentierung.* Dem entsprechend ist es gerade der Umstand, dass Fundamente weder dauerhaft stabil noch einfach abwesend sind, was diese so *prekär* macht.[293] Diese Überlegungen sind im Weiteren für meine radikaldemokratische Architekturkonzeption wichtig – gerade weil Planen Teil eines Ordnens, eines Gründens ist.

293 Kurz schematisiert: Der Postfundamentalismus sagt „Es gibt immer eine kontingente, umstrittene Ordnung"; ein fundamentalistischer Diskurs sagt „Es gibt nur diese Ordnung".

**Kontingenz | Strittigkeit und Bedingtheit von Planung**

Die eben genannte *Prekarität instabiler Teilgründungen* ist bereits ein Synonym für *Kontingenz.* Soziale Gründungen sind kontingent, und die Politik ist eine eminente Art, mit dieser Kontingenz umzugehen. Auch hier ist eine wichtige Einschränkung angebracht: Kontingent heißt nicht ‚zufällig' oder ‚beliebig' im Sinn von ‚wie es gerade beliebt' und schon gar nicht ‚gleichgültig' im Sinn von ‚bedeutungslos' und ‚egal'. Im Alltagsverständnis ist das Wort *kontingent* (sofern es im Alltagsverständnis überhaupt auftaucht) oft gleichgesetzt mit ‚zufällig' bzw. ‚akzidentiell'; aber diese Gleichsetzung hilft uns nicht viel in einem Verständnis von Gesellschaft und im Weiteren von Politik, insbesondere Planungspolitik. Denn bei Gesellschaft, Planung und deren demokratiepolitischer Theoretisierung sind wir – zurecht – weit davon entfernt, zu behaupten, dass Fundamente und Ordnungen nur durch schieren Zufall vorhanden und wirksam seien, oder dass ‚alles geht', *anything goes.* Solche Annahmen würden uns, einmal mehr, im Bereich eines *anti*fundamentalistischen Denkens situieren oder auch im Bereich postmodernistischer Verspieltheit, an der Grenze zu regelrechtem Nihilismus (für den alles nichtig und daher egal ist) oder zu glattem Zynismus.

Zugleich ist das Konzept der Kontingenz einer TINA-Rhetorik (Rhetorik der Alternativlosigkeit) genau entgegengesetzt: Jede Regelung, jede Ordnung von gesellschaftlichen Zuständen und Abläufen ist umstritten, kann immer anders sein, kann verändert werden; das politische Moment dieser Veränderbarkeit und Veränderung heißt *Hegemonie.* Ordnung ist veränderbar – aber sie ist immer Ordnung. Es gibt *nie nur eine* Ordnung, und es gibt *nie keine* Ordnung.[294] Wenn ich im Weiteren Kontingenz mit *Strittigkeit, Veränderbarkeit* gleichsetze, dann ist dieses postfundamentalistische Konzept damit noch nicht ausgeschöpft. Kontingenz heißt etwa auch, dass bestimmte Ordnungen, Definitionen, Formbildungen grundsätzlich –

294 Siehe dazu einmal mehr Mouffe: „Jede Ordnung ist die temporäre und widerrufliche Artikulation kontingenter Verfahrensweisen. Die Grenze zwischen dem Gesellschaftlichen und dem Politischen ist nicht festgelegt und erfordert ständig Verschiebungen und Neuverhandlungen zwischen den gesellschaftlich Handelnden. Es könnte immer auch anders sein – daher basiert jede Ordnung auf dem Ausschluß anderer Möglichkeiten. In diesem Sinne kann sie auch ‚politisch' genannt werden, da sie der Ausdruck bestimmter Machtverhältnisse ist." Chantal Mouffe, Über das Politische, Frankfurt a. M. 2007, S. 26.

radikal – bedingt sind, auf etwas verwiesen sind, das außerhalb von ihnen liegt, dass sie also keine in sich geschlossenen Identitäten sind. Für die Architektur und ihr Selbstverständnis heißt das, dass sie immer schon in heteronome Zusammenhänge eingebunden ist, dass sie sich nicht aus sich selbst heraus definiert. Wohlgemerkt: sofern sie ihr politisches Moment nicht verleugnet.[295]

Gründungen sind kontingent und unverzichtbar. *Foundations matter* – es kommt auf sie an. Sie sind zugleich unsicher, prekär *und* von höchster Wichtigkeit für Leute und für gesellschaftliche Gruppen. Gründungen und Fundamente sind geprägt von Kontingenz – in dem Sinn, dass aus ihnen *nichts mit Notwendigkeit* abgeleitet werden kann, v. a. aber auch in dem Sinn, dass die Fundamente selbst nicht mit Notwendigkeit in der einen oder anderen Form gestaltet, gegründet sind. Weil es Menschen und Gruppen ausgesprochen wichtig ist, streiten sie, kämpfen sie auch manchmal um das So-Sein oder Anders-Sein von Fundamenten.[296]

In diesem Sinn (und etwas vorwegnehmend gesagt) eröffnet Kontingenz für Planung ein politisches Feld: denn Setzungen als klare Benennungen sind notwendiger Teil eines Streits – und bleiben zugleich bestreitbar. Das gilt eben auch für jene Setzung im urbanen Raum, die wir Planung nennen: Gerade ihre Bedingtheit macht sie strittig. Bedingtheit und Strittigkeit sind aber kein Grund, Planen aufzugeben. Der Architekt und Architekturtheoretiker Jeremy Till bezeichnet in seinem Buch *Architecture Depends* Architektur als „the contingent discipline par excellence“.[297] Kontingenz verstanden als Unsicherheits-Bedingung birgt für ihn gerade eine Chance (wobei er Ordnung, *order*, mit Gewissheit, *certainty*, gleichsetzt, was ich nicht tue): „Order and certainty close down […] contingency and uncertainty open up.“ Till geht es dabei eben nicht um Relativismus; die-

295 Das ist sozusagen historisch-ontisch formuliert: Kontingenz besteht hier *durch* und *gegenüber* Setzungen und Veränderungen, die sich (konflikthaft) im Wandel der Geschichte vollziehen. *Ontologisch* gesehen, wären wir hier auf Kontingenz bzw. Antagonismus als das *Wesen* aller Gesellschaft verwiesen. Aber meine Untersuchung verläuft nicht auf dieser genuin (seins)philosophischen Ebene.

296 Die Gründung hat auch zeitliche Komponenten darin, dass sie als Fundierungshandlung ein Vorgriff auf ein Gefüge, das quasi in Planung und in Bau ist, darstellt; die Gründung kann aber auch eine rückgreifende, ein Rückgriff, sein – so wie das Moment der Re-Fundierung, das meine Geschichtspolitik der kritischen Aktualisierung von Vermächtnissen des Roten Wien darstellt.

297 Till, Architecture Depends, S. 61.

ses Konzept wäre zu offen, gepaart mit „ultimately weak choices". Im Feld der Kontingenz dagegen sind ganz bewusst gesetzte, starke Claims nötig: „uncertainty demands to choose." Und das heißt etwas ganz anderes als das Spielfeld eines *anything goes,* vielmehr eröffnet sich ein produktives Spannungsfeld: „Because contingent choices are grounded in concrete reality, we are made to be aware of the effect of any decisions we come to […]."[298] Wenn wir Tills Ausführungen folgen, landen wir bei dem Resümee, dass Kontingenz eben genau nicht ‚völlig im Fluss und in Unordnung' heißt, sondern: „The fact that this space is also a space of laws is part of its contingent nature. Laws are parts of the social stratifications that political wars of position take place in." Damit sind Gesetze nahe an der Kontingenz verortet; zu dieser eigentümlichen Nahebeziehung kommen wir in Kürze, fürs Erste halten wir fest: Radikaldemokratische Planung ist sich ihrer kontingenten Gründung bewusst und agiert ihr Kontingenz-Moment quasi aus, mit Mut zum Plan – allerdings als strittiger, somit notwendig einer Öffentlichkeit verantwortlicher. Planung wird somit zur Einrichtung eines öffentlichen, demokratischen Dissens-Terrains.

Hier kommt neben der Prekarität also ein zweiter Aspekt von Kontingenz zum Tragen – ein Aspekt, bei dem sein politischer Charakter sofort nachvollziehbar ist: Fundamente und Ordnungen, ob sie nun ein Stadtviertel, eine ganze Stadt oder einen Staat betreffen, sind kontingent auch insofern, als sie *strittig* sind. *Strittig* ist quasi eine Übersetzung der Eigenschaft *prekär* aus der Sprache des Gesellschaftlichen in eine Sprache der Politik im engeren Sinn. Um bisherige Gedankenschritte kurz zusammenzufassen: Es besteht immer die Notwendigkeit von Gründung, denn ohne sie gäbe es keine Gesellschaft – aber solche Gründung ist erstens, mit einem logischen Akzent gesagt, nur partiell, nicht vollständig; in einem zweiten

298 Tills Architekturtheorie der Kontingenz ließe sich bei aller Unterschiedenheit auch befragen nach unterschwelligen Verwandtschaftsbeziehungen zu einer Architekturtheorie des *Zufalls*, die im ästhetischen Kontext operiert. Ich meine die Theorie des „Akzidentismus" von Josef Frank. Dieser sucht im Zufall, *accident*, ein Stör-Element im Entwurfsprozess, um die Effizienzlogik der Moderne zu kontern. Siehe Josef Frank, „Akzidentismus", in: Form 54(6) 1958, S. 161–166, sowie: Hermann Czech, Sebastian Hackenschmidt, „Josef Frank: Against Design", in: Christoph Thun-Hohenstein, Hermann Czech, Sebastian Hackenschmidt (Hg.), Josef Frank. Against Design. Das anti-formalistische Werk des Architekten, Basel 2015, S. 14–27.

Verständnis, in Hinblick auf Arten des In-Gesellschaft-Seins gesagt, ist sie prekär; und in einem dritten, pointiert politischen Verständnis ist die Gründung strittig.

Strittig umfasst das Erstrittene, das Umstrittene und das zu Erstreitende. Somit umfasst das Konzept eine Zeitlichkeit der Vergangenheit, auf die geschichtspolitisch zurückgegriffen werden kann, eine Gegenwart des Konflikts, ob akut, gedämpft oder latent, und die Zukünftigkeit eines politischen Projekts. Und hier kommt auch wieder der Charakter der Gründung als Setzung ins Spiel. Denn die erstrittene Gründung ist eine *Durchsetzung* – eines Ziels, einer bestimmten Form der Ordnung gegen eine andere Form von Ordnung, für die eine andere gesellschaftliche Gruppe sich eingesetzt, gestritten hat. Sobald ein Fundament oder eine Ordnung in diesem Sinn strittig ist, wird ihre Hegemonialität sichtbar: Eine bestimmte, partikulare Setzung beansprucht, das Ganze der Gesellschaft (ihr Grundlegendes: ihr Fundament, ihre Ordnung) zu verkörpern, kann diesen Anspruch aber unmöglich vollständig durchsetzen, sondern nur für eine bestimmte Zeit und mit beschränkter Reichweite; und zwar deshalb, weil andere Stimmen, Strategien, Positionierungen in Sachen Gründung nicht für immer zum Schweigen gebracht sind, sondern weil die Möglichkeit, das gegebene Ordnungs-Fundament zu bestreiten, immer besteht.[299]

Wenn wir also immer schon positioniert sind, dann gilt auch: Als Positionierte sind wir immer im Streit, strittig, sind wir nie der Notwendigkeit enthoben, eine Position zu bekräftigen, und nie der Erfahrung enthoben, dass diese unsere Setzung von anderen bestritten wird. Wie wir diese Bestreitung unserer Position durch andere einschätzen und konzipieren, ist ein springender Punkt: weder als Sprachhandlungen Habermas'scher Gesprächspartner*innen, weil dadurch Politik auf einen bloßen Diskussionsprozess und Argumentenaustausch verkürzt wäre, noch als Taten von Feind*innen, die es zu schlagen und zu vernichten gälte, wodurch nämlich die Politik sich tendenziell in Krieg auflösen würde. Wir sind mit dieser Frage danach, wie Strittigkeit von Setzungen und der Streit um sie zu konzipieren sind, wieder im Einzugsbereich der Frage nach *politischem*

299 Selbst die rigidesten Herrschaftsmittel können zu Brennpunkten und sogar Mitteln der Insubordination werden.

*Konflikt als austragbarem*, also nach demokratischen Frameworks, die es ermöglichen, mit der Bestreitung durch andere umzugehen.

An diesem Punkt verknüpfen wir einige Argumente aus der Einleitung mit Fragen der Architektur: Mouffes Agonismus-Modell besagt, dass es der Setzung klarer Wir/Sie-Positionierungen bedarf; es braucht Positionierungen in jeweiligen Konfliktkonstellationen, Positionierungen, die ihrerseits strittige sind (also nicht essenzialistische etwa entlang von ‚Rassifizierungen' oder von als fix behaupteten Geschlechts-Identitäten). Positionierungen sind notwendig, damit politischer Konflikt ausverhandelt werden kann, vielleicht punktuell auch *ausagiert* – zwar ohne Pathos des Heroischen, aber doch mit einem *gewissen* Grad an Pathos, wie es aus der Bindung an eine Position und der Ablehnung einer anderen unweigerlich resultiert.[300] Diese Ermöglichung von Konflikt als austragbarem innerhalb eines Frameworks ist ein Moment (nicht das Gesamte) von Demokratie, zumal der Radikalisierung von Demokratie.

Genau das Framework der Streit-Austragung ist nun seinerseits auch strittig; die Voraussetzungen, unter denen Positionierungen im Streit sind, sind ihrerseits Setzungen; dieser Regress ist unausweichlich, lässt sich aber immer wieder über längere Zeiträume ordnend stabilisieren. Sprich: Die Spielregeln, die dafür sorgen, dass demokratischer Konflikt ausgetragen werden kann, sind nicht die ganze Zeit über in Schwebe, sondern erfüllen eine Funktion als teilstabile, temporäre Fundamente für Streitprozesse. Spielregeln sind Teil der *Einrichtung* von Streit, also des Terrains, auf dem Konflikt austragbar wird, als Voraussetzung für demokratische Politik – und für öffentlichen Raum.[301]

300 Es käme einer rationalistischen Verleugnung mit fast erwartbaren eruptiven Verdrängungs-Kompensations-Effekten gleich, wenn wir dieses Moment politischer „Leidenschaften" als eine Peinlichkeit ignorieren wollten – anstatt es kritisch und kreativ zu rahmen und als solchermaßen eingeschränktes einzubeziehen.

301 Das bedeutet also das Aussprechen und Aufschreiben der Streitpunkte und zugleich der Spielregeln des Streits. Ein streitbarer Vorschlag schwafelt nicht, sondern macht deutlich – manchmal auch die Implikationen, dass nicht alle mit dem Vorgeschlagenen glücklich sein werden. Und dennoch ist das Ziel dieses Sich-weit-aus-dem-Fenster-Lehnens zugleich, dass ein demokratisch legitimierter Vorschlag daraus wird, eine neue Einschreibung. Siehe in diesem Kontext auch: Nora Sternfeld, Das radikaldemokratische Museum, Berlin, Boston 2018, vor allem das Kapitel „Um die Spielregeln spielen! Partizipation im postrepräsentativen Museum", S. 73–84.

## Setzung, Besetzung, Gesetz: Einrichtung von Öffentlichkeit

Einrichtung ist ein wichtiges Konzept auch in Hannah Arendts Theorie von Öffentlichkeit als politischem Handlungsraum. Öffentlichkeit entsteht für Arendt im Moment des Handelns, ist selbst flüchtig, sie ist Teil der *Mitwelt,* zu der die ihrerseits aus „verdinglichten" politischen Handlungen und Taten entstandene, relativ beständige, *Dingwelt* komplementär ist.[302] Für Arendt bedarf Gleichheit als „Bedingung des Politischen"[303] stets einer Einrichtung, Instituierung. Die griechische Polis ist für Arendt solch ein Ort der Gleichheit:[304] Erst ihre Einrichtung wurde zur Voraussetzung für die Ausübung von Freiheit unter Gleichen und dadurch zu einem politischen, das heißt: öffentlichen, Raum. Und auch dieser öffentliche Raum ruht nicht auf Stabilität oder auf zementierten Fundamenten. Vielmehr ist öffentlicher Raum für Arendt kontingent, *weil* er eingerichtet, konstruiert ist, und er ist zugleich ein Raum für Kontingenz. Aber eben ein eingerichteter, durch Voraus-Setzungen definierter Raum, in dem Politik ausgetragen und Freiheit ausgeübt werden kann.[305]

Wir begegnen hier einem Paradox, ähnlich dem der unbesetzten Stadt: Gerade als kontingenter Raum braucht öffentlicher Raum eine Form von (Teil-)Stabilisierung (Institutionalisierung), um offen sein zu können. Damit er weiterhin freier Raum sein kann, braucht er Formen der Institutionalisierung, die ein Minimum an Stabilität

302 Zu diesem „doppelten Öffentlichkeitsbegriff" von Mitwelt und Dingwelt bei Arendt siehe Marchart, Neu beginnen, S. 84f: In dieser Kategorisierung scheint Architektur auf den ersten Blick Teil der „a-politischen Tätigkeit des Herstellens der Dingwelt" zu sein, die den notwendigen „Rahmen" bildet für das Handeln. Jedoch: Architektur ist jedenfalls Teil der Mitwelt und des politischen Handelns, sobald wir sie als Angelegenheit des Öffentlichen verstehen und nicht des Privaten bzw. der Errichtung oder Ausstattung von privatem Raum.

303 Hannah Arendt, Vita Activa, München, Zürich 2005 [1960], S. 50.

304 Allerdings unter Voraussetzung massiver Ausschlüsse (von Frauen, Sklav*innen und anderen ohne Bürgerrechte): Die „Gleichheit, die in der Neuzeit immer eine Forderung der Gerechtigkeit war, bildete in der Antike umgekehrt das eigentliche Wesen der Freiheit: Freisein hieß, frei zu sein von der allen Herrschaftsverhältnissen innewohnenden Ungleichheit, sich in einem Raum zu bewegen, in dem es weder Herrschen noch Beherrschtwerden gab". Arendt, Vita Activa, S. 43.

305 Arendt hat sich damit eine Menge an feministischer Kritik eingehandelt, tendiert sie doch dazu, den privaten Haushalt als einen nicht-politischen Raum zu verstehen, obwohl dieser eine wichtige Einrichtung für Politik ist.

schaffen – ohne das öffentliche Räume verschwinden würden. Was logisch gesehen als Paradox auftritt, ist pragmatisch betrachtet ein (notwendiger) Stein des Anstoßes für Offenheit. Thesenhaft gesagt: Die Instituierung, mithin der Plan, agiert als Motor von Öffnungsprozessen. Im Folgenden steht nun das Verhältnis der architektonischen Setzung zum Gesetz im Mittelpunkt.

Arendt zeichnet in ihrem Buch *The Origins of Totalitarianism* ein Bild von öffentlichem Raum als fragilem Ort, der mittels Gesetzen strukturiert und geschützt werden muss:

> The stability of laws corresponds to the constant motion of all human affairs, a motion which can never end as long as men are born and die. The laws hedge in each new beginning and at the same time assure its freedom of movement, the potentiality of something entirely new and unpredictable; the boundaries of positive laws are for the political existence of man what memory is for his historical existence; they guarantee the pre-existence of a common world, the reality of some continuity which transcends the individual life span of each generation, absorbs all new origins and is nourished by them. [...] To abolish the fences of laws between men – as tyranny does – means to take away man's liberties and destroy freedom as a living political reality; for the space between men as it is hedged in by laws, is the living space of freedom.[306]

Arendt formuliert hier auch einen zeitlichen Aspekt, sozial wie ökologisch lesbar. Gesetze sind somit auch die nötigen Relativierungen aktueller Begehrlichkeiten und Wünsche, sie übernehmen die (intergenerationale, somit auch Umwelt schützende) Verantwortung für den *zukünftigen* Raum der Freiheit mit. Was bleibt, wenn es keine Gesetze mehr gibt, beschreibt Arendt als Wüste[307] – eines ihrer

306 Hannah Arendt, The Origins of Totalitarianism, London 2017 [1951], S. 611. Auch in *Vita Activa* zeichnet Arendt ein räumliches Bild für das griechische Gesetz: „Das griechische Gesetz war wirklich wie eine ‚Gesetzesmauer' und schuf als solche den Raum einer Polis; ohne diese Mauer konnte es [...] keinen Stadtstaat als eine politische Gemeinschaft [geben]." Arendt, Vita Activa, S. 78. Hecken und Mauern als räumliche Bilder im öffentlichen Raum sind assoziiert mit der Einhegung und Privatisierung von Raum und mit Ausschluss; die Herstellung von öffentlichem Raum bei Arendt allerdings ist so dezidiert als eine gemeinsame Handlung verstanden, dass es nicht um die Vorstellung eines privaten, etwa schrebergärtnerischen, Aufstellens von Zäunen geht.

307 Arendt, The Totalitarianism of Origins, S. 612.

eindrücklichen räumlichen Sinnbilder, ähnlich wie das Bild der Situation, die entsteht, wenn der *Tisch* aus der Mitte einer Runde von Menschen verschwindet und somit auch die Welt, die diese Menschen zuvor zugleich getrennt und verbunden hat.[308] Der Tisch – ein klassisches Einrichtungs-Ding im architektonischen Sinn, ist bei Arendt ein Ding zwischen den Menschen, das ihnen gerade im Dazwischen-Sein das Gemeinsam-Sein in der Welt ermöglicht.

Auf Architektur bezogen sei hier auf das Konzept der „Kapazität" hingewiesen, das Sophie Wolfrum und Alban Janson in Abgrenzung zu Flexibilität in ihrem Plädoyer für die Architektur der Stadt entwickelt haben: „Kapazität [...] bedeutet zweierlei: Nicht die enge Festlegung auf eine bestimmte Funktion, sondern Spielraum für ein gewisses Spektrum von Handeln und Gebrauch. Nicht neutrale Unentschiedenheit und Flexibilität, sondern räumliche Prägnanz, die dem Handeln eine allgemeine Richtung gibt."[309]

Nicht unähnlich dem Tisch, ermöglicht das Gesetz öffentliche Freiheit zu neuen strittigen Setzungen und Besetzungen. Dass Gesetze uns also sozusagen zur Politik, zum Streiten einladen,[310] liest sich vielleicht paradox; aber vermutlich nur deshalb, weil uns der hegemoniale neoliberale Diskurs daran gewöhnt hat, Gesetze primär als abwürgende Einschränkungen von Freiheit zu sehen – und zwar von einer rein unternehmerisch verstandenen Freiheit. Freiheit, wie sie Arendt vorschwebt, ist aber nicht die libertäre Freiheit *von* etwas (etwa auch von der Politik), sondern Freiheit zu etwas, etwa *zur* Politik, zur Möglichkeit des Handelns in öffentlichen Räumen.[311]

308 Arendt, Vita Activa, S. 66. Siehe dazu meine Erläuterungen in: Gabu Heindl, „Wer nichts isst, soll hier auch nicht sein. Planung, Konsum und Konflikt im neoliberalen Stadtraum", in: Ursula Baatz, Mathias Czaika (Hg.), Wer nicht arbeiten will, soll auch nicht essen. Auf dem Weg zu einer globalen Gesellschaft der Überflüssigen? Hamburg 2018.

309 Sophie Wolfrum, Alban Janson, Architektur der Stadt, Stuttgart 2016, S. 43. Einer ähnlichen Suche nach architektonischer Prägnanz gehe ich zusammen mit Bostjan Vuga in unserem *Diploma Unit 5* an der Architectural Association in London nach: Wir konfrontieren dabei das Konzept *publicness* mit dem architektonischen Konzept *porosity*. (Vgl. Interview mit Heindl/Vuga, https://www.aaschool.ac.uk/news/gabu-heindl-and-bostjan-vuga-who-teach-the-new-unit-porous-public-discuss-utopian-pragmatism-porosity-and-public-space)

310 Bzw. zum perspektivischen Aneignen durch Auslegung von Bestehendem.

311 Marchart, Neu Beginnen, S. 130f.

In der Planung sind Regulierungen und Gesetze relevant, weil sie in einem Naheverhältnis zu Plänen stehen, insofern auch Pläne etwas festhalten, aufschreiben, auch vorschreiben – und nicht zuletzt dadurch diskutierbar machen.[312] Konkret tun dies etwa Widmungs- und Bebauungspläne, die als Plandokumente von kommunalen Gremien beschlossen werden und zuvor einer öffentlichen Verhandlung anheimgestellt sind.[313] Für den Planungsdiskurs sind Grundgesetze bis hin zu Menschenrechten (wie etwa das Menschenrecht auf Wohnen) relevant, ebenso wie, wenn auch näher liegend, planungsspezifische Gesetze wie etwa die Bauordnung (in Wien das Stadtentwicklungs-, Stadtplanungs- und Baugesetzbuch).[314] Darin ist u.a. die für demokratische Politik und Stadtplanung wesentliche Formulierung eines „öffentlichen Interesses" enthalten, das die Interessen des Gemeinwohls über Privatinteressen stellt. Was als öffentliches Interesse zählt, ist naturgemäß umstritten. An diesem Punkt sind Pläne von eminenter Bedeutung, nicht weil sie definieren, was Gemeinwohl oder öffentliches Interesse genau sind, sondern, weil sie eine Grundlage und einen Versammlungsort darstellen für ebensolche Ausverhandlungen und an sie anknüpfende politische Konfliktaustragungen.

Um dies auszuführen: Sobald ein Plan gezeichnet und zur Diskussion gestellt ist, also in diesem Sinn eine Setzung ist, hat er meines Erachtens folgende politisch wesentlichen Eigenschaften: Er ist allgemein; er ist öffentlich; er ist ausformuliert, quasi schwarz auf

312 Keineswegs geht es mir darum, obrigkeitshörige Gesetzesfurcht als Wert an sich zu propagieren, und ich verstehe meine Ausführungen selbstverständlich auch nicht als einen Beitrag zur Rechtstheorie.

313 Diese Öffentlichkeit ist aus verschiedenen Blickwinkeln als begrenzt zu bezeichnen: Die expertokratische Plansprache lässt sich schwer lesen, es ist nur eine kurze Zeit vorgesehen, in der Bürger*innen an einem vorgesehenen Ort Einsicht nehmen können. Für eine umfangreiche Auseinandersetzung mit Planeinsprüchen (in einem spezifischen Fall mit allerdings teilweise übertragbaren Erkenntnissen) siehe Talia Margalit, Adriana Kemp, „Stratified and defensive democracy: Hearings on Objections to Plans in Nine Israeli Cities", in: Urban Studies 2019.

314 Auch das Gesetz ist zunächst einmal eine, wenn auch formalisierte und anerkannte, Setzung. Das heißt, Gesetze sind sozialen Machtverhältnissen und politischem Konflikt definitiv nicht enthoben. Aus einem radikaldemokratischen Ansatz heraus kann ich Demokratie nicht eins zu eins mit dem Geltungsbereich staatlicher oder kommunaler Gesetze gleichsetzen oder den Rechtsstaat als die umfassende Grundlage demokratischer Zustände auffassen.

weiß; und er ist aufgrund dieser Eigenschaften bestreitbar.[315] Damit kann der Plan an demokratische Öffentlichkeit gebunden werden und der Streit an demokratische Spielregeln seiner Austragung. Worauf ich hier abziele, ist eine gegenwärtige politische Situation, in der neoliberale Hegemonie über ganz andere Macht-Formen als die von Plan bzw. Gesetz ausgeübt wird: nicht allgemein, sondern von Fall zu Fall, dem jeweiligen Investitionsobjekt optimal angepasst; nicht öffentlich, sondern durch Schutz von Privatrecht und mittels interner Vorabsprachen; nicht ausformuliert, sondern möglichst informell, möglichst geschmeidig und flexibel – und insofern entziehen sich neoliberale Vereinbarungen der Strittigkeit; sie sind daher gerade *nicht* Setzungen im Sinn öffentlicher Konfliktaustragung und Legitimierung.

Ein Beispiel: Dem Gesetz als strittige Setzung steht gegenüber der ‚Sachzwang' namens Flexibilität, als Angemessenheit an Wirtschaft und Stadtwachstum. Unter dem Diktat des freien Markts geraten hoheitliche Akte zu Verhandlungsmasse in je nach Situation neu auszuhandelnden Verträgen, und Gesetze werden umgeschrieben zu Richtlinien, die von kontextsensitiver Anschmiegsamkeit sind, aber nicht länger universell verbindlich, nicht länger für alle und in allen Fällen. Um nicht missverstanden zu werden: Die öffentliche Bestreitbarkeit geht immer mit der universellen Verbindlichkeit von Gesetzen einher. Und genau als bestreitbare werden ausformulierte Gesetze und Regeln im neoliberalen Deregulierungsdiskurs als zu fix, zu starr, zu gestrig, zu unflexibel hingestellt, mit der Forderung, sie durch schmiegsame Ermessensnormen abzulösen.[316] Im Fall der Stadtplanung bedeutet die Zurücknahme von allgemeingültigen Planungs-

315 Oft bringt erst eine raumbeschreibende Planung mit konkreten Aussagen spezifische Forderungen und Vorstellungen aufs Papier, sodass ein gesetzter Streitgegenstand vorliegt und nicht eine diffuse Anmutung.

316 Die flexible Ermessensnorm kann genauso ‚hart' sein wie ein Gesetz, nur entzieht sie sich der öffentlichen Bestreitbarkeit. Und, ironischerweise: Deregulierung für den Markt heißt gerade nicht Reduktion der omnipräsenten Normierungen für ‚kleine' Akteur*innen ohne Lobby in ihrem Alltag. Florentina Astleithner und Alexander Hamedinger sprechen von „attempts to supplement the formal dimension of politics by informal rules and non-institutional forms of governing". Florentina Astleithner, Alexander Hamedinger, „Urban Sustainability as a New Form of Governance: Obstacles and Potentials in the Case of Vienna 1", in: Innovation. The European Journal of Social Science Research 16, 1, 2003, S. 51–75, hier S. 54.

vorgaben und Regeln eine Entwicklung hin zu fallweisen Entscheidungen, zu „situationselastischen“[317] Richtlinien. Dafür liefert das 2014 von der Stadt Wien beauftragte *Fachkonzept Hochhäuser* ein aufschlussreiches Beispiel: Während die davor gültigen Hochhausrichtlinien noch einige Stadtregionen als klare Ausschlusszonen für Hochhäuser, auch in Form von Plänen festlegten, öffnet das neue Fachkonzept *grundsätzlich alle* bebaubaren Flächen Wiens dafür, situationsspezifisch als Hochhaus-Standort in Betracht gezogen zu werden.[318]

Das gilt auch im Kontext anderer stadtplanerischer Projekte. Bei der Rede von der Deregulierung bzw. bei der Klage bezüglich „Überregulierung“ stellt sich die Frage, wo, bei welchen Gruppen und Akteur*innen, ein Zuviel an Regulierung gesehen wird. In Österreich gibt es neun verschiedene Bauordnungen und ungefähr 3000 baurelevante Normen. Aus meiner praktischen Erfahrung als Architektin kann ich sagen, dass es einen stetigen Zuwachs an Normen gibt, besonders betreffend Gebäudetechnologie, Materialien, baulicher Details. Das sind Normen, die oft erkennbar von Marktführer*innen in der Bauwirtschaft befördert werden. Jedenfalls zeigt sich eine zwiespältige Dynamik: Klagen in Sachen „Überregulierung“ bewirken keine Änderung in der Normenflut, die günstiges Bauen im Alltag erschwert bis verunmöglicht, wohl aber eine „Deregulierung“ im großen Maßstab für private Kapital-Investments

317 „Situationselastisch“ war (als kuriose Wortschöpfung eines Verteidigungsministers) das *Wort des Jahres 2014* in Österreich. Im Jänner 2015 avancierte es zum zentralen Attribut im Rahmen einer kritischen Einschätzung des *Fachkonzepts Hochhäuser* in der Zeitschrift der Kammer der Architekt(inn)en und Ingenieurkonsulent(inn)en für Wien, Niederösterreich und Burgenland, der Plan 32, S. 1.

318 Bisher gab es in der Stadtplanung für Wien – abgesehen von Natur- und Grünraumzonen – auch urbane Ausschlusszonen für Hochhäuser. Mit dem 2014 gemeinsam mit dem *Stadtentwicklungsplan 2025* für Wien entstandenen *Fachkonzept Hochhäuser* werden nun keine solchen von Hochhäusern freizuhaltenden städtischen Zonen mehr definiert; es wird von Fall zu Fall begutachtet. Um an diesem Punkt nicht falsch verstanden zu werden: Ich will nicht auf ein allgemeines Hochhausverbot hinaus. Aber: Entscheidend ist ein politischer Prozess auf Grundlage von klaren, transparenten Setzungen (Stadtplanungsaussagen): konkret wo, mit welcher Funktion, warum und bis zu welchen Höhen das ‚Herausragen‘ eines Gebäudes möglich sein soll. Siehe: Magistrat der Stadt Wien, MA 21 (Hg.), Fachkonzept Hochhäuser. Strategien zur Planung und Beurteilung von Hochhausprojekten, Wien 2014.

etwa im Bereich der Stadtentwicklung (siehe Hochhaus-Richtlinien).[319]

Wie gesagt: Ich möchte die Politik nicht in den Bereich des rein Juridischen und Legistischen auflösen. In der Frage nach der politischen Dimension des Gesetzes in radikaldemokratisch-urbanistischer Sicht gilt dasselbe wie allgemein für einen (auch meinen) postfundamentalistischen Zugang zur Gesellschaft: Ich gehe in meinem Zugang von Gesetz nicht von der Vorstellung gegebener, stabiler Fundierungen aus, sondern von einer gegenwärtigen historischen Konstellation, in der sich das, was am Gesetz politisch ist, bestimmt. Heute klagen neoliberale Diskurse über Gesetze (oder über konkrete Stadtentwicklungspläne, Regulierungspläne u.ä.), dass sie zu abstrakt seien, zu rigid für die komplexen und fragilen Lebensprozesse der Wirtschaft und daher durch maßgeschneiderte, flexibel adaptierbare Richtlinien ersetzt werden sollen. Die Durchsetzung von Regelungen, die an die Bedürfnisse des Kapitals angepasst sind, ist Teil des postdemokratischen Regierens.[320] In einer solchen Sichtweise tritt auch in den Vordergrund, wie sehr allgemein verbindliche Gesetze heute von neoliberaler Seite als lästiger Altbestand gebrandmarkt werden, als Anachronismus aus einer längst überwundenen Zeit der ‚aufgeblasenen' (Sozial-)Staatsapparate, als ideologischer Rückstand, der die Wirtschaftsmotoren daran hindere, auf vollen Touren zu laufen. Auch durch diese zugeschriebene Ideologisierung der Gesetze (vom Standpunkt der politischen Gegner her) wird das Gesetz *ex negativo* politisiert.[321]

319 Die machtpolitische Form im großen Maßstab davon ist das Wirtschaftsmodell eines freien Dealens im Privat-Hinterzimmer, bei dem gerade noch das Resultat verkündet wird – repräsentiert u.a. durch Immobilientycoon und 45. US-Präsident Donald Trump. Bezeichnenderweise ist *Deal-Maker* Trump ständig im Zwist mit verschiedenen Rechtsinstanzen und etwa dem Verfassungsgericht.

320 Und mehr noch des neueren rechtsautoritären Regierens. Denken wir an einige der notstandsverordnungshaften Erlässe der türkis-blauen österreichischen Regierung zwischen Ende 2017 und Mai 2019, bei denen eine minderheitenfeindliche Regelung vorgenommen und dann abgewartet wurde, ob sich im Nachhinein ihre Kompatibilität mit dem Grundgesetz (der Verfassung) der Republik oder der EU erweisen würde oder nicht.

321 Positiv gesehen, können Gesetze sich auch als kontingent erweisen, was ihren Inhalt in Hinblick auf soziale Gerechtigkeit betrifft. Ein Beispiel: Es gibt Baugesetze, die es verhindern, dass die Profitmaximierung einfach nur ihrer inneren Logik bis ins Letzte folgt – etwa eine vorgeschriebene Mindestraumhöhe, die

Dabei ist der notorische Diskurs, der fordert, Planung müsse um jeden Preis ideologiefrei sein, seinerseits ein hochgradig ideologischer und in diesem Sinne politischer Akt: Wie gesagt, Entpolitisierung ist eine Form von Politik. Wenn heute Stadtentwicklungsprojekte in rein technokratischen und numerischen Planungsparametern (zuzüglich etwas Wirtschafts- und Ökologie-Terminologie) formuliert werden, dann nähern wir uns auch damit der TINA-Rhetorik von der Alternativlosigkeit. Dann wird dadurch dieses oder jenes Planungsziel radikal dem Bereich Ausverhandlung und Bestreitung entzogen. Planung ist aber selbstverständlich immer durch Ziele motiviert und setzt eine Agenda.

Ein Plan ist immer eine prekäre Positionierung, die *trotz* Ungründbarkeit gesetzt werden muss – und zugleich *aufgrund* von Ungründbarkeit immer auch anders sein kann. In der Abwesenheit von ‚guten Gründen' und ohne, dass damit die Frage nach Begründungen erledigt wäre, muss eine Teil-Lösung (partielle Gründung) herhalten – und das ist ja, wie bereits gesagt, seinerseits ein zentrales postfundamentalistisches Theorem. Die Abwesenheit eines vollständigen, überzeitlich gültigen Grundes betrifft auch die Frage nach einer *Gerechtigkeit*, die den Gesetzen eine Grundlage bieten soll. Ich will mich hier aber auch gar nicht auf Probleme einer Wesensdefinition des Gerechten einlassen, sondern will hinaus auf die kritische Wahrnehmung und politische Bestreitung von *eklatanten Ungerechtigkeiten*, zumal in der Stadtpolitik: etwa dahingehend, wie selbstverständlich heute urbaner Raum hochgradig disproportional zwischen Armen und Reichen aufgeteilt wird.

Der eine Bezug zur Gerechtigkeit verläuft also über die Politisierung der Kritik an ungerechten Verhältnissen. Der andere Bezug verläuft so, dass das Gesetz, und zwar als öffentliches und allgemeines, in einem schwer aufkündbaren Verhältnis zur Gerechtigkeit steht; das heißt nicht, dass das Gesetz notwendig gerecht *ist*, sondern dass das Gesetz der Kritik durch Gerechtigkeitserwägungen viel eher unterliegt als z.B. Wirtschaftsoptimierungserlässe, die ohne Parlamente,

Investor*innen davon abhalten soll, eine noch größere Anzahl von Wohnungen in ein Gebäude zu quetschen. Die Mindestraumhöhe ist mit 2,5 Metern festgelegt. Allerdings gerät diese Regulierung zugleich auch zur Nivellierung: Die Mindestraumhöhe von 2,5 Metern wurde zu einem Standard, den zu *überbieten* wie verboten erscheint, quasi als Maximalraumhöhe. Mehr noch: Es gibt bereits kreative Vorschläge aus der Wohnbaubranche auch für geringere Höhen…

Öffentlichkeiten und Verfassungsgerichte in Kraft gesetzt werden. Als öffentliche Sache (res publica), die eine Streit-Sache ist, ist das Gesetz nicht selbst die Gerechtigkeit, sondern es wird immer wieder von der Gerechtigkeit als Forderung *in Unruhe versetzt*, sodass es sich – langsam – wandelt. Das entspricht in etwa dem Gedanken der Kontingenz, der Teil-Stabilität von Fundamenten.

Mit der Spannung zur Gerechtigkeit – die ja bei z.B. einer bloßen Investitionsstandort-Optimierung wegfällt – hängt zusammen, dass auch das Gesetz einen Raum, eine Bühne für die Äußerung von öffentlichem Konflikt bietet. Das Gesetz verweist auf einen potenziell dissensualen Raum, in dem es sich bewähren muss. So gesehen, sind Gesetze, wie auch zwecks öffentlicher Verhandlung ausformulierte Pläne im Bereich Städtebau und Stadtplanung, eine Art *soft spot*, an dem Dissens-Politik wieder ins Spiel der gesellschaftlichen Prozesse kommt.[322]

Wir sind hier in der Nähe von Jacques Derridas dekonstruktivistischen Überlegungen zur Gerechtigkeit als etwas, das positiv unmöglich, aber unabdingbar und immer im Kommen ist. Insofern ist das Gesetz als geschriebenes, ebenso wie der Plan als gezeichneter, ein nützliches Tool – um es mitten im Dekonstruktions-Kontext ganz pragmatisch zu sagen –, mit dem Zweck, die Ungerechtigkeiten in den existierenden Formen von Gesetzesmacht und Gesellschaftsordnung zu bestreiten.[323]

Wie das Gesetz ist die geplante und gebaute Stadt eine Setzung im politischen Doppelsinn: als Positionierung wie auch als *Sedimentierung* von Konflikten (von ‚gesetzten' und ‚gesettelten' Konflikten), die Stadt hervorbringen und ihren Wandel ausmachen.[324] Wie

322 Darin liegt sein Charakter als Setzung, nämlich auch im Sich-Aussetzen gegenüber Einsprüchen. Und das unterscheidet politische Setzungen von dezisionistischen ‚Akten' wie auch von existenziellen oder expressiven ‚Würfen'.

323 Zum unauflösbaren Spannungsverhältnis zwischen Gerechtigkeit als Beunruhigung und Forderung und den Institutionen des Rechts, welche erstere (die Gerechtigkeit als Beunruigung) heimsucht und auf die sie nicht reduzierbar ist, siehe Derrida, Marx' Gespenster, Frankfurt a. M. 1995.

324 Die Stadt, ihr Raum und ihre Ordnung, besteht aus gesetztem Konflikt. In der Siedlung, *settlement*, und im Gesetz als Setzung ist der Konflikt gesetzt – im vollen Doppelsinn: Zum einen ist er herabgesunken in einen nicht-akuten Zustand, in dem er als Alltag lebbar wird; zum anderen sind Konflikte immer auch reaktivierbar, können neu aufflammen oder durch dezidierte Neuanknüpfungen und Bezugnahmen wieder akut werden (wie anhand der Fassaden-Inschrif-

die Reaktivierung sedimentierter Konflikte und der Vermächtnisse historischer politischer Projekte, so ist auch die Aktivierung des im Gesetz gesetzten politischen Moments bei weitem keine rein konzeptuelle Angelegenheit.[325]

Im dritten und letzten Teil dieses Buchs wird es daher um Popular Agency von politischen Konflikt-Akteur*innen und sozialen Bewegungen gehen, die sich in ein Spannungsverhältnis zum Gesetz begeben, indem sie (ihre) Rechte fordern; etwa *Recht auf Stadt* und andere soziale Bewegungen mit Forderungen nach Teilhabe an der Stadt, Wahlrecht, Anspruch auf Mitgestaltung, Zugang zu Urbanität und bezahlbarem Wohnraum oder solidarischen Lösungen für die weltweite Klima-Krise. In diese Richtung wollen wir von den politischen Setzungen der Gesetze und der Planung her, weiterdenken: Arendts Fokus auf die Einrichtung von Freiheit durch Gesetze gilt es, eine radikaldemokratische Perspektive hinzuzufügen, in der die Handlungsmacht der Vielen zur Geltung kommt.

ten des Roten Wien, siehe Kapitel 1). – Die Stadt ist auch *settlement* im Sinn von *settler colonialism* wie auch im Sinn der Beilegung von Konflikten. In *Unsettling the City: Urban Land and the Politics of Property* (New York 2004) geht Nicholas Blomley von den Bedeutungen von „to settle" als „to put in order, to define" (architektonisch gesprochen: Gestaltung) ebenso aus wie von ‚Besiedelung' als ‚Sich-Niederlassen'.

325 Walter Benjamin unterstreicht, dass jede Rechtsordnung noch implizit auf die Recht „setzenden" (oder erhaltenden) Gewalt-Akte der Politik verweist, so sehr sie diese auch vergessen möchte. Walter Benjamin, „Zur Kritik der Gewalt", in: Walter Benjamin, Angelus Novus. Ausgewählte Schriften 2, Frankfurt a. M. 1988.

# POPULAR AGENCY

Nach Politik und Planung gehen wir nun zum dritten P in meinem *anderen PPP* über, nämlich zu *Popular Agency*: also von notwendigen institutionellen Setzungen über zur instituierenden popularen Handlungsmacht, zumal in Form konkreter Beispiele. Damit stellt sich allgemein die Frage: Wie verhalten sich Politik und Planung zu Popular Agency? In der nun folgenden Auseinandersetzung mit Agency als (politisches) Handeln sowie mit der Ermächtigung zu einem solchen Handeln, geht es zunächst im Kapitel 7 um eine *Entmächtigung* des Zentralsubjekts (Planer*in, Expert*in) durch *Selbstentfremdung:* in Form eines *Verlernen-Lernens* in wissensbasierten und postkolonialen Machtverhältnissen, mit Perspektive einer *politischen Ethik*.

Das Konzept des *Vermessens* im Kapitel 8 stellt – auch als ästhetischer Zugang – einen Raumanspruch durch Hinterfragung der hegemonial vorgeschriebenen ‚richtigen' Maße. Vorbereitet ist mit dem Thema ‚Maßlosigkeit' das Konzept eines ungebührlichen Erscheinens der Vielen – u.a. durch einen vor-gesetzten Anspruch, *demand*. Am Ende steht populare Handlungsmacht in Form von neuen Bewegungen und Initiativen im und um Wohnraum und öffentlichen Raum – als streitende Agency, als Vermessen(es) Fordern in Stadtkonflikten.

# 7. Verlernen-Lernen in Selbstentfremdung

*Unlearning one's privileged discourse so that, in fact, one can be heard by people who are not within the academy is very different from clamoring for anti-intellectualism.*
GAYATRI CHAKRAVORTY SPIVAK, 1986

### Agency und Dezentrierung der Expert*in

Eine allgemeine Definition von Agency finden wir bei der politischen Theoretikerin der *Vita Activa*, Hannah Arendt. Handeln ist bei Arendt wesentlich bestimmt durch zweierlei: zum einen durch die *Freiheit des Neu-Beginnens*, die allen Menschen gleich eignet, schon aufgrund ihrer *Natalität* (jedes Zur-Welt-Kommen ist ein Neu-Beginn); Freiheit versteht Arendt nicht als die heute gängige liberale Freiheit *von*, also von Einschränkungen – heute exemplarisch: unternehmerische Freiheit von Regulierungen –, sondern als eine Freiheit *zu* und Freiheit *für* etwas, wie sie wesentlich in der Politik ist.[326] Zum anderen ist das Handeln dadurch bestimmt, dass es notwendigerweise in *Bezug zu und mit Anderen* entsteht. Das ist die *Pluralität* des Handelns, die unverzichtbare „Anwesenheit von Anderen, die mit-sind und mit-handeln".[327] Gerade weil Handeln – in der Verbindung von Freiheit und Vielheit – *politisch* ist, ist nicht jedes Tun ein Handeln: Arendts Freiheit im Handeln bedeutet frei zu sein, „to act this way or another", mehr noch, auch eine Freiheit, „to choose action or non-action"; das bedeutet nämlich, dass auch ein dezidiertes Nicht-Handeln eine Handlung ist.[328] Vor allem aber steht das

326 Hannah Arendt, Über die Revolution, München, Zürich 1994, S. 281. Siehe auch Oliver Marchart, Neu beginnen. Hannah Arendt, die Revolution und die Globalisierung. Wien 2005.

327 Hannah Arendt, Vita Activa, München, Zürich 2005 [1960], S. 232.

328 Andrea Thuma, „Hannah Arendt, Agency, and the Public Space", in: Maren Behrensen, Lois Lee, Ahmet Selim Tekelioglu (Hg.), Modernities Revisited, Wien 2011, S. 1. Thuma hat Arendts Bedingungen für ein Handeln als politisches

politische Handeln in einem reziproken Konstituierungsverhältnis zu dem, was Arendt den *öffentlichen Bereich* nennt: Gemeint ist „jener Weltraum, den die Menschen brauchen, um überhaupt in Erscheinung treten zu können", und zugleich „beruht" der öffentliche Bereich „auf dem handelnden und sprechenden Miteinander der Menschen".[329] Sofern dieser öffentliche Bereich immer auch gebauter Raum als objektivierter (bei Arendt: „Dingwelt") ist, fällt er in den Handlungsbereich der Architektur.

Arendts Politik-Konzept wird aufgrund seiner emanzipatorischen Potenziale in der feministischen politischen Theorie breit referenziert. Allerdings wurde Arendt von feministischer Seite auch kritisiert, nämlich dafür, dass in ihrem Blick auf die griechische Agora die dazugehörige Infrastruktur der privaten Haushalte und damit Frauen und Sklav*innen als politische Akteur*innen ausgeblendet sind.[330] Schließlich wollen die, die sich von der Reproduktionsarbeit freigemacht haben, auch satt sein, wenn sie auf der Agora handeln, sprechen, politisch tätig sind. Gerade feministische Theorien und Praktiken der Care-Agency fokussieren auf Räume der Reproduktion sowie infrastrukturelle Räume.

Auf Infrastruktur-Räume kommen wir noch zurück. Was aber die Agency von Architektur betrifft, so bietet gegenwärtig ein an Bruno Latour orientierter ANT (Actor Network Theory)-Ansatz

anschaulich zusammengefasst: Handeln ist erstens abhängig von Sichtbarkeit, oder genereller: von Wahrnehmbarkeit, mit einem Moment von Anerkennung („recognition") eines Erscheinens („appearance") in der Welt (im öffentlichen Raum). Zweitens erscheint die handelnde Person als Co-Agent, durch die Gleichheit zur Fähigkeit des Interagierens und Kommunizierens. Drittens setzt das Handeln eben die oben genannte Freiheit voraus, so oder anders zu handeln, oder auch die Nicht-Handlung zu wählen. Nicht zuletzt setzt Handeln Interesse an der Welt voraus. – Wenn von Sichtbarkeit die Rede ist, gilt es quasi im selben Atemzug zu bedenken, wieviele Arbeitsmigrant*innen, Reproduktionsarbeiter*innen und Menschen im Dienstleistungsbereich systematisch unsichtbar gemacht sind.

329 Arendt, Vita Activa, S. 263, 251.

330 Sophia Ermert bietet eine Übersicht über zwei unterschiedliche feministische Auseinandersetzungen mit Arendt: mit der „woman question in Arendt", die sich mit der Benachteiligung von Frauen als blindem Fleck beschäftigt, und mit der „Arendt question in feminism", die in ihrem Verständnis von Pluralität, Macht und Freiheit feministische Potenziale erkennt. Sophia Ermert auf: https://gender-glossar.de/glossar/item/52-hannah-arendt.

einiges an Auseinandersetzung mit ihr.[331] Zwar sehe ich meine politiktheoretischen Fragestellungen nicht im Gegensatz zu einer Actor Network Theory der Architektur oder zu der für diesen Ansatz typischen Frage „What does this building do?" – denn Fragen wie „Was kann dieser Raum?", „Was macht dieser Bau?" stellen sich als ständiger Teil auch meiner planenden und baulichen Praxis, ähnlich jener Theorien, die auf so etwas wie subjektives Mit-Handeln der Dinge abheben.[332] Architektur als *Streit-Ding* zu sehen, das bewirkt nicht zuletzt eine Dezentrierung von Subjekten; nämlich Dezentrierung des als exklusiver Sitz architektonischer Handlungsmächtigkeit gedachten Subjekts, also der Architektin bzw. des Planers.[333] Allerdings verfolge ich, im Unterschied zur ANT, diese Machtkritik weniger zugunsten einer Ermächtigung vor allem der Dinge als vielmehr im Rahmen einer *radikaldemokratischen Ermächtigung der Mit-Handelnden zur Agency*. Und Teil dieser Orientierung ist ein kritischer Selbstbezug der Architektur, mehr noch: eine Selbstdistanzierung ihrer handelnden Subjekte.

Damit verschiebt sich das Verhältnis der Dinge zu den Subjekten: Eine Zurücknahme der Planer*in bedeutet nicht, dass die Dinge, die durch ihr Tun entstehen, dadurch zurückgenommen sind.

331 Auf Basis der Latour'schen ANT verfährt etwa der Ansatz des *Controversy Mapping*, wie ihn Albena Yaneva verfolgt: Ihr geht es um „the architectural" als einen *connector*, der nicht durch ökonomische, soziale oder politische Modi erklärt werden kann, sondern eben durch seinen eigenen Modus. Andererseits wird Yanevas Sichtweise auf Gebäude als jeweiliges „dynamic network of real entities" die Gesellschaft nicht los, bzw. löst sich *society* eben nicht in *the architectural* auf, wenn Yaneva über ein Gebäude konstatiert „It is a society on its own!". Den Zusatz, *society* sei nicht „enigmatic" und nicht „ungraspable with empirical tools" – sinngemäß: Gesellschaft ist kein Mysterium –, kann ich aus meiner Sicht, die Politik mit dem *architectural* verbindet, nur unterschreiben. Siehe Albena Yaneva, Controversy Mapping, London, New York 2016, S. 107, 112.

332 „Design controversies involve all kinds of actors. Not only are there human beings and human groups but there are also natural and technical individuals and institutions: beams and dreamers, engineers and protesting students, politicians and roof shells." Yaneva, Controversy Mapping, S. 112. Ich verfolge diese Perspektive aus den Science and Technology Studies (STS) hier nicht weiter, weil mein Schwerpunkt weniger auf Wissenschaftstheorie liegt als auf sozialen und politischen Handlungsträger*innen und Kämpfen.

333 Zur Agency von Architektur siehe: Isabelle Doucet, Kenny Cupers (Hg.), Agency in Architecture: Reframing Criticality in Theory and Practice, Footprint Journal 4, 2009.

Im Gegenteil, sie erhalten mehr Aufmerksamkeit, ihre Akteur*innenrolle tritt deutlicher zutage, materiell wie auch semiotisch. Die Verantwortlichkeit der Subjekte diesen Dingen, anders gesagt, der gebauten Umgebung gegenüber steigt.[334] Mein Zugang zielt auf darin enthaltene Empowerment-Potenziale für radikaldemokratisches Handeln, für Popular Agency, in der Planung ebenso wie mittels dessen, was durch Planung entsteht. Ich meine damit *Infrastrukturen des Handelns.*

Im Unterschied zu Ansätzen, die einer Sorge um die Identität von Architektur als Disziplin breiten Raum geben,[335] hebt ein radikaldemokratischer Zugang Verhältnisse hervor, in denen Architektur entschieden auf kritische Distanz zu ihrer ‚Identität' und zum vorherrschenden Habitus ihrer Handlungssubjekte geht. Dabei ist mehr im Spiel als eine Kritik bestimmter Ausprägungen von Architektur oder bestimmter Arten, Architekt*in zu sein. Im Spiel ist ein grundlegenderes Selbstverhältnis, oder vielmehr: Es geht darum, in solchen Kritiken eine Selbstkonfrontation der Architektur bzw. der Planung so zu radikalisieren, dass sie auf Momente regelrechter *Selbstentfremdung* ihrer Subjekte zusteuert.

Um Schritt für Schritt dorthin zu kommen: Mit der Frage „Wer plant die Planung?" zielte der Soziologe und (laut Eigendefinition) „Spaziergangswissenschaftler" Lucius Burckhardt 1974 auf eine Entmystifizierung von Planungs-Machtverhältnissen. Seine Kritik ging konkret dahin, dass Planer*innen in dem Glauben agieren, sie täten dies selbstbestimmt, während sie doch im wesentlichen Vorgaben der Ökonomie umsetzen, die ihrem Tun als bestimmende vorangehen.[336]

334 Mit Latour gesprochen, ist ein Gebäude, aber auch eine Planzeichnung Akteur*in, zumindest Aktant mit latentem Handlungspotenzial. Bruno Latour, Eine neue Soziologie für eine neue Gesellschaft. Frankfurt a. M. 2007, S. 95.

335 Damit meine ich etwa die Sorge um *fundamentals* der Architektur bei Rem Koolhaas (als Kurator der Venice Biennale 2014) oder auch die „interiority of architecture" bei Peter Eisenman. Vgl. Peter Eisenman: Diagram Diaries, New York 1999. Für eine Kritik des *interiority*-Konzepts bei Eisenman siehe auch Gabu Heindl, Drehli Robnik, „Öffnungen zum Außen. Der Entwurf des Diagramms bei Deleuze und das Diagramm des Entwurfs bei OMA, Eisenman und UN Studio", in: Umbau 19, Wien 2002, S. 98–110.

336 Lucius Burckhardt, Wer plant die Planung? Architektur, Politik und Mensch, Berlin 2004, S. 71–88. Ich verweise an dieser Stelle auf den Abschnitt „After the Planners: Anwaltsplanung und ihre Kritik" im Kapitel 4, denn Burckhardts Position ist verwandt den dort in Stellung gebrachten Planungskritiken (von

Darauf bezieht sich die Frage nach der *Planung der Planung*. Ein ethisches Moment kritischer Distanzierung vom planerischen Selbstbild kommt bei Burckhardt so zum Tragen: Anstelle von Nutzer*innen von Planung spricht er dezidiert von „Betroffenen der Planung", von „Verplanten" und „Beplanten",[337] und macht damit deutlich, dass der Planung ein Gewaltmoment innewohnt: eines allerdings, das v. a. die Gewalt ökonomischer Verhältnisse und von deren „Machtträgern" umsetzt; deshalb erfordere es ein hohes Maß nicht nur an „Verantwortung",[338] sondern an kritischer Selbstvergewisserung. Und das ist eine wenig schmeichelhafte Selbstvergewisserung der Planenden als eben ihrerseits in einen Systemzusammenhang Einberechnete, regelrecht Eingeplante. Teil der Erfüllung dieser vorgeplanten Funktion als Planende ist, dass Letztere „darauf trainiert [sind], das vorgelegte Problem auf das ‚Wesentliche' zu reduzieren". Und dieses Problem ist, so Burckhardt, nicht nur eines der verengten Erkenntnis, sondern ein Wissens-Macht-Konnex, der im geplanten und gebauten Raum Resultate hervorbringt: „Die Verschlechterung unserer Umwelt ist nichts anderes als die Summe dessen, was bei der Planung als unwesentlich unter den Tisch fiel."[339] In Burckhardts noch an westeuropäische Erfahrungen von 1968 anknüpfender Kritik gibt es also den Hinweis, dass dem vorherrschenden Selbstverständnis von Planer*innen deren Instrumentalisiertheit sowie das Ignorieren dieser Instrumentalisiertheit innewohnen. Burckhardts Votum geht in Richtung einer Ermächtigung der „Beplanten".

Manfredo Tafuri, Robert Goodman). Auch Burckhardt kritisiert Anwaltsplanung dafür, dass sie so tut, als ob unterprivilegierte Schichten ihre eigenen Anliegen nicht artikulieren könnten.

337 Burckhardt, Wer plant die Planung?, S. 82ff.

338 „Die Übernahme von Verantwortung, die in Tat und Wahrheit gar nicht getragen werden kann, gehört fest in die Realitätsstruktur der Planer. Solche Verantwortung ist ein ungedeckter Scheck, da Fehlplanungen nicht rückgängig gemacht werden und die verdrängten Städter so wenig in ihre alten Quartiere zurückgebracht werden können wie Kriegsopfer ins Leben." Burckhardt, Wer plant die Planung?, S. 86.

339 Burckhardt, Wer plant die Planung?, S. 75. – Die Ausblendung, also die aktive Entscheidung darüber, was als wichtig angesehen wird und was nicht, ist bis heute ein essenzieller Teil der Architekturausbildung. Bei der Begutachtung eines Entwurfsprojekts wird meist der kritischen Analyse von deren Entscheidungsparametern weniger Gewicht beigemessen als der schlussendlichen Form und Gestalt.

Komplexer, weil unter kolonialen und postkolonialen Bedingungen, ist das Feld an Machtbeziehungen und Zuschreibungen, in dem die Philosophin Gayatri Chakravorty Spivak seit den 1990er Jahren operiert, und in dem ebenfalls ein ‚Ignorieren' in einer politischen Dimension relevant wird. Mit dem postmarxistischen Theoretiker Antonio Gramsci geht Spivak davon aus, dass Machtbeziehungen und auch deren Aufrechterhaltung *erlernt* sind. Was erlernt wird, ist dabei stets auch ein Wissen, das allerdings nicht einfach das Gegenteil von Unwissen, *ignorance*, ist, denn: Im Unterschied zur traditionellen Kritik (und zur pädagogischen ‚Bekämpfung') von Unwissenheit, zielt eine postkoloniale Kritik, wie Spivak sie vertritt, auf *sanctioned ignorance,* auf sozial akzeptierte, ja sogar positiv eingeschätzte Formen des Unwissens, nämlich seitens intellektueller Eliten.[340] Dieses Unwissen ist nicht schlichte Abwesenheit von Information, sondern drückt sich gerade im Anspruch auf ein machtvolles Bescheidwissen aus – ein ignorantes ‚Bescheidwissen' über andere, Nichtwissende, Betroffene, Arme, Sprachlose, kurz: über *Subalterne.* Dieses Gefüge aus festlegendem Wissen über Andere bei gleichzeitigem Nicht-wissen-Wollen und Nicht-Sehen des eigenen Status als Besitzende dieses Wissens macht jenen Zusammenhang aus, der bei Spivak bzw. im Anschluss an sie als *epistemic violence* bezeichnet wird.[341]

Was bedeutet nun dieses Wissensverhältnis, das zugleich ein Gewaltverhältnis ist, für politische Fragen der Planung und deren ethische Dimension? In Spivak'scher Sicht betrachtet, ist in den erlernten Formen von *sanctioned ignorance* und *epistemic violence* ein Selbstverhältnis impliziert, das sich auch in Architektur wiederfindet. Denn schon während des Architekturstudiums wird ein Bescheidwissen über diejenigen, für die geplant wird, entwickelt, weil auch oft eingefordert. Und vor allem Projekt-Präsentationen haben sich zu einem Training entwickelt, die zum Projekt geführten Entscheidungen als

340 „If traditional teaching addresses forms of ignorance deemed unacceptable, then postcolonial pedagogy addresses those forms of ‚sanctioned ignorance' that are often rewarded and may exist everywhere, including among ‚the theoretical elite'." Gayatri Chakravorty Spivak, A Critique of Postcolonial Reason: Toward a History of the Vanishing Present, Cambridge, Mass. 1999.

341 Gayatri Chakravorty Spivak, „Can the Subaltern Speak?", in: Cary Nelson, Larry Grossberg (Hg.), Marxism and the Interpretation of Culture, Urbana/IL 1998, S. 66–111, hier S. 76f.

die einzig richtigen zu ‚verteidigen'.[342] Ein *Verlernen* dieser Übung müsste also zunächst ein Einüben in das Zugeben eines Nicht-Bescheidwissens sein. Eine davon ausgehende distanzierende Selbstbefragung der Planenden würde in die Nähe jener Selbstentfremdung kommen, die Spivak als „unlearning one's privilege" bezeichnet[343] – nämlich die eigenen Privilegien als besonders zum Sprechen befugte Intellektuelle, also etwa auch als (zum ‚sprechenden' Zeichnen befugte und beeidete) Planer*innen, zu verlernen. Aber zu dieser Kritik an Expertokratie und Paternalismus kommt noch hinzu, dass auch die Haltung eines sich selbst zurücknehmenden Hinhörens auf die Subalternen, die Sprachlosen, die Beplanten – dass diese ethische Haltung ebenso problematisch, weil ideologisch ist: Eine solche Haltung verkennt die Äußerungen der sprachlosen Planungsbetroffenen, die ihrerseits ja durch Gewaltverhältnisse trainiert und ideologisch geformt sind, als ‚echte' Stimmen, die es freizusetzen gälte. Und damit wird auch die eigene Rolle als Intellektuelle, als Planende, vorschnell ethisch entproblematisiert, weil quasi durchgestrichen, während es bei Spivak kein so einfaches Entkommen aus machtförmigen Repräsentationsverhältnissen gibt – und auch kein Entkommen aus der Unvermeidlichkeit, stets auch zu *repräsentieren*.[344] Konkreter gesagt, heißt das: Auch in Situationen eines Bündnisses von Planenden mit Planungsbetroffenen, das ‚auf Augenhöhe' stattfinden soll, kann doch das Moment der repräsentierenden Stellvertretung – Stellvertretung der Planenden für die Betroffenen – auf Basis von Expertise nicht einfach weggeschaltet werden. Und die Frage, wer die Planungsbetroffenen sind, aber auch, wer die Planenden sind, nämlich als wer und in welchem Status sie in den Prozess eintreten, ist in Planungsprozessen, wie auch in Bündnissen, durch die (wiewohl löbliche) Herstellung von ‚Augenhöhe' nicht erledigt.

In Hinblick auf eine egalitaristische Politik – wie sie Teil auch meiner radikaldemokratischen Agenda ist – ist für Spivak „to

342 Ich beziehe mich auf den Berufsalltag sowie auf zahlreiche Erfahrungen als Gastkritikerin an diversen deutsch- und englischsprachigen Universitäten seit 2003. Für eine Auseinandersetzung mit Entwurfsparametern siehe das Forschungsprojekt *Design Paradigm* von Angelika Schnell, Waltraud Indrist und Eva Sommeregger an der Akademie der bildenden Künste in Wien, www.designparadigm.net/.

343 Gayatri Chakravorty Spivak, „Strategy, Identity, Writing", in Sarah Harasym (Hg.), The Post-Colonial Critic, New York, London 1990, S. 42.

344 Spivak, Can the Subaltern Speak? S. 74.

celebrate or deny difference" keine Option. Und es gilt zu bedenken, dass Nicht-Identität – bzw. eine soziale Gruppe bzw. Klasse ohne Selbstbewusstsein – nichts ist, was zu romantisieren wäre. „Subalternity is a position without identity," sagt Spivak.[345] Und sie macht mit ihrer prominent gewordenen Frage, *ob die Subalterne sprechen kann*, ob sie dies nämlich unter Bedingungen von Klassen-, Kolonial- und Männerherrschaft kann, darauf aufmerksam, *dass das Nicht-Sprechen-Können einem Nicht-Gehört-Werden gleichkommt.* Das ist Nicht-Anerkennung von Agency.[346] Ruth Sonderegger knüpft an Spivaks Subalternitätskonzept an, wenn sie an Rancière kritisiert, dass dieser in seiner Überbetonung von Fallbeispielen einer gelungenen Demonstration der Gleichheit aller Menschen die „bisweilen strukturelle, klassenbezogene Unmöglichkeit, die eigene Gleichheit zu demonstrieren, [übersieht]."[347] Und weiter stellt Sonderegger an Rancière eine Sichtweise der großen Momente und Taten von Gleichheits-Demonstrationen in der Geschichte fest, die unversehens fast an die liberale Ideologie von den Leistungsbereiten (und den anderen, die selber schuld sind, wenn sie unten bleiben) erinnert: Mitunter lese sich Rancières „Betonung der Subjektivierung im Zeichen des Widerstands fast wie ein moralischer Imperativ. Wer nicht aus eigener Kraft in der Lage ist, für sich selbst zu sprechen, scheint die Menschheit zu verraten. Und wer sich solidarisch aufspielt, verrät sie auch."[348]

345 Gayatri Chakravorty Spivak, An Aesthetic Education in the Era of Globalization, Cambridge, Mass. 2012, darin v. a. das Kapitel „Scattered Speculations on the Subaltern and the Popular", S. 429–442, hier S. 438f.

346 „Agency was the name I gave to institutionally validated action, assuming collectivity, distinguished from the formation of the subject, which exceeds the outlines of individual intention. The idea of subalternity became imbricated with the idea of non-recognition of agency." Spivak, Aesthetic Education, S. 432.

347 Ruth Sonderegger, „Die Herausforderung, (nicht) für andere zu sprechen. Was Jacques Rancière von Gayatri Spivak lernen könnte", in: ÖZG 27, 1, 2016, S. 22–46, hier S. 36.

348 Sonderegger, „Die Herausforderung", S. 39. Bezeichnenderweise wendet sich Spivak auch gegen eine Art Fetischisierung der Widerständigkeiten, die sich dadurch sammeln lassen, dass eine Geschichtsschreibung endlos daran arbeite, „to read the archives against the grain." Spivak, Aesthetic Education, S. 434. Diese Kritik könnte auch auf einen Sammler von Zeugnissen historischer Streit- und Desidentifizierungs-Fälle wie Rancière gerichtet sein. Definitiv auf Rancières ‚Widerständigkeits-Archive' gerichtet, ist Sondereggers Spivak-basierte Einschätzung: „Wo gewaltvolle Strukturen der Vergangenheit sich in die Gegenwart fortschreiben, reicht es nicht aus, mit Archivmaterial zu bezeugen,

Bevor ich (besonders im letzten Kapitel) diese Fragen auf bündnispolitische und Agency-politische Aspekte hin ausfalte, möchte ich ein *ethisches Moment der Selbstentfremdung* von Architektur und Architekt*innen/Planer*innen vertiefen. Vom Blick auf Spivaks Ansatz können wir u.a. Folgendes mitnehmen: Ein Verlernen der Art, „epistemische Gewalt" auszuüben, ist als Beziehung zum eigenen Wissen und Tun eine Sache der Politik. Und: In ambivalenten Macht-Konstellationen – wenn etwa Repräsentations-Aufgaben *und* zugleich die Kritik an deren privilegierten Voraussetzungen im Spiel bleiben – ist es nicht möglich, eine *ethisch reine* Position einzunehmen.[349]

## Demokratie und Ethik

Kritische Selbstdistanzierung und Selbstentfremdung, das ist *nicht primär* eine ethische Angelegenheit. Laut Oliver Marcharts Antagonismustheorie kommt bei Demokratie eine wichtige Unterscheidung zum Tragen: zwischen *ethischer Politik* und *demokratischer Ethik*.[350] Marchart problematisiert dabei Ethik in einer Weise, die über die starre Entgegensetzung von Konflikt-Politik einerseits und apolitischer, auf das individuelle gute Leben beschränkter Maßhaltens- oder Beschwichtigungs-Ethik andererseits hinausgeht. Er verwirft Ethik nicht, sondern konzipiert sie politisch.

Marchart bietet uns folgendes Schema: Mit *ethischer Politik* verlassen wir im Grunde den Bereich der Politik, denn eine Politik, die ihr Handeln einem ethischen Vorgang der Reinigung unterzieht, streicht sich selbst durch. Anders die *demokratische Ethik* (für die Marchart als Strategie votiert): In ihrer Perspektive muss zunächst anerkannt werden, dass jede Politik ein Handeln ist, das *zielgerichtet* ist und deshalb auch Anliegen *durchsetzen* will – und dass Politik daher also *nicht* behaupten könnte, was sie tut, habe keinerlei Auswirkungen auf irgendwelche andere. Vielmehr wird die Durchsetzung eines Ziels sich unvermeidlich auf andere auswirken (und viele von ihnen werden von Auswirkungen dieses Ziel-Durchsetzungshan-

wie andere einmal ihre widerständige Gleichheit behauptet haben. Man muss es [...] hier und jetzt vielmehr selbst tun.", Sonderegger, „Die Herausforderung", S. 33.

349 Mit Mouffe formuliert: „Eine pluralistische demokratische Gesellschaft kann ohne Repräsentation nicht existieren." Chantal Mouffe, Agonistik. Die Welt politisch denken, Berlin 2012, S. 185.

350 Oliver Marchart, Die politische Differenz. Zum Denken des Politischen bei Nancy, Lefort, Badiou, Laclau und Agamben, Berlin 2010, S. 342.

delns nicht begeistert sein). Das ist nun Politik – aber noch nicht notwendig *demokratische* Politik. Damit politisches Ziel-Durchsetzungs-Handeln demokratisch wird, braucht es einen Zusatz; hier kommt die Ethik ins Spiel. Marchart versteht sie in diesem politischen Kontext – der in Kraft bleibt, nicht durchgestrichen wird – als ein selbstkritisches Bewusstsein davon, dass die jeweils eigene Politik, auch wenn sie (durch)gesetzt sein will, nicht von einer Position der Identität und Selbstgewissheit ausgeht. Marchart spricht von einer „Ethik der Selbstentfremdung".[351] Bei dieser steht nicht ein Appell an den guten Willen der Individuen im Vordergrund – à la ‚Sei nicht so rücksichtslos in deiner Politik' –, sondern ein *demokratisches Verhältnis der Anerkennung*, das eingerichtet ist. Wobei Anerkennung hier fast das Gegenteil des ‚Status', des symbolischen Kapitals darstellt, wie es meist mit der Forderung, an Menschen etwas anzuerkennen, assoziiert ist. Vielmehr bezeichnet Marchart in diesem Zusammenhang Demokratie als ein *Dispositiv der Anerkennung*[352], das es ermöglicht, *Entfremdung* anzuerkennen, anstatt sie zu verdrängen: die eigene Entfremdung und die der anderen. Entfremdung heißt hier eine Beziehung zu einem handelnden Selbst, das nicht mit sich identisch ist, und eine Beziehung zu anderen, die diesen keine Identitäten aufzwingt.

Was bedeutet das nun für ein radikaldemokratisches Verständnis von Architektur und davon, Architekt*in zu sein? Es bedeutet, die *Selbstentfremdung der Disziplin und ihrer Akteur*innen* anzuerkennen.[353] Was in diesem demokratisch-ethischen Zusammenhang von Politik anerkannt wird, was gesehen und zu einem gewissen Grad auch wertgeschätzt wird, das ist gerade nicht das Ausmaß, in dem Architektur sich selbst, ihre Identität, findet oder wiederfindet oder sich als gut gegründet erkennen kann (stabil auf ihre *fundamentals* aufgebaut). Anerkannt wird vielmehr das Ausmaß, in dem Architektur und Architekt*in sich fremd werden, in dem sie irritiert werden hinsichtlich der Stabilität und der Begrenzungen ihrer Profession, ihrer Expertise und ihres Habitus.[354]

351 Marchart, Die politische Differenz, S. 354, S. 343.

352 Marchart, Die politische Differenz, S. 350ff.

353 Spivak erinnert uns aber, wie sehr eine Selbstentfremdung Absicherung voraussetzt, im Sinn von: Mensch braucht erst einmal *Sicherheit* für eine Selbst-Infragestellung.

354 Bis hin zum Bild der Architekt*innen als Erfolgs- und Genussmenschen – egal ob schwarz oder anders gekleidet –, Stars und Würdenträger*innen;

Mit Marchart können wir sagen, dass die Selbstentfremdung eine Voraussetzung ist für solche Formen von Solidarität, die sich nicht auf die Befestigung des jeweils eigenen Gruppen- oder womöglich Branchen-Standpunkts reduzieren. Marchart führt hier das stark aufgeladene Wort vom „Verrat an den Interessen der eigenen Gemeinschaft“[355] ins Treffen: Solidarität ist notwendig *Solidarität mit anderen*, und sie setzt ein Abstandnehmen voraus gegenüber dem Platz, der einer und einem in der hegemonialen Ordnung, Arbeitsteilung und Hierarchie symbolischer Kapitalien zugewiesen ist. Das meint Solidarität unter Bedingungen demokratischer Ethik.

Nun ist politisches Handeln an Durchsetzung interessiert, darin besteht also durchaus eine Art Selbstwahrnehmung im Sinn einer ‚Mächtigkeit‘. Das ist unverzichtbar für ein Handeln auf ein Ziel hin. Damit diese Durchsetzungspolitik *demokratische* Konturen hat und nicht reine Macht-Politik wird, bedarf sie aber laut Marchart einer ethisch-normativen Dimension, in der sie „die Ungründbarkeit des eigenen Projekts anerkennt“.[356]

Das Mächtigkeits-Gefühl des Tuns und Könnens ist also zu problematisieren, in Bezug auf das Selbst im Sinn von Selbst-Entfremdung und zugleich in Bezug auf andere, die von diesem Tun-Können betroffen sind – z.B. als Gegner*innen des eigenen politischen Projekts: Das betrifft die Frage der Festlegung anderer auf ein *Feindbild*, das sich ein Projekt von ihnen macht. Dass festmachende, schematisierende, ‚grobe‘ Feindbild-Konstruktionen *nicht* zu einem Bestandteil einer Politik werden (so sehr diese Politik auch notwendig mit Positionierungen und zum Teil auch mit Pathos einhergeht), das ist in diesem Sinn ein wesentliches Kriterium für *demokratische* Po-

dieses Bild herrscht ja nicht nur in den Medien vor, sondern auch in großen Teilen der Architekturwelt. Um jedoch nicht missverstanden zu werden: Es dreht sich dabei nicht um Ablehnung von typischen Erscheinungsweisen von Architekturschaffenden, weil sie irgendwie nicht sympathisch wären, sondern diese Kritik ist allianzpolitisch definiert.

355 Marchart, Die politische Differenz, S. 359. Zu Solidarität als „Beziehungsgeschehen“ sowie als Zweck, nicht Mittel, siehe Bini Adamczak, Beziehungsweise Revolution. 1917, 1968 und kommende, Berlin 2017.

356 „Demokratische Politik ist politisch, sofern sie das eigene partikulare Projekt gegen Widerstände zur Universalisierung treiben muss; demokratische Politik ist aber nur dann auch demokratisch, wenn sie die Ungründbarkeit des eigenen Projekts anerkennt.“ Oliver Marchart, „Namen der Geschichte – Politik des Namens“, in: ÖZG 27, 1, 2016 S. 55–75, hier S. 73.

litik und muss in dieser eingerichtet sein (und nicht eine Frage des guten Willens, des ‚reinen Herzens' etc.). Mit Bezug nun nicht auf Gegner*innen, sondern Verbündete gesagt, heißt die Problematisierung der Selbstzuschreibung eines machtvollen Könnens auch, dieses Können nicht für ein ‚Ich' oder eine eng gefasste Gruppe (z.B. von ähnlich Gebildeten oder kulturell ähnlich Orientierten) zu monopolisieren. Sprich: Es heißt, dass anderen nicht nur keine einsperrende Identifizierung auferlegt wird, sondern, dass es auch um die Ermächtigung anderer geht. Es geht um ein Handeln, bei dem ich mit anderen nicht nur ‚auf Augenhöhe' bin, sondern in einem demokratischen Sinn überhaupt erst agieren kann, weil dieses Handeln notwendig ein Gemeinsam-Handeln ist.

In der Demokratietheorie des Streits, des Dissenses, von Jacques Rancière findet sich der Ausdruck „Desidentifizierung": Sie ist das negative Selbstverhältnis, das zu einer Solidarisierung mit benachteiligten Anderen hinzukommt. Rancières Desidentifizierung bezeichnet ein entschiedenes Brechen mit einer Identitätsposition, die herrschaftlich und mit viel symbolischem Kapital ausgestattet ist. Es gibt bei Rancière weiters die Überlegung, dass demokratische Politik einhergeht mit einer Loslösung von der Identifizierung eines gesellschaftlich sanktionierten „Könnens": Demokratie beinhaltet ein Moment von Selbstentfremdung in der Art, dass das Sich-Berufen auf ein Können, auf eine angesehene Meisterschaft, auf die Autorität einer Expertise aussetzt.[357]

Es gibt in der jüngeren Theorie mit politischem Anspruch oder Anstrich einige Ethik-Ansätze (etwa immer wieder mit Verweis auf Herman Melvilles Bartleby-Figur), die das Nichts-Tun, die Ohnmacht, Willenlosigkeit und Passivität in ihrem Zentrum haben. Das sind sehr zugespitzte Modelle mit philosophischer Betonung, und solche Ethiken haben zum Teil eine Größe oder Reinheit, bei der ich keine enge Verbindung zu einer radikaldemokratischen Planungs-Politik-Theorie sehe.[358] Damit meine ich: *Gerade indem* ich von Spivak die postkoloniale Aufforderung zum *Unlearning* von Macht-Privilegien und von erlernten Autoritätspositionen aufgreife

357 Jacques Rancière, Das Unvernehmen. Politik und Philosophie. Frankfurt a. M. 2002, S. 147f.

358 Auch wenn ich diese Ethiken quasi als ‚Ermunterung zu einer Verweigerungshaltung' befürworten kann.

(und auch wenn ich mit Rancière Expertokratie sowie die enge Bindung von Politik an im Arbeitsprozess erworbene Fähigkeiten kritisch sehe) – versuche ich nicht, Expertise als einer radikaldemokratischen Politik *entgegengesetzt* zu beschreiben, sondern – paradox formuliert – sie maximal minimal einzusetzen.

In einer aktivistischen Orientierung von Planungspolitik wäre es ethisch vielleicht nobel, als kritische Architektin auf die eigene Autorität, die mit fachlicher Expertise einhergeht, gänzlich zu verzichten; aber es wäre politisch keine sinnvolle Handlung, wenn es etwa möglich ist, in einem Beirat oder einer Expert*innenrunde herrschaftskritisch zu agieren, zu diskutieren, Einwände oder Befürwortung zu formulieren. Ganz zu schweigen davon, dass der Einsatz der eigenen Expertise für ein aktivistisches Projekt etwas ist, worauf keineswegs verzichtet werden soll.

Da klingt ein Echo des „Setzungsparadoxons" an, das ich im Kapitel 6 dargelegt habe: Die Unbesetztheit von Stadt-Raum ist eine Freiheit und Offenheit für Neues und Unvorherbestimmtes. Diese ist damit unvermeidlich auch die Freiheit von Kapital-Besetzungen oder von Law & Order-Maßnahmen, die das, was in einem Raum möglich ist, immer enger definieren (und dabei zugleich an Kaufkraft, Reisepass, rassistische Ausschlüsse knüpfen). Um die Freiheit im Sinn von Gerechtigkeit für alle gleich aufrecht zu erhalten, bedarf es neben Setzungen in öffentlicher Form von Gesetzen und planerischer Positionierung *auch* popularer Bestreitungen der einschränkenden, ausschließenden Maßnahmen.

Damit zusammen hängt die brisante Frage, wie sich radikaldemokratisches planerisch-architektonisches Handeln zu Konzepten der ‚Stärke' und der ‚Schwäche' in der (Planungs-)Politik verhält.[359] Das heißt: Einerseits ist ja eine Kritik paternalistischer Macht-Anmaßungen und ‚Stärke'-Verkörperungen nötig (siehe Kapitel 2). Andererseits aber ist auch eine Machtkritik im Namen der ‚Schwäche' (also im Namen einer Affirmation eines Gegenteils von ‚Stärke') mit Vorsicht, kritisch, einzubringen: Wie ‚schwach' – wie machtskeptisch gegenüber der eigenen Mächtigkeit – darf ein Projekt mit

359 Mit dem Begriff der Schwäche kommt jedenfalls noch ein weiterer Aspekt – durchaus hegemoniepolitischer Art – ins Spiel, nämlich *sich Schwäche einzugestehen*, was der erste Schritt dazu ist, Momente des Scheiterns, des Nicht-Gelingens von Emanzipationsbewegungen ebenso wie Momente der Stärke der Gegner*innen zu analysieren.

radikaldemokratischen Zielsetzungen sich machen oder positionieren? Insbesondere dann, wenn die Gegenseiten heute immer mehr auf die Strahlkraft brutaler Machtformen setzen (neue Politiken des ‚starken Mannes',[360] der Rohheit, der Polizei-Agenden, die über dem Recht stehen, etc.).

Als eine Art „schwachen Urbanismus" wäre hier das Konzept des *mat building* zu nennen, eines horizontalen, dicht gewebten Netzwerkes aus von vielen Seiten offen zugänglichen Stadträumen der Architekt*innen des *Congrès International d'Architecture Moderne X*, vor allem Peter und Alison Smithson. Die Smithsons haben 1974 ihre *mat building*-Entwürfe selbst als flache komplexe Raumlandschaften beschrieben, die Interaktion und aktive Inbesitznahme des Zwischenraums fördern sollten und somit explizit demokratisch wären.[361] In Kontrast zu diesem emanzipatorischen Verständnis eines „schwachen Urbanismus", der durch seine Selbst-Zurücknahme Städter*innen Türen öffnen möchte, steht das (frühe) neoliberale Konzept des „Non-Plan" von Reyner Banham, Paul Barker, Peter Hall und Cedric Price von 1969: Im größeren Kontext der damaligen Kritik am Masterplan und an staatlicher Planung situiert, ging es in der Verweigerungshaltung des „Non-Plan" nicht um Selbst-Zurücknahme, sondern um einen „plea for deregulation" in Richtung eines „free-market libertarianism" und maximaler Freiheit für die Architektur.[362]

Dagegen tritt in Rancières Demokratietheorie ein Akzent auf das Nicht-Tun, auf eine Passivität trotz Könnens als ein Bruch mit zuge-

360 In der Stadtplanung, im Städtebau wird selbst in Wien aufgrund komplexer Problemlagen immer wieder die Forderung laut nach einer starken Führungsperson, wie sie z.B. Roland Rainer als Stadtplaner 1958 bis 1962 in Wien verkörperte.

361 Alison Smithson, „How to recognize and read MAT-BUILDING. Mainstream architecture as it developed towards the mat-building", in: Architectural Design 9, 1974, S. 573–590. Siehe auch Stan Allen, „Mat Urbanism: The Thick 2D", in: Hashim Sakris (Hg.), CASE: Le Corbusier's Venice Hospital and the Mat building revival. München 2002, S. 118–126; Gabu Heindl, „Matrizenbau und Matratzenlage. Von Wohnraumspekulation zu Obdachlosigkeit", in: Irene Nierhaus, Kathrin Heinz (Hg.), Matratze/Matrize. Möblierung von Subjekt und Gesellschaft. Konzepte in Kunst und Architektur, Bielefeld 2016, S. 235–248.

362 Zur Ambiguität der erweiterten Non-Plan-Bewegung in den 1960er Jahren, die Freiheit für Architekt*innen, Markt und Stadt-Bewohner*innen forderte, siehe: Jonathan Hughes, Simon Sadler, Non-plan: Essays on freedom, participation and change in modern architecture and urbanism, London, New York 2013.

wiesenen Fähigkeiten hervor. Ich greife das kurz auf: Etwas zugespitzt gesagt, geht es bei einem politischen Handeln, das sich radikaldemokratischen Anliegen verpflichtet sieht, um eine Art von Nicht-Tun, nämlich *nicht tun, was von einer oder einem erwartet wird.* Unter dem Gesichtspunkt der Selbstdistanzierung tritt das Nicht-Tun aus dem Schatten des Nicht-Bemerktwerdens in den Vordergrund. In Bezug auf architektonische und planerische Tätigkeit heißt das, bestimmte Imperative des Wachstums und der Betriebsamkeit nicht mitzumachen, also etwa nicht für diktatorische Regimes planen und diese damit nobilitieren, nicht Großkonzernen ihre Machtbauten liefern, keine diskriminierenden Architekturen befördern. Diese ethische Haltung mit politischer Orientierung geht auf Distanz zu der Vorstellung, dass Architektur-Handeln allein im Bauen um jeden Preis besteht.[363] Dazu ein konkreter Fall von Weigerung, der ganz direkt die Konflikt-Konstellation betrifft, von der dieses Buch ausgeht, nämlich das neoliberale PPP und die direkte Gegner*innenschaft dazu: Die Gemeinde Wien setzt seit 2015 große Schulcampus-Anlagen als Public Private Partnership-Projekte um. Damit gibt sie die Verantwortung für die öffentliche Aufgabe des Schulbaus in private Hände und damit auch die Qualitätssicherung.[364] Beim ersten der Wettbewerbe zu diesem Vorhaben kam es zu einer Mobilisierung von Widerstand unter Architekturbüros in der Frage: Mittun oder nicht – respektive: Wie teilnehmen? Knapp die Hälfte der einreichenden Büros nahm teil, indem sie – vorweg untereinander abgesprochen – für die Jurysitzung Plakate abgaben, die Kritik an PPP-Projekten bzw. Widerstand dagegen äußerten.[365] Wir haben da

363 Siehe etwa die Liste von mit einem „Nein zu" versehenen Tätigkeiten in der Bürophilosophie meines Architekturbüros: http://www.gabuheindl.at/de/ueber-uns/buerophilosophie.html

364 Das wirkt sich in der Umsetzung u.a. ganz konkret darin aus, dass der private Partner die Ausführungsplanung nicht mit dem Architekturbüro durchführen muss, das den Entwurf gemacht hat. Diese Tatsache bringt die Architekt*innenkammer in einen Konflikt, sie muss entscheiden, ob sie den Wettbewerb unterstützt.

365 Damit wurde auch die Architekt*innen-Kammer kritisiert, die – wenn auch mit dem Versuch, kritische Juror*innen zu benennen – das Verfahren unterstützt hatte. Unter anderem ging dabei auch eine Einladung an mich (als eine der öffentlichen Einschätzung nach ‚kritische Architektin'), Mitglied in der Jury des ersten PPP-Schulprojekt-Wettbewerbs zu sein. Ich habe dies als Erwartung interpretiert, einem neoliberal orientierten Prozess ein Stückchen Legitimation durch Hinzuziehung kritischer Kräfte zukommen zu lassen und habe diese

also einen ganzen Komplex von architektonischem und planerischem Handeln in Form von Nicht-Tun, Verweigerung, nicht das Erwartungsgemäße Tun – nicht brav Bauen unter egal welchen Umständen.

### Just Architecture und minimale Politik

Ein letztes Teilkonzept in Sachen Ethik einer Selbstentfremdung der architektonischen Tätigkeit nenne ich *Just Architecture*.[366] Zu den ethischen Aufspaltungen anhand der Planer*innen und derer, die „beplant" werden, und anhand des Komplexes eines zu erlernenden *Unlearning* (bis hin zum Bruch mit zugewiesenen Fähigkeits-Privilegien) kommt hier nun die Aufspaltung durch den Doppelsinn des englischen „just" hinzu: Ein „Es ist auch nur Architektur"-Verständnis im Sinn einer Selbstzurücknahme und Ironie, zumal auch aus feministischer Perspektive, ist hier gepaart mit der radikalen Forderung nach Gerechtigkeit als Planungsparameter. Dieselbe Architektur ist „nur Architektur" und wird doch in Bezug zu „Gerechtigkeit" befragt.

Das heißt also, Abschied zu nehmen von Vorstellungen, dass Architektur und Stadtplanung politische Prozesse der Demokratisierung anführen, in deren Zentrum stehen oder eine sonstwie glanzvolle Rolle einnehmen, die für die Protagonist*innen schmeichelhaft sind. Einerseits passiert das ohnehin schon längst – und die Masterplan-Kritik ist das klassische Beispiel für eine Kritik an einer bestimmten Selbstüberschätzung von modernistischer Architektur. Und auch dem Habitus und den öffentlichen Macht-Displays heutiger *Starchitecture*[367] täte eine Art Erinnerung daran gut, dass sie „nur Architektur" ist. Wobei: So geradeaus moralisierend muss eine heutige

Einladung zur Behübschung nicht angenommen. Siehe auch die Einleitung zu: Gabu Heindl, Michael Klein, Christina Linortner (Hg.), Building Critique. Architecture and its Discontents, Leipzig 2019.

366 Unter dem Titel „Just Architecture" habe ich eine Reihe an Workshops und Ausstellungen konzipiert. Siehe auch meine Gast-Herausgabe von ERA21, 1, 2012.

367 *Starchitecture* ist ein Kofferwort, das sich auf den Celebrity-Status international agierender Architekt*innen bezieht, deren Architektur im globalen Städtewettbewerb eingesetzt wurde – u.a. 1997 mit dem Museum of Modern and Contemporary Art in Bilbao von Frank Gehry. Für diesen Effekt, also wie die formgewaltige Architektur des Star-Architekten eine Stadt auf die internationale Tourismus-Karte setzen kann, wurde ein weiterer Begriff geprägt: der *Bilbao Effekt.*

*Just Architecture*-Kritik im Sinn des ‚nur' nicht sein. Eine nüchternere Einsicht wurde seitens der *Sheffield School of Architecture* in Hinblick auf *spatial agency* formuliert: „a building is not necessarily the best solution to a spatial problem."[368] Das heißt: Ein räumliches Problem kann von vielerlei Handlungsweisen und Handlungsfähigkeiten adressiert werden, die Architektur, das Errichten von Gebäuden, ist nur eine davon – neben sozialen oder politischen Bewegungen, Bewohner*innen-Initiativen oder Sozial- und Stadtviertel-Arbeit.

Das ‚nur'-Moment an *Just Architecture* hat etwas von Desillusionierung in Bezug auf die eigene ‚Mächtigkeit' an sich, die aber, positiv gesehen, wieder wesentlich auf ein *Handeln* hinausläuft: Was können Architekt*innen überhaupt bewirken? Nicht viel – wenn sie nämlich „nur Architekt*innen" bleiben; wenn sie nicht – über die Behauptung von Branchen- und Könnens-Identitäten hinaus – in Organisationen und Prozesse des *Mit-Handelns* mit anderen eintreten. Damit sind wir schon in der Aufspaltung der *Just Architecture* vom ‚nur' zur *justice.* Das heißt: Das wenige, das Architektur bewirken kann, oder das etwas mehr, das bewirkt werden kann im Gemeinsam-Handeln solidarischer Zusammenschlüsse, bei denen Architektur ein Teilhandeln neben anderen ist, das ist (mit) auf ein Ziel bezogen, für das Gerechtigkeit kein schlechter Name ist.

Und natürlich ist Gerechtigkeit, *justice*, auch ein großes Wort. Ich bin bereits im Kontext der Überlegungen zum „Gesetz als Setzung" (Kapitel 6) auf Gerechtigkeit eingegangen und darauf, dass es für meinen radikaldemokratischen Ansatz zur Planungspolitik nicht so sehr darum geht, eine moralphilosophisch grundlegende Definition von Gerechtigkeit zu liefern. Sondern, dass ich vielmehr ausgehe von der Kritik akuter *Unrechtsverhältnisse* in Fragen des Zugangs zu Öffentlichkeit, zu Anteil am gesellschaftlichen Reichtum, zur Teilhabe am Gemeinwesen. Ich sehe mich da zum einen in Übereinstimmung mit der Art, wie der kritisch-marxistische Geograf David Harvey Politik und politische Ökonomie der Stadt auf Fragen von Gerechtigkeit bezogen hält, nämlich mit seiner Rede von der „Stadt als Ungerechtigkeit produzierende Maschine".[369] Das betrifft insbe-

368 Spatial Agency, http://www.spatialagency.net. Auf dieser Webseite versammelte das Spatial Agency Team unter der Leitung von Tatjana Schneider und Jeremy Till eine umfassende Liste an Akteur*innen und Projekten aus dem erweiterten Architekturfeld, die dem Agency-Begriff nahestehen.

369 David Harvey, Social Justice and the City, Athens 1973, S. 12.

sondere auch das Ausmaß, in dem aufgrund post- und neokolonialer Machtstrukturen im Weltmaßstab Verhältnisse in westeuropäischen Städten, die aufgrund von z.B. sozialstaatlichem Ausgleich weniger ungerecht sind, auf Ungerechtigkeit und Hyper-Ausbeutung im globalen Süden aufbauen. Zugleich führt Harvey an, dass das Augenmerk auf „social injustice" keine Frage der Definition von „eternal justice and morality" ist; vielmehr gehe es für ihn darum, „to regard [social justice] as something contingent upon processes operating in society as a whole."[370]

Gerechtigkeit, und damit auch die Ungerechtigkeit produzierende Stadt, wird somit relevant im gesellschaftlichen Zusammenhang mit Machtprozessen und politischen Konflikten, wie sie auch in Henri Lefebvres *Recht auf Stadt* artikuliert sind. Dieser radikalen Kritiklinie von Lefebvre und Harvey gegenüber steht die Gerechtigkeitsforderung, die Susan Fainstein im Rahmen ihrer nuancierten Ausführungen zur *Just City* erhebt.[371] Sie spricht in ihrer an die liberale Theorie von John Rawls angelehnten Planungstheorie von „equity", in Unterscheidung zum modernen demokratischen Begriff der „equality", dem sie vorwirft, dass er zu eng mit Standardisierungszwängen (Gleiches für alle) verknüpft sei. Dementsprechend verschiebt sich bei ihr auch der Akzent von einem egalitaristischen Gerechtigkeitsverständnis hin zur *equity* als Chancengleichheit.[372] *Equity* ist ihr der wichtigste Aspekt neben den in ihrer *Just City*-Triade („Principles to Guide Planning and Policy") genannten Aspekten *democracy* und *diversity*.[373] Gern wird in Hinblick auf Fainsteins Chancengleichheits-Ansatz eingewendet, dass er alles andere als radikal sei, wobei Fainstein selbst ihren Ansatz auch als durchaus *reformistisch* versteht, bzw. einmal mehr mit einem Anflug von Aufspaltung gesagt: als bezogen auf „nonreformist reforms".[374]

Fainstein zitiert dabei Nancy Frasers Forderung nach „nonreformist reforms", die innerhalb existierender sozialer Verhält-

370 Harvey, Social Justice, S. 15.

371 Susan Fainstein, The Just City, Ithaca, London 2010.

372 In Kapitel 4 habe ich bereits auf die Potenziale von *equity planning* hingewiesen, und wir werden auch am Ende darauf zurückkommen.

373 Fainstein, Just City, S. 170ff. Fainstein listet jeweils unter *equity, diversity, democracy* ganz konkrete Handlungsanweisungen für Städtebau und Stadtplanung, die für sie in Richtung einer gerechteren Stadt weisen.

374 Fainstein, Just City, S. 17ff.

nisse operieren und dennoch etwas bewegen: „they set in motion a trajectory of change in which more radical reforms become practicable over time."[375] Fainsteins Zugang zur Planungspolitik ist im Wesentlichen im marktliberalen US-Kontext zu lesen – dort bringt sie ihre Argumente seit Jahrzehnten mit einer Hartnäckigkeit vor, dass sie für viele Studierende und Planende eine wichtige Referenz geworden sind. Im Kontext von *nonreformist reforms* positionieren sich auch Laura Kurgan und ihre Studierenden an der Columbia University mit ihren *Justice Mappings* und *Million Dollar Blocks*: Mittels architektonischer Kartografie und partizipativer Workshops vor Ort fordern sie eine Verschiebung von öffentlichen Investitionen weg von der Finanzierung massenhafter Inhaftierungen (wegen kleiner Delikte) von Bewohner*innen aus unterversorgten Stadtteilen hin zu öffentlicher Infrastruktur – Kindergärten, Schulen, Parks – in den Gegenden, aus denen die Inhaftierten kommen. Solche Projekte sind positioniert zwischen einem Sich-nicht-selbst-Überschätzen und einem Maximal-Fordern.[376]

Damit will ich zum Abschluss der Fragen zur demokratischen Ethik in der Planungspolitik auf Folgendes hinaus: Es ist wohlfeil, bestimmten Praktiken und Diskursen zu bescheinigen, dass sie nicht radikal genug seien, um als politisches Handeln qualifiziert zu werden. Die Leichtigkeit, mit der das oft behauptet wird, geht zusammen mit der Hochlizitierung der Messlatte dessen, was als Politik gelten kann. Dem möchte ich, einmal mehr mit Marchart, das Konzept einer „minimalen Politik"[377] entgegenhalten. Der Begriff beinhaltet eine Rehabilitierung jener Formen politischen Handelns, die allzu leicht als ineffizient, zu klein, zu korrumpiert abgetan werden. Marcharts Hinweis auf das „Minimale" ist dabei erstens so zu verstehen, dass Politik nicht maximalistisch hochgeschraubt werden soll in einen Bereich, wo das Radikale ins Puristische umschlägt, in Politik als alles-veränderndes Event oder heroischer Akt; und zweitens so, dass *hegemoniepolitisch jeder kleine politische Schritt zählt*, wie klein und transitorisch auch immer ein Moment eines Einspruchs gegen ungerechte Ordnung sein kann. Besonders auch deshalb, weil demo-

375 So formuliert es Nancy Fraser in: Nancy Fraser, Axel Honneth, Redistribution or Recognition? A Political-Philosophical Exchange, New York 2003, S. 79.

376 Laura Kurgan, Close up at a Distance: Mapping, Technology, and Politics, New York 2013.

377 Marchart, Die politische Differenz, S. 289–301.

kratische Positionen heute, unter dem Druck von neoliberalen wie auch von nationalistisch-autoritären Strategien, gar nicht so wählerisch sein können, diese oder jene Form von demokratischen Einrichtungen, Einsprüchen oder Fürsprachen als „nicht radikal genug", ergo „nicht politisch genug", also als ‚nur' reformistisch, ‚nur' bürgerlich, ‚nur' kritisch etc. zu verschmähen.[378] Voraussetzung bleibt allerdings, dass all die Handlungen, die *just little steps* sind, auf ein umfassendes radikaldemokratisches Programm etwa von *justice* bezogen bleiben. Just, yet just!

Insofern ist auch *Just Architecture*, also eine Architektur, der – nach der Ära der Masterplan-Großpolitiken und Großphantasien – ein ‚nur' anhaftet, keineswegs als nichtig abzutun.[379] Letztlich sind Zuschreibungen wie „minimal" und „maximal", als Steigerungen von klein und groß, nicht nur räumliche Kategorien, sondern, mehr noch, Fragen des Maßstabs und der Messung. Und auch die Messung und ihre Maßstäbe gilt es, in ihrer Identität zu hinterfragen und zu entfremden.

378 Bei Rosa Luxemburg findet sich eine produktive Perspektive auf Reformen: Diese bringen wichtige (Fort-)Schritte und kleine Siege innerhalb des Kapitalismus, aber es darf dabei die umfassende Veränderungsperspektive (bei Luxemburg: die Revolution) nicht aus dem Blick geraten, bzw. geht es auch darum, die kleinen Schritte in die große Richtung zu lenken. Vgl. Rosa Luxemburg, Sozialreform oder Revolution? Berlin 1982 [1899].

379 Wenn etwa Hermann Czech sagt, Architektur sei „nur Hintergrund", dann fügt er auch gleich hinzu, dass ja gerade der Hintergrund von Relevanz ist. Siehe Eva Kuß, Hermann Czech. Architekt in Wien, Zürich 2018. Mit Hannah Arendt weitergedacht, wird dieser „Hintergrund" zum „Rahmen" von Handlungen – das Bauen ist also eine Arbeit am Rahmen, in dem Agency entstehen kann.

# 8. Vermessen Fordern

*It has to be at least … three times bigger than this!*
BEN STILLER in ZOOLANDER, 2001

## Maß-Halten | Wohnen im Existenzminimum

Die Überschrift dieses achten Kapitels ist eine Wortkombination aus *V/vermessen* und *Fordern*. Sie gilt einerseits dem Vermessen im Doppelsinn von Ausmessen und Messfehler und andererseits dem Thema der politischen Forderung; die folgenden Überlegungen handeln von der Verbindung der beiden Worte zur politischen Qualität von vermessenen Forderungen, im Sinn von *demands*, die nicht Maß halten gegenüber herrschenden Zumessungen.[380]

Kommen wir also mit der Frage der Maß-Haltungen von der „minimalen Politik" zu einem anderen Minimum mit Bezug zur Politik. Und kommen wir so auch wieder nach Wien. Zuerst ins Rote Wien der 1920er Jahre, dessen sozialdemokratische Regierung Wohnungen baute. Gemessen an den Widerständen, sehr viele Wohnungen; gemessen am Bedarf, vermutlich zu wenige. Vor allem aber waren die Wohnungen klein, für den Internationalen Wohnungs- und Städtebaukongress in Wien von 1926 waren sie zu klein.[381] Ohne nun das Verdienst zu schmälern, dass der Wohnbau im Roten Wien die

380 Mein Gebrauch der Doppelbedeutung von ‚Vermessen' ähnelt in mancher Hinsicht dem von Gudrun-Axeli Knapp: „Jede kritische Theorie, die über den gesellschaftlichen Status quo hinauszuweisen sucht, [… muss] vermessen sein, wenn sie dem eigenen Anspruch genügen will." – „Eine vermessene feministische (Gesellschafts-)Kritik von heute würde den *cultural turn* der 1990er Jahre zwar nicht zurückdrehen, wohl aber in Richtung eines *societal (re)turn* weiterführen […]." Gudrun-Axeli Knapp, „Warum nicht vermessen sein? Anmerkungen zur Dialektik feministischer Aufklärung", in: Sabine Hark, Johanna Hofbauer: Vermessene Räume, gespannte Beziehungen. Unternehmerische Universitäten und Geschlechterdynamiken. Berlin: Suhrkamp 2018, S. 40–70, hier S. 42f, S. 60.

381 Auf Kritik aus den Reihen des Internationalen Wohnungs- und Städtebaukongresses, der 1926 in Wien stattfand, mussten die Wohnungsgrößen auf Standardgrößen

Lebensbedingungen der Arbeiter*innenbevölkerung entscheidend verbessert hat, ist hier allerdings zu fragen: Was sind Kriterien dafür, welche Wohnungen groß genug sind? Welche womöglich zu groß sind (im gesamtgesellschaftlichen Vergleich gesehen)? Wovon hängen Größenbestimmungen ab? Das betrifft Machtverhältnisse und soziale Zuschreibungen, auf deren Basis festgelegt wird, wie wenig an Raum für eine bestimmte Gruppe von Bewohner*innen ausreicht. Wer bestimmt über die Definitionsmacht über das richtige Maß, die angemessene Größe, einer Wohnung? Was sind die sozialen und ökologischen Kriterien und gelten sie für alle gleich?

Historisch kanonisch ist die *Wohnung für das Existenzminimum* als architektonischer Lösungsansatz zum Problem massenhafter Wohnungslosigkeit. Es handelt sich bei der *Wohnung für das Existenzminimum* um die kreative Ausformulierung von Grundrissen, im Grunde eine ausgetüftelte Berechnung von Wohnungs-Mindeststandards, präsentiert beim II. Congrès International d'Architecture Moderne, der 1929 in Frankfurt a. M. stattfand.[382] Der Kongressteilnehmer Walter Gropius definierte dieses Wohnungsminimum als „elementare[s] Minimum an Raum, Luft, Licht, Wärme, die der Mensch braucht, um bei der Vollentwicklung seiner Lebensfunktionen durch die Behausung keine Hemmungen zu erfahren, also ein Minimum an *modus vivendi* an Stelle eines *modus non moriendi*".[383] Hier steht eine „Lebensweise" einer „Überlebens-Weise" des bloßen „Nicht-Sterbens" gegenüber. Ziel dieser Festlegung richtiger Maße war die Flächenoptimierung im Massenwohnungsbau: Ihr galten die Entwürfe progressiver Architekt*innen[384] als Beitrag zur möglichst kreativen Ausformulierung optimierter Wohnraum-Minima.

von 40, 49 und 57 Quadratmeter angehoben werden. Siehe Helmut Weihsmann, Das Rote Wien, Wien 2002, S. 40.

382 Hier der lange Titel der Publikation der Kongress-Ergebnisse: Viktor Bourgeois, Le Corbusier und Pierre Jeanneret, Siegfried Giedion, Walter Gropius, Ernst May, Hans Schmidt, Die Wohnung für das Existenzminimum: auf Grund der Ergebnisse des II. Internationalen Kongresses für Neues Bauen, sowie der vom Städtischen Hochbauamt in Frankfurt a. M. veranstalteten Wander-Ausstellung. Einhundert (100) Grundrisse, Internationale Kongresse für Neues Bauen und Städtisches Hochbauamt in Frankfurt a. M. 1930.

383 Walter Gropius, Wege zu einer optischen Kultur, Frankfurt a. M., Hamburg 1959, S. 84–93, hier S. 90, und im Weiteren das Kapitel „Die soziologischen Grundlagen der Minimalwohnung für die städtische Industriebevölkerung".

384 Auch Margarete Schütte-Lihotzky steuerte einen Entwurf bei.

Die 1929 auf einigen internationalen Ausstellungen vorgeführten Prototypen sollten aufzeigen, wie sehr gute Architektur und Detailgestaltung es vergessen machen können, wie klein eine Wohnung eigentlich ist.

Damalige Entwürfe zum Wohnen im räumlichen Existenzminimum faszinieren Architekturschaffende bis heute. Und bis heute gibt es kritische Perspektiven und Stimmen dazu. Etwa dazu, dass der *modus vivendi*, der fürs Minimum in Betracht kam, an die Lebensform Kleinfamilie gebunden war. Die optimierte, in sich abgeschlossene Kleinfamilienwohnung brachte den Nebeneffekt mit sich, dass sie Untermietverhältnisse, aber auch kollektives Wohnen unmöglich machte. In Deutschland wie auch im Roten Wien arbeiteten Architekt*innen mit an einer räumlichen Disziplinierung der Arbeiter*innen und deren Eingewöhnung auf Kleinstwohnungen, die letztlich auch gouvernementalen Agenden der Kapitalseite in die Hände spielte. Genau darauf bezog sich Architekturtheoretiker Giancarlo De Carlo 1970: Er kritisierte die *Wohnung für das Existenzminimum*, insbesondere das Ausmaß, in dem sich Architekturschaffende für Optimierungszwecke des Kapitals, für die Festigung und Reproduktion gesellschaftlicher Machtverhältnisse instrumentalisieren ließen.[385] Denn: Zum einen hat die kapitalistische Ausbeutungs-Ökonomie sehr wohl ein Interesse an einer gewissen (eben minimalen) Verbesserung der Wohnsituation der Lohnarbeitenden, weil es ja auch Verbesserung ihres systemischen Funktionierens (Arbeitskraft) und Sicherung ihres Fortbestands ist. Zum anderen aber wird dabei das Existenzminimum zur Maximalleistung. Dieses Dilemma wurde laut De Carlo von den Architekt*innen ignoriert, ebenso wie das problematische Verhältnis zwischen Zweck und Mitteln: Sozialdemokratisch oder kommunistisch gesinnte Architekt*innen (er spricht konkret von den 1929 am CIAM Kongress teilnehmenden), die an der Optimierung der *Wohnung für das Existenzminimum* planten, stellten sich weniger die Frage – die Zweck- und Systemfrage – nach dem „Was?", „Wem dient es?" und „Warum?", sondern fragten nur nach dem „Wie?", legten ihr Augenmerk ganz darauf, durch welche Mittel das Raum-Minimum als lebbar gestaltet werden könnte. Bis

385 Giancarlo De Carlo, „Architecture's public", in: Peter Blundell Jones, Doina Petrescu, Jeremy Till (Hg.), Architecture and Participation. London, New York 2005, S. 3–18.

heute stehen in Planungsdebatten und in der Architekturlehre oftmals das kreative Schaffen und die Kunst einer ‚humanen' und vor allem, so das Keyword, *smarten* Flächenreduktion im Vordergrund – und nicht etwas, das im konkreten Fall *auch* möglich wäre: das Existenzminimum zunächst grundsätzlich zu hinterfragen.

Lucius Burckhardt schlägt 1974 in eine ähnliche Kerbe: Er sieht Architekt*innen als regelrechte Kompliz*innen bei der Zementierung von Notwendigkeiten – von vermeintlichen, letztlich kontingenten, aber im TINA-Modus propagierten Notwendigkeiten – hinsichtlich des Existenzminimums. Wenn Burckhardt dem entgegenhält, dass niemand mit dem Existenzminimum überleben kann, also „das Existenzminimum immer über dem Existenzminimum" liegt, dann ist diese Art, es zu formulieren, bereits ein Beispiel für *Vermessen Fordern.* Denn damit wird der oft beschworene ‚gesunde Menschenverstand', architektonischer gesagt: der *Haus*verstand, angetastet, der vorherrschenden Raumaufteilungen in der Gesellschaft zugrunde gelegt wird – und der seinerseits eine Rationalisierung von ungerechten Verteilungen des Raum-Reichtums ist.[386] Weiter in diese Richtung fordert Burckhardt Architekt*innen auf, anstatt in Koeffizienten, Quadratmetern und Materialstandards zu planen und so Bedürfnisse zu klassifizieren, sich „Ansätzen zum Träumen" zu widmen. Das Problem einer quantifizierenden Evaluierung sei, dass sie das Messbare, nicht das Unmessbare optimiert. Und schließlich seien architektonische Lehrbücher voll mit Angaben über optimale Straßenbreiten, während die Frage nach der Annehmlichkeit von Gehsteigen nirgends gestellt werde.[387] Solche Überlegungen münden bei Burckhardt in das Konzept des „Raumpolsters": Es gilt, ein „zweckfreies Zimmer" nach Art einer „Guten Stube" in Häuser einzubauen.[388] Dem entspricht die strukturelle Denkfigur der Einplanung eines generellen Extras, nach dem *noch niemand* verlangt: ein Möglichkeitsraum für zukünftige Aneignung, ein Surplus ohne (gegenwärtigen) Zweck. *Vermessen Fordern* betrifft hier Forderungen, die unerhört sind, nämlich ungehört, weil sie noch nicht oder kaum gestellt wurden.

386 Burckhardt, Wer plant die Planung?, S. 203 und S. 260.

387 „Dieses Verbessern der messbaren und Vernachlässigen der unmessbaren Übelstände beruht [...] auf einer falschen Planungsmethode.", Burckhardt, Wer plant die Planung?, S. 209.

388 Burckhardt, Wer plant die Planung?, S 263.

Burckhardt votierte in den 1970er Jahren für ein Aufbrechen der Standardisierung und Quantifizierung in den dogmatisch funktionalistischen Programmen des modernen Massenwohnbaus. Wenn wir die heutige Situation – nicht nur in Wien – betrachten, dann zeigt sich, dass es Ansätze eines Raum-Surplus bei eigen-initiierten Baugruppen-Projekten gibt sowie im Wiener geförderten Wohnbau, wo etwa im Zeichen von Forderungen nach „sozialer Nachhaltigkeit" Gemeinschaftsräume nach der Logik nutzungsoffener Zusatz-Räume geplant und gebaut werden müssen. Sind solche *shared spaces* ein sinnvoller sharing Ansatz und Raum-Zusatz in Wohnhäusern, wo mit Wohnungsfläche nicht gespart werden muss, werden derartige Räume in den Nachverdichtungsprojekten der Stadt, die eine prekäre heutige Form von Existenzminimum anpeilen – ob aus Profitgründen im privaten Wohnbau oder aus Austeritätspolitik-Gründen im Sozialen Wohnbau –, aber oft zu einer Art raumförmigem Entlastungsargument: Gemeinschaftsräume sollen oft fehlende Fläche für die einzelnen Bewohner*innen kompensieren. Bei einem auf diese Art von vornherein in eine knappe Kalkulation eingefügten Raum ist aber wohl nicht mehr von einem „Raumpolster" zu sprechen.

Im Rahmen von Stadtwachstum, gekoppelt mit neoliberaler Austeritätspolitik, werden Minimalrechnungen zum Wohnraum – der knapp und teuer ist (aber nicht einfach so, sondern aufgrund politischer Entscheidungen) – nicht mehr unter dem Namen Existenzminimum, sondern unter dem modischeren Label „smart" diskutiert. „SMART wohnen" heißt eine aktuelle Wiener Wohnbauförderungs-Initiative. Diese hat zum Ziel, durch nochmalige Verkleinerung vermehrt leistbare Wohnungen bauen zu können.[389] Bei all dem Reden von smartem Wohnen in der Smart City schwingt nicht nur eine klassistische, bildungselitäre Abgrenzung von „Nicht-Smarten" mit, sondern auch eine Schwerpunktsetzung: Als smart gilt dabei Schonung von knappen Ressourcen, insbesondere der zunehmend knappen Ressourcen an urbanem Raum, vor allem in Zentrumsnähe.

389 Siehe: https://wohnservice-wien.at/wohnen/smart-wohnen/. Letztlich betrifft die aktuelle, durchaus kreativ ausformulierte Fragestellung an die Planer*innen dasselbe Dilemma wie jenes, das De Carlo anhand der Planung des Existenzminimums in den progressiven Projekten der Zwischenkriegszeit kritisiert hat. Über das Label *Smart City* habe ich an anderer Stelle geschrieben. Siehe Gabu Heindl, Drehli Robnik, Ein neues Label für denselben alten Wettbewerb. Wer profitiert an der ‚Smart-City'?, Augustin Nr. 419, 2016.

Um nicht missverstanden zu werden: An Strategien der Nachhaltigkeit und Ressourcenschonung ist absolut nichts falsch; bedenkenswert scheint mir aber die Art, wie solche Konzepte im Rahmen von Smart-Strategien fungieren: Effektiv daraus entstanden ist nämlich das besagte „SMART wohnen"-Programm, das die Größen geförderter Wohnungen auf ein Minimum reduziert.[390] Parallel dazu wurde Ende der 2010er Jahre *tiny living* zum Lifestyle-Trend: eine vor allem jugendliche Wohnform mit leichtem Alltagsgepäck, bei der sich gelebte Digitalisierung in der Raumbedarfs-Minimierung auswirkt (Mobiliar für Bücher, Fernseher, HiFi-Anlage, Ton- und Bildträger bzw. für Heimarbeits-Büro-Archivalien wird überflüssig).

Keine Raumnahme ohne Raum-*Name*: Bei den neuen modischen Bezeichnungen geht es nicht zuletzt darum, dem Kapital ‚Platz zu machen' und möglichst viel an Stadt als Spielraum zu überlassen. Dabei wird die Selbstbeschränkung der Vielen beim Platz-Machen auch noch als begehrenswert dargestellt und mit Lifestyle-Assoziationen verknüpft.[391] Aus radikaldemokratischer Perspektive in Richtung möglicher Ermächtigung, Spielräume für Popular Agency und Egalität in der Aneignung von Stadt sind die Planungspraktiken und Werbediskurse zum Wohnen im Existenzminimum insbesondere auf eine technokratische Art antipolitisch: Das räumliche Existenzminimum steht den Spielräumen entgegen, die im Sinn „minimaler Politik" offengehalten werden sollen, das „Es geht nicht anders, als den Raum der Vielen zu verkleinern" steht gegen das „Es geht immer auch anders", das Politik beansprucht.[392] An diese Einsprüche zum Existenzminimum knüpfe ich mit zwei Formen von Kritik an:

390 Die Smartness der einen, nämlich so smart sein zu müssen, dass sie mit möglichst wenig Raum auskommen, wird beschworen, was wiederum dem Raum-Reichtum jener anderen dient, *deren* Smartness und Mächtigkeit sich darin ausdrückt, dass sie sich Stadt-Raum in bis zu Stadtviertel-Dimensionen aneignen (profitorientiert und/oder als Luxus-Surplus).

391 Der Komiker Heinz Strunk brachte das 2018 gut auf den Punkt, in einem Sketch über die vorgeblich unvermeidliche urbane „Tiefverdichtung" (Erschließung der Keller als Wohnraum) und über *tiny living* als begehrenswertes „Wohnen wie die Zwerge" (bei dem sich die Leute gleich auch weniger einsam und im Raum verloren fühlen). Heinz Strunk im NDR-Satiremagazin *extra3* vom 27.9.2018, mit Verweis auf v. a. norddeutsche Städte.

392 Wenn die Architektur schon zur Herstellung von Minima kreativ agiert, dann könnte ja vielmehr die Herstellung eines möglichen Minimums an Repression, Ausschluss oder Ausbeutung ein Ziel sein.

einerseits Kritik an der Macht der Zahlen, die zur Raum-Messung eingesetzt werden, andererseits allgemeinere Kritik an den Messgeräten, Richtschnüren, Maßstäben.

Zahlen können als Totschlagargument eingesetzt werden.[393] In Wien gibt es im Durchschnitt „heute soviel Wohnraum pro Kopf wie nie zuvor", wie es so schön heißt. Damit soll dann häufig belegt werden, dass das allgemein *zu viel* ist, nicht ökologisch, nicht mehr leistbar. Solche Durchschnittsbemessungen insinuieren, dass *alle* in einer Art Raum-Luxus leben, und dienen daher zur Untermauerung des Gebots zum Maßhalten und zur Verkleinerung von Standardwohnungen; dies in einer Zeit der Verfügbarkeit von Luxuswohnungen mit mehreren hundert Quadratmetern Wohnfläche auf einem zunehmend deregulierten Markt. So wird eine technische Notwendigkeit herbeigerechnet und propagiert, wo in Wahrheit eine bestreitbare Entwicklung stattfindet: Die Forderung nach Verkleinerung erweckt den Eindruck, als sollten *alle* Wohnungsgrößen reduziert werden, unabhängig von ihrer Ausgangsgröße und ihren anderen Qualitäten. Ökologische Gründe – die ihre Stichhaltigkeit haben, auch in demokratiepolitischer Hinsicht – werden geltend gemacht für die Reduktion der durchschnittlichen Pro-Kopf-Wohnfläche. Nur – wen trifft diese Reduktion konkret?

Susanne Heeg und Nadine Bitterer haben darauf hingewiesen, dass immobilienwirtschaftliche kalkulative Praktiken als „soziale Konstruktionsleistung" eine soziale Realität hervorbringen.[394] Auf der Seite des neoliberalisierten Kapitals werden Märkte geschaffen, z.B. indem Wien als Stadt mit geringem Risiko, nämlich geringem Risiko für Großinvestitionen in städtischen (Wohn-)Raum, diskursiv gesetzt, inszeniert und somit zu einem begehrten Ort für gesicherte

393 Gudrun-Axeli Knapp spricht hier von „den Geltungsbedingungen des Dispositivs numerisch erzeugter Faktizität", das einer insbesondere „feministische[n] Kritik des vergleichenden Vermessens [bedarf]". Knapp, „Warum nicht vermessen sein?", S. 52.

394 „Immobilienmärkte und -investitionen werden im Prozess des Kalkulierens hervorgebracht, aber die soziale Konstruktionsleistung ist nicht nur ein diskursives Spiel, sondern mit ihr wird eine soziale Realität hergestellt, deren Wirkmächtigkeit die Handlungen und den Alltag von Mietern, Vermietern und Investoren rahmt." Nadine Bitterer, Susanne Heeg, „Macht der Zahlen", in: Zeitschrift für Wirschaftsgeographie 59, 2015, S. 34–50, hier S. 37.

Kapitalverwertung gemacht wird.[395] Wie gesagt: keine Raumnahme ohne Raum-Name. Und auch Raum-Zahlen haben dieses Moment von Namen, das heißt, sie sind nicht nur objektivierende Definitionen, sondern verweisen auf konkrete Qualitäten, Dynamiken und Vorstellungen. Und so ist es auch für kritische, gegenhegemoniale Projekte wichtig, nicht nur Räume anders zu benennen – wie z.B. bei Lucius Burckhardts strategisch naiven Fragen nach der Annehmlichkeit von Gehsteigen als Berechnungsgröße –, sondern eben auch Raum-bezogene Zahlen in ihren raumpolitischen Kontexten zu kennen, zu nennen und umzubenennen. Kurz, es geht darum, die Zahlen in ihrer Strittigkeit als politische Einsätze zu verstehen. Das heißt *auch*, das durch Zahlen ausgedrückte Wissen konkret zu machen: Wie wenig Raum haben Menschen *konkret* zur Verfügung? Ein Beispiel: Migrant*innen steht in Österreich im Schnitt über ein Drittel weniger Wohnfläche zur Verfügung.[396]

Es geht also darum, welche Zahlen zählen. Und das heißt, Zahlen und die in ihnen formulierten Raum-Bemessungen nicht einer technokratischen oder marktökonomistischen Definition zu überlassen, sondern sie zu *lesen*, nämlich auf die Vermittlung von sozialen Verhältnissen und politischen Tendenzen, Zurichtungen und Bemächtigungen hin zu lesen – und ihnen zugleich Widerstände und gegenhegemoniale Aneignungen *einzuschreiben*. Das ist als Verfahrensweise in demokratisch geführten Konflikten ein wichtiges Mittel der Auseinandersetzung. Wenden wir uns daher nun grundsätzlicher und allgemeiner dem Zählen, Messen und *Vermessen Fordern* zu.

395 Nämlich durch die Liberalisierung von grenzüberschreitenden Investitionsbeschränkungen und durch die räumliche Ausdehnung der Etablierung einheitlicher Bewertungs- und Beurteilungsstandards (für Risiko und Ertrags-Abschöpfung). Susanne Heeg, „Wohnen als Anlageform: Vom Gebrauchsgut zur Ware", in: Emanzipation, 3, 2, 2013, S. 5–19.

396 Diese geringere Wohnfläche geht, wohlgemerkt, nicht einmal mit entsprechend geringen Wohnkosten einher, da Migrant*innen auf den privaten Markt angewiesen sind, auf dem Mietpreise zum Großteil ungeregelt sind. Vgl. Statistik Austria, Statistisches Jahrbuch. Migration und Integration, Wien 2021, S. 80.

**Maßstabsfragen, Vermessen des Messgeräts, Nonsolution**

Eine Messvorrichtung, etwa eine Messlatte oder ein Maßband, gibt Aufschluss über die Länge eines Tisches, nicht aber darüber, ob der Tisch für die Zwecke, für die er besteht, zu lang oder zu kurz ist. Ein Maßband erhält im Alltag seine Autorität dadurch, dass ihm vertraut wird. Ludwig Wittgenstein erinnert daran, dass es auch umgekehrt sein kann, ja sollte – mit folgender Frage (bei welcher „Maßstab" im Sinn des Messgeräts gemeint ist): „Ja wenn ich den Maßstab an den Tisch anlege, messe ich immer den Tisch, kontrolliere ich nicht manchmal den Maßstab?"[397] Zusammen mit dem Tisch, dem Bemaßten, steht also auch das Messgerät selbst zur Überprüfung an und Einwänden offen. Messgerät und Bemaßtes geben immer über das jeweils andere Aufschluss. Das Maßband impliziert Kräftebeziehungen, die in seiner Alltagsanwendung meistens ausgeblendet sind. Ich will hier weniger auf die dingtheoretische Perspektive hinaus, dass ein Messgerät in einer wissenspolitischen Situation ein eigenmächtiger Akteur ist. Sondern darauf, dass in einem Messen und seinen Maßstäben politische Setzungen, ideologische Voraus-Setzungen enthalten sind (in einer Form vergleichbar der „Sedimentierung" von politischen Konflikten, die ich in Teil I erörtert habe).

Standards und Normen sind Streitmasse.[398] In der Architektur und Stadtplanung begegnen sie uns jedoch primär in branchenweit gültigen Standardwerken. So definiert z.B. „der Neufert" – ein pikanterweise im Deutschland des Jahres 1936 erstveröffentlichtes, oft wiederveröffentlichtes, kanonisches Nachschlagewerk[399] – Minimalanforderungen in Sachen Raumgröße und Ausstattung für diverse Raumfunktionen – von Sanitäranlagen über Kinobestuhlung bis zu Gefängniszellen. Gängige Bauordnungen verfahren ähnlich: Sie

397 Ludwig Wittgenstein, Werkausgabe, Band 6: Bemerkungen über die Grundlagen der Mathematik, Frankfurt a. M. 1984.

398 Mit Hannah Arendt können wir die Beziehung zwischen Politik und Messvorrichtungen so weit zuspitzen, dass sich da ein regelrechter Gegensatz abzeichnet: „Yet has not the task of understanding become hopeless if it is true that we are confronted with something which has destroyed our categories of thought and standards of judgment? How can we measure length if we do not have a yardstick, how could we count things without the notion of numbers?" Hannah Arendt, „Understanding and Politics", in: Partisan Review 20, 4, 1953, S. 377–392.

399 Für eine Standardisierungskritik am „Neufert" siehe Nader Vossoughian, „Standardization Reconsidered: Normierung in and after Ernst Neufert's Bauentwurfslehre (1936)", in: Grey Room 54, 2014, S. 34–55.

sichern Mindeststandards ab. Meine Kritik an diesen Bemessungen richtet sich nicht primär auf den Glauben an die umfassende Standardisierung, den sie ausdrücken, sondern auf etwas, was man die *Eigendynamik der Minima* nennen könnte. Das heißt, die Festlegung von Mindeststandards (wie auch das zuvor diskutierte Existenzminimum an Wohnraum) tendiert – unter marktökonomischen Bedingungen – stark dazu, auch festzulegen, dass sie nie überschritten werden, dass also das Minimum quasi zum Maximum wird, jedenfalls zur Norm.

Wir haben es hier mit einem Downgrading zu tun. Die Forderungen radikaldemokratischer Planungspolitik sind einem solchen Downgrading entgegengesetzt. In diesem Kontext verstehe ich das Radikalisieren als ein *Sich nicht Zufriedengeben mit den unter der Hand normalisierten Minima*. Die Forderung nach *Recht auf Wohnen* darf sich nicht auf die Forderung nach einem bloßen Dach über dem Kopf reduzieren.[400] Auch die Politik der *Recht auf Stadt*-Bewegung hält sich dezidiert nicht an jene Vermessung von urbanem Raum, die Zentren und Peripherien in soziale Hierarchien übersetzt. Gerade in Zeiten der kaufkraftbasierten Segmentierung der Stadt muss die politische Forderung nach *Recht auf Stadt* mit einem *Recht auf Zentralität* verbunden werden.[401] Das ist keine Frage von technisch-wirtschaftlicher Versorgung, sondern von einer Politik der Rechte auf Urbanität (etwa in Form von Infrastruktur) und der Macht in der

400 Und um ein Recht auf Wohnen soll es auch kein Bittstellen geben müssen. Als United Nations Special Rapporteur on the Right to Adequate Housing beschreibt Raquel Rolnik das Recht auf Wohnen als „to encompass the security of all forms of tenure and the protection against forced evictions; access to basic services, including health care, education, potable water, food, electricity, sanitation, waste disposal, transport, leisure, green spaces and a healthy environment; the right to use appropriate and adequate materials ensuring habitability, including adequate space and effective protection against natural threats to health and life; affordability of, and access to means of subsistence, including access to land, infrastructure, natural and environmental resources, and sources of livelihood and work; the right of participation in all stages and processes of decision-making related to housing; and the prioritisation of the needs of vulnerable and historically marginalised minorities." Raquel Rolnik, „Place, inhabitance and citizenship: the right to housing and the right to the city in the contemporary urban world", in: International Journal of Housing Policy 14, 3, 2014, S. 293–300, hier S. 294.

401 Lefebvre präzisiert das „Recht auf Stadt" als „Recht auf Zentralität" und „Recht auf Differenz". Vgl. Henri Lefebvre, Die Revolution der Städte: La Revolution urbaine, Hamburg 2014, S. 144.

Dachterrasse, Erweiterung BG Zehnergasse, Wiener Neustadt.
GABU Heindl Architektur.

Stadt (etwa auch zur Mitgestaltung von urbanem Raum). Aber auch abgesehen vom größeren stadtplanerischen Raumkontext wirkt sich die Kanonisierung von Minima als eine Verordnung von Genügsamkeit aus, insbesondere in heutigen Zeiten der Austeritätspolitik gegenüber öffentlichen Institutionen.

Ein Beispiel aus meiner Praxis: Auf unser planerisches Bestreben, einen großen Schulerweiterungs-Bau in Wiener Neustadt 2011–2013 mit einer Dachterrasse auszustatten, reagierte die Landes-Schulbehörde ablehnend – mit der Begründung, dass, wenn diese eine Schule eine Dachterrasse erhielte, dann andere Schulen mit derselben Forderung nachziehen könnten. Es mutet wie eine bittere Ironie an, dass hier ein Gerechtigkeits-Argument geltend gemacht wurde: Im Sinn des allgemeinen Downgrading wurde quasi egalitär auf unbedingte ‚Gleich-schlecht-Behandlung' gepocht.[402]

402 Letztlich habe ich allerdings Folgendes durchgesetzt: einen Kompromiss zum unmittelbaren Bau einer kleineren Terrasse und die statisch-strukturellen Vorbereitungsmaßnahmen für eine mögliche Erweiterung in der Zukunft.

Maßstab hat nun nicht nur die Bedeutung Messgerät in Form eines Maßbandes oder einer Messlatte. Maßstab ist auch die Logik einer verhältnismäßigen Darstellung. In der Architektur und Stadtplanung gibt der Maßstab den Faktor von Verkleinerungen an, nach denen Pläne und Modelle als Repräsentationen von Gebautem zu lesen sind.

Die überdrehte Hollywood-Komödie *Zoolander* von und mit Ben Stiller aus dem Jahr 2001 wirft satirische Blicke nicht nur auf das Business männlicher Supermodels, sondern im Vorübergehen auch auf die Frage des Maßstabs als Repräsentationslogik architektonischer Planung. Der Titelheld, ein eitles Fashion-Model, will sich als kultureller Wohltäter profilieren und lässt eine nach ihm benannte Schule für Kinder mit Lernschwächen planen. Bei der Präsentation des aufwändigen Architekturmodells im Maßstab von ungefähr 1:100 gerät er in Wut, zerstört das Mock-up und fragt den stilbewussten Architekten empört, ob das etwa eine *Ameisenschule* sein solle: Wie könnten wir von Kindern verlangen, dass sie lernen, so Zoolander, wenn sie doch nicht einmal in das Gebäude hineinpassen? Und deshalb, so lautet sein trotziges Resümee über die Schule: „It has to be at least... – three times bigger than this!"

Der Witz an der Filmszene liegt in der Buchstäblichkeit, mit der das Nicht-Verstehen eines weit verbreiteten und als simpel geltenden Codes hier ausgespielt wird: des Codes ‚maßstäblich verkleinerte Darstellung als Modell'. Aber daran ist einiges noch buchstäblicher, als es für den Hollywood-Gag nötig wäre: Denn der Nicht-Versteher Zoolander hat ja gewissermaßen Recht mit seinem empörten Einwand – in dem Sinn, dass bei öffentlichen Bauten, z.B. Schulbauten, das Endresultat tatsächlich oft viel zu klein ist. Außerdem macht die Szene mit dem nicht verstandenen Maßstab-Modell eine Machtsituation deutlich: Beim Planen im Maßstab geht es um *Zugriff* auf ein Zukünftiges – im wahrsten Sinn des Wortes –, auf ein Zukünftiges der Stadt und damit von Gesellschaft, das einer bestimmten gegenwärtigen Vorstellung unterworfen sein soll. Hier kommt Maßstab noch in einem dritten Sinn in Betracht, nämlich als ein Kriterien-Katalog. Welcher Maßstab wird an öffentliche Gebäude angelegt – etwa an Schulbauten, die alle gleichermaßen ‚Minimum' sein sollen in dem, was sie ihren Nutzer*innen bringen? Das ist der Maßstab heutiger Austeritätspolitik. Diese hat mit der modernistischen Festlegung des Existenzminimums gemeinsam, dass beide von Lebensbedingungen derer, die von der Ersparnis an Raum- und Geldmitteln betroffen sind, abstrahieren. Diesen Aspekt trifft die *Zoolander*-Filmszene mit: Die Titelfigur verweigert die Anerkennung des Abstraktionslevels des maßstäblichen Modells, das auch als Herrschaftsinstrument zum Einsatz kommt.[403] Die Verweigerungshaltung der Filmfigur Zoolander besteht darin, dass sie sich gewissermaßen dumm stellt gegen eine Smartness, die in der neoliberalen urbanen Wirklichkeit zu kleine, minimal ausgestattete Schul-, Wohn- und Sozialbauten vorschreibt.

Es geht mir hier nicht um die Stilisierung eines Filmkomikers zum Helden einer närrischen Einfalt.[404] Vielmehr haben wir hier, im Modell von Zoolanders Schule, einen Anstoß zum *Unlearning* mit Blick auf architektonische Planung vor uns.[405] Dieser Moment des Verlernens bzw. eines Sich-Dumm-Stellens, dort wo Smartness und Slickness gefordert sind, ist ein erstes ästhetisches Beispiel zur Verweigerung des rechten Maßes, den die hegemoniale Raumaufteilung verlangt. Ästhetik verstehe ich hier auch in einer der Bedeutungen, die sie im Rahmen der „politischen Ästhetik" bei Rancière hat, näm-

403 Die *Zoolander*-Szene ist Teil des kontinuierlich wachsenden Kompilationsvideos *Mock-ups in Close-up: Architectural Models in Film 1919–2019,* das ich gemeinsam mit Drehli Robnik seit 2008 bearbeite. Derzeit umfasst es Szenen mit physischen Architekturmodellen aus 202 verschiedenen Spielfilmen, und in vielen dieser Szenen ist ein Planungs-Macht-Aspekt körperlich anschaulich gemacht: *Große* Männer – Architekten, Investoren, Politiker – stehen vor *kleinen* Häusern, also rund um ein Gebäude- oder Stadtviertel-Modell; sie gestikulieren und greifen das Modell an, im Zugriff auf das, was die Stadt ihren Zielen entsprechend werden soll. Ein gutes Beispiel ist die Festrede vor einem Stadterweiterungsmodell zu Neapel in dem italienischen Politdrama mit dem sinnigen Titel *Le mani sulla città – Die Hände über der Stadt* von 1962 (Regie: Francesco Rosi). Siehe Gabu Heindl, Drehli Robnik, „Maßstab und Macht. Mock-ups in Close-up: Architekturmodelle im Film 1927–2010", in: Oliver Elser, Peter Cachola Schmal (Hg.), Das Architekturmodell. Werkzeug Fetisch Kleine Utopie. Deutsches Architekturmuseum, Zürich 2012, S. 57–61.

404 Und dass Ben Stillers Zoolander-Figur erstens eben aus ‚Dummheit' nicht versteht (anstatt dezidiert zu verweigern) und zweitens ja selbst in der politisch problematischen Rolle des Wohltäters auftritt, der sich ein öffentliches Denkmal setzen will, erwähne ich hier der Vollständigkeit halber.

405 *Unlearning* in Bezug auf eine Haltung, einen Status als Wissende*r nach dem herrschenden Maßstab von Normalwissen gerade nicht in Anspruch zu nehmen. Siehe Ruth Sondereggers Überlegungen zu den Kynikern, wie sie Foucault rezipiert, in: Ruth Sonderegger, „Professional Critique?", in: Heindl, Klein, Linortner, Building Critique, S. 28–41.

lich betreffend das Sinnliche der vorherrschenden Aufteilung von Gesellschaft, von Körpern im sozialen Raum sowie Störungen dieser Aufteilung.[406] Zusätzlich zu diesem szenischen Moment des Verlernens gehe ich nun auf zwei weitere Beispiele des Vermessens und Verzählens im Zusammenhang mit Planung ein.

Mein 2011 im Rahmen von Kunst-am-Bau durchgeführtes Projekt *Draußen im Gefängnis* ist die Realisierung eines vermessenen Fußballplatzes an einem problematischen Ort: im beengten Männerspazierhof der Justizanstalt (für ‚Kurzzeit'-Inhaftierte) in der österreichischen Kleinstadt Krems. Vermessen ist dieses Draußen in einer besonders einschließenden Art von Drinnen in mehrfachem Sinn: Erstens habe ich einen Fußballplatz in den winzigen Hof eingepasst, obwohl es seitens der Haftanstaltsleitung hieß, für diesen Platz sei kein Platz – zumal der Hof durch eine Baustelle im Begriff war, noch weiter verkleinert zu werden. Dadurch traten Dilemmata eines Kunst-am-Bau-Projekts an diesem Ort noch stärker zutage: Ein Gefängnis ist exemplarisch ein Gebäude, das auf räumliches Existenzminimum und Kostenminimierung hin optimiert ist (abgesehen von dessen Straf-Aspekt mit Anteilen von Quälerei). Heißt Kunst am Bau hier notwendig, die Einschließung – in einen noch dazu zu engen Raum – zu verschönern, gar zu rechtfertigen? Meine Planung situierte sich in dem Spektrum zwischen einem Mit-Tun – das bis zum Grad des Bauens eines Gefängnisses reichen könnte (was ich nicht tun würde) – und einer radikalen Verweigerung, auch nur irgendetwas zu tun, das die Utopie einer gefängnislosen Gesellschaft verraten würde.

Konkret plante ich den Fußballplatz vermessen auch in einem zweiten Sinn, nämlich als ein Fußballfeld, das in den zu kleinen Hof nur dadurch hineinpasste, dass es an einer Seite an der Wand hochgeklappt werden und an einer anderen Stelle Bodenfalten schlagen musste. Dieser zur Schau gestellte ‚Messfehler' stellte *beabsichtigt* bloß, dass der Hof für Nutzung durch Spazieren, geschweige denn Fußballspiel, zu klein ist (dass hier also ein falscher Maßstab angewendet wird). Und doch erzielte der Sportplatz-Einbau ein Maß an Verbesserung von Lebensbedingungen; ein *winziges* Maß – ich mache mir keine Illusionen, dass mein Projekt hier Großes bewirken könnte.[407]

406 Rancière, Unvernehmen; ders., Die Aufteilung des Sinnlichen, Berlin 2006.

407 Siehe www.gabuheindl.at/de/uebersicht/kunst-und-kino/draussen-im-gefaengnis.html.

Draußen im Gefängnis, Kunst-am-Bau Projekt, Krems.
GABU Heindl Architektur.

Vielleicht passt hier ein Wort, das der Soziologe, Film- und Geschichtstheoretiker Siegfried Kracauer geprägt hat: *nonsolution* als Bezeichnung einer Lösung, die *nichts* löst, ‚aber doch irgendwie'; oder einer Form, die ihre inneren Widersprüche ausstellt.[408] Die ethisch-politischen Dilemmata einer Kunst-am-Bau-Architektur in einem Gefängnis bleiben aufrecht, ungelöst, aber sie sind zumindest angesprochen – und das wiederum möglichst so, dass diese Repräsentationspolitik nicht den Aspekt der Arbeit an besseren Lebensbedingungen in dem konkreten Raum überdeckt: Es sollte sehr wohl verbesserte Benutzbarkeit erzielt werden (etwa durch einen Sport-geeigneten Fußball-Bodenbelag, generell durch Gestaltung des Hofs als Aufenthaltsort, nicht bloß asphaltierter Mauer-Abstand). Und zwar für Menschen, die in dieser Raum-Situation *nicht zählen*, von denen manche Justizanstaltsmitarbeiter*innen sagen, für diese

408 Über das Konzept der *nonsolution* bei Kracauer siehe Drehli Robnik, „DemoKRACy: Siegfried Kracauers Film-Theorie als Politik der *nonsolution*", in: Sabine Biebl, Helmut Lethen, Johannes von Moltke (Hg.): Siegfried Kracauers Grenzgänge. Zur Rettung des Realen. Frankfurt a. M., New York 2019.

sei solch ein Investment überflüssig. Das soll nicht heißen, ich gäbe mich hier der romantischen Vorstellung hin, ich hätte die Stimmen der Ungehörten laut erklingen lassen. Und ein allfälliger Anspruch, hier Anwaltsplanung oder Partizipation zu praktizieren, würde in einer Verhöhnung der Beplanten resultieren. Meine Arbeit *Draußen im Gefängnis* sollte die Ungerechtigkeit, die in diesem Ausmaß an Entzug von Bewegungsraum besteht, nicht vertuschen, sondern durch das Hochklappen des Platzes exponieren *und doch* einige konkrete Nutzungsansprüche, die den Leuten vor Ort von vornherein aberkannt wurden, umsetzen. Und darin kann ein minimales Moment von Vermessen bzw. von Umsetzung eines vermessenen – als ungerechtfertigt hingestellten – Anspruchs liegen.[409]

Schließlich zu einem 2017 durchgeführten Projekt im Stadtentwicklungsgebiet am ehemaligen Wiener Nordbahnhof: Auch dies war ein Projekt des Vermessens, nicht nur deshalb, weil es sich um ein kleines Projekt im Rahmen eines sehr großen handelte. Zusammen mit Can Gülcü habe ich ein für ein Zwischennutzungsprojekt in der Nordbahnhalle[410] vorgesehenes Budget dahingehend verwendet, dass wir für das nahegelegene Integrationshaus bzw. in Kooperation mit dieser Unterstützungseinrichtung für Migrant*innen eine räumliche Infrastruktur errichteten. Gemeinsam mit den Bewohner*innen des Integrationshauses bauten wir einen auch als solchen benannten „kleinen Garten", der für mindestens drei Jahre die fehlenden Gartenflächen für die in der unmittelbaren Umgebung wohnenden Asylwerber*innen ersetzen soll. Zum einen hat *Der kleine Garten* also eine ganz konkrete ‚Reparaturfunktion', indem er Leuten, die ohne Balkon oder Terrasse und mit eingeschränktem Zugang zu öffentlichem Raum leben müssen, einen geschützten Grünraum zur Verfügung stellt.[411] Zugleich ist auch dieses Projekt am Nordbahnhof von einer

409 Für eine detaillierte Auseinandersetzung mit meinen Dilemmata in diesem Projekt siehe Gabu Heindl, „Out in Prison. Taking the case of spatial rights to a prison court(yard)", in: Doina Petrescu, Kim Trogal (Hg.), Social (Re)Production of Architecture, London, New York 2017, S. 67–79.

410 *Der kleine Garten* entstand im Rahmen des Projekts *Care+Repair* des Architekturzentrums Wien, 2015, das Teil eines umfangreichen Rahmenprogramms zur Entwicklung dieses Stadtgebiets war. Siehe auch Angelika Fitz, Elke Krasny (Hg.), Critical Care. Architecture and Urbanism for a Broken Planet, Cambridge, Mass. 2019.

411 Die gemeinschaftliche Gartenarbeit hatte auch eine gewisse therapeutische Funktion für traumatisierte Geflüchtete, wie diese mir mitteilten.

Art Spaltung geprägt, dahingehend, dass der Ausgangspunkt unserer Arbeit die Analyse der massiv ungerechten Verteilung von Raum in diesem Stadtentwicklungsgebiet war. Somit fiel unser Projekt auseinander in die eine Hälfte der Errichtung einer (bescheidenen) Sofort-Infrastruktur *und* in die andere einer diskursiven Besetzung der räumlichen Ungerechtigkeit in Hinblick auf deren Abbau. Im Sinn der kleinen Schritte, auch im Sinn „minimaler Politik", formulierten wir im diskursiven Teil unserer Beteiligung an diesem Projekt unsere politische Kritik am Fehlen eines *vierten Drittels*.

Der Raumverteilungs-Kontext zu dieser paradoxal vermessenen Bezeichnung ist folgender: Das Stadtentwicklungsgebiet am ehemaligen Wiener Nordbahnhof wird auf Grund und Boden errichtet, der sich im Eigentum der Bundesbahnen (ÖBB) befand, also zu 100 Prozent im öffentlichen Eigentum stand und an ein Entwicklungskonsortium verkauft wurde.[412] Der Masterplan für das Gebiet sieht einen großen Park, genannt *Freie Mitte* vor, zur Freude der dort wohnenden Anrainer*innen.[413] Rund um diese Freie Mitte ist bis 2025 Wohnraum für 10.000 Menschen geplant, davon nur ein Drittel geförderter (also „sozialer") Wohnbau, aber ein Drittel sogenannter „preiswerter" – das ist eine neu geschaffene Bezeichnung für „teurer als geförderter" – Wohnbau und ein Drittel frei finanziert. Von dieser schön runden Aufteilung ausgeschlossen ist jedenfalls ein viertes Drittel, nämlich finanziell schwache Menschen und vor kurzem Zugezogene und Migrant*innen: Diese Gruppe hat dort keinen Zugang zum Wohnen, weder zum frei finanzierten Wohnbau, weil sie nicht über die nötige Kaufkraft verfügt, noch zum geförderten Wohnbau, wenn sie sich den Eigenmittelanteil dafür nicht leisten kann, und nicht zum Wohn-Ticket des Sozialen Wohnbaus, wenn die Menschen nicht schon einige Jahre in Wien einen fixen Wohnsitz haben, der dafür eine Zugangsvoraussetzung ist – aufgrund der von

412 Anstatt zu 100 Prozent gemeinnützig genutzt zu werden. Allerdings deckt sich meine Lesart „Eigentum der ÖBB ist Eigentum der Öffentlichkeit" nicht mit der von ÖBB-Jurist*innen: Diese bewerten eine marktwirtschaftliche, gewinnorientierte Agenda der ÖBB Holding Aktiengesellschaft höher als ein allfälliges politisches Interesse an leistbarem Grund und Boden für geförderten Wohnbau.

413 Das städtebauliche Leitbild „Freie Mitte – vielseitiger Rand" von 2014 stammt vom Büro Vlay Streeruwitz aus Wien, gemeinsam mit Agence Ter für die Landschaftsarchitektur und TRAFFIX für die Verkehrsplanung.

Das vierte Drittel: über das Fehlen von bezahlbarem Wohnraum am Nordbahnhof. Installation von Gabu Heindl, Can Gülcü.

Leistbar für W(i)en: zur Frage der Teilhabe am Nordbahnhof. Installation von Gabu Heindl, Can Gülcü.

der Stadtregierung unter euphemistischen Namen wie „Wien-Bonus“ erlassenen Zugangsbarrieren für alle Nicht-Eingesessenen.[414]

Auf diese Situation reagierten Gülcü und ich, indem wir jede öffentliche Veranstaltung (Eröffnung, Diskussion, Vortrag), die eigentlich zur Präsentation unseres kleinen Gartens bestimmt war, umfunktionierten zur Mit-Darstellung des Fehlens des vierten Drittels – in Form von Plakaten, Texten, Statements und Fotomontagen. Der Titel *Das vierte Drittel* sollte in Form einer Störung einer etablierten Zahlenlogik festhalten, dass es nicht – wie so oft – darum geht, denen, die vergessen wurden, noch ein Plätzchen (wie ein Almosen) zukommen zu lassen, damit das runde Planungsganze keinen Schönheitsfehler mehr hat. Vielmehr enthält *Das vierte Drittel* eine *kategorisch verzählte, vermessene Forderung*: Die soziale Raumsituation, die geplant und gebaut wird, soll von den Nicht-Zählenden aus, mit ihnen im Zentrum, konzipiert werden. Dies als eine politische Handlungsweise, die ihre Begriffe aus der Praxis heraus prägt.

Dass die Nicht-Zählenden ein Ausgangspunkt sind, das gilt generell für einen radikaldemokratischen Zugang zum Planen. Im zugespitzten Sinn von Rancières Verständnis eines *demokratischen* Volkes im Gegensatz zu einem *polizeilich durchgezählten* Volk – „Das Volk ist zugleich immer mehr oder weniger als es selbst.“[415] – *soll* dabei aber *kein* wohlgeformtes Ganzes herauskommen. Nüchterner gesagt: Das Politische an diesen Forderungen liegt darin, das *Vermessen Fordern* aufrecht zu erhalten, und liegt nicht in der Korrektur der Rechnung nur durch Hinzufügen von da und dort etwas mehr an Mitteln. Denn: Die Reduktion auf zu korrigierende Quantitäten verfehlt allzu oft, was in einer bestimmten stadtplanerischen Situation politisch, demokratisch insgesamt auf dem Spiel steht.[416]

414 Siehe auch Teil I, Kapitel 3.

415 Rancière, Unvernehmen, S. 23.

416 Ein gutes Beispiel ist die folgende Verkürzung der Kritik an der von Ausschlussmechanismen geprägten Situation am Wiener Donaukanal mit seiner überhandnehmenden und zunehmend profitorientierten Gastronomie-Infrastruktur (die den Aufenthalt von Konsum und Kaufkraft abhängig macht): Von der vielfältigen Kritik an der Kommodifizierung des öffentlichen Raums am Ufer drang 2017 am ehesten die finanz-ökonomistische Kritik seitens des Rechnungshofs in den öffentlichen Diskurs durch: Die Gemeinde Wien erziele durch zu niedrige Pachtgebühren nicht genug Ertrag aus dem öffentlichen Raum des Donaukanals. Also griff die Gemeinde Wien 2018 die Kritik auf und beschränkte ihre Neu-Ausschreibungen für Gastronomie-Standorte auf

Nun soll ein Mehr an Mitteln für Sozialen Wohnbau aber auf keinen Fall von einer Warte der maximalistischen Verachtung aus (im Sinn von: „Nur die allerradikalste Politik zählt!") heruntergemacht werden. Denn entsprechend dem Konzept „minimaler Politik" zählt jeder Schritt, jedes Mehr an Mitteln ist besser. Und – das wäre mein an Instituierungen und Institutionen orientiertes Gegengewicht zu einer ‚Störungstheorie' wie der von Rancière – es soll etwas „herauskommen", durchaus auch im Sinn von Sofortmaßnahmen. Allerdings tut dies der Bestreitung von Ganzheiten, die auf rassistischen und klassistischen Ausschlüssen basieren, keinen Abbruch. Mehr noch: Die politischen Fragestellungen sollen dadurch nicht vom Tisch gewischt sein, sondern bestärkt. Diese ästhetischen und sprachlogischen Verdrehungen – das Vermessen (hochgeklapptes Fußballfeld), das Verzählen (drei Drittel und dann noch eines), auch Zoolanders Schule des Verlernens – sollen schließlich, indem sie gegebene Aufteilungen und Maßstäbe von sozialem Raum quasi-politisch bestreiten, eine Art Aufbereitung des Terrains sein für die Frage nach einem *Vermessen Fordern*, das von popularen Akteur*innen kommt.

### Anmaßungen | Riskante Subjektivierung, Äquivalenzkette, politischer *demand*

Für Rancière ist die Demokratie eine Art, das zu verkörpern, was an Gemeinschaften politisch ist. Demokratische Akteur*innen bringen das zur Geltung, was in einer arbeitsteilig und auch nach anderen Aufteilungskriterien wohl geformten Gesellschaft *nicht* aufgeht, also einen Überschuss (oder Fehlstand) gegenüber einem ausdefinierten Ganzen, eine Störung, die im Streit mit der Ordnung dieses Ganzen steht. Rancière spricht hier von einem Zählfehler in der Berechnung der Gesellschaftsteile: Die Politik „hängt von einer Zählung der ‚Teile' der Gemeinschaft ab, die immer eine falsche, doppelte Rechnung oder eine Verrechnung ist" und „Es gibt Politik – und nicht einfach Herrschaft –, weil es eine falsche Zählung der Teile des Ganzen gibt."[417]

pachtzahlungsfähige Big Players. Die Beschränkung auf den Maßstab, auf das Kriterium, was der öffentliche Raum monetär wert ist, blendet die Frage des Zugriffs überhaupt aus; um diese politisierte soziale Macht- und Zugriffs-Frage geht es aber. Vgl. Heindl, „Wer nichts isst, soll hier auch nicht sein."

417 Rancière, Unvernehmen, S. 19, 23. Im Deutschen ist die Tatsache, dass der Zählfehler der Zählung ganz nahe bleibt, noch durch die Doppeldeutigkeit des

Den politischen Streit versteht Rancière als *radikalen* Streit: Dieser betrifft nicht dieses oder jenes Thema, auch nicht quantifizierbare Resultate von Zuteilungen an sozialem Reichtum oder Raum. Vielmehr betrifft der Streit die *Grundlagen* solcher Aufteilungen und Zuschreibungen. Demokratische Akteur*innen sind bei Rancière exemplarisch jene, die in der Gesellschaft vorhanden sind, aber nicht zählen, nicht als politische Subjekte oder Rechtssubjekte zählen. Diesen Abstand zwischen dem (physischen) Vorhandensein und dem „Zählen" nennt Rancière den Anteil an der Gesellschaft, der jenen zukommt, die an nichts – nicht an Rechten, Autorität, (symbolischem) Kapital – Anteil haben: „Ohne Anteil" sind etwa „die Armen der Antike, der dritte Stand oder das moderne Proletariat"; durch den „Anteil der Anteillosen existiert die Gemeinschaft als politische Gemeinschaft, das heißt als eine von einem grundlegenden Streit geteilte, durch einen Streit, der sich auf die Zählung seiner Teile bezieht, selbst noch bevor er sich auf ihre ‚Rechte' bezieht".[418]

Demokratische Politik heißt demnach wesentlich, Kriterien der Zählung zu bestreiten und durcheinanderzubringen, nach denen jemand als Rechtssubjekt zählt, als Staats- oder Stadtbürger*in, als Konsument*in mit Anrecht auf Genüsse, als Subjekt von Individualität und Selbstentfaltungschancen – oder bloß als Störfaktor, Bedrohung oder „Bedürftige*r", die/der von den Wohlwollenden paternalistisch mit dem Existenzminimum versorgt wird. Anders gesagt, besteht Demokratie in Situationen, in denen quasi jede*r Ansprüche anmelden, sich Gehör verschaffen, ihre/seine Rechts- und Genussansprüche neben jene der Herrschenden (Reichen, Wissenden, Kolonialherren, angestammten Staatsbevölkerung, Mehrheits-Normalen ...) stellen kann. Darin sieht Rancière Ansprüche, die nicht

Wortes „Verrechnung" ausgedrückt: Es bedeutet Abrechnen und Sich-Verrechnen gleichermaßen. Den Unterschied zwischen zwei Arten, die Teile der Gesellschaft zu zählen, der *Politik*, in der die *Demokratie* agiert (wobei Rancière die beiden Begriffe oft gleichbedeutend verwendet), oder aber der *Polizei*, wie sein spezifischer Ausdruck lautet, beschreibt Rancière in diesem Zitat so: „The community can be counted in two opposed ways. There is the police way of counting it as the sum of its parts (that is, of its groups and of the *qualifications* that each of them bear); and there is the political way of counting it as the supplement added to the sum (as the part of those who have no part, and that acts to separate the community from its parts, places, functions and qualifications)." Jacques Rancière, Dissensus: On Politics and Aesthetics, London 2010, S. 70.

418 Rancière, Unvernehmen, S. 22.

durch legitimierende Eigenschaften, nicht durch gegebene Anteile an etwas, gewährleistet sind: Es ist dies ein *Vermessen Fordern*, ein *arrogierter Anspruch*, dahingehend, als was eine Person oder eine Gruppe erscheint und zählt: eine „riskante Subjektivierung".[419]

Es geht bei riskanter Subjektivierung, beim vermessenen Subjektanspruch, oft um Überraschungsmomente: nicht so sein, wie sich die vorherrschende Ordnung das erwartet hat. Eines von Rancières Beispielen dafür sind jene französischen Arbeiter des 19. Jahrhunderts (etwa Parkettleger), die einen Verein gründen, um ihre Nächte nicht dem erholsamen Schlaf zu widmen, wie es sich ihre Chefs erwarten würden, aber auch nicht dem Trinken und Singen im Wirtshaus, was ‚proletarischer Kultur' traditionell zugeschrieben wird; sondern diese Arbeiter verwenden – missbrauchen quasi – ihre Nächte zum Philosophieren und Dichten in griechischen Versen.[420] Dabei dreht es sich nicht um eine Art Emporhebung des Proletariats durch Bildung, sondern dem ostentativ Alltagslebens-Fremden am griechischen Vers-Dichten gilt ein vermessener Anspruch, ein *Vermessen Fordern*, selbst Philosoph*in, Dichter*in, Ästhet*in zu sein.

Näher an urbanen Räumen und Öffentlichkeiten sind die Refugee-Proteste während und nach der Votivpark- und Votivkirchen-Besetzung 2012/13. Im Protest gegen ihre Abschiebung (bzw. Einspeisung ihrer Daten ins EU-Registrierungssystem, das ihre Bewegungsfreiheit zunichte macht), lautet ein schlichter Slogan, den die organisierten, Pressekonferenzen abhaltenden Refugees oft skandieren „We – demand – our – rights!"[421] Aber so schlicht ist

419 Vom modernen demokratischen Zeitalter als „Zeitalter der riskanten Subjektivierung" spricht Rancière in: Die Namen der Geschichte. Versuch einer Poetik des Wissens, Frankfurt a. M. 1994, S. 136f.

420 Jacques Rancière, The Nights of Labor: The Workers' Dream in Nineteenth-Century France. Philadelphia 1989. Ein aktuelleres Beispiel wären etwa jene Einwohner*innen des in den frühen 1990ern jahrelang belagerten und unter Dauerbeschuss stehenden Sarajevo, die ihre Nächte und freien Stunden zu coolen Tanzpartys ‚missbrauchten' – im Gegensatz zu ‚nützlichen' Tätigkeiten, sagen wir: Sandsäcke-Stapeln – und, mehr noch (weil das nicht mehr als Exzess- oder Kompensationsreaktion verbucht, ‚verrechnet', werden könnte), mit dem Einstudieren ‚schwieriger' Regietheater-Stücke (mündliche Mitteilung von Senad Halilbasic).

421 In erweiterter Form: „We demand human rights, not charity!", Monika Mokre, Solidarität als Übersetzung. Überlegungen zum Refugee Protest Camp Vienna, Wien 2015, S. 95, 125. Es gibt (nicht nur) in Österreich eine Protestgeschichte der Refugees, die ganz und gar nicht abgeschlossen ist: Zu nennen sind hier auch die von den Refugees im Flüchtlingslager Traiskirchen während des Sommers der Migration von

dieser *demand* gar nicht. Denn *Vermessen Fordern* meint einen Subjekt-Anspruch, der das Rechte-Haben *grundsätzlich* betrifft – „noch bevor er sich auf ihre ‚Rechte' bezieht": So sagt es Rancière, und er nennt im Zusammenhang mit den Menschenrechten das paradoxe (eben vermessene) Subjekt, das sich auf Rechte beruft, die es gar nicht hat.[422] Das gilt in einem gewissen Maß auch für den Sprechakt der Votivkirche-Refugees, die ja einerseits als über andere EU-Länder nach Österreich Geflüchtete nach dem Dublin-System (das 2013 noch ungebrochen in Kraft war) in ihrem physischen Vorhandensein vor Ort gänzlich unrechtmäßig (illegalisiert) waren; und auch wohlmeinende Stimmen in der Mainstream-Medienöffentlichkeit riefen ihnen zu, sie sollten nur ja „besonnen" agieren (also bescheiden, dankbar, keine unerfüllbaren *demands* formulierend). Diese beiden Zuweisungen einer reinen Illegalen- oder Opfer-Identität wurden durch den vehementen Anspruch „We – demand – our – rights!" bestritten. Solche öffentlichen Rechte-Forderungen waren und sind ein Protest gegen Zuschreibungen, die letztlich rassistisch sind.[423]

In diesem Kontext aufschlussreich sind Beispiele von Entscheidungsfindungen in öffentlichen Budgets, deren Nutzung in parti-

2015 organisierten Demonstrationen, bis hin zu den internationalen Kundgebungen in Bezug auf die griechischen Refugee Camps Ende der 2010er Jahre.

422 Weil die Menschenrechte anders als Bürger*innenrechte nicht oder nicht leicht geltend gemacht oder eingeklagt werden können und kein Amt sie im Alltag garantiert. Jacques Rancière, „Wer ist das Subjekt der Menschenrechte?", in: Christoph Menke, Francesca Raimondi (Hg.), Die Revolution der Menschenrechte. Grundlegende Texte zu einem neuen Begriff des Politischen, Berlin 2011, S. 474–490.

423 Im Kontext gegenwärtiger Debatten um *Rebel Cities*, die gegen rassistische Abschottung „rebellieren", indem sie *refugees* Zuflucht bieten und sich so als *Sanctuary Cities* präsentieren, ist zu den Votivkirche-Protesten Folgendes zu bemerken: Mit ihrer Forderung, als Rechtssubjekte wahrgenommen zu werden, verstießen die *refugees* in Wien gewissermaßen gegen eine Tradition der Ausnahmeregelung, die in dem Ausdruck *sanctuary* noch nachklingt, nämlich gegen die Sitte und das traditionelle bzw. theologisch sanktionierte Recht des Kirchenasyls: Diese Form der Zuflucht gewährt einen Aufenthalt außerhalb des Zugriffsbereichs polizeilicher Rechtsvollzüge – aber somit auch außerhalb bürgerlicher Rechtsgarantien. Jenes *sanctuary* namens Kirchenasyl hätte von den Wiener *refugees* quasi verlangt, dass sie sich als vogelfrei und ganz auf die Gnade Gottes bzw. der Mutter Kirche angewiesen empfinden und entsprechend verhalten. Zu einer Kritik an den kirchenrechtlichen Konnotationen des *sanctuary* im Konzept von *Sanctuary Cities* siehe: Antje Dieterich, Solidarity Cities. Lokale Strategien gegen Rassismus und Neoliberalismus, Münster 2019, S. 10f.

zipativer Form bestimmt werden soll: Nämlich dann, wenn Vertreter*innen von Communities mit strukturell geringen Mitteln sich dafür entscheiden, dass man etwas ‚Schönes' wolle – und nicht etwas Nützliches, wie es die Behörden und Autoritäten von Repräsentant*innen von ‚ärmeren' sozialen Gruppen erwarten würden.[424] Eine solche implizite Forderung nach einem *Recht auf Schönheit* ist kein im engen Sinn ästhetischer Anspruch, sondern eng verflochten mit Macht-Fragen im öffentlichen Raum.

Eine quasi umgekehrte Vorgehensweise – ostentativer *Verzicht* auf ein Recht auf Schönheit – ist geläufig anhand von rezenten ‚Selbstverteidigungspraktiken' in Gentrifizierungs-bedrohten Vierteln deutscher Großstädte (Berlin, Hamburg): Als wäre es ein Akt von Mimikry seitens eines Beutetiers an einen Giftstoffträger, *pflegen* Mieter*innen offensichtliche Zeichen von (teils nur vorgetäuschter) Präsenz von Bewohner*innen, die mit der Bausubstanz wenig pfleglich umgehen und in der allgemeinen Wahrnehmung mit ‚linksradikaler Militanz' assoziiert sind; sie tun dies, um den Investitionsscouts des Überschusskapitals nur ja nicht als allzu leichtes Profit-Realisierungs-Umfeld zu erscheinen.[425] Allerdings hat die Situation, die sich angesichts solcher ‚kreativer' Widerstandstaktiken bietet, auch etwas Problematisches an sich: Etwas, das für viele einer Selbstbeschädigung von Wohnqualität gleichkommt, erscheint hier als eine effektive Form der Eingrenzung des Zugriffs von Investitionskapital auf urbanen Raum. Zweifellos hätten wir hier das Überraschungs-Element eines quasi Nicht-Tuns, was die Ordnung von dir/euch erwartet, aber zugleich erlegen sich die von Gentrifizierung Bedrohten hier einen gewissen Verzicht auf. Dieser droht dann an die Stelle wirksamer radikaldemokratischer Protestmaßnahmen oder institutionenpolitischer Begrenzungsmaßnahmen gegenüber der Kapitalisierung von öffentlichem Raum zu treten. Im Gegensatz dazu gilt es, das *Vermessen Fordern* auch eines Rechts auf Schönheit und letztlich eines *Luxus für alle* aufrecht zu erhalten: Die Bereitschaft, sich mit dem Dach überm Kopf statt einer möglichen Dachterrasse zufriedenzugeben oder mit

424 Beispiele aus der Black Community in New York etwa waren Diskussionsstoff eines Workshops mit Susan Fainstein am 12.10.2012, zusammen mit Johannes Fiedler, Studierenden der TU Wien sowie Studierenden meiner Lehrveranstaltung *Cities Growth Politics Power* an der Akademie der bildenden Künste Wien.

425 Für Beispiele, wie sich Betroffene von Gentrifizierungsprozessen zur Wehr setzen (können), siehe: Lisa Vollmer, Strategien gegen Gentrifizierung, Stuttgart 2018.

einer weniger schönen, dafür eine Zeit lang vor Verdrängung halbwegs sicheren Lebensumgebung oder mit einem Minimum an „leistbarer" Wohnungsgröße (oder einem Quadratmeter mehr, wenn's irgendwie geht ...), all das trägt in sich das Moment einer Kapitulation demokratischer Politik gegenüber den umfassenden Machtverhältnissen eklatanter Ungleichheit, die so noch zementiert werden. In dem, was ich als *Vermessen Fordern* bezeichne, liegt die Betonung auf der Vermessenheit, auf der Anmaßung, die einem Anspruch – etwa auf Entscheidungsbefugnis, die dir nicht zukommt; auf Schönheit, die dir nicht zugestanden wird; auf Rechte, die du nicht hast – innewohnt.

Mit Ernesto Laclaus hegemonietheoretischer Perspektive auf Politik steht eine etwas andere Form von Fordern im Fokus, nämlich mehr in Richtung politischer Projekte und regelrechter Kampagnen gedacht. Für Laclau ist der *demand* die „minimal unit of analysis" in Bezug auf Politik. Es geht bei diesem Konzept von Forderung nicht um eine soziale Gruppe, die sich ausdrückt und repräsentiert, sondern es gilt quasi: Erst ist *demand*, dann politische*r Akteur*in. Wobei Laclau Agency im Unterschied zu Rancières vielen Individual-Beispielen dezidiert und gänzlich kollektiv versteht. Der *demand*, die Forderung (Anliegen wie Beanstandung) ist performativ. Eine Vielzahl an demands, bei Laclau: *popular demands,* konstituieren ihm zufolge ein politisches Kollektiv-Subjekt, „the ‚people' as a potential historical actor". In anderen Worten: Die Forderung ist das Register, in dem sich Kollektiv-Subjekte einer Politik, die über bloße Administrationsabläufe hinausgeht, bilden. Das geschieht, indem einzelne Forderungen – Bekundungen von Interessensgruppen, Klientelen, Branchen, eng definierten sozialen Klassen – zueinander eine Beziehung eingehen, bei der die Forderungen in ihrer Unterschiedlichkeit in ein gemeinsames Verhältnis treten: in eine relative Verallgemeinerbarkeit. Diese macht aus Differenzen ein Handlungssubjekt, zeitweilig stabil genug für politische Aktionen. Das ist die in der Theorie von Laclau (und seiner häufigen Ko-Autorin Chantal Mouffe) so genannte *Äquivalenzkette*. Durch die Äquivalenzkette werden individuelle demands zu *popular demands.*[426]

Eine Äquivalenzkette wird durch die radikalere Differenz zu einem Außen gewährleistet: Die Abgrenzung zu gemeinsamen Gegner*innen relativiert die Binnendifferenzen bis zu dem Grad,

426 Laclau, On Populist Reason, S. 94.

dass kollektive politische Aktionen möglich sind. Ein anschauliches Beispiel (nicht bei Laclau) wäre die Solidarisierung von Fußball-Hooligans, Anhängern von Istanbuler Traditionsvereinen, mit den Demonstrant*innen, die 2013 den Gezi-Park in der türkischen Metropole besetzten; die Hooligans gingen gemeinsam mit den Besetzer*innen auf die Straße, nicht weil sie deren Forderung nach Schutz eines öffentlichen Platzes und nach Bewahrung von Innenstadt-Grün vor regierungsgetriebenen Großbaumaßnahmen unterstützten, sondern aus einer gemeinsamen Betroffenheit von Repressalien durch die Polizei beim Sich-Versammeln auf der Straße. Die Akteur*innen der Polizeigewalt waren demnach ihr gemeinsamer ‚Außengegner'.[427]

Der zweite Aspekt politischer Äquivalenzketten ist der Name oder, anders gesagt, ein *empty signifier* („leere Signifikant"): Klassisches Beispiel bei Laclau, sowie bei Marchart als einem wesentlichen Vermittler und Weiterentwickler seiner Theorie, ist die polnische Gewerkschaftsbewegung Solidarność: Ursprünglich Signifikant für partikulare Forderungen von Hafenarbeitern in Gdańsk,

> verwandelte sich *Solidarność* vom Slogan einer lokalen Gruppe von Arbeitern zum Namen für Systemopposition per se. Zur gleichen Zeit musste der Name aber von jeglichem spezifischen Inhalt entleert werden, um einer breiten gegenhegemonialen Äquivalenzkette überhaupt als Name dienen zu können. Politische Namensgebung gehorcht dieser diskursiven Dialektik von Differenz und Äquivalenz. Ein Name geht hervor aus dem hegemonialen Kampf um die Ausdehnung einer Äquivalenzkette auf Kosten des Felds von Differenzen. Der ursprüngliche Taufakt eines politischen Akteurs, durch den dieser Akteur überhaupt zur Existenz kommt, ist nichts anderes als eine hegemoniale Intervention.[428]

Einiges von solchen Prozessen der Bildung agonaler politischer Kollektiv-Handlungssubjekte begegnet uns anhand der *Donnerstagsdemos*, der Demonstrationen gegen die „türkisblaue", neoliberal-rechtsnationale österreichische Koalitionsregierung (2017–2019) in Wien und anderen österreichischen Städten. Beginnend im Herbst

427 Eine anschauliche Dokumentation davon bietet der Film *Istanbul United* (Olli Waldhauer und Farid Eslam, TR 2014).

428 Marchart, „Namen der Geschichte", S. 59–60 mit Verweis auf Laclau.

2018 und mit einigen Rückgriffen auf die Donnerstagsdemos der Jahre 2000–2002 (gegen die damalige erste ÖVP-FPÖ-Koalition), arbeitete diese Initiative am Aufbau längerfristiger politischer Handlungsstrukturen, indem sie wöchentlich, auch im Winterfrost, mehrere tausend Leute ganz unterschiedlicher soziokultureller, politisch-ideologischer Herkünfte und Interessenslagen zusammenbrachte und auf thematisch definierten Demonstrationsrouten mobilisierte: Migrantische Jugendliche, bürgerliche „Omas gegen Rechts", ökologisch motivierte Grüne, Antifa, Trotzkist*innen, christlich-humanitär Motivierte – sie demonstrierten gemeinsam im Rahmen einer wöchentlichen Dramaturgie, die im Wechsel der Themen und Sprecher*innen auf die Differenz der *demands* und Identitäten einging.[429] Das zur „Kettenbildung" nötige Äquivalenzmoment gewährleistete zunächst ein „Gegen", also die gemeinsame Gegner*innenschaft zur rechtskonservativen Regierung, und von diesem aus bildeten sich Ansätze zu einem „Für": für ein gutes Leben für alle, im gemeinsamen Interesse an und Bekunden von radikaldemokratischen Alternativen.

Nicht zuletzt ist da die starke performative Funktion von Selbstvergegenwärtigungen, Selbstkonstituierungen als im öffentlichen Raum der Straße präsentes und agierendes Kollektiv – das Kollektiv ist heterogen, performt aber eine zeitweilige (und zugleich längerfristig handlungsfähige) Gemeinsamkeit in der emphatischen, spielerisch-rituellen Referenz auf den wiederkehrenden Tag der Versammlung, das Hier, an dem sie stattfindet, das „Zusammen", das sie instituiert. Das sind Sprechchöre, die – in der Anlehnung an Popkonzert-Rituale oder Ausdrücke aus der Dating-Rhetorik – vielstimmig verdeutlichen: „Was ist heute für ein Tag? – Donnerstag" oder „Was sind wir ab jetzt? – Fix zam!".[430] Donnerstag ist ein politisch leerer Signifikant, der als Name einer Bewegung gegen eine auto-

429 Mehr noch: Ein Codex garantierte dafür, dass unter den Sprecher*innen bei den Kundgebungen 75 Prozent FLINT (Frauen, Lesben, Intersexuelle Personen, Nichtbinäre Personen, Trans Personen) waren sowie 50 Prozent mit Migrationserfahrung. Für uns Aktivist*innen im Organisationsteam war diese Quote keine Bürde, sondern es war eine Freude, zu sehen, wer durch sie auf die Bühne und zu Wort kam.

430 Siehe auch Drehli Robnik: „We all go to the do!-Show: Die Donnerstagdemos als Struktur von Allianz-Politik", Mosaik Blog, 24.1.2019; in erweiterter Fassung: www.academia.edu/38224590/We_all_go_to_the_do_-Show_Die_Donnerstagdemos_als_Struktur_von_Allianz-Politik_Mosaik-Blog_2019_.

Donnerstagsdemo anlässlich des Ibiza-Videos mit Antifa, Vengaboys und 20.000 Demonstrant*innen, 30.5.2019.

ritäre, nationalistische Machtübernahme fungierte.[431] Dieser Raum für Äquivalenzketten war groß, sodass bei einer der letzten und auch größten Donnerstagsdemos, anlässlich des Rücktritts der rechten Regierung aufgrund des notorischen Ibiza-Videos, tausende Demonstrant*innen nach der Kundgebung am Wiener Ballhausplatz zwischen Antifa-Fahnen zum Live-Konzert samt „We're Going to Ibiza!"-Hit der Vengaboys tanzten.

Andere Beispiele für eine Politik der Äquivalenzkette betreffen die politische Aufladung von technischen Bezeichnungen oder Maßnahmen, die als zentrale Projekte von universeller Tragweite mit ausgeprägter Gerechtigkeitsdimension in Stellung gebracht werden. Laclau selbst verweist auf diese notwendige Pathetisierung und Universalisierung einer sektorialen, technisch-administrativen Maßnahme. Einmal mehr wären hier die Fassadeninschriften des Roten Wien zu nennen (siehe Kapitel 1), die erst nach 1945 zu rein technisch-administrativen Informationstafeln manchmal gleichsam

431 Siehe https://wiederdonnerstag.at/.

schrumpften, die aber in den 1920er Jahren die Funktion einer pathetischen Siegesverkündung erfüllten („Errichtet in den Jahren soundso aus den Mitteln der Wohnbausteuer“ als Ansage eines kleinen Sieges im Verteilungskampf mit den besitzenden Klassen).

Ein letzter Aspekt von Äquivalenzkette: Wir stoßen auch bei Laclau und seiner von der Forderung ausgehenden politischen Theorie auf ein Moment der Vermessenheit. Es besteht genau in dem Überschwang, durch den eine partikulare Position sich zum *Alles*, zur Stellvertretung eines universellen Projekts bzw. des Ganzen der Gesellschaft aufschwingt.[432] Bei Laclau selbst geht das in die Richtung, dass er populistische Konstituierungen eines politischen, konflikthaften Subjekts von rein demokratischen Kollektiv-Subjekt-Bildungen unterscheidet und seine Theoriebildungen unter die Losung des Populismus eher als der Demokratie stellt.[433] Das Pathos in der Besetzung eines Namens und in der Abgrenzung von gemeinsamen Gegner*innen ist Teil des populistischen Überschwangs eines politischen Wir, das sich als ‚könnend‘ performt, als hier und jetzt versammelt und insofern als eine Macht im öffentlichen Raum. Wie zu Beginn dieses Kapitels erörtert, bedürfen diese selbstvergegenwärtigenden Performances kollektiver Mächtigkeit aber der Selbstkritik und der Selbstentfremdung gegenüber der eigenen Identität, auch gegenüber einer Kollektiv-Identität als agonale Gruppe oder Bewegung.

432 „In einem [hegemonialen Verhältnis] übernimmt ein Partikularismus die Aufgabe, die abwesende, leere Universalität der Gemeinschaft zu inkarnieren. Diese Rolle ist natürlich immer eine Anmaßung, da dies keinem Partikularismus je gelingen kann.“ Oliver Marchart: Einleitung zu Ernesto Laclau: Emanzipation und Differenz, Wien 2002, S. 13f.

433 „The subject of a demand conceived as differential particularity we will call *democratic subject*. In the other case the subject will be wider, for its subjectivity will result from the equivalential aggregation of a plurality of democratic demands. A subject constituted on the basis of this logic we will call *popular subject*.“ Ernesto Laclau, „Populism: What's in a Name?“, in: Francisco Panizza (Hg.), Populism and the Mirror of Democracy, New York 2005, S. 33–49, hier S. 37. Wohlgemerkt: Das Populare ist nicht dasselbe wie das Populistische. Allerdings verwendet Laclau in seiner Grundlagentheorie des Populismus die Worte ab und zu gleichbedeutend und spricht von „popular identities“ und „popular demands“ als wesentlichen Elementen von Populismus. Laclau: On Populist Reason, etwa S. 111–120.

In jedem Fall geht es bei Popular Agency um ein Moment radikaler Demokratie, und deswegen beinhaltet dieses Konzept eine Skepsis gegenüber der Rolle von Verhärtungen bei der Konstruktion eines agonalen „Volkes". Damit behaupte ich nicht, dass in radikaldemokratischer Politik *nie* klare Linien gezogen oder harte Konfrontationen ausgetragen werden sollen oder dass es *niemals* die Fokussierung auf Personen, die in einer Situation Führung übernehmen, geben darf. Es heißt aber, dass radikaldemokratische Politik solche Faktoren mit Vorsicht angehen und sie kontingent halten muss.[434]

Als Korrektiv ist es da eben sinnvoll, die Nicht-Identität, das Uneinheitliche von Kollektiv-Subjekten zu betonen. In diese Richtung geht die „Desidentifizierung", die Rancière als ein Demokratie-Kriterium anführt, nicht nur im Individuellen – sich nicht als Teil der herrschenden Normal-Identität verstehen –, sondern auch im Popularen. Das „Volk" muss also als gespaltenes verstanden werden: Demokratie heißt, dass es „einen Streit gibt, der auf der Bühne der Erscheinung des Volks von einem nicht-identitären Subjekt ausgetragen wird".[435] Und während dies ein Korrektiv oder Gegengewicht zu einer (populistischen) Vorstellung vom vereinheitlichten politischen Subjekt ist, bedarf es doch seinerseits des (von Spivak übernommenen) Korrektiv-Zusatzes, dass es Nicht-Identität *nicht* zu zelebrieren gilt. Und um einmal mehr ein im Raum stehendes Missverständnis auszuräumen: Abwägende Konstruktionen wie diese bedeuten gerade *nicht*, dass ‚man ja dann überhaupt nichts machen kann'; sie bedeuten vielmehr, dass man *alles* machen kann – aber *nichts* mit dem Anspruch, eine gänzlich unkompromittierte Handlung zu setzen.

434 Schon allein aus historischen Erfahrungen mit autoritärer, faschistischer, stalinistischer Politik, auch aus aktuellen Erfahrungen mit der Beschwörung von (maskuliner) ‚Härte' und Führerschaft.

435 Rancière, Unvernehmen, S. 110.

# 9. Solidarische Infrastruktur und Allianzen neuer Akteur*innen

*wir rechnen miete nicht nach quadratmetern, sondern möglichkeiten, heißen alle herzlichst willkommen, die schauen, wo sie sind ;-)*
VEREIN FÜR DIE BARRIEREFREIHEIT IN DER KUNST, IM ALLTAG, IM DENKEN, 2016

## Infrastrukturen popularer Handlungsmacht

In Hinblick auf Beziehungen von Architektur und Stadtplanung zu Popular Agency (popularer Handlungsmacht) sollen hier vorweg noch einige politik- und geschichtstheoretische Arten, vom „Popularen“ zu sprechen, dargestellt werden. Das Populare ist nicht dasselbe wie das Populäre, von dem die Rede ist, wenn es um die Unterscheidung zwischen Hochkultur und Massenkultur, mit der Popkultur als Teil davon, geht; respektive um Populäres als Weitverbreitetes und Geläufiges.[436] Gegenüber diesem Populären hält das Populare den engen Kontakt zu gesellschaftlichen Machtkämpfen und der Frage, wie Leute, Initiativen und Bewegungen außerhalb von staatlichen Institutionen sich politisch artikulieren.[437]

Stuart Hall, marxistischer Theoretiker der Cultural Studies und politischer Aktivist, formulierte eine, wie er sagte, „rather uneasy“ Defintion von „popular“: *Popular culture* sei weder nur die Beschreibung von „things which are said to be ‚popular‘ because masses of

436 Ich beziehe mich hier also auch nicht auf das Populäre in der Architektur nach Art der *pop architecture* wie etwa in: Robert Venturi, Denise Scott-Brown, Steven Izenour, Learning form Las Vegas: The Forgotten Symbolism of Architectural Form, Cambridge, Mass. 1972.

437 Diese Unterscheidung war auch im Kreis der Wiener Cultural-Studies-Protagonist*innen um die Jahrtausendwende wichtig. Vgl. zum emphatischen Gebrauch von *Popular-*, nicht *Populär*kultur: Roman Horak, „Über die nicht ganz so schönen Künste. Massenkulturdebatte versus Arbeit am Kulturbegriff“, in: Roman Horak, Wolfgang Maderthaner, Siegfried Mattl, Lutz Musner, Otto Penz (Hg.), Randzone. Zur Theorie und Archäologie von Massenkultur in Wien 1950–1970, Wien 2004, S. 27.

people listen to them, buy them, read them, consume them". Noch stehe *popular culture* ausschließlich in Spannung zur dominanten Kultur. Vielmehr ist mit Hall das Populare zu verstehen als in Teilen eigendynamisches Feld der, auch agonalen, Ausverhandlung von gesellschaftlichen Konflikten. Insofern kann dieses Populare als ein Pendant zum Begriff der Politik gesehen werden, wobei hier nun der politische Akzent auf nicht-staatlichen, wenig institutionalisierten Akteur*innen liegt; also auf gesellschaftlichen Bewegungen und Initiativen (soziale Bewegungen, verwandt den „cultural struggles" bei Hall).[438]

Mit der postkolonialen Theorie von Gayatri Chakravorty Spivak lässt sich Popular Agency weiter bestimmen. Spivak bringt einen Begriff von *popular* ins Spiel, den sie von ihrem Zentralbegriff der Subalternität unterschieden sieht: „The category of the ‚popular' seems altogether tame" – verglichen mit den Dynamiken, die in Kämpfen um das Gehört-Werden der *Subalternen* wirksam werden. Denn mit dem Übergang von *subaltern* zu *popular* kommen *Rechte* ins Spiel, die Leute haben, während *subaltern* bedeute, gar keine Rechte zu haben und damit auch: „to be removed from all lines of social mobility."[439] Spivaks handlungspolitische Konzepte sind generell für unseren Kontext lehrreich und zwar nicht zuletzt genau da, wo es ihr eben ums *Lernen* und ums *Lehren* geht. Der „permanent educative activism",[440] von dem sie mit Bezug auf Gramsci spricht, betont nicht nur Lehrtätigkeit im engeren Sinn, sondern auch eine „insertion into the public sphere" – durch Tätigkeiten der Vermittlung, des Informierens und Aufklärens. (Wir sind damit zu einem guten Teil im Bereich dessen, was die Cultural Studies als Konfliktsphäre der Kultur fassen.) In der Frage nach Wegen, dem Nicht-Gehört-Werden und der Nicht-Anerkennung der Agency von Subalternen zu begegnen, läuft Spivaks Ansatz, wie sie selbst anmerkt, weder auf „philantropy

438 Stuart Hall, „Notes on Deconstructing ‚the Popular'", in: John Storey (Hg.), Cultural theory and popular culture: A reader. Athens 1998, S. 442–453, hier S. 444–449.

439 Spivak, An Aesthetic Education, S. 442, 430. Der Begriff des Popularen, den ich hier anhand von Popular Agency verwende, ist daher informiert von Spivaks subaltern, mein popular ist sozusagen eines, das von subaltern lernt; aber es meint nicht die radikale Ausgeschlossenheit aus dem politischen Gemeinwesen, die Spivak mit „subaltern" in den Raum stellt.

440 Spivak, An Aesthetic Education, S. 429.

without democracy“ hinaus noch auf eine „politics of recognition“. Sondern es geht um Praktiken der Vertretung wie auch des Eintretens in Bündnisse, für die Spivak die Architektur-verwandte Metapher einer *zu bauenden Handlungs-Infrastruktur* anführt: „building infrastructure for agency“. Wobei Spivak unter Infrastruktur Folgendes verstanden wissen will: „the effort to establish, implement, and monitor structures that allow subaltern resistance to be located and heard.“ Hier zeigt sich ein politisch gerahmter Zusammenhang zu Spivaks Konzepten von *Identität* und von Lernen, insbesondere des *Lernens von unlearning* (siehe Kapitel 7). So wie es in Spivaks Sicht nicht ein Segen oder eine grundlegende politische Energieressource ist, *keine* Identität zu haben, so ist es umgekehrt auch kein Makel, wenn jemand Identität ‚hat‘. Das heißt: Mit Spivak ergibt sich ein Votum für das selbstkritische Zurücknehmen, das Verlernen von Privilegien und von Zugehörigkeiten zum Oben einer Hierarchie; aber im selben Moment gilt es, ebenfalls mit Spivak, zu bedenken, dass „to deny identity“ ein Weg ist, der situativ auf seine herrschaftlichen und demokratisch-ermächtigenden Effekte hin abgewogen werden muss und dass dieser Weg auch nicht allen offensteht.[441] Und jene, denen die Desidentifizierung und Selbstentfremdung offensteht, weil sie über formale Bildung, gesichertes Einkommen, symbolisches Kapital und die Autorität von Expertise verfügen, müssen Verantwortung übernehmen für die Agency, die Handlungsmöglichkeiten, die aus diesen Identifizierungen und Subjekt-Positionen resultieren.

Mit Blick auf die Positionen von Architekt*innen gesagt: Architektur und Stadtplanung trägt ganz besondere politische Verantwortung für die öffentliche Sphäre als eine Infrastruktur von Popular Agency. Und damit stellt sich das Problem der Selbstentfremdung und Desidentifizierung eben als ein Problem, nicht als eine Allheilmaßnahme: Es geht immer auch darum, welcher demokratische, kollektiv ermächtigende Nutzen aus der eigenen Identität als Wissende, Befähigte, Befugte zu ziehen ist; diese Identität ist nichts, was einfach so – oder als radikale ethische Geste des totalen Machtverzichts – preiszugeben wäre.

Um Infrastruktur geht es mir – Spivak mit Arendt zusammengedacht – v. a. insofern, als Architektur an deren Materialisierung, In-Raum-Setzung und In-Stand-Setzung eine handelnde Rolle ein-

441 Spivak, An Aesthetic Education, S. 438–440.

nimmt.[442] Spivaks Infrastruktur, durch welche jene, denen legitimes Sprechen und Handlungsfähigkeit aberkannt werden, genau dies zur Geltung bringen können (und sei es nur in Ansätzen) – das ist dem öffentlichen Raum ähnlich, wie ihn Hannah Arendt versteht: als Einrichtung, in der Handeln in Freiheit ausgeübt werden kann.[443]

Der infrastrukturelle, instituierte Raum ist der Raum der Bildung und Erprobung von Agency, von Handlungsfähigkeit verstanden als Handlungs*macht*. Wir sollten uns hier nicht irritieren lassen von Negativ-Assoziationen, die in der Umgangssprache und auch in einigen politischen Theorien mit Macht verbunden sind: Macht ist in dem hier vorgeschlagenen Sinn nicht Herrschaftsausübung; sie ist nicht als Repression zu verstehen, worauf Michel Foucault hingewiesen hat; aber auch nicht im Foucault'schen Sinn, bei dem Macht als ein kalkuliertes Veranlassen oder Anreizen zu einem Verhalten (Disziplin, Motivation), das vom Widerstand dagegen nicht zu trennen ist, im Vordergrund steht.[444] Macht geht Arendt zufolge vom Zusammen-Handeln *vieler* aus.[445] Macht ist „im Besitz einer Gruppe", ist kollektiv und kooperativ, und durch dieses Gemeinsame ist Macht auch *nicht* als Gewalt zu verstehen (vereinfacht dargestellt, übt ein*e Einzelne*r nicht Macht aus, sondern *Gewalt)*. Macht ist fast synonym mit Arendts Verständnis von Freiheit in kollektiver Form, als die Fähigkeit der Menschen, „nicht nur zu handeln oder etwas zu tun, sondern sich mit anderen zusammenzuschließen und im Einvernehmen mit ihnen zu handeln."[446]

442 Siehe auch Keller Easterling, Extrastatecraft: The Power of Infrastructure Space. London, New York 2014.

443 Während aber Arendt Ausschließungsverhältnisse und insbesondere häusliche Herrschaftsverhältnisse in der griechischen Polis in ihrem Fokus auf die Agora als Raum der Freiheit ausblendet, sind in Spivaks Konzept hingegen die infrastrukturellen Räume, in denen Reproduktions- und Care-Arbeit geleistet wird, von eminenter Bedeutung.

444 Michel Foucault, Der Wille zum Wissen, Sexualität und Wahrheit, Frankfurt a. M. 1997.

445 Hier zeigen sich sehr wohl Affinitäten zu einem Machtkonzept bei Foucault, vgl. auch die Beiträge in: Isabell Lorey, Gundula Ludwig, Ruth Sonderegger (Hg.), Foucaults Gegenwart. Sexualität – Sorge – Revolution, Wien 2016.

446 Hannah Arendt, Macht und Gewalt, München, Zürich 1970, S. 45.

### Urbane soziale Bewegungen | Selbstermächtigung im Wohnen

Recht auf Stadt, Occupy, *Housing For All* – das sind nur einige Bezeichnungen von Bewegungen, die schon in ihrem Namen architektonische und urbane Themen ansprechen. Im Folgenden geht es mir um solche sozialen Bewegungen als populare Handlungssubjekte, die heute – zumindest in jüngerer Zeit – in einem engen Bezug zu radikaldemokratischer Stadtplanung stehen, vielmehr: ablaufen.

In stadtforscherischer Perspektive ist dabei zunächst von Bedeutung, wie die Bewegungen den „gesellschaftlichen *Raum*, den urbanen öffentlichen Raum der Straße verändern – indem sie Menschen aus den Privatsphären herausholen: protestierende Leute, Körper, die physisch versammelt sind in ‚räumliche[r] Kopräsenz' und in ‚wechselseitiger Affizierung'":[447] Sie sind versammelt in Massen. Das muss nicht bedeuten, dass sie zu Zigtausenden die Stadt erfüllen, sondern dass bei der Bewegung eine Vielheit, die es *so* außerhalb der Versammlung vor Ort nicht gibt, ihre Macht des gemeinsamen öffentlichen Handelns zur Wirkung bringt.

Konkret gibt es Bewegungen, in denen Beplante Widerstand gegen Resultate von Architektur und Stadtplanung leisten: dagegen, dass über sie hinweg geplant und gebaut wird. Dann ist ein Ort oft Bühne und Anstoß des Protests zugleich. Einen markanten Fall bildeten die Widerstände gegen das große städtebauliche Projekt *Stuttgart 21*, nämlich den Kopfbahnhof Stuttgart in einen Durch-

447 Meine Konzeption von popularer Handlungsmacht ist vom Begriff sozialer Bewegungen und ihrer politischen Rolle beeinflusst, wie ihn Oliver Marchart aus hegemonie- und antagonismustheoretischer Perspektive erläutert. Ich greife von ihm drei Punkte auf: Bewegungen – Marchart spricht auch von Protestbewegungen – bestreiten erstens das TINA-Denken und -Regime, also die Vorherrschaft der Annahme, dass die Dinge nur diesen einen Ablauf haben können (weil z.B. die ‚Wirtschaft' oder die geschichtliche Notwendigkeit ihn vorgeben): „Die unberechenbaren Massen durchkreuzen das Phantasma von der Berechenbarkeit historischer Bewegungen." Zweitens *produzieren* Bewegungen regelrecht etwas – nämlich Gesellschaft schlechthin, und zwar Gesellschaft als unvollständige, in ihrer Gesamt-Ordnung strittige, und das tun sie, indem sie die Negation der Ordnung in die Gesellschaft mit herein holen: „Protestbewegungen produzieren ein unmögliches/notwendiges Objekt", sie stellen sicher, „dass die Gesellschaft auch in ihrer Vollständigkeit unvollständig bleibt", und drittens: „Soziale Bewegungen aktualisieren den Antagonismus – das radikal negatorische Außen der Gesellschaft – innerhalb der Gesellschaft [...]," Marchart, Das unmögliche Objekt, S. 410–412, 444.

gangsbahnhof umzubauen, samt neuem umgebenden Stadtviertel: *Stuttgart 21* wurde zu einem gängigen Ausdruck, als die Protestbewegung gegen diesen Neubau 2010 kulminierte und auf unerwartet massive (gerichtlich später auch für unrechtmäßig erklärte) Polizeigewalt stieß. Abgesehen von den nachvollziehbaren Kritikpunkten gegenüber dem *Stuttgart 21*-Projekt blieb von diesen Protesten v. a. eine Bezeichnung im heutigen politischen Jargon, die anhand jenes Akteurstypus geprägt wurde, der medial die Proteste wesentlich mitbestimmte: Das war der notorische „Wutbürger". Mit diesem Ausdruck sind heute vor allem bürgerliche Protestakteur*innen benannt, die ihr Anliegen durchaus auch mit einer ausgedrückten Geringschätzung für parlamentarische Institutionen politischer Repräsentation verbinden.[448] Generell wird schon an *Stuttgart 21* deutlich, wie sehr Widerstände gegen neoliberale Stadtplanung von Gegensätzen und Disparitäten geprägt sind.

Margit Mayer analysiert die *Recht auf Stadt*-Bewegungsszene als eine, die in heutigen Städten ein heterogenes Bild bietet, „denn die Neoliberalisierung der Stadt hat sehr unterschiedliche Widerständigkeiten hervorgebracht",[449] auch sehr unterschiedliche Mobilisierungs- und Protestformen: von Sozialprotesten bis hin zu konkreten urbanen Utopien – aber auch Protestbewegungen, die Kritik an Planungen üben, weil sie von der Sorge über die eigene Besitzstandswahrung und Ängsten vor Entwertung der eigenen Immobilie (bis hin zum verbauten Ausblick aus dem eigenen Fenster) motiviert sind, also NIMBY- (Not in My Backyard)-Proteste.[450]

Ich möchte mich hier aber auf Proteste und widerständige Agency-Formen konzentrieren, die sich auf eine radikaldemokratischere Zukunft hin ausrichten. Bewegungen, die sich eher der Entlastung von Menschen widmen, die von der Belastung durch die „neue Woh-

448 Unter der Bezeichnung Wutbürger und Wutbürgerinnen wurden später auch Protestierende als wesentliches Aufgebot von Pegida-Aufmärschen und von Demonstrationen gegen die Unterbringung von Geflüchteten vor allem in den neuen Bundesländern Deutschlands prominent.

449 Margit Mayer, „Urbane soziale Bewegungen in der neoliberalisierenden Stadt", in: sub\urban. zeitschrift für kritische stadtforschung 1, 2013, S. 155–168, hier S. 162. Siehe auch die Beiträge in: Norbert Gestring, Renate Ruhne, Jan Wehrheim (Hg.), Stadt und Soziale Bewegungen, Wiesbaden 2014.

450 Entsprechend der heute gegenwärtig dominanten konservativ-rechten Argumentationsketten und Ressentiments wird auch in diesem Kontext rasch der Zuzug von Migrant*innen als Problem ins Spiel gebracht.

nungsfrage“[451] massiv betroffen sind, u.a. durch die Mietpreissteigerungen in Rendite-orientierten, als ‚Betongold‘ gehandelten Spekulationsobjekten. Das heißt, es geht hier um andere (erlebte und ‚affektive‘) Antriebe zum Protest: etwa um Ausschluss- und Ohnmachtserfahrungen, die bis zu dem Punkt reichen, an dem Leute sich ihre Wohnung nicht mehr leisten können und vielfach delogiert werden. Mit den von Kapital-Investitionen getriebenen Aneignungen und Machtverschiebungen in europäischen Großstädten gehen Platzzuweisungen einher, die Formen von Vertreibung annehmen.

Eng verbunden mit der Tradition kapitalismuskritischer Bewegungen sind rezente Proteste durch Platzbesetzungen, die auf Demokratiedefizite und auf die „Akkumulation durch Enteignung“,[452] nicht zuletzt Enteignung von Wohnraum, reagierten: Zum einen sind da die spanischen Proteste unter dem Namen *Indignados – Empörte* in den Jahren 2011/2012; daraus hervor gingen etwa die Linkspartei Podemos und die heute als *Neuer Munizipalismus*[453] be-

451 Andrej Holm, „Wiederkehr der Wohnungsfrage“, in: APuZ 20–21, 2014, S. 25–30. Holm bezieht sich auf Friedrich Engels, „Zur Wohnungsfrage“ [1872–1873], in: Karl Marx, Friedrich Engels, Werke. Band 18, Berlin 1973.

452 Siehe David Harvey, The New Imperialism, New York 2003, S. 137ff. Mit „accumulation by dispossession“ (Akkumulation durch Enteignung) bezieht sich Harvey auf die „ursprüngliche Akkumulation“ bei Marx, „Die sogenannte ursprüngliche Akkumulation“, in: Karl Marx, Friedrich Engels, Werke. Band 23, Berlin 1973, S. 741–791. Dass bei Harvey neben der „accumulation by dispossession“ die Frage der „accumulation by exploitation“ zu kurz komme, arbeitet u.a. Raju Das heraus. Siehe Raju Das, „David Harvey's Theory of Accumulation by Dispossession: A Marxist Critique“, in: World Review of Political Economy 8, 4, 2017, S. 590–616.

453 Siehe Kapitel 3. Diese Bewegungen beziehen sich u.a. auf das postmarxistische feministische Commons-Konzept der Sozialtheoretikerin Silvia Federici. Federici beleuchtet den Moment der ursprünglichen Akkumulation unter explizit feministischem Blickpunkt und korrigiert die maskulinistische Perspektive von Marx, indem sie Hexenverfolgungen als ein extremes Beispiel der sozialen Entmächtigung von Frauen in den Kontext des Entstehens der kapitalistischen Gesellschaft des Kolonialismus und des heutigen *land grabbing* stellt. Silvia Federici, Caliban und die Hexe. Frauen, der Körper und die ursprüngliche Akkumulation, Wien 2012. In ihrem frühen Text „Counter-planning from the Kitchen“ entwickelt Federici ein Konzept urbaner Commons als Alternative zum öffentlichen Raum, der in der Dualität zum privaten Raum, diesen, den privaten Raum, erst recht fixiere und zementiere. In: Nicole Cox, Silvia Federici, Counter-planning from the Kitchen, New York 1975. Siehe auch Silvia Federici, „Feminism and the Politics of the Commons“, in: Craig Hughes, Stevie Peace,

kannten Städte- und Lokalregierungen, die, gegenüber nationalen Austeritäts- und Abschottungsstrategien, eine Politik des Ungehorsams und der Gegen-Solidarität verfolgen. Zum anderen ist hier die Occupy-Bewegung der Jahre um 2010 etwa in den USA, in Großbritannien und Deutschland zu erwähnen, die das Besetzen öffentlicher Plätze schon zentral im Namen trug. An der Occupy-Bewegung hebt Nora Sternfeld hervor, dass sie in aktionistischer Form Repräsentation hinterfrage: Ihr Slogan „Occupy everything. Demand nothing" verzichte auf jede klassische politische Adressierung und übe damit „Kritik an Repräsentation im Allgemeinen oder Kritik daran, nicht mehr repräsentiert zu werden". Mit dem zweiten Slogan „We are the 99%" zeige sich, so Sternfeld, zugleich die Paradoxie, dass unter Bedingungen der Postrepräsentation die „völlige Loslösung von Repräsentation" unmöglich ist: Es gäbe „immer nur eine Form der parteiischen Vermittlung".[454]

Ging es bei Occupy vielfach um das symbolische Besetzen von Orten, die als Machtknotenpunkte des Finanzkapitals gelten, bezogen sich die Platzbesetzungen im Gezi-Park von Istanbul 2012 explizit auf den konkreten besetzten Ort und zugleich auf mehr: Opponiert wurde, ausgehend von „Taksim-Solidarity",[455] gegen den geplanten Bau eines Shopping Centers an der Stelle des zentralen urbanen Parks, also eines öffentlichen Raums, der demokratischen Versammlungen und damit Dissens-Politiken als Bühne diente. Die Gezi-Park-Protestbewegung verteidigte somit nicht nur ein wichtiges Stück urbanes Grün und nicht kommodifizierten öffentlichen Aufenthaltsraum, sondern auch ihre eigentliche Ermöglichungs-Infrastruktur. Während der Proteste bauten sich sozialistische Frauen in dem Park

Kevin Van Meter (Hg.), Uses of a WorldWind, Movement, Movements, and Contemporary Radical Currents in the United States, Oakland 2010.

454 Nora Sternfeld, Das radikaldemokratische Museum, Berlin, Boston 2018, S. 31ff. Als Gegenüber zum *Demand nothing* steht das Konzept des *transformative organizing*, das ein *Demand everything* formuliert, siehe: Steve Williams, Demand Everything. Lessons of the Transformative Organizing Model, New York 2011.

455 Über die Gezi-Park Proteste im Kontext von *Right to the City* siehe: Mehmet Bariş Kuymulu, „Reclaiming the right to the city: Reflections on the urban uprisings in Turkey", in: City 17, 3, 2013, S. 274–278. Breit aufgestellt war die Gruppe *Taksim Dayanışması (Taksim Solidarity)* in Form vieler Teilgruppen, politischer und Berufsverbände, Vereine, Gewerkschaften, Ärzt*innen- und Architekt*innen-Vertretungen. Siehe Cihan Tuğal, „‚Resistance everywhere': The Gezi revolt in global perspective", in: New Perspectives on Turkey 49, 2013, S. 147–162.

ein Frauen-Zelt, genannt „the zone without Tayyip and without harassment".[456] Es sind solche Demokratie-infrastrukturellen Räume, für welche (im Anschluss an Spivak gesagt) politisch engagierte Architektur besondere Verantwortung trägt.

In Belgrad kulminierten 2016 Massenproteste unter dem Bewegungsnamen *Ne da(vi)mo Beograd – Don't let Belgrade d(r)own* – gegen das Großinvestitionsprojekt eines neuen Stadtviertels namens *Belgrade Waterfront* am Ufer des Sava-Flusses.[457] Die staatliche Regierung hatte der Investor*innengruppe vertraglich zugesichert, gegebenenfalls die gesetzlichen Bedingungen für die Umsetzung des Projekts herzustellen, das ohne Ausschreibung und ohne ein Referendum vergeben wurde. Gegen diese Politik, ihren Vertreibungscharakter gegenüber der lokalen Bevölkerung und die kolonialistische Anmaßung, mit dem Baugrund so zu verfahren, als wäre hier nichts und niemand, organisierte sich die Protestbewegung rund um den Slogan „Whose city? Our city!" („Koji grad? Ciji grad!") sowie um eine circa zehn Meter große gelbe Plastik-Ente als Protest-Ikone. Letztere kann als Anspielung auf das Nicht-ertrinken-Lassen Belgrads in der Geld- und Betonflut eines flussnahen Großprojekts verstanden werden – aber auch als einer jener „leeren Signifikanten", die (ähnlich der massenweisen Slogan-Berufung auf den „Donnerstag" bei den Wiener Donnerstagsdemos 2018/19, siehe Kapitel 8) es ermöglichen, mit möglichst niedrigen Einstiegsvoraussetzungen eine Äquivalenzkette verschiedener Positionen und Teilgruppierungen auszubilden, die sich in einer Protestbewegung bündeln.[458]

456 „Tayyip" ist eine Abkürzung für Recep Tayyip Erdoğan. Generell waren über 50% der Gezi-Park-Protestierenden Frauen: „left-wing groups, anti-capitalist Islamic groups, secularist or nationalist groups, Kurdish groups, to LGBT organisations, feminist groups, as well as non-organised women." Buket Turkmen, „The Gezi Revolt and the Solidarist Individualism of ‚Çapulcu' Women (marauder)", in: Les cahiers du CEDREF 22, 2018, http://journals.openedition.org/cedref/1133.

457 Es handelt sich dabei um die Planung eines Drei-Milliarden-Euro-Projekts der Großinvestorengruppe Eagle Hills aus den Vereinigten Arabischen Emiraten.

458 Siehe auch Iva Čukić, „Building Alternatives – Self-organisation in Cities", in Heindl, Linortner, Klein, Building Critique, S. 174–186. Aus dieser Belgrader Protestbewegung entstand in weiterer Folge eine politische Organisation als kommunale Wahlplattform mit einigen engagierten Architektinnen in ihrem Mandatarspersonal.

Weltweit entstehen derzeit Miet-Protestbewegungen, bei denen Forderungen nach Leerstandsabgaben, Wiederaufnahme von gemeinwohlorientiertem öffentlichem Wohnbau bis hin zur Rekommunalisierung von Wohnungen, die einmal im öffentlichen Eigentum waren, auf der Agenda stehen.

Angesichts der Wohnungskrise in Berlin entwickelte sich ab 2018 die Bewegung *Deutsche Wohnen & Co enteignen*, die im Sinn des öffentlichen Interesses die Enteignung, also das forcierte (Zurück-) Kaufen des Wohnungsbestands von privaten Wohnungsunternehmen mit mehr als 3000 Wohnungen fordert. Mit Bezugnahme auf Artikel 15 des Deutschen Grundgesetzes[459] wurde im September 2021 in Berlin ein Volksentscheid durchgeführt, mit dem Ziel, „über 240.000 Wohnungen von Deutsche Wohnen, Vonovia, Akelius & Co zu vergesellschaften"; den Entscheid befürworteten 57,6% der abgegebenen Stimmen. Eine Mehrheit für Enteignung ist nicht nur bemerkenswert, sondern stellt nun auch die institutionelle Politik auf die Probe.[460]

Wenden wir uns nun am Beispiel Wiens solchen Bewegungen zu, die – in enger organisatorisch-personeller und ‚ideologischer' Verbindung mit Praktiken des öffentlichen Straßenprotests – ihre Handlungsmacht durch Eigeninitiative in Sachen Planung, Finanzierung und Errichtung von Wohnraum und Erfindung von Wohnformen ausüben. Bekannterweise gibt es in Wien gemeinwohlorientierten und kommunalen Wohnbau in relativ großem Ausmaß, mit einer ins Rote Wien der 1920er Jahre zurückreichenden Tradition. Viele Wiener*innen sind mit Wohnraum in Gemeindebauten oder geförderten Wohnbauten „versorgt".[461] Zugleich steht aber auch in Wien auf-

459 Der Artikel 15 im Grundgesetz für die Bundesrepublik Deutschland lautet: „Grund und Boden, Naturschätze und Produktionsmittel können zum Zwecke der Vergesellschaftung durch ein Gesetz, das Art und Ausmaß der Entschädigung regelt, in Gemeineigentum oder in andere Formen der Gemeinwirtschaft überführt werden. […]"

460 Siehe u.a. Tim Engartner, „Staat, wach auf", in: der Freitag 16, 2019, www.freitag.de/autoren/der-freitag/staat-wach-auf.

461 Der viel verwendete Begriff der „Versorgung" – als selbstgewählter Ausdruck des seit jeher paternalistischen Machtdispositivs der sozialdemokratischen Wiener Gemeindeverwaltung – in Zusammenhang mit Wohnraum wäre eine gesonderte Reflexion wert. Jedenfalls aber entspricht die Wohnqualität in den noch nicht sanierten Gemeindebauten vor allem der 1950er und 1960er Jahre so niedrigen Standards und kleinen Zimmerschnitten, dass dort großteils nur finanziell sehr

grund neoliberaler Deregulierungsmaßnahmen ein immer größerer ‚Rest' an Menschen vor Problemen, wie sie anderen europäischen Städten vergleichbar sind.[462]

Unter dem Namen *habiTAT* formiert sich aktuell in Österreich ein ähnlicher Verbund wie das deutsche *Mietshäusersyndikat*, das es in Reaktion auf die dortige Wohnmisere schon seit 1983 gibt: Es handelt sich jeweils um eine Syndikatsstruktur, die als Solidarverbund auf selbstorganisiertes leistbares Wohnen (und Arbeiten) abzielt und ein Netzwerk an non-profit-, selbstinitiierten und selbstverwalteten Häusern aufbaut. Essenziell dabei ist das Projekt der *Entkapitalisierung*, der aktiven Herausnahme von Grundstücken und Häusern aus dem freien spekulativen Markt: Bei *habiTAT* gewährleistet die Struktur die dauerhafte Bindung seiner Teilvereine an die strikte Selbstverpflichtung zur Nicht-Kapitalisierung des geschaffenen und noch zu schaffenden Wohnraums, teils auch Arbeitsraums.[463] Die im engeren Sinne politische Dimension dieses Projekts zeigt sich etwa schon am polemischen Namen eines der 2017 gegründeten Teilvereine von *habiTAT*: *SchloR – Schöner Leben ohne Raiffeisen* (bzw. *ohne Rendite*). Der agonale Name bewirkt nicht nur Schmunzeln, sondern tritt auch in Dissensverhältnisse ein. Dies unter dem Gesichtspunkt von Popular Agency – die eine solidarökonomische Kreativität beinhaltet, aber sich nicht darauf reduziert.[464]

Als Name, der die agonal eingehegte Gegner*innenmarkierung in sich trägt, ist SchloR eine Facette eines aufgeladenen Signifikanten. Das kollektivökonomische Projekt zur gemeinschaftlichen,

schwache Menschen dauerhafter wohnen, sodass es sich tatsächlich um reine „Versorgung" handelt, oft auch in Form von „Notfallswohnungen" (die im Moment ‚besser als gar nichts' sind für von Obdachlosigkeit bedrohte Menschen. Von ‚Durchmischung' und Wohnqualität kann da aber keine Rede sein).

462 Befristung von Mietverträgen auf dem privaten Wohnungsmarkt, die massive Mietpreissteigerungen, Unsicherheit und Abhängigkeit von der vermietenden Person oder Firma bewirkt; steigende Lagezuschläge, Trend zum ‚Betongold' als profitable Anlageform etc.

463 Dieser Prozess ist aufgrund des Immobilien- und Bodenmarkts langsam und schwierig, und bislang waren nur wenige Projekte erfolgreich. Aber auch wenn es erst noch wenige sind, zeigen sie eine wichtige Alternative auf.

464 Darin liegt ein wesentlicher Unterschied zu manchen Baugruppenprojekten, bei denen es – spitz gesagt – darum geht, dass die gebildete Mittelschicht sich kreativ ihre Wohn(t)räume gestaltet und zum Eigentum macht. Es gibt aber auch Baugruppenprojekte, die sich genossenschaftlich oder in Gemeinnutzverpflichteten Vereinsstrukturen organisieren.

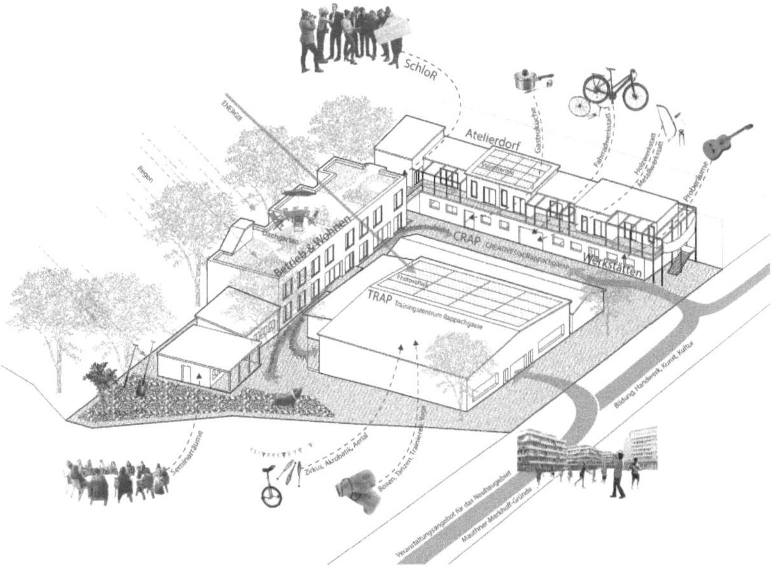


SchloR: Schöner Leben ohne Raiffeisen, Rendite, Räumungen …

nicht-profitorientierten Planung, Finanzierung, Errichtung und Nutzung von Wohn- und Werkstatt/Studio-Arbeitsraum[465] politisiert sich durch die im Namen ausgedrückte Gegner*innenschaft zu einer Rentenprofit-Ökonomie bzw. Großbank: Dieses Gegen-Sein integriert die ganz verschiedenen Nutzungsansprüche und Positionen innerhalb der Baugruppe und konstituiert diese als politisches Handlungssubjekt in Macht- und Verteilungskämpfen um städtischen Raum.

Um es kurz zu sagen: Solidarische Netzwerk-Syndikate wie *habiTAT* stellen die Machtfrage. Das Partikular-Anliegen, die Forderung des selbstorganisierten Wohnens wird über diesen Nischencharakter und über die Eigenschaft einer technischen Lösung für ein soziales Problem hinaus aufgeladen und verknüpft: aufgeladen mit dem – politisch unverzichtbaren – Pathos einer übergreifenden Vi-

465 Zur Architektur und dem programmatisch-räumlichen Gesamtkonzept des Projekts, für das ich mit meinem Architekturbüro verantwortlich zeichne, siehe: www.gabuheindl.at/de/uebersicht/wohnen-und-arbeiten/schlor-schoener-leben-ohne-rendite.html sowie www.schlor.org.

sion, verknüpft mit anderen demokratischen Forderungen, *demands*, zu popular-politischen Äquivalenzketten. Über Forderungen hinaus, die im engeren Sinn zum Mieter*innenschutz gehören – Ende befristeter Mietverträge, generell leistbares Wohnen –, entgegen der unternehmerischen Ideologie-Vision vom ‚freien Miet-Markt' für alle ‚Leistungsträger', die es sich leisten können, gelten *habiTAT*-Projekte auch der Erprobung von neuen Formen, Wohnraum zu gestalten und zu wohnen. Die radikaldemokratische Frage, wie sich solidarisch, ohne Ausbeutung und Ausgrenzung, miteinander leben lässt, hat *einen* Ansatzpunkt im Wohnraum; einen anderen hat sie dort, wo Gruppen wie *SchloR* sich anderen Protesten anschließen, auf der Straße, solidarisch für andere Forderungen und ‚mit ihnen' mitgehen, bis hin zur Schaffung von Räumen als Infrastruktur für Bewegungen (ebenso wie von nutzungsoffenen Räumen für das Stadtviertel).

Solidarisches Wohnen ohne Barrieren selbst gebaut: Auch das *Intersektionale Stadthaus* im 16. Wiener Bezirk, das ich räumlich/architektonisch für den und gemeinsam *mit* dem *Verein für die Barrierefreiheit in der Kunst, im Alltag, im Denken* 2016 konzipieren konnte, bringt mehrere Selbstermächtigungsaspekte zusammen. Der Vereinsname bietet ein Beispiel für zuvor beschriebene Politisierung eines technischen Begriffs in Richtung eines leidenschaftlich aufgeladenen Namens. Barrierefreiheit, eigentlich ein heute geläufiges Wort für Zugänglichkeit und Erschließung von Bauten für Rollstuhlnutzer*innen und andere behinderte Menschen – Menschen, deren Leben behindert wird –, wird hier zu einem *intersektionalen* Namen: Die Forderungen, Anliegen und Interessen von LGBTQ*, von Refugees *avec* und *sans papiers*, von Menschen mit Behinderung, von Alleinerziehenden werden durch den Anspruch auf Barrierefreiheit im Vereinsnamen äquivalent gemacht und, über ein gemeinschaftliches Einküchenhaus-Wohngruppenprojekt hinaus, politisiert in einer geteilten Gegner*innenschaft zu den Barrieren, die heute in der Behinderung von Menschen, der Ausgrenzung von nicht-heteronormativen Leuten und von Migrant*innen im Wohnen bestehen bzw. zunehmend errichtet werden.[466]

466 Die Vereinsmitglieder beschreiben sich selbst so: „wir rollen und gehen, verwenden pronomina, die es gibt und solche, die es nicht gibt, lachen über google translate, tun uns leicht_mittel_schwer mit dem lernen der sprachen, die im haus

Im Projektnamen steckt das Intersektionale an diesem Stadthaus: Als Projekt, als Bau und als Form des Zusammenlebens situiert es sich nahe den Übersetzungen zwischen den Arten und Weisen, wie Menschen oft mehrfach mit Ungleichberechtigung und Diskriminierung in den Machtformationen der Mehrheitsgesellschaft konfrontiert sind.[467] Auf das Zusammenleben, mehr noch: auf das Sich-zusammen-Tun und Zusammen-tätig-Sein von Leuten aus diversen marginalisierten Gruppen hin ist das *Intersektionale Stadthaus* entworfen, auch auf ihre konflikthafte Selbstbestimmung hin.

Wobei das Intersektionale hier auch einen räumlich-formalen Ausdruck fand über den Vertikalschnitt des Hauses: Das Zusammenleben der Wohn-Community ist nicht innerhalb einer Ebene organisiert, sondern *sektional* (‚im Schnitt'): Über alle Geschoße des Hauses hinweg befindet sich eine zusammenhängende Wohnungsgemeinschaft, mit Lift im Zentrum und konsequent geteilter Infrastruktur (Bäder, WCs und v.a. die *eine* Küche). In dem *Intersektionalen Stadthaus* gibt es keine einzelnen Wohnungen; letzteres ist aber hier kein ideologisches Dogma (quasi gegen Privatheit schlechthin). Neben den gemeinschaftlich genutzten Räumen sind auch alle privaten Zimmer barrierefrei erschlossen. Wichtig für das selbstbestimmte Konzept der Bewohner*innen war eben, dass die Wohnform nicht auf die Norm-Identität der bürgerlichen Kleinfamilie zugeschnitten ist. So steht das *Intersektionale Stadthaus* auch in einer historischen Tradition demokratisierender Architektur: Zu nennen sind hier sowohl das Wiener „Einküchenhaus" sowie die Wiener Siedler*innen-

gesprochen werden, freuen uns über menschen, die in verschiedene richtungen mit übersetzen, sind teils unter 10 und über 50, wohnen, arbeiten, spielen, sind hier, haben privilegien, aber verschiedene, kennen uns zwischen ganz kurz und sehr lange, essen von vegan bis fleisch, haben persönliche assistenz oder nicht, rechnen miete nicht nach quadratmetern, sondern möglichkeiten, heißen alle herzlichst willkommen, die schauen, wo sie sind ;-)", https://barrierfreehouse.wordpress.com/eine-seite/.

467 Der Begriff des Intersektionalen stammt von der Juristin Kimberlé Crenshaw, die die Verknüpfung von Diskriminierungen wie *race* und *gender* thematisierte: „Because the intersectional experience is greater than the sum of racism and sexism, any analysis that does not take intersectionality into account cannot sufficiently address the particular manner in which Black women are subordinated." Kimberlé Crenshaw, „Demarginalizing the Intersection of Race and Sex: A Black Feminist Critique of Antidiscrimination Doctrine, Feminist Theory and Antiracist Politics", in: The University of Chicago Legal Forum 1, 1989, S. 139–167, hier S. 140.

bewegung der 1920er Jahre (beider Konzeptionen von kollektivem Sharing habe ich in Kapitel 2 und 3 erörtert). Im Unterschied zu den Wohnprojekten der damaligen Siedler*innen steht das *Intersektionale Stadthaus* aber nicht auf der ‚grünen Wiese', sondern im dichten Stadtverbund. Und es wurde ein bestehendes Haus weitergenutzt, in Eigenbau umgebaut und nicht gentrifizierend saniert.[468] (Nach langem Suchen fand die Gruppe ein bestehendes Zinshaus, das sie als Verein zur Gänze unbefristet mietet.)

Mit der Siedler*innenbewegung haben die Bewohner*innen des *Intersektionalen Stadthauses* gemeinsam, dass sie sich ihren Anspruch auf selbstbestimmtes Wohnen, obwohl sie wenig Geld haben, nicht zuletzt auch durch *Selbstbau* ermöglichen. Und das ist wiederum nicht nur eine organisationstechnische Problemlösung, sondern auch ein Anspruch: nämlich zu *können*, eben auch bauen zu können, *obwohl* das ‚Vermögen' dazu – im kapitalistischen Sinn wie im physischen oder expertokratischen Sinn – kaum vorhanden ist. Natürlich bleibt z.B. die ‚Geldfrage' präsent, aber ihr wird hier in Form von solidarischer Ökonomie begegnet, bei der das Wohn-Kollektiv sich nach der ‚schwächsten' Person in der Gruppe richtet: Das ist gemeint im Sinn von verschiedenen Bedürfnissen, die alle zur Geltung kommen sollen, wie auch im Sinn von Finanzschwächen. Denn gezahlt wird als Beitrag zu den Baukosten und zur Gesamtmiete jeweils so viel, wie Frau/Mann* jeweils (gerade) kann. Der universelle Zugang, die Barrierefreiheit, ist hier also nicht nur als Abbau physischer Barrieren im Haus zu verstehen, sondern als leitendes Prinzip des Hauses.[469] Finanzierungsformen pragmatischer Ökonomien verbinden sich mit politischen Ansprüchen, mit Formen solidarischer Vergemeinschaftung.

Das politische Moment des *Intersektionalen Stadthauses* ist dem Programm der Care Revolution verwandt, durch die sich auch die häusliche Arbeit der Reproduktion, Fürsorge und Pflege, also auch

468 Umbauen, graue Energie und gewachsene Strukturen weiternutzen, das ist sowohl ökologisch als auch sozial nachhaltiger als Neubau – und kostensparend.

469 Und es liegt auch ein Moment von Empowerment darin, dass die Bewohner*innen selbst definieren, an welchen Punkten und in welcher Hinsicht sie aus Kostengründen auf den einen oder anderen Wohnkomfort verzichten. Ich meine damit den Unterschied zwischen einerseits solcher Selbstbestimmung und andererseits paternalistischen Vorgaben durch z.B. Wohnbau-Förderrichtlinien o.ä., die definieren, welche Wohnkomfort-Reduktionen Leuten zumutbar seien.

Küchendetail, Intersektionales Stadthaus, Wien.

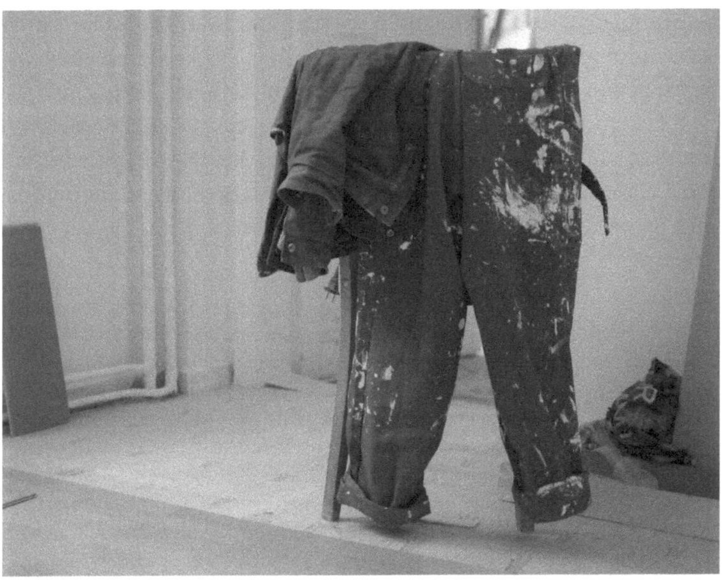

Eigenbaustelle des *Vereins für die Barrierefreiheit in der Kunst, im Alltag, im Denken,* Intersektionales Stadthaus, Wien.

die Arbeit am Wohnen, als eine politische Kraft mit Forderungen definiert, wie dies die klassischen proletarischen Bewegungen auf Basis von Produktionsindustrie-Arbeit als exemplarischer Arbeitsform getan haben.[470]

Meine Rolle als Architektin im Prozess bestand im Einsatz beim Ermöglichen dessen, was für die Gruppe nicht leicht möglich schien: nämlich sich mit geringen Mitteln selbstbestimmt ein (Einküchen-)Haus zu bauen. Damit einher ging zugleich eine gewisse Selbstzurücknahme einer allenfalls gestalterisch, im engen Sinn ‚ästhetisch' (auf stilistische Markenzeichen, eigene ‚Formensprache' etc. hin) definierten Rolle als Architektin. Generell war die Frage: Worin braucht mensch mich, worin nicht?[471]

Auf die politische Dimension des Gleichberechtigt-Wohnens in der Stadt, mit Recht auf Zentrumsnähe, verweist auch ein weiteres ‚queeres Haus' in Wien, dessen Umbau zur Barrierefreiheit ich 2018 plante und betreute. Die Türkis Rosa Lila Villa nimmt seit der Besetzung eines 1982 zum Abriss vorgesehenen Hauses als weithin sichtbare, rosa bemalte ‚Villa' Rechtsansprüche von LGBTQ* und nach dem Umbau nun auch die Rechte von behinderten Menschen wahr, am Leben dieser Community und an ihrer sozialen/politischen Selbstorganisation teilzunehmen. (Wobei klar ist, dass solche Häuser selten und als Standorte hart erkämpft sind.) Hier stellen sich, wie bei dem *Intersektionalen Stadthaus*, Fragen nach der Rolle einer Architektin in solchen Bündnissen. Wobei sich das politische Selbstverständnis und die politische Praxis von Architekt*innen, die in und mit Communities tätig sind, heute anders darstellt als in den 1960er und 1970er Jahren, als etwa unter dem Namen *Anwaltsplanung* noch

470 In der Frage der Form-Findung für das Zusammenleben Verschiedener ist es ironisch und bezeichnend, dass die Bewohner*innen des *Intersektionalen Stadthauses* ihr Haus, vor allem Eingang und Treppenhaus, mit einer katholischen Burschenschaft im Keller des Gebäudes teilen müssen, die die Keller-Räumlichkeiten schon lange vor dem Umbau durch den Verein gemietet hatten. Es wurde zu einem Running Gag in der Wohngemeinschaft, dass die WGler*innen es vermocht hatten, „die *Burschis* aktiv zu integrieren".

471 Meine Arbeit in diesem Projekt wurde auch *als Expertise* honoriert – sie war also nicht eine ‚Spende' oder ein Almosen –, allerdings wurden auch alle anderen Beteiligten als gleichwertige Expert*innen verstanden. Jede Stunde von jeder und jedem, die und der an diesem Haus mitgeplant und mitgebaut hatte, war gleich viel wert. Und zwischen ‚Kopfarbeit' und ‚Handwerk' wurde kein Unterschied gemacht.

die Übernahme eines Mandats der Entrechteten und Marginalisierten durch wohlmeinende Expert*innen im Fokus stand (siehe Kapitel 4). Erinnern wir uns an die Einwände von Robert Goodman, etwa: „The problem of trying to promote democracy in a capitalist economy through such mechanisms [like advocacy planning] is that those with more economic means simply have more ability to control their personal and political lives."[472] Es gibt von dieser Reflexion auf das Scheitern der damaligen Experimente viel zu lernen; ich möchte sogar dafür plädieren, genau dort anzuschließen.[473] Damit soll nicht gesagt sein, hier würde nun der ‚zeitgemäße', der demokratiepolitisch ‚richtige' Weg vorgegeben, wie architektonische Tätigkeit im Community-Kontext zu erfolgen habe. Im Gegenteil: Das Wissen über Community-Kooperation liegt bei den Communities. Die Architektin wird zur *Übersetzerin*: in dem geläufigen Verständnis des Übersetzens zwischen Sprachen, in der Arbeit mit migrantischen Auftraggeber*innen ebenso wie mit migrantischen Bauarbeiter*innen; weiters als Übersetzung von ‚Ideen' und Ansprüchen – was bedeutet ‚großes' oder ‚kleines Zimmer'? – und schließlich im Übersetzen etwa zwischen queer-migrantischen Milieus und den auf einer Baustelle tätigen Arbeitern und Technikern, die meist männlich und v. a. allermeistens nicht queer sind und vielleicht der Community, für die sie bauen, mit einer gewissen Reserviertheit begegnen. Der Aspekt der Übersetzungsarbeit betrifft aber auch die Aufklärungs- und Vermittlungsarbeit als Architektin mit Engagements im Rahmen von Bewegungen, aktivistischen Milieus und zivilgesellschaftlichen Institutionen. Und schließlich wird im Zusammenhang mit diesen intersektionalen und übersetzenden Politiken deutlich, dass hier nicht ein Konzept von politischer Öffentlichkeit der Privatsphäre des Wohnens gegenübergestellt ist, sondern dass es um die *öffentliche Auseinandersetzung um Wohnraum*, zum Teil auch quer durch Wohnraum, geht sowie um Schaffung und Schutz von Infrastrukturen, in denen

472 Robert Goodman, After the Planners, Middlesex 1972, S. 213.

473 Die Gegner*innen möglicher Errungenschaften waren zu mächtig, als dass Anwaltsplanung sich hätte weiterentwickeln können. Dieser Gedanke geht in die Richtung von Owen Hatherley, der in seinem Buch *Militant Modernism* das Argument aufbaut, dass moderne Ideen nicht gescheitert, sondern einfach nicht oft genug versucht wurden oder werden konnten – natürlich auch weil starke Mächte gegen sie opponierten. Owen Hatherley, Militant Modernism, Winchester, 2009.

abgesichert gewohnt und agiert werden kann. Das Zusammen-Leben als radikaldemokratisches Problem, an dem politisch gearbeitet werden muss, führt also vom selbstbestimmten Wohnen bis zur Frage, wie sich das Bürger*in-Sein – gegenüber einem Staat, in einem Land, in einer Stadt – in der Migrationsgesellschaft verändert.

### *Nichtbebauungsplan* | Allianzbildung im öffentlichen Raum

Zuletzt geht es nun explizit um den öffentlichen Raum als demokratischen Handlungsraum und um seine Infrastruktur. Öffentlicher Raum ist ein höchst umkämpfter Raum: In ihm treffen die Konfliktfelder Masse, Boden, Migration aufeinander. Öffentlicher Raum ist essenzielles Pendant zum Wohnraum, insofern hängen Vertreibungsprozesse im Wohnen und im öffentlichen Raum zusammen – und auch die dazugehörigen Stadtkonflikte. Was ist nun in Hinblick auf urbane Bewegungen, Protestformen und Forderungspolitiken die Rolle, die Agency, von Planung? Ein radikaldemokratischer Zugang versteht diese Handlungsfähigkeit als politische, das heißt, nicht etwa als Teil einer Stadtviertel-Beglückung durch Ausstreuung von Kultur-Knotenpunkten oder Inkubatoren. In Anknüpfung an Spivaks Überlegungen zur Notwendigkeit der Arbeit an Infrastrukturen des Gehört-Werdens ist es wichtig, einerseits einem radikaldemokratischen Anspruch zu folgen, der besagt: „Jede*r ist ein*e Gestalter*in" – sich aber andererseits zugleich darüber klar zu sein, dass das gegenwärtig aufgrund von existierenden Hierarchien und Verteilungen *faktisch nicht so ist.* Das heißt, alle, also auch Architekt*innen und Planer*innen, müssen in Allianzen treten, als Expert*innen bei gleichzeitiger Selbstkritik und Distanzierung von Aspekten jener Machtposition, die mit der Zuschreibung von Expertise einhergeht, und müssen wiederum zugleich einiges an dieser zugeschriebenen Macht zum Einsatz bringen für die Ausweitung der Rechte auf Stadt. Wie sieht dabei das Vertreten eines Bewegungs-Anliegens durch radikaldemokratisch orientierte Architektur- und Planungstätigkeit aus? Vertreten heißt nicht einfach nur „mitbedenken" oder „vorkommen lassen".[474] Repräsentation ist nicht gleich Repräsentation – es geht vielmehr um ein Parteiisch-Sein.[475]

Kommen wir nun mit einem letzten Beispiel aus meiner Praxis zu einer Konstellation und einer ‚Fallgeschichte', die den öffentlichen Raum in einem engeren Verständnis betrifft. Es handelt sich um ein Planungsprojekt für den Wiener Donaukanal, anhand dessen sich die Frage der Verantwortlichkeit von radikaldemokratisch engagierter Architektur gegenüber der Popular Agency von Bewegungen noch einmal anders – und recht komplex gelagert – beleuchten lässt. Die innerstädtische Uferzone am Wiener Donaukanal wurde seit den 2000er Jahren intensiv entwickelt und auch immer mehr als Naherholungszone genutzt; als Ergebnis der Investitions-stimulierenden Planungspolitik der letzten zwei Jahrzehnte wurde sie zunehmend zur Gastronomie- und Freizeitmeile ausgebaut und steht entsprechend unter weiterem Investor*innendruck. 2011 gewannen die Architektin Susan Kraupp und ich den Wettbewerb für die Ausarbeitung stadtplanerischer „Gestaltungs- und Entwicklungsleitlinien" für die Donaukanal-Uferzone im Auftrag der Gemeinde Wien.[476] Unser Projekt namens *Donaukanal Partitur* befasste sich allerdings nicht etwa mit Stilfragen oder Farbschemata zu öffentlichem Mobiliar entlang des Wassers. Letzteres wäre ja aus Sicht eines designerischen (oft auf Corporate Identities zielenden) Verständnisses von Stadtplanung

474 Das heute in Planung und Baupublizistik häufige Hinein-Photoshoppen von Rollstuhlnutzer*innen und Frauen mit Kinderwagen in Architekturdarstellungen heißt noch nicht, dass dadurch die Anliegen dieser Gruppen vertreten würden.

475 Auch Jesko Fezer votiert für parteiisches Design: „Parteiisch sein? Das wäre für eine Schiedsrichterin nicht gut, für einen Reporter unhöflich, für eine Trainerin hingegen sehr wichtig und für die Fans ist es der Spaß an der Sache. Für einen Anwalt ist Parteinahme Berufspflicht, für die Angehörigen der Täterin selbstverständlich, für Zeug*innen allerdings unratsam und bei einer Richterin ein Grund, das Verfahren neu aufzurollen. Es geht also um gesellschaftliche Rollenverteilung: Will Design den Rahmen wahren und beobachten? Will es tendenziell davon ausgehen, dass die anderen das Spiel machen oder Verbrechen begehen, also die Auseinandersetzung um Hegemonie aushandeln?" Fezer, „Parteiisches Design", in Christoph Rodatz, Pierre Smolarski (Hg.), Was ist Public Interest Design? Beiträge zur Gestaltung öffentlicher Interessen, Bielefeld 2018, S. 215–225, hier S. 222.

476 Donaukanal Partitur – Gestaltungs- und Entwicklungsleitlinien für den Wiener Donaukanal, beauftragt durch die Magistratsabteilung 19, Stadt Wien, 2012–2014. Siehe Gabu Heindl, Susan Kraupp, „Donaukanalpartitur", in: MA 18 (Hg.), Öffentlicher Raum. Transformationen im Städtischen (Werkstattberichte der Stadtentwicklung Wien 170), Wien 2017, S. 56–61.

vielleicht zu erwarten gewesen. Und tatsächlich schwebten den Auftraggeber*innen der Leitlinien eher Gestaltungsfragen im Sinn eines „Wie bauen?" vor, während wir den Fokus des Plans entschieden auf ein „Wo bauen?", „Was bauen?" und v. a. auf die Frage, *ob überhaupt bauen*, verschoben. Denn im Kontext der bereits intensiv kommerziell genutzten Uferzone ging es uns darum, möglichst viel an Uferzone vor privater Aneignung und Kommodifizierung zu schützen.

Zum Zweck der Einrichtung und Offenhaltung von *öffentlichem Raum als Möglichkeitsraum mit niedrigschwelliger Teilhabe* – nicht an Kaufkraft gebunden oder daran, wer zur bevorzugten Zielgruppe von raumgreifenden Gastronomien zählt (und wer dort zunehmend weniger geduldet ist) – griffen wir auf ein *Instrument starker planerischer Setzung* zurück, nämlich auf das Instrument des Bebauungsplans, indem wir für unseren spezifischen Kontext einen *Nichtbebauungsplan* entwickelten. Der *Nichtbebauungsplan* ist abgefasst wie ein Bebauungsplan, nur dass er eben reziprok verfährt, indem er dezidiert *nicht zu verbauende* Zonen als Projektziele verzeichnet und festhält.[477]

Als zweiter Teil der Gestaltungsleitlinien war uns neben dem regulierenden *Nichtbebauungsplan* zudem ein *entwicklungsorientierter* Teil für diesen für die Stadt ökologisch wie auch sozial so relevanten Freiraum wichtig, nämlich ein Konzept zur Intensivierung gemeindeseitiger Investitionen in öffentliche Infrastruktur, um derartige öffentliche Aufgaben und Orte eben nicht Privat-Investor*innen und PPP-Projekten zu überlassen.[478] Nach Dutzenden Diskussionen und Sitzungen wurden die Gestaltungsleitlinien – als Kompendium aus drei Büchern sowie einer Kurzfassung auf 29 Sei-

477 Man könnte hier auch von *equity planning* sprechen (siehe Kapitel 4): Planung, die von uns gemeinsam mit Planer*innen *in* der Magistratsabteilung entwickelt wurde, d.h., es ist ein Planen *mit* der Institution (quasi top-down), im Sinn der Verantwortung für möglichst viel Chancengleichheit für viele. Dabei wurde unser Plan zum Teil als „investitionsfeindlich" wahrgenommen – was ja nicht falsch war, denn es ging genau darum: um Begrenzung der entfesselten Investition und Profit-Aneignung.

478 Zur Erklärung: Dass eine Stadtverwaltung ein stark frequentiertes Stadtgebiet mit öffentlichen WCs versorgt, liest sich an sich wie eine Selbstverständlichkeit. Die Realität – nicht nur am Donaukanal – sieht aber auch im öffentlichen Raum angesichts des angewandten Spardiktats anders aus: Die Stadtplanungspolitik urgiert Public Private Partnerships auch im urbanen Raum, was im Endeffekt darauf hinausläuft, dass Großgastronomie-Kapitalist*innen als Wohltäter*innen dastehen, weil sie der Wiener Bevölkerung z.B. ein WC ‚gestiftet' haben (vgl. Kapitel 5).

ten – der Stadtentwicklungskommission (STEK) zur Begutachtung vorgelegt. Und von dieser wurden die Gestaltungsleitlinien, so lautet das wörtliche Verdikt dieser Kommission, „zur Kenntnis genommen". Mehr als dies war nicht möglich, also nicht etwa ein Gemeinderatsbeschluss oder eine andere Form von stärkerem Bekenntnis zu dem *Nichtbebauungsplan* und seinen Zielen.[479]

Worin liegt hier nun ein radikaldemokratisch-politisches Moment im Verhältnis zur Popular Agency? Es war nicht gelungen, die Gemeinde Wien (bzw. die sie repräsentierenden Verwaltungsgremien) an der Position unseres *Nichtbebauungsplans* zum Schutz öffentlichen Möglichkeitsraums zu versammeln; diesen Plan unmittelbar zu einem Stadtregierungstool zu machen, wäre auch ein unwahrscheinliches Ziel gewesen. Das war uns recht bald klar. Aber die politische Geschichte des *Nichtbebauungsplans* endete nicht mit der nüchternen Proforma-„Zurkenntnisnahme" durch die Stadtentwicklungskommission, deren Mitglieder sich von uns wahrscheinlich mehr an Gastronomie- und Bauwirtschaftsimpulsen erwartet hätten. Das große öffentliche Interesse bot die Möglichkeit, unseren *Nichtbebauungsplan* durch eine Reihe von Diskursen, Plattformen und Teilöffentlichkeiten zu propagieren (womit nicht nur eine Kommission der Gemeinde Wien ihn „zur Kenntnis nahm") – diese Aufklärungs- und Vermittlungsarbeit war wichtig für die weitere Fall-Geschichte. Denn *aktualisiert und politisiert* wurde unser Plan letztlich durch eine Bottom-up-Initiative popularer Handlungsmacht in einer konkreten Situation von politischem Streit um ein Stück öffentlichen Raum.

2015 sollte das letzte innerstädtische Stück nicht-kapitalisierter horizontaler Wiese am Donaukanal einer Großgastronomie-Investition weichen.[480] Gegen das Vorhaben, diese zum kostenlosen

479 Die Zurkenntnisnahme der STEK gilt zwar als Selbstverpflichtung, allerdings war der Plan damit eben noch nicht vom Gemeinderat angenommen.

480 Es handelte sich dabei um die als „Donaukanalwiese" geläufige sonnige Wiesenfläche gegenüber dem Musik-Großlokal Flex. (Die meisten der innerstädtischen Wiesen an der Uferzone sind abschüssig, also für Gastronomie wie auch für nichtkommerzielle offene kollektive Nutzungen wenig geeignet.) Es handelt sich auch um jene Wiese, die – wie ausgeführt in Kapitel 5 – im Rahmen der Öffentlichkeitsarbeit der Investitionsprojektbetreiber*innen als „Hundstrümmerlwiese" (koloniales Niemandsland bzw. zu behebender Schandfleck) diskreditiert wurde: ein klassisches Beispiel für diskursiv induzierten Wertverlust zur Steigerung des *rent gap* (also der Profitspanne zwischen den Zuständen vor und nach der investierenden Kapitalisierung).

Sitzen, Liegen und Ballsport genutzte Wiese zu kommerzialisieren, trat im Frühjahr 2015 die Protestbewegung *Donaucanale für Alle* auf den Plan. *Donaucanale für Alle* organisierte öffentliche Auftritte, Online-Kampagnen und Besetzungen der Wiese und war schlussendlich erfolgreich. Dabei berief sich die Bewegung – in deren Anfangsphase ohne unser Wissen – auf unseren *Nichtbebauungsplan*, verlangte also von der Gemeinde Wien genau die in diesem Plan festgeschriebenen Möglichkeitsräume bzw. Freihaltungen – nach Art einer Einforderung von Rechten.[481]

Ich sehe diese Konstellation als exemplarisch für eine radikaldemokratische Planungssituation und für das Verhältnis der *anderen PPP* zueinander, also von *Planung* zu *Popular Agency* und zu *Politik*. Die Protestbewegung *Donaucanale für Alle* bezog sich aktiv auf unseren Plan, machte ihn (zusammen mit der Wiese selbst) zu einem Medium, einem Schauplatz und auch einem (Spiel-)Einsatz in einer politischen Konfliktsituation. In einem Konflikt um eine Wiese, anhand dessen sich soziale und ökologische Fragen gemeinsam artikulierten. Soweit ein wesentlicher Aspekt meines ersten P, der *Politik* als demokratischer Dissens. Dadurch vollzogen sich zunächst vier Empowerment-Prozesse: Erstens ermächtigte sich die Protestbewegung – *Popular Agency* – gegenüber der institutionellen Verwaltung, indem sie dieser abnötigte, Leitlinien (noch dazu nur „zur Kenntnis genommene") in Teilen umzusetzen und als ein Quasi-Recht zuzugestehen. Zweitens ermächtigte die Protestbewegung damit die *Planung*. Denn der *Nichtbebauungsplan* hätte ja auch nur in einer Lade verkommen können, und v. a.: Er hätte sich auf den Status eines bloß technisch-administrativen Tools reduzieren können.

Das Sich-Berufen seitens der Protestbewegung aktivierte, aktualisierte ein demokratisches Potenzial an unserem Plan. Drittens kam es dadurch auch zu einer Ermächtigung von uns Architekt*innen, die den Plan verfasst hatten: Durch die Protestbewegung wurden wir in den Stand versetzt, den Plan im Namen popularer politischer Akteur*innen sprechen und wirken zu lassen. In weniger konzentrierter Form hatte sich so etwas schon dadurch vollzogen, dass zahlreiche einschlägige Anfragen der interessierten Öffentlichkeit an die zuständige Magistratsabteilung diese dazu bewegten, Leitlinien samt *Nicht-*

481 https://donaucanale.wordpress.com/. Der Protest war erfolgreich, Anfang 2022 ist die Wiese immer noch öffentlicher Raum.

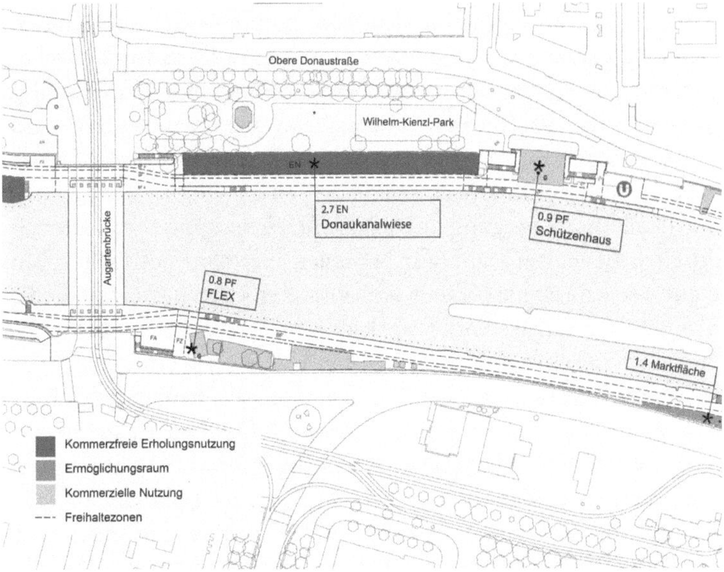


Nichtbebauungsplan (Planausschnitt), Teil der Donaukanal Partitur.

Besetzung der Donaukanalwiese durch *Donaucanale für Alle*.

*bebauungsplan* in Form einer Kurzfassung überhaupt erst online zu veröffentlichen.[482] Und viertens ermächtigte sich dadurch die Protestbewegung eben auch gegenüber uns Planerinnen, weil sich so eben *nicht* die allzu vertraute Hierarchie-Situation zwischen der Autorität von Planenden einerseits und dankbaren Vertreter*innen der beplanten Öffentlichkeit einstellte.

Die Protestbewegung lud den *Nichtbebauungsplan* mit einer politischen Bedeutung auf. Wir begegnen hier dem politischen Moment der Kontingenz: Diese Aufladung erfolgte nicht notwendig, nicht auf Grundlage eines festgelegten Ablaufs. Sondern sie war ein Teil einer auf ein spezifisches Ziel hin orientierten strittigen Handlung seitens popularer Akteur*innen. Zugleich handelt es sich dabei um die Aktualisierung eines Potenzials: Das Potenzial hätte weiter im relativen Schlummerzustand bleiben können – aber es war doch da. Wir können dies auch in Analogie zur politischen *Reaktivierung eines Sediments* verstehen, hier anhand der Sedimentierung von kapitalismuskritischer Politik in einem administrativen Tool: Reaktiviert wird etwas Gelagertes – etwas, das seitens der Gemeinde schon zur ‚Ablage' bei den Akten vorgesehen war, das aber zugleich in dem Plan *angelegt* ist. Damit meine ich, dass unserem Plan etwas eingeschrieben war, das seiner Politisierung entgegenkommt. Nämlich das Ziel einer Einschreibung, auch einer Einrichtung von öffentlichem Raum, die zugleich dessen Offenhaltung als Möglichkeitsraum ist; dieses Ziel hofft sozusagen von sich aus auf ein künftiges populares Handlungssubjekt.[483] Hier haben wir das zweite P meiner *anderen PPP* vor uns, die *Planung als strittige Setzung*. Und diese Setzung ist, eben als strittige, immer in ihrer Ambivalenz zu verstehen in Relation zum Moment der Selbstentfremdung und Selbstzurücknahme: Dieses Moment kommt im Donaukanal-Beispiel einerseits deshalb zum Tragen, weil es das architektonische Tun, das Bauen und das Planen fürs Bauen in Form eines wachstumsskeptischen *Nichtbebauungsplans* durchkreuzt; und andererseits ist es von größter Relevanz, dass nicht die Architektur den Masterplan einer progressiven Gesamtpolitik vorgibt, sondern dass sie in eine *Alli-*

482 Die Kurzfassung der Donaukanal Partitur Leitlinien findet sich online unter: https://www.wien.gv.at/stadtentwicklung/studien/pdf/e000012.pdf.

483 Und zugleich ist diese Hoffnung ja kein frommer Wunsch geblieben, sondern wir haben uns auch um Propagierung unseres Plans und seiner Zielsetzungen bemüht.

*anz* eintritt, deren entscheidende Impulse von Popular Agency ausgehen. *Die zivilgesellschaftliche Besetzung aktiviert das Potenzial der architektonisch-planerischen Setzung.*

Die Ausdifferenzierung von Lebensstilen und der Legitimitätsverlust des klassisch-modernen Modells der integralen Partei (einer formellen Zugehörigkeit, aus der die „Befolgung" politischer Zielvorgaben resultieren würde),[484] haben dazu beigetragen, dass Architektur ihren Beitrag zu radikaldemokratischer Politik längst nicht mehr nach einem umfassend vordefinierten Programm leisten kann. Sehr wohl aber kann sie eine *strittige Parteinahme* verfolgen im Sinn einer *positionierten Architektur*. Deren Verantwortlichkeit lässt sich auch nicht auf eine Formel vom partizipativen Planungsprozess reduzieren. Das Beispiel des *Nichtbebauungsplans* am Donaukanal zeigt, dass radikaldemokratische Planung nicht darauf hinauslaufen kann, die Bevölkerung (oder womöglich nur deren kaufkräftige Teile, die als zahlende Kundschaft für Gastronomie in Frage kommen) ein wenig einzubinden – wobei ein wenig immer *zu wenig* ist. Stattdessen wird hier der universalistische Zug an der radikaldemokratischen Planung bedeutsam: als Engagement für populares Empowerment. Im konkreten Beispiel: Raum zu schaffen für populare Agency, zunächst indem die Kommodifizierung von öffentlichem Raum verhindert wird. Dabei muss aber gewährleistet sein, dass es nicht das Ziel ist, einer Gruppe von Entmächtigten und Entrechteten dabei zu helfen, sich besser gegen andere, ähnlich betroffene Gruppen zu behaupten.[485] Vielmehr zielt radikaldemokratische Planung immer auf die Bedingungen der allgemeinen Ordnung, also auch auf deren institutionelle Machtform. Daraus resultiert die Offenheit gegenüber politischem

484 Wobei ich solch ein „Befolgen" nicht als Roboter-Tätigkeit diskreditieren möchte. Vielmehr steht es beispielhaft für ein Ethos des mutigen Engagements im Dienst einer politischen Sache und Bewegung, wie ich dies noch selbst wahrnehmen konnte in der Freundinnenschaft mit meiner Mentorin Margarete Schütte-Lihotzky und ihrer bis zur Selbstopferbereitschaft gehenden Treue gegenüber einem egalitär-antifaschistischen Projekt. Ihr Ethos war wesentlich über die umfassend gelebte Zugehörigkeit zur Kommunistischen Partei und Bewegung definiert.

485 Goodman formulierte das 1972 so: „But within the present economic structure of our society, simply giving the poor more access to planning expertise doesn't basically change their chances of getting the same goods and services as wealthier citizens. What it gives them is more power to compete among themselves for the government's welfare products." Goodman, After the Planners, S. 214.

Arbeiten mit und in Institutionen – als einer Ebene der Austragung von Stadtkonflikten, in Allianz mit egalitären Bewegungen, kritisch und engagiert gegenüber herrschenden Unrechtsverhältnissen.

Radikaldemokratische Politik soll also institutionenpolitische Arbeit weder als Kompromittierung missverstehen noch in den jeweils bestehenden Institutionen aufgehen. Im Sinn der Radikalisierung, Vertiefung demokratischer Verhältnisse zielt eine solcherart orientierte Planung auf ein Einrichten und Verteidigen von Infrastruktur, von Spiel- und Möglichkeitsräumen (und das beinhaltet auch den Kampf um Sicherungen, nämlich vor den Zugriffen deregulierter Kapital-Aggression auf Wohn- und Stadtraum). Planerisches Handeln verschiebt in kleinen Schritten hegemoniale Strukturen, und: Ausgehend von demokratischer Legitimation in der Gegenwart und in Kontakt mit der Aktivierung durch Popular Agency übernimmt radikaldemokratische Planung das öffentliche Mandat auch einer offen zu haltenden, kontingenten Zukunft.

# Nachwort
# Stadtplanung im Zeichen des Rechtsrucks

Meine Überlegungen zu Stadtkonflikten und zu Spielräumen gegenhegemonialer Planung und Architektur gegenüber neoliberaler Kapitalisierung von urbanem Raum bedürfen einer Zusatzbemerkung, die die gegenwärtige machtpolitische Situation historisiert. Historisierung nicht im Sinn eines resümierenden Rückblicks (wie denn auch?), sondern im Sinn der Diagnose von laufenden und sich abzeichnenden Veränderungen. Gemeint ist die Etablierung nationalautoritärer Politik als institutionelle Regierungsmacht wie auch als gesellschaftliche Hegemonie.

Zunächst ist zu fragen, inwieweit die aktuelle Situation geprägt ist von *Postpolitik*; genauer gesagt, inwieweit sie *noch* geprägt ist von Postpolitik, diese verstanden als Delegitimierung von Konflikt und als Verordnung von Konsens. Es hat seine Ironie, dass die postpolitische TINA-Logik – *There Is No Alternative* – heute so einfach nicht mehr gilt; denn es scheint in Form rechter Mobilisierungen eine Alternative zum wirtschaftsliberalen Konsens-Regime zu geben, was die aktuelle Präsenz von heftiger Auseinandersetzung, gar von Aggressivität in politischen Öffentlichkeiten anbelangt. Aber: Entspricht das konfliktuöser Politik in Chantal Mouffes Sinn, also einem zwischen *Gegner*innen*, die einander grundsätzlich als legitim anerkennen, austragbaren Streit? Durch den Rechtsruck in Staat, Gesellschaft und Bewegungspolitik tritt eher etwas in den Vordergrund, das einer Bekämpfung von anderen als zu eliminierende *Feinde* gleichkommt, die rassistisch, antisemitisch oder homophob stigmatisiert werden.

Minderheitenfeindliche, rassistische oder sexistische Hetze, auch wenn sie in Verbindung mit politischen Kampagnen eingesetzt wird, verlässt den Bereich von Politik Richtung Gewaltausübung. Und auch wenn wir uns weniger gewalttätigen rechten Artikulationsformen zuwenden, bleibt die Frage, ob wir es hier mit einer Art Rückkehr von Politik als Streit zu tun haben? Eher vollzieht sich die Verunmöglichung von politischer Konfliktaustragung statt durch Propagierung von Konsens nun durch Einschüchterung, aggressive Eskalation und Message Control.[486]

Haben wir da nicht bis zu einem gewissen Grad eher eine Kontinuität vor uns – nämlich insofern, als Neoliberalismus und Nationalautoritarismus als Formen der Machtausübung gar nicht so verschieden sind? Diese Einschätzung wird etwa von Jacques Rancière nahegelegt: Dadurch, dass neoliberale Konsens-Regimes um die Jahrtausendwende politische Artikulationen von Differenz für inakzeptabel erklärten (weil Politik mit dem Abdriften von Gesellschaft in extremistische Gewalt gleichgesetzt wurde), ließen sie letztlich nur eine Art nackte Verkörperung von Differenz übrig: also eine Situation, in der *andere* für ein jeweiliges Wir nur als *unverhandelbar Andere* empfindbar scheinen, vielfach als Objekt des Hasses (oder bestenfalls als kulturelles Kuriosum).[487] So sehr der Neoliberalismus sich gern als Allheilmittel oder letztes Bollwerk gegen Nationalismus und Rassismus hinstellt, ist er diesen rechten Politikformen doch näher als die ideologische Optik bereit ist zu sehen.

Was das Ausmaß betrifft, in dem Neoliberalismus mit daran beteiligt ist, dass heute Staaten, Bundesländer, Gemeinden mit minderheitenverachtenden Maßnahmen regiert werden: Ein schlichtes Kausalmodell – „Weil zuerst Neoliberalismus, deshalb später Nationalautoritarismus" – führt da nicht weit. Stattdessen hat ein Konzept der Adaptierung/Übersetzung von Phänomenen der ‚Freisetzung' und ‚Entfesselung' einiges an Plausibilität. So etwa die These, dass Formen linken Protests gegen Obrigkeit regelrecht gehijackt wurden vom rechten Protest gegen das ‚herrschende Establishment',[488] und dass also an nationalautoritärer Politik nicht alles

486 Wie etwa jene Message Control, mit der sich gegenwärtige oder rezente Rechts-Regierungen parlamentarischen Debatten und Diskussionsöffentlichkeiten entziehen.

487 Vgl. Jacques Rancière, On the Shores of Politics. London, New York 1995 sowie Ders., Das Unvernehmen. Politik und Philosophie. Frankfurt a. M. 2002. Das entspricht in etwa auch Mouffes Überlegung, wonach der politische Konflikt, wenn ihm die Möglichkeit zur legitimen agonalen Austragung genommen wird, als Antagonismus, also als nacktes Feind-Verhältnis, wiederkehren wird. Chantal Mouffe, Über das Politische, Frankfurt a. M. 2007, S. 30f.

488 Ernst Bloch analysierte schon Mitte der 1930er Jahre die Übernahme kommunistischer Politik-Elemente durch die Nazis. Ernst Bloch, Erbschaft dieser Zeit. Frankfurt a. M. 1985.

autoritär im Sinn von strengen, patriarchal gefärbten Vorschrifts-Instanzen ist. Wir müssen nicht das offensichtlichste Beispiel des ‚wilden Buben', US-Präsident Donald Trump heranziehen, um zu sehen, dass rechte Politik heute Züge enthemmter Mobilisierungen hat, disruptive und destruktive Aspekte, die es nahelegen, von einer „autoritären Revolte"[489] zu sprechen oder gar von einem neuen Faschismus. Es soll also keinesfalls bedeuten, dass wir uns quasi nach dem ‚guten alten' Wirtschaftsliberalismus zurücksehnen, wenn wir uns vergegenwärtigen, inwieweit die heutige, vielfach rechtsautoritär geprägte Machtsituation eine andere ist, als es die noch eher ‚geradeaus' neoliberale um die Jahrtausendwende war.

Um einige Punkte zu beleuchten, an denen die neuen Hegemonien die Bereiche Architektur und Stadtplanung berühren: Auch da zeigt sich, wie das neoliberale Regime im Begriff ist, durch ein anderes überformt oder zumindest zugespitzt (im Sinn von: aggressiver gemacht) zu werden. Neoliberale Planungspolitik ging immer wieder mit einer anti- bzw. postpolitischen Expertokratie einher (deren Rolle in Planungsprozessen ich mehrfach kritisiert habe). Heute neigt rechte Machtausübung dazu, Expert*innen zu diskreditieren, insbesondere in Fällen, wo diese auf humanitäre, rechtsstaatliche oder ökologische Begrenzungen von politischer Gewalt pochen. Was die Grundlegung von Gesetzen betrifft, scheinen in mancher Hinsicht die auf Kapitalbedürfnisse abgestimmten, flexiblen Regelungen abgelöst zu werden, und zwar von einem Rechtsverständnis auf völkischer Grundlage: Recht wird formuliert als abhängig von einem Volkswillen, wie er sich u. a. auf Medienplattformen wie Facebook oder durch den ‚gesunden Hausverstand' nationaler Bevölkerungen ausdrückt – oder als abhängig vom „kreativen Umgang" mit den Menschenrechten, die sich nach einer Politik des aggressiven Heimatschutzes zu richten haben.[490] Durch solche Rhetorik werden Recht und Gesetze noch nachhaltiger von ihrem Bezug zu Gerechtigkeit abgelöst als durch das neoliberale Flexibilitäts-Dogma.

489 Volker Weiß, Die autoritäre Revolte. Die neue Rechte und der Untergang des Abendlandes, Stuttgart 2017.

490 Österreichs damaliger Bundeskanzler Sebastian Kurz kommentierte die rechtliche Vorschrift, dass Geflüchtete nur aufgrund einer schweren Straftat abgeschoben werden dürfen, so: „Das entspricht weder dem gesunden Hausverstand noch hat das für die österreichische Bevölkerung Sinn". In: „Kurz, Strache und der ‚gesunde Menschenverstand'", Die Presse 16.1.2019.

Dort, wo ‚das Volk' als homogene Identität beschworen wird und dem Recht ein sicheres, ‚hartes' Fundament bieten soll, rückt ein kritisches Verständnis von Recht, das in Kontakt mit universalistischen Gleichheitsansprüchen steht, in noch weitere Ferne. Die Forderung auf ein *universelles Recht auf Wohnen für alle* wird dadurch noch schwieriger gemacht – und zugleich umso dringlicher.

Das völkisch-identitär definierte Recht, das universelle Verpflichtungen abschütteln will, ist ein Beispiel dafür, wie Macht- und Ausschlussmechanismen, die schon bisher teilweise in Kraft waren, nun modifiziert werden, v. a. durch Ethnisierung und Rassifizierung. Die Gated Community als ein exemplarischer neoliberaler Siedlungstypus, in dem Wohlhabende (zumeist Weiße) so ‚sicher' und abgeschottet wohnen können, wie ‚es früher einmal war', wird heute noch stärker rassistisch definiert und auf Stadträume auch außerhalb der Villenviertel und Großbürger*innenbezirke ausgedehnt. Wenn wir danach fragen, in welchen Architekturen sich nationalautoritäre Herrschaft gegenwärtig ausdrückt, dann sollten wir nicht nach den Albert Speer'schen Prunk-Großbauten von heute Ausschau halten. Vielmehr gilt es etwa innerstädtische Luxus-Shopping-Hochsicherheitszonen in Verbindung zu sehen mit Vertreibungsmaßnahmen gegenüber Bettler*innen, Obdachlosen, Straßenverkäufer*innen oder auch Alkohol- und Drogen-Konsument*innen, selbst in öffentlichen – noch nicht quasi-privatisierten – Räumen wie Bahnhofsvorplätzen, urbanen Freiräumen, Parks usw:[491] Beides ergibt ‚von Unerwünschten befreite Zonen', in denen People of Color nicht sicher sind vor *racial profiling* durch Polizei oder private Sicherheitsdienste.[492] Beides sind Beispiele für „rechte Räume".

*Rechte Räume*, wie der Architekturtheoretiker Stephan Trüby sie definiert,[493] umfassen heute u. a. – und auch wenn sich das jetzt kurios liest – Burgen, auf denen Vordenker*innen und Verleger*in-

491 Auf Wien bezogen betrifft das etwa den Wiener Praterstern samt dem dort herrschenden Alkoholverbot. Siehe dazu Gabu Heindl, „Unser Wien is net deppert, das Alkoholverbot am Praterstern schon", mosaik blog 27.4.2018, https://mosaik-blog.at/alkoholverbot-praterstern-gabu-heindl-unser-wien-is-net-deppert/. Als innerstädtische Luxus-Konsumzone wäre z.B. das Goldene Quartier zu nennen mit seinen bewaffneten Securities.

492 Sofern sie nicht als zahlungskräftige Tourist*innen identifizierbar sind.

493 Stephan Trüby, „Rechte Räume – Über die architektonische ‚Metapolitik' von Rechtspopulisten und -extremisten in Deutschland", in: Arch+ 228, 2017. Siehe weiters die Beiträge von Arch+ 235, RECHTE RÄUME, Bericht einer Europa-

nen der extremen Rechten ihre Landsitze haben. Nun sind zwar rechte Räume keineswegs nur solche pittoresken Exemplare oder offensichtliche archaische Herrschafts-Bauten; es ist ihnen aber oft ein Zeit-Moment eingeschrieben, das in die Vergangenheit weist: Rechte Räume führen *zurück*. Das ist nicht nur die Zuspitzung einer historisierenden Themenpark-Architektur, wie wir sie aus manchen Gated Communities oder Outlet-Centers kennen. Sondern vielmehr geht es bei den rückwärtsgewandten Räumen darum, Geschichte auszulöschen. Nämlich konkret in Deutschland die Geschichte des Nationalsozialismus, seiner Verbrechen und seines Angriffskrieges, der u.a. durch Bombenangriffe auf deutsche Städte beendet wurde. Die prägenden Veränderungen deutscher Städte, die vom Bombenkrieg geblieben sind, sollen durch aktuelle Retro-Architekturen wie den Wiederaufbau der Garnisonskirche in Potsdam oder die Neue Frankfurter Altstadt – also die Rekonstruktionen von 15 historischen Altstadthäusern der Frankfurter Innenstadt – im Stadtbild unkenntlich gemacht werden: und damit auch ein Teil der Geschichte deutscher rechtsextremer Gewalt.[494]

Zeitgleich propagierte die nationalistische Brexit-Kampagne in Großbritannien Slogans wie „Take back control" oder „We want our country back", und die rechtsextreme deutsche Identitäre Bewegung forderte „Wir wollen unsere Stadt zurück."[495] Das Wir, das hier spricht, definiert sich über das angepeilte Zurück: Es geht um die Vorstellung einer Zeit, in der die Stadt im vermeintlichen Besitz eines Mehrheitsvolkes war, das als ganz mit sich identisch vorgestellt wird – nicht ‚verfälscht' durch die Errungenschaften von Bewegungen der Frauen und LGBTQ+, von People of Color und einer Kritik an Disziplinar-Regimes. Hinter diese Geschichte zurück soll die Stadt gebracht werden.

reise, 2019 und Markus Miessen, Zoë Ritts (Hg.), Para-Platforms, On the Spatial Politics of Right-Wing Populism, Berlin 2019.

494 Wie Trüby ausführt, verbinden sich in Initiativen zu solchen restaurativen Bauprojekten die Agenden von Rechtsextremen, die das Trauma des unterstellten „Bomben-Holocaust" überwinden wollen, und die Anliegen einer Bürger*innenschaft, die sich in eine vermeintlich heile Vergangenheit zurücksehnt. Siehe Trüby, „Rechte Räume".

495 Letztere Forderung spricht ein junger Berliner Aktivist der Identitären aus, der ironischerweise Architekturstudent ist, im Film *Unter Fremden – Eine Reise zu Europas Neuen Rechten* (Jakob Kneser und Manuel Gogos, D 2017).

Auf Basis seines „Make America great again"-Mottos verordnete Trump Anfang 2020 den Erlass „Making federal buildings beautiful again", demzufolge Regierungsgebäude in den USA ab sofort nur noch im „klassischen" Stil zu planen seien. Trumps Re-Beautification-Programm brachte seinen autoritären Populismus auf den Punkt – mit klassizistischer, respekteinflößender Imperial-Architektur zurück in die Zeit vor den antirassistischen, basisdemokratischen und emanzipatorischen Bewegungen.

Rechte Politik greift v.a. auf dem Land. Dort bzw. in Kleinstädten erzielt sie Hegemonie-Gewinne; das reicht von „national befreiten Zonen" und Pogromen gegen Geflüchteten-Quartiere in ostdeutschen Bundesländern bis zur Präferenz für Rechtsparteien im ländlichen Wahlverhalten. In dieses politische Stadt-Land-Gefälle spielen komplexe Planungsfragen hinein, u.a. im Kontext ökologischer Entwicklungsszenarien: Kaum vorhandene öffentliche Budgets für den Ausbau des öffentlichen Verkehrs sowie der ungebrochene Auto-Lobbyismus haben mit dazu beigetragen, dass öffentliche Verkehrsnetze auf dem Land höchst mangelhaft sind und sich die Verteuerung von privatem Autoverkehr, etwa durch höhere Besteuerung von Benzin und Diesel (eine als ökologisch definierte Maßnahme), v.a. auf PKW-Arbeitspendler*innen mit kleinen Einkommen auswirkt. Dieses Phänomen äußert sich wiederum in einem chauvinistischen „Diesel-Nationalismus" („Der Diesel gehört zu Deutschland!").[496]

Vielfach wird das Ende der Postpolitik und die Rückkehr der Politik – sofern es Politik *ist* – heute mit dem Erstarken populistischer Bewegungen in Zusammenhang gebracht.[497] Rechtspopulismus wäre

496 Wobei Rechtsparteien seit einigen Jahrzehnten immer als Autofahrer-Lobbys (und mit Betonung auf Männlichkeit) auftreten, auch aus ideologischen und ‚Kulturkampf'-Motiven. Auf den „Diesel-Nationalismus" weist das Forschungsprojekt PODESTA (Populismus Demokratie Stadt) hin, das sich der Verbindung von rechter Szene und städtischem Raum, also dem „rechten Stadtrand" widmet. http://podesta-projekt.de/.

497 Die Gelbwesten-Bewegung in Frankreich begann Ende 2018 mit Protesten gegen Diesel-Steuer-Erhöhungen, bevor sie sich in ein Spektrum populistischer *demands* verbreiterte, bei denen antirassistische Positionen mit Anti-Establishment- bis hin zu antisemitischen und homophoben Manifestationen einhergingen. Während bei den Gelbwesten nicht absehbar war, ob sich ihr Underdog- und Wut-auf-den-Staat-Pathos rechts oder links ausformt (ehe die Bewegung abebbte), brachten es andere populistische Mobilisierungen bis zur Übernahme von Regierungsmacht, respektive setzen sie Regierungsparteien ihre Agenden vor.

ein weiterer Ausdruck dafür, dass an der nationalautoritären Politik nicht alles ‚autoritär' ist, sondern einiges auch ‚aufbegehrend'. Populistische Potenziale von gegenhegemonialer Politik in einem nicht von rechten Ressentiments bestimmten Sinn zu nutzen, das versucht auf theoretischer Ebene etwa Chantal Mouffe mit ihrem Plädoyer für einen linken Populismus.[498] Meines Erachtens dreht sich hier vieles um das Problem, was ein radikaldemokratisches Projekt den Formen rechter Politik streitig machen bzw. von diesen ‚appropriieren' will. Das betrifft etwa den Appell an Nationalgefühle, wie ihn Mouffe als erforderlich darstellt, im Sinn von: die Heimatliebe nicht den Nationalist*innen überlassen.

Ich sehe darin allerdings keine sehr zielführende Agenda, schon gar nicht in spezifisch postnationalsozialistischen Kontexten: Da kann Linkspopulismus nicht „linkspatriotisch" sein, sondern höchstens bei den Städten ansetzen, als Orte von möglicher ‚Gegenmacht' (etwa Wiens Geschichte des Austromarxismus und der Psychoanalyse). Die Ebene ist eine der Stadt, nicht der Nation, und ihre Inhalte sind fast oppositionell zu dem Heimatstolz, der auf dem Land gepflegt wird (und der auf Freud, Schütte-Lihotzky oder Hugo Breitner wohl nur ablehnend reagieren würde).[499]

Es gilt auch das ‚Volk' nicht den Völkischen zu überlassen, sondern sich auf geschichtliche und heutige Formen von popularer (Handlungs-)Macht zu berufen – ohne dass man dazu gleich die ‚Liebe zur Nation' zur Verpflichtung stilisieren sollte. Desgleichen

498 Chantal Mouffe, Für einen linken Populismus, Berlin 2018. Auch Ernesto Laclau konzipierte eine kanonische und positive Populismustheorie. Zur Kritik, dass diese zu wenig an Bestimmungen enthält, die eine emanzipatorische Politik von rechten und autoritären Revolten abgrenzen, siehe Oliver Marchart: „Namen der Geschichte — Politik des Namens. Historische Benennungskraft und die politische Theorie des Postfundamentalismus (Rancière, Laclau, Agamben, Brossat)", in: ÖZG 27, 1, 2016, S. 55–75. Den zum Teil ähnlich gelagerten Vorwurf, dass das Populismusmodell von Laclau zu vage ist, äußert Perry Anderson in: Hegemonie, Berlin 2018, S. 127ff. Die Einschätzung, dass jeder Populismus automatisch völkisch-nationalistisch ist, weil er einen Alleinigkeitsanspruch auf eine homogene Volksidentität erhebt, vertritt aus liberaler Perspektive Jan-Werner Müller: Was ist Populismus? Ein Essay. Berlin 2016, etwa S. 18ff.

499 Bleibt die Frage, wie sehr eine (halb-)populistische Form unkritischen Stolzes auf die Geschichte eines sozialen Wien nicht der Behübschung der Ausschlüsse von Migrant*innen aus Nutzungsrechten an sozialen Wohnbauten in die Hände spielt. Der „Wien-Bonus" für Eingesessene ist nicht zuletzt ein Stück fremdenfeindlicher Lokalpatriotismus.

sollte ein linker Populismus nicht die Gefühlspolitik, nicht die Affekte den Rechten überlassen. Nachdem allerdings an Stimmen, die für die politische Aufwertung von Gefühlen votieren, derzeit kein Mangel herrscht, möchte ich an dieser Stelle eher hinzufügen: *Auch nicht die Kritik den Rechten überlassen!* – und zwar im Doppelsinn. Denn einerseits müssen Kapitalverhältnisse oder die mangelhafte Institutionendemokratie der EU radikaldemokratisch kritisiert werden – EU-Kritik ist kein Monopol der Rechten; andererseits sollte nicht jede rechtsnationale Äußerung von Unmut oder Ressentiment dadurch nobilitiert werden, dass man sie, wie es oft geschieht, ‚Kritik' nennt. Fremdenhass ist nicht „migrationskritisch". Kritik hat mit der Problematisierung der eigenen Position zu tun, sie ist dem postfundamentalistischen Bewusstsein von Kontingenz und der Strittigkeit der eigenen Setzung viel näher als einem Wutanfall oder etwa dem Wunsch nach dem großen Aufräumen.

Deshalb bin ich zwar mit Mouffe der Meinung, dass radikaldemokratische Politik zusätzlich zur Aufklärung und zur Kritik oder, mehr noch, eng verbunden mit der Aufklärung und mit der Kritik Gefühle politisieren muss: eigene individuelle Gefühle und kollektive populare.[500] Ich glaube allerdings nicht, dass Empörung, Wut oder gar Hass (auf ‚die Eliten', ‚das System' etc.) dabei den Modellcharakter haben, der ihnen – wenn auch nicht bei Mouffe – oft zugeschrieben wird. Eine radikaldemokratische Planungs-Politik mit populistischen Anteilen, auf die ich hinaus will, wird nicht ohne vehemente Abgrenzungen und scharfe ‚Frontziehungen' auskommen, etwa ganz klar gegenüber Rassismus und der Entfesselung von Kapitalmacht. Zugleich ist zu arbeiten an *positiven* Gefühlen gegenüber egalitären, gerechten, nicht-ausschließenden Arten des Gemeinsam-Seins. Es geht um lustvolle, auch spielerische, Besetzungen im Sinn von Aufladungen – Besetzungen, auch im affektiven Sinn – von Häusern, Plätzen, öffentlichem Raum im Hegemoniekonflikt. Da kann radikaldemokratische Planung etwa von queeren Theorien und von Theorien

500 Das beginnt schon damit, eine rationalistische Verengung skeptisch zu betrachten, die jegliche Gefühle, jegliche ‚starke Bilder', jeglichen ‚Angriffsgeist' aus der demokratischen Politik ausschließen will. Mein Votum dafür, Fassadeninschriften auf Gemeindebauten des Roten Wien als Kampf- bzw. Siegesinschriften – nicht ohne Pathos – zu lesen, geht in diese Richtung.

zur Care Revolution[501] lernen. Dabei geht es mir um konfrontative, kritische Arbeit in solidarischen Öffentlichkeiten: Die Bildung von Bündnissen und Äquivalenzketten soll ein *handlungsmächtiges* Wir hervorbringen – ein Wir, das aber im Handeln die Formen seiner Definition in Frage stellt und vorläufig hält; also ein Sammlungs- und Versammlungskonzept in unabgeschlossener Beziehungsarbeit, nicht eines, das sich in Wut und Negation eine verfestigte Form gibt.

Unter Überschriften wie Selbstentfremdung und Desidentifizierung habe ich in Teil III folgendes zugespitzt: Eine Politik, die sich nicht auf jeweils eigene Power-Positionen gründet, ist eher geeignet, an und in einer demokratisch-populistischen Agency zu arbeiten, die nicht auf festen Grund und fixe Identität aufbaut. Volk ja, aber als *vielheitliches Volk* in der Herstellung von Andockpunkten zwischen verschiedenen Erfahrungen der Entmächtigung und Entrechtung, zwischen Kritik an Kapitalismus und den Forderungen von Migrant*innen, Frauen, People of Color, antisemitisch Attackierten, LGBTQ+ und Menschen mit Behinderungen – und nicht zuletzt künftigen popularen Akteur*innen, denen es Möglichkeiten nicht zu verbauen gilt. In diesem Sinn nicht so sehr Linkspopulismus als vielmehr *linke demokratisch-populare Handlungsmacht.*[502] Ich möchte dies zuletzt in der Gegenüberstellung zweier Stadt-Szenarien zusammenfassen: Vieles vom radikaldemokratischen Handeln in Planung und Architektur – Projektarbeit, öffentliche Kritik und Vermittlung – lässt sich in der Opposition von *CareCity* zur *ScareCity* verstehen.[503]

501 Vgl. die Pionierinnen feministischer Care-Theorie Berenice Fisher und Joan Tronto: „On the most general level we suggest that caring be viewed as a species activity that includes everything that we do to maintain, continue, and repair our ‚world' so that we can live as well as possible." Berenice Fisher, Joan Tronto, „Toward a Feminist Theory of Caring", In: Emily Abel, Margaret Nelson (Hg.), Circles of Care: Work and Identity in Women's Lives, Albany, NY 1990, S. 36–54, hier S. 40.

502 Auch wenn mein Wort-Ungetüm als politischer Slogan vielleicht nicht sehr brauchbar wäre.

503 Siehe Alisa Beck, Fanja Haybach, Gabu Heindl, Claudia Totschnig, „Care, not Scare City – ein Utopia des Dazwischen", in: Dorothea Trappel (Hg.), Der abgestellte Bahnhof. Das Nordbahnhofgelände Wien und die Freiheit des Raumes, Wien 2018. Zum „Angewiesen-Sein" siehe Simone Danz, „Anerkennung von Verletzlichkeit und Angewiesen-Sein", in: Widersprüche: Zeitschrift für sozialistische Politik im Bildungs-, Gesundheits- und Sozialbereich, 34, 133, 2014, S. 61–73. Zu „Beziehungsweisen" von Caring und Solidarität siehe: Bini Adamczak, Beziehungsweise Revolution. 1917, 1968 und kommende, Berlin 2017.

Die *Stadt der Care* bezieht sich auf Fürsorge, auf einen Sinn für Aufeinander-angewiesen-Sein und *Beziehungsweisen*, auf ein Bewusstsein von Pflegearbeit als gesellschaftliche Arbeit, die gegen Ausbeutung und Geringschätzung aufbegehrt. Das Wort ScareCity zieht zwei Bedeutungen zusammen: einerseits Politik der Verknappung *(scarcity)*, wie sie uns der Neoliberalismus in Form von Austeritäts-Imperativen aufgezwungen hat, also Verengung der Spielräume der öffentlichen Hand, Verengung der Existenzminima im geförderten Wohnbau – und andererseits die Politik des *scaring*, der Angstmache und Einschüchterung.

Wird der öffentliche Raum – unter Druck durch Kommerzialisierung – zunehmend durch Verbote erschlossen, dann werden damit zugleich Ängste bespielt (das notorische „Sicherheitsbedürfnis der Bevölkerung"). In manchen Fällen dienen solche autoritären Verbote dem Zweck, Wähler*innenstimmen und Sympathiewerte, die etablierte Parteien an rechtspopulistische Parteien verloren haben, durch *Law and Order*-Maßnahmen zurückzugewinnen. Es ist klar, wer die von dieser Politik Betroffenen sind: Menschen, die nicht sicher sein können vor *racial profiling* oder sich vor polizeilichen Übergriffen fürchten, ihr mitgebrachtes Bier nicht mehr im öffentlichen Raum trinken dürfen, haben in der Regel keine Stammplätze in Restaurants, keine Dachterrassen zum Trinken im Freien und vielfach nicht die Staatsbürgerschaft ihres Aufenthaltslandes, auch keinen EU-Pass. Die Verbote werden somit zu rassistischen und klassistischen Vertreibungskampagnen im öffentlichen Raum.

Die CareCity, die solidarische Stadt, wird dagegenhalten und anderes aufbauen, mit strittigen Setzungen, gefühlsbesetzten Szenarien, radikaldemokratischen Planungsagenden und popularen Handlungsmächten von Städten und ihren Bewohner*innen, die ihre Stadtkonflikte nicht verleugnen, sondern austragen – im Bündnis mit den häufiger und größer werdenden weltweiten Protestbewegungen in Bezug auf die Klimakrise, auf Sexismus, Homophobie, Rassismus und soziale Ungleichheit.

# Bibliografie


Adamczak, Bini. 2017. Beziehungsweise Revolution. 1917, 1968 und kommende. Berlin: Suhrkamp.

Adler, Max. 1924. Neue Menschen. Gedanken über sozialistische Erziehung. Berlin: Laub.

Adler, Victor. 1888. „Die Lage der Ziegelarbeiter." In: Gleichheit. Sozialdemokratisches Wochenblatt, 48.

Adorno, Theodor W. 1977. „Funktionalismus heute." In: Adorno, Theodor W. 1977. Gesammelte Schriften in zwanzig Bänden, Band 10.1.: Kulturkritik und Gesellschaft. Prismen. Ohne Leitbild. Frankfurt a. M.: Suhrkamp.

Alden Wily, Liz. 2012. „Globaler Landraub. Die neue Einhegung." In: Helfrich, Silke und Heinrich Böll Stiftung (Hg.). Commons. Für eine neue Politik jenseits von Markt und Staat. Bielefeld: transcript.

Allen, Stan. 2002. "Mat Urbanism: The Thick 2D." In: Sakris, Hashim, CASE: Le Corbusier's Venice Hospital and the Mat building revival, München: Prestel.

Anderson, Perry. 2018. Hegemonie. Berlin: Suhrkamp.

Arendt, Hannah. 1953. "Understanding and Politics." Partisan Review, 20(4).

Arendt, Hannah. 1970. Macht und Gewalt. München, Zürich: Piper.

Arendt, Hannah. 1994. Über die Revolution. München, Zürich: Piper.

Arendt, Hannah. 2005. Vita activa oder Vom tätigen Leben. München, Zürich: Piper.

Arendt, Hannah. 2009. Elemente und Ursprünge totaler Herrschaft. Antisemitismus, Imperialismus, totale Herrschaft. München, Zürich: Piper.

Arendt, Hannah. 2017. The Origins of Totalitarianism. London: Penguin Books.

Arnstein, Sherry. 1969. "A Ladder Of Citizen Participation." In: Journal of the American Institute of Planners, 35(4).

Astleithner, Florentina und Alexander Hamedinger. 2003. "Urban Sustainability as a New Form of Governance: Obstacles and Potentials in the Case of Vienna 1." In: Innovation: The European Journal of Social Science Research, 16(1).

Aureli, Pier Vittorio. 2008. The Project of Autonomy. Politics and Architecture within and against Capitalism. New York: Princeton Architectural Press.

Bauer, Eva. 2006. „Gemeinnütziger Wohnbau in Österreich. Zu Geschichte, Funktion und künftiger Perspektive." In: Kurswechsel, 3/2006.

Beck, Alisa, Fanja Haybach, Gabu Heindl und Claudia Totschnig. 2018. „Care, not Scare City – ein Utopia des Dazwischen." In: Trappel, Dorothea (Hg.). Der abgestellte Bahnhof. Das Nordbahnhofgelände Wien und die Freiheit des Raumes, Wien: Falter Verlag.

Bengs, Christer. 2005. "Planning Theory for the naive?" In: European Journal of Spatial Development 18/2005.

Benjamin, Walter. 1988. „Zur Kritik der Gewalt." In: Benjamin, Walter. Angelus Novus. Ausgewählte Schriften 2. Frankfurt a. M.: Suhrkamp.

Bernoulli, Hans. 1991. Die Stadt und ihr Boden. Basel, Berlin, Boston: Birkhäuser.
Bitterer, Nadine und Susanne Heeg. 2015. „Macht der Zahlen.“ In: Zeitschrift für Wirtschaftsgeographie, 59(1).
Blau, Eve. 1999. The Architecture of Red Vienna, 1919–1934. Cambridge (Mass.), London: MIT Press.
Blau, Eve, Gabu Heindl und Monika Platzer. 2019. „Architektur und Politik. Lernen vom Roten Wien.“ In: Schwarz, Werner Michael, Georg Spitaler und Elke Wikidal (Hg.). Das Rote Wien 1919–1934, Basel: Birkhäuser.
Bloch, Ernst. 1985. Erbschaft dieser Zeit. Erw. Ausgabe. Frankfurt a. M.: Suhrkamp.
Bloch, Ernst. 1985. Das Prinzip Hoffnung. Frankfurt a. M.: Suhrkamp.
Blomley, Nicholas. 2004. Unsettling the City: Urban Land and the Politics of Property. New York: Routledge.
Boltanski, Luc, und Ève Chiapello. 2003. Der neue Geist des Kapitalismus. Konstanz: UVK-Verlag.
Bourgeois, Viktor, Le Corbusier und Pierre Jeanneret, Siegfried Giedion, Walter Gropius, Ernst May und Hans Schmidt. 1930. Die Wohnung für das Existenzminimum. Auf Grund der Ergebnisse des II. Internationalen Kongresses für Neues Bauen, sowie der vom Städtischen Hochbauamt in Frankfurt a. M. veranstalteten Wander-Ausstellung. Einhundert (100) Grundrisse. Internationale Kongresse für Neues Bauen und Städtisches Hochbauamt in Frankfurt a. M.
Brand, Ulrich und Markus Wissen. 2017. Imperiale Lebensweise. Zur Ausbeutung von Mensch und Natur im globalen Kapitalismus. München: oekom verlag.
Brunner, Christoph, Niki Kubaczek, Kelly Mulvaney und Gerald Raunig (Hg.). 2017. Die Neuen Munizipalismen. Soziale Bewegungen und die Regierung der Städte. Wien, Linz, Berlin, London, Málaga, Zürich: transversal texts.
Burckhardt, Lucius. 2004. Wer plant die Planung? Architektur, Politik und Mensch. Herausgegeben von Jesko Fezer und Martin Schmitz. Berlin: Martin Schmitz Verlag.
Byer, Doris. 1988. Rassenhygiene und Wohlfahrtspflege. Zur Entstehung eines sozialdemokratischen Machtdispositivs in Österreich bis 1934. Frankfurt a. M., New York: Campus Verlag.
Carro, Jorge L. 1988–1989. “Municipal and State Sanctuary Declarations: Innocuous Symbolism or Improper Dictates?” In: PEPP. L. REV. 16.
De Carlo, Giancarlo. 2005. “Architecture’s public.” In: Blundell-Jones, Peter, Doina Petrescu und Jeremy Till (Hg.). Architecture and participation, New York: Spon Press.
Colau, Ada und Adrià Alemany. 2013. ¡Sí se puede!: Crónica de una pequeña gran victoria. Barcelona: Destino.
Comtesse, Dagmar, Oliver Flügel-Martinsen, Franziska Martinsen und Martin Nonhoff (Hg.). 2019. Radikale Demokratietheorie. Berlin: Suhrkamp.
Le Corbusier. 1979. Städtebau. Stuttgart: Deutsche Verlags-Anstalt.
Cox, Nicole und Silvia Federici. 1975. Counter-planning from the Kitchen. New York: New York Wages for Housework Committee and Falling Wall Press.
Crenshaw, Kimberlé. 1989. “Demarginalizing the Intersection of Race and Sex: A Black Feminist Critique of Antidiscrimination Doctrine, Feminist Theory and Antiracist Politics.” In: The University of Chicago Legal Forum, 1/1989.

Crouch, Colin. 2008. Postdemokratie. Frankfurt a. M.: Suhrkamp.
Čukić, Iva. 2019. "Building Alternatives – Self-organisation in cities." In: Heindl, Gabu, Michael Klein und Christina Linortner (Hg.). Building Critique. Leipzig: Spector Books.
Czaja, Wojciech. 2018. „Franz-Josefs-Bahnhof: Franz Josephs Glück und Ende." In: Der Standard, 18.2.2018.
Czech, Hermann und Sebastian Hackenschmidt. 2015. "Josef Frank: Against Design". In: Thun-Hohenstein, Christoph, Hermann Czech, Sebastian Hackenschmidt (Hg.), Josef Frank. Against Design. Das anti-formalistische Werk des Architekten, Basel: Birkhäuser.
Czerny, Johann. 1925. Der Wohnungsbolschewismus in Österreich. Baden: Niederösterreichischer Verband vom Alpenländischen Haus- u. Grundbesitzerbunde.
Das, Raju. 2017. David Harvey's Theory of Accumulation by Dispossession: A Marxist Critique." In: World Review of Political Economy 8(4), S. 590–616.
Davidoff, Paul. 1978. "The Redistributive Function in Planning: Creating Greater Equity Amongst Citizens of Communities." In: Burchell, Robert W. und George Sternlieb (Hg.). Planning Theory. A Search for Future Directions, New Brunswick: Center for Urban Policy Research, Rutgers University.
Davidoff, Paul. 2012. "Advocacy and Pluralism in Planning." In: Fainstein, Susan S. und Scott Campbell (Hg.). Readings in Planning Theory, Hoboken: Wiley-Blackwell.
Danz, Simone. 2014. „Anerkennung von Verletzlichkeit und Angewiesen-Sein." In: Widersprüche: Zeitschrift für sozialistische Politik im Bildungs-, Gesundheits- und Sozialbereich, 34(133).
Deleuze, Gilles. 1991. Das Zeit-Bild. Kino 2. Frankfurt a. M.: Suhrkamp.
Deleuze, Gilles. 1993. „Postskriptum über die Kontrollgesellschaften." In: Deleuze, Gilles (Hg.). Unterhandlungen 1972–1990. Frankfurt a. M.: Suhrkamp.
Derrida, Jacques. 1995. Marx' Gespenster. Frankfurt a. M.: Fischer.
Derrida, Jacques. 2003. Schurken. Zwei Essays über die Vernunft. Frankfurt a. M.: Suhrkamp.
Derrida, Jacques. 2005. "The principle of hospitality." In: parallax 11.1.
Deutsche, Rosalyn. 1996. Evictions: Art and spatial politics. Cambridge (Mass.): MIT Press.
Dieterich, Antje. 2019. Solidarity Cities. Lokale Strategien gegen Rassismus und Neoliberalismus. Münster: Unrast.
Dikeç, Mustafa. 2005. "Space, Politics and the Political." In: Environment and Planning D: Society and Space, 23(2).
Doucet, Isabelle und Kenny Cupers (Hg.). 2009. "Agency in Architecture: Reframing Criticality in Theory and Practice." In: Footprint Journal 4/2009.
Douglas, Mary. 1966. Purity and Danger. An Analysis of the Concepts of Pollution and Taboo. London, New York: Routledge.
Easterling, Keller. 2014. Extrastatecraft: The Power of Infrastructure Space. London, New York: Verso.
Eisenman, Peter. 1999. Diagram Diaries. New York: Thames & Hudson.

Endres, Steffi. 1981. „Lebensführung im Sinn des Sozialismus" Auszug aus „Lebensführung im Sinn des Freidenkertums." (1931). In: Junius Verlag (Hg.). Sozialismus und persönliche Lebensgestaltung. S. 37–42. Wien: Junius.
Engartner, Tim. 2019. „Staat, wach auf". In: der Freitag 16.
Engels, Friedrich. 1973. „Zur Wohnungsfrage." In: Marx-Engels-Werke, Band 18, Berlin: Institut für Marxismus-Leninismus.
Fainstein, Susan. 2009. "Planning and the Just City." In: Marcuse, Peter, James Connolly, Johannes Novy, Ingrid Olivo, Cuz Potter und Justin Steil (Hg.). Searching for the Just City: Debates in Urban Theory and Practice, New York: Routledge.
Fainstein, Susan. 2010. The Just City. Ithaca, London: Cornell University Press.
Federici, Silvia. 1975. Wages against Housework. Bristol: Falling Wall Press and the Power of Women Collective.
Federici, Silvia. 2010. "Feminism and the Politics of the Commons." In: Hughes, Craig, Stevie Peace und Kevin Van Meter (Hg.). Uses of a Whirlwind, Movement, Movements, and Contemporary Radical Currents in the United States, Oakland: AK Press.
Federici, Silvia. 2015. Caliban und die Hexe. Frauen, der Körper und die ursprüngliche Akkumulation. Wien: Mandelbaum.
Federici, Silvia. 2020. Die Welt wieder verzaubern. Feminismus, Marxismus & Commons. Wien: Mandelbaum.
Fezer, Jesko. 2014. „Soft Cops und Anwaltsplanung. Planungspolitik oder die Politik der Methode (1963–1973)?" In: Mareis, Claudia, Matthias Held und Gesche Joost (Hg.). Wer gestaltet die Gestaltung? Praxis, Theorie und Geschichte des partizipatorischen Designs, Vol. 1. Bielefeld: transcript.
Fezer, Jesko. 2018. „Parteiisches Design." In: Rodatz, Christoph und Pierre Smolarski (Hg.). Was ist Public Interest Design? Beiträge zur Gestaltung öffentlicher Interessen, Bielefeld: transcript.
Fezer, Jesko und a42.org, 2006. „Planungsmethodik gestern." In: Disko 6.
Fezer, Jesko und Studio Experimentelles Design (Hg.). 2016. Öffentliche Gestaltungsberatung: Public Design Support 2011–2016. Berlin: Sternberg Press.
Fisher, Mark. 2014. Ghosts of my life: Writings on depression, hauntology and lost futures. Winchester: Zero Books.
Fisher, Berenice und Joan C. 1991. "Toward a Feminist Theory of Caring." In: Abel, Emily und Margaret Nelson (Hg.). Circles of Care: Work and Identity in Women's Lives. S. 35–62. Albany, NY: State University of New York Press.
Fitz, Angelika und Elke Krasny (Hg.). 2019. Critical Care. Architecture and Urbanismus for a Broken Planet, Cambridge (Mass.): MIT Press.
Förster, Wolfgang und William Menking. 2016. Das Wiener Modell: Wohnbau für die Stadt des 21. Jahrhunderts. Berlin: Jovis.
Foucault, Michel. 1997. Der Wille zum Wissen. Sexualität und Wahrheit I. Frankfurt a. M.: Suhrkamp.
Foucault, Michel. 2004. Geschichte der Gouvernmentalität. Bd. 1: Sicherheit, Territorium, Bevölkerung. Vorlesung am Collège de France 1977/1978. Frankfurt a. M.: Suhrkamp.

Foucault, Michel. 2004. Geschichte der Gouvernmentalität. Bd. 2: Die Geburt der Biopolitik. Vorlesung am Collège de France 1978/1979. Frankfurt a. M.: Suhrkamp.
Frank, Josef. 1958. „Akzidentismus." In: Form 54(6).
Fraser, Nancy und Axel Honneth. 2003. Redistribution or Recognition? A Political-Philosophical Exchange. New York: Verso.
Frei, Alfred Georg. 1984. Rotes Wien. Austromarxismus und Arbeiterkultur. Sozialdemokratische Wohnungs- und Kommunalpolitik 1919–1934. Berlin: DVK-Verlag.
Friedmann, John. 1973. Retracking America: A Theory of Transactive Planning. Garden City, NY: Anchor Press.
Gemeinde Wien (Hg. unter offizieller Mitwirkung der Gemeinde Wien). 1926. Das neue Wien. Städtewerk. Band 1. Wien: Das neue Wien.
Gestring, Norbert, Renate Ruhne und Jan Wehrheim (Hg.). 2014. „Stadt und soziale Bewegungen, Stadt, Raum und Gesellschaft." Wiesbaden: Springer Fachmedien.
Goldstein, Brian D., 2016. "The Search for New Forms: Black Power and the Making of the Postmodern City". In: The Journal of American History 103-2.
Goodbun, Jon, Deljana Iossifova und Jeremy Till. 2012. "Scarcity: Architecture in the age of depleting resources." Architectural Design, 82(4).
Goodbun, Jon, Michael Klein, Andreas Rumpfhuber und Jeremy Till. 2018. Das Design der Knappheit (Studienhefte Problemorientiertes Design 7). Hamburg: adocs.
Goodman, Robert. 1972. After the Planners. Middlesex: Penguin Books.
Gramsci, Antonio. 1996. Gefängnishefte, Band 7, herausgeben von Klaus Bochmann und Wolfgang Fritz Haug, Peter Jehle. Hamburg: Argument Verlag.
Groihofer, Brigitte. 2014. „Ende der Eiszeit?" In: Architektur- und Bauforum, 8.8.2014.
Gropius, Walter. 1956. Architektur – Wege zu einer optischen Kultur. Frankfurt a. M., Hamburg: Fischer Bücherei.
Gruber, Helmut. 1991. Red Vienna: Experiment in Working-Class Culture, 1919–1934. New York, Oxford: Oxford University Press.
Gunder, Michael. 2010. "Planning as the ideology of (neoliberal) space." In: Planning Theory 9(4).
Gunder, Michael und Jean Hillier. 2009. Planning in Ten Words or Less. Farnham: Ashgate.
Habermas, Jürgen. 1981. Theorie des kommunikativen Handelns. 2 Bände. Frankfurt a. M.: Suhrkamp.
Haderer, Margarete. 2014. Politics and Space. Creating the Ideal Citizen through Politics of Dwelling in Red Vienna and Cold War Berlin. Dissertation, University of Toronto.
Hall, Stuart. 1998. "Notes on Deconstructing 'the Popular'." In: Storey, John (Hg.). Cultural theory and popular culture: A reader. Athens: University of Georgia Press.
Hardt, Michael, und Antonio Negri. 2003. Empire: die neue Weltordnung. Frankfurt a. M.: Campus Verlag.

Hartle, Johan F. 2011. „Bilder des Roten Wien. Zur prekären Sichtbarkeit des fehlenden Volks*“ In: Fricke, Beate, Markus Klammer und Stefan Neuner (Hg.). Bilder und Gemeinschaften: Studien zur Konvergenz von Politik und Ästhetik in Kunst, Literatur und Theorie (Eikones NFS Bildkritik), München: Wilhelm Fink.
Harvey, David. 1973. Social Justice and the City. Athens: University of Georgia Press.
Harvey, David. 2003. The New Imperialism. New York: Oxford University Press.
Harvey, David. 2007. A Brief History of Neoliberalism. Oxford: Oxford University Press.
Harvey, David. 2007. “Neoliberalism as Creative Destruction.” In: Annals of the American Academy of Political and Social Science, 610(1).
Harvey, David. 2013. Rebel Cities. London: Verso.
Hatherley, Owen. 2009. Militant Modernism. Winchester: John Hunt Publishing.
Heeg, Susanne. 2013. „Wohnen als Anlageform: Vom Gebrauchsgut zur Ware.“ In: Emanzipation, 3(2).
Heeg, Susanne und Marit Rosol. 2007. „Neoliberale Stadtpolitik im globalen Kontext. Ein Überblick.“ In: Prokla – Zeitschrift für kritische Sozialwissenschaft 149.
Heindl, Gabu (Hg.). 2008. Arbeit Zeit Raum. Bilder und Bauten der Arbeit im Postfordismus. Wien: turia+kant.
Heindl, Gabu. 2012. “Is It Only Architecture, or Could It Be Just Architecture? Contested Spaces.” ERA21, 1/2012.
Heindl, Gabu. 2013. „Waschküchen-Urbanismus. Zur Politik und Ästhetik von Wohn-Arbeit” In: Kittlausz, Viktor (Hg.). Räume der Vermittlung. Ästhetische Prozesse zwischen Alltag und Kunst, Berlin: Lit Verlag.
Heindl, Gabu. 2013. “So Many Reports, So Many Questions. For Instance: Is There Such a Thing as Postcolonial Critical Planning?” In: Model House Research Group (Hg.). Transcultural Modernisms. Berlin: Sternberg Press.
Heindl, Gabu (Hg.). 2015. Spielräume | Free Play, Graz: HDA Graz.
Heindl, Gabu. 2016. „Matrizenbau und Matratzenlage. Von Wohnraumspekulation zu Obdachlosigkeit.“ In: Nierhaus, Irene und Kathrin Heinz (Hg.). Matratze/Matrize, Bielefeld: transcript.
Heindl, Gabu. 2017. “P(P)PPP: Powerfully (Precariously) Positioned Planning Proposition”, in: Volume 50.
Heindl, Gabu. 2017. “Out in Prison. Taking the case of spatial rights to a prison court(yard).” In: Petrescu, Doina und Kim Trogal (Hg.). Social (Re)Production of Architecture, London, New York: Routledge.
Heindl, Gabu. 2018. „Wer nichts isst, soll hier auch nicht sein. Planung, Konsum und Konflikt im neoliberalen Stadtraum.“ In: Baatz, Ursula und Mathias Czaika (Hg.). Wer nicht arbeiten will, soll auch nicht essen. Auf dem Weg zu einer globalen Gesellschaft der Überflüssigen? Hamburg: tredition.
Heindl, Gabu. 2019. „Stadtfreundschaft! Ein Plädoyer für eine neue, intersektionale Solidarität und einen materialistischen Gemeindebau.“ In: Der Gemeindebau, Falter Nr.37a.
Heindl, Gabu. 2019. “Towards a Radical Democratic Politics of Urban Land: The Case of (Red) Vienna.” In: Fitz, Angelika und Elke Krasny (Hg.). Critical Care. Architecture and Urbanismus for a Broken Planet, Cambridge (Mass.): MIT Press.

Heindl, Gabu. 2021. „Architektur: Praxis der Kontingenz in Permanenz. Von Fundamentals, Sedimentierungen und Setzungen." In: Eck, Katharina, Johanna Hartmann, Kathrin Heinz und Christiane Keim (Hg.). Wohn/Raum/Denken. Politiken des Häuslichen in Kunst, Architektur und visueller Kultur. Bielefeld: transcript.

Heindl, Gabu und Drehli Robnik. 2002. „Öffnungen zum Außen. Der Entwurf des Diagramms bei Deleuze und das Diagramm des Entwurfs bei OMA, Eisenman und UN Studio." In: ÖGFA (Hg.). UmBau 19, Wien: edition selene.

Heindl, Gabu und Drehli Robnik. 2012. „Maßstab und Macht. Mock-ups in Close-up: Architekturmodelle im Film 1927–2010." In: Elser, Oliver und Peter Cachola Schmal (Hg.). Das Architekturmodell. Werkzeug Fetisch Kleine Utopie. Deutsches Architekturmuseum, Zürich: Scheidegger & Spiess.

Heindl, Gabu und Drehli Robnik. 2016. „Ein neues Label für denselben alten Wettbewerb. Wer profitiert an der ‚Smart-City'?" Augustin 419.

Heindl, Gabu und Susan Kraupp. 2017. „Donaukanalpartitur." In: MA 18 (Hg.). Öffentlicher Raum. Transformationen im Städtischen (Werkstattberichte der Stadtentwicklung Wien 170), Wien: Stadtentwicklung Wien.

Heindl, Gabu, Michael Klein und Christina Linortner (Hg,). 2019. Building Critique. Architecture and its Discontents. Leipzig: Spector Books.

Hillier, Jean. 2002. Shadows of power: an allegory of prudence in land-use planning. New York: Routledge.

Hillier, Jean. 2003. "'Agon'izing Over Consensus: Why Habermasian Ideals cannot be 'Real'." In: Planning Theory, 2(1).

Hochhäusl, Sophie. „Von Siedlerhütten und Kernhäusern. Margarete Lihotzkys Beitrag zur Wiener Siedlerbewegung." In: Bois, Marcel und Bernadette Reinhold (Hg.). Margarete Schütte-Lihotzky. Architektur. Politik. Geschlecht. Basel: Birkhäuser 2019.

Holm, Andrej. 2014. „Wiederkehr der Wohnungsfrage." In: APuZ 64(20–21).

Horak, Roman, Wolfgang Maderthaner, Siegfried Mattl, Lutz Musner und Otto Penz (Hg.). 2004. Randzone. Zur Theorie und Archäologie von Massenkultur in Wien 1950–1970.

Howard, Ebenezer. 1968. Gartenstädte von morgen. Frankfurt a. M., Wien: Ullstein Bauwelt Fundamente.

Hughes, Jonathan und Simon Sadler. 2013. Non-plan: Essays on freedom, participation and change in modern architecture and urbanism, London, New York: Routledge.

Huguet, Montserrat Galcerán. 2017. „Der Kampf für den sozialen Wandel und seine Ankunft in den Institutionen." In: Brunner, Christoph, Niki Kubaczek, Kelly Mulvaney und Gerald Raunig (Hg.). 2017. Die Neuen Munizipalismen. Soziale Bewegungen und die Regierung der Städte. Wien, Linz, Berlin, London, Málaga, Zürich: transversal texts.

Jacobs, Jane. 1992. Life and Death of Great American Cities. New York: Vintage Books Edition/Random House.

Jeinić, Ana. 2019. "From Non-Projective Criticality toward a Radical Critical Projectivity: Design in the Age of Speculations." In: Heindl, Gabu, Michael Klein und Christina Linortner (Hg.). Building Critique. Architecture and its Discontent. Leipzig: Spector Books.

Jeinić, Ana und Anselm Wagner (Hg.). 2013. Is there (anti-)neoliberal architecture? Berlin: Jovis Verlag.
Jencks, Charles. 1977. The Language of Post-Modern Architecture. New York: Rizzoli.
Junius-Verlag (Hg.). 1981. Sozialismus und persönliche Lebensgestaltung. Texte aus der Zwischenkriegszeit. Wien.
Kähler, Gert. 1985. Wohnung und Stadt: Hamburg · Frankfurt · Wien. Modelle sozialen Wohnens in den zwanziger Jahren. Wiesbaden: F. Vieweg.
Kähler, Gert. 1996. „Nicht nur Neues Bauen." In: Kähler, Gert. Die Geschichte des Wohnens. Band 4: 1918–1945. Reform, Reaktion, Zerstörung, Stuttgart: Deutsche Verlags-Anstalt.
Kaminer, Tahl. 2017. The Efficacy of Architecture: Political Contestation and Agency. New York: Routledge.
Kamleithner, Christa. 2009. „‚Regieren durch Community': Neoliberale Formen der Stadtplanung." In: Drilling, Matthias, Olaf Schnur (Hg.). Governance der Quartiersentwicklung. Theoretische und praktische Zugänge zu neuen Steuerungsformen. Wiesbaden: VS.
Kapfinger, Otto. 2015. „You don't have to live in these apartments …" In: ÖGFA (Hg.). UmBau 28, Basel: Birkhäuser.
Knapp, Gudrun-Axeli. 2018. „Warum nicht vermessen sein? Anmerkungen zur Dialektik feministischer Aufklärung." In: Hark, Sabine und Johanna Hofbauer. Vermessene Räume, gespannte Beziehungen. Unternehmerische Universitäten und Geschlechterdynamiken. Berlin: Suhrkamp.
Koolhaas, Rem. 1995. "Whatever happened to Urbanism?" In: Koolhaas, Rem, Bruce Mau und OMA, S, M, L, XL. New York: Monacelli.
Kracauer, Siegfried. 1963. „Das Ornament der Masse." In: Kracauer, Siegfried. Das Ornament der Masse. Essays, Frankfurt a. M.: Suhrkamp.
Kracauer, Siegfried. 1990. Ginster. Frankfurt a. M.: Suhrkamp.
Kraft, Sabine. 2006. „Eingeübtes Wohnen." Arch+, 176/177.
Krammer, Andre und Friedrich Hauer. 2018. „Das wilde Wien. Rückblick auf ein Jahrhundert informeller Stadtentwicklung." In: dérive 71.
Krawietz, Johanna. 2014. „Kontroversen um den Haushalt zu Beginn des 20. Jahrhunderts in Deutschland." In: Krawietz, Johanna und Kirsten Scheiwe (Hg.). (K)Eine Arbeit wie jede andere? Die Regulierung von Arbeit im Privathaushalt. Berlin: De Gruyter.
Krumholz, Norman. 1982. "A Retrospective View of Equity Planning, Cleveland 1969–1979." In: Journal of the American Planning Association 48(2).
Kuhnert, Nikolaus, Stephan Becker, Kristina Herresthal und Anh-Linh Ngo. 2017. „Die 1960er- und 70er-Jahre: Von der Politisierung zur Rationalen Architektur." Arch+ 229.
Kulemann, Peter. 1979. Am Beispiel des Austromarxismus. Sozialdemokratische Arbeiterbewegung in Österreich von Hainfeld bis zur Dollfuß-Diktatur. Hamburg: Junius.
Künkel, Jenny und Margit Mayer (Hg.). 2012. Neoliberal Urbanism and its Contestations: Crossing Theoretical Boundaries, New York: Basingstoke.
Kurgan, Laura. 2013. Close Up at a Distance. Mapping, Technology & Politics. New York: Zone Books.

Kuß, Eva. 2018. Hermann Czech. Architekt in Wien. Zürich: Park Books.
Kuymulu, Mehmet Bariş. 2013. "Reclaiming the right to the city: Reflections on the urban uprisings in Turkey." City 17(3).
Laclau, Ernesto. 2005. On Populist Reason. London, New York: Verso.
Laclau, Ernesto. 2005. "Populism. What's in a Name?" In: Panizza, Francisco (Hg.). Populism and the Mirror of Democracy, S. 33–49. London, New York: Verso.
Laclau, Ernesto. 2002. Emanzipation und Differenz. Wien: Turia + Kant.
Laclau, Ernesto, und Chantal Mouffe. 2001. Hegemony and Socialist Strategy. Towards a Radical Democratic Politics. Zweite Auflage. London, New York: Verso.
Latour, Bruno. 2007. Eine neue Soziologie für eine neue Gesellschaft. Frankfurt a. M.: Suhrkamp.
Lefebvre, Henri. 2014. Die Revolution der Städte: La Revolution urbaine, Hamburg: EVA Taschenbuch.
Lefebvre, Henri. 2016. Das Recht auf Stadt. Hamburg: nautilus.
Leubolt, Bernhard. 2006. Staat als Gemeinwesen. Das Partizipative Budget in Rio Grande do Sul und Porto Alegre. Wien, Berlin: LIT Verlag.
Loos, Adolf. 1983. Die Potemkinsche Stadt: Verschollene Schriften 1897–1933, Wien: Prachner.
Loos, Adolf. 1997. „architektur." In: Loos, Adolf. 1997. Trotzdem. 1900–1930, herausgegeben von Adolf Opel. Wien: Prachner.
Lorey, Isabell, Gundula Ludwig und Ruth Sonderegger (Hg.). 2016. Foucaults Gegenwart. Sexualität – Sorge – Revolution. Wien: transversaltexts.
Luxemburg, Rosa. 1982. „Sozialreform oder Revolution?" In: Gesammelte Werke, Bd. 1, Erster Halbband. Berlin: Dietz Verlag.
Magistrat der Stadt Wien, MA 18. 2014. Smart City Wien. Rahmenstrategie.
Magistrat der Stadt Wien, MA 21. 2014. Masterplan Glacis.
Magistrat der Stadt Wien, MA 21. 2014. Fachkonzept Hochhäuser. Strategien zur Planung und Beurteilung von Hochhausprojekten.
Magistrate der Stadt Wien (Hg.). 1927. Die Gemeinde-Verwaltung der Bundeshauptstadt Wien. Bd. 1919–1922. Wien.
Mäntysalo, Raine. 2002. "Dilemmas in Critical Planning Theory." Town Planning Review 73(4).
Marchart, Oliver. 2005. Neu beginnen. Hannah Arendt, die Revolution und die Globalisierung. Wien: turia+kant.
Marchart, Oliver. 2010. Die politische Differenz: Zum Denken des Politischen bei Nancy, Lefort, Badiou, Laclau und Agamben. Berlin: Suhrkamp.
Marchart, Oliver. 2013. Das unmögliche Objekt: Eine postfundamentalistische Theorie der Gesellschaft. Berlin: Suhrkamp.
Marchart, Oliver. 2016. „Namen der Geschichte – Politik des Namens." ÖZG 27(1).
Marchart, Oliver. 2018. Einleitung zu: Ernesto Laclau, Emanzipation und Differenz. Wien: turia+kant.
Marcuse, Peter. 1986. "A Useful Installment of Socialist Work: Housing in Red Vienna in the 1920ies." In: Bratt, Rachel, Chester Hartman und Ann Meyerson (Hg.). Critical Perspectives on Housing, Philadelphia: Temple University Press.

Margalit, Talia und Adriana Kemp. 2019. "Stratified and defensive democracy: Hearings on Objections to Plans in Nine Israeli Cities", Urban Studies. https://doi.org/10.1177/0042098018810321.
Martin, Reinhold, 2014. "Fundamental #13. Real Estate as Infrastructure as Architecture." In: Places Journal, May 2014.
Marx, Karl. 1973. „Die sogenannte ursprüngliche Akkumulation." In: Marx-Engels-Werke, Band 23. Berlin: Institut für Marxismus-Leninismus.
Masters, Adam B. 2019. Cultural Influences on Public-Private Partnerships in Global Governance, Basingstoke: Palgrave Macmillan.
Mattl, Siegfried. 2016. „Pausenfüller. Das Notizbuch des Mr. Pim und Die vom 17er Haus." In: Mattl, Siegfried. 2016. Die Strahlkraft der Stadt. Schriften zu Film und Geschichte. Herausgegeben von Drehli Robnik. Wien: Synema.
Mayer, Margit. 2013. „Urbane soziale Bewegungen in der neoliberalisierenden Stadt." In: sub\urban. zeitschrift für kritische stadtforschung, 1(1).
Mazanek, Claudia, Gottfried Pirhofer, Brigitte Lehmann, Wolfgang Pircher und Franz Schuh (Hg.) 1982. Stadtbuch Wien 1982. Ein Almanach. Wien: Falter.
Miessen, Markus. 2012. Albtraum Partizipation. Berlin: Merve Verlag.
Miessen, Markus und Zoë Ritts (Hg.). 2019. Para-Platforms, On the Spatial Politics of Right-Wing Populism. Berlin: Sternberg Press.
Mokre, Monika. 2015. Solidarität als Übersetzung. Überlegungen zum Refugee Protest Camp Vienna. Wien: transversal texts.
Mouffe, Chantal. 2005. On the Political. London, New York: Psychology Press.
Mouffe, Chantal. 2007. Über das Politische. Frankfurt a. M.: Suhrkamp.
Mouffe, Chantal. 2008. Das demokratische Paradox. Wien: Turia + Kant.
Mouffe, Chantal. 2013. Agonistics: Thinking the World Politically. London, New York: Verso Books.
Mouffe, Chantal. 2014. Agonistik. Die Welt politisch denken. Berlin: Suhrkamp.
Mouffe, Chantal. 2018. Für einen linken Populismus. Berlin: Suhrkamp.
Mullis, Daniel und Sebastian Schipper. 2013. „Die postdemokratische Stadt zwischen Politisierung und Kontinuität. Oder ist die Stadt jemals demokratisch gewesen?" In: sub\urban. zeitschrift für kritische stadtforschung, 1(2).
Müller, Werner. 2016. Was ist Populismus? Ein Essay. Berlin: Suhrkamp.
Neurath, Otto. 1923. Österreichs Kleingärtner- und Siedler-Organisation. Wien: Kommisionsverlag Wiener Volksbuchhandlung.
Nierhaus, Irene und Andreas Nierhaus (Hg.). 2014. Wohnen Zeigen. Modelle und Akteure des Wohnens in Architektur und visueller Kultur. Bielefeld: transcript.
Novy, Klaus. 1981. „Selbsthilfe als Reformbewegung – Der Kampf der Siedler nach dem Ersten Weltkrieg." arch+, 55.
Peck, Jamie und Adam Tickell. 2002. "Neoliberalizing Space." Antipode. A Radical Journey of Geography, 34(3).
Purcell, Mark. 2009. "Resisting Neoliberalization: Communicative Planning or Counter-Hegemonic Movements?" In: Planning Theory, 8(2).
Rabinbach, Anson. 1978. "Politics and Pedagogy: The Austrian Social Democratic Youth Movement 1931–1932." In: Journal of Contemporary History, 13(2).
Rabinbach, Anson. 1989. Vom Roten Wien zum Bürgerkrieg, Wien: Löcker Verlag.

Rachbauer, Stefanie und Julia Schrenk. 2018. „Schlagabtausch auf der Blumenwiese.“ In: Kurier, 31.5.2018.
Rancière, Jacques. 1989. The Nights of Labor: The Workers' Dream in Nineteenth-Century France. Philadelphia: Temple University Press.
Rancière, Jacques. 1994. Die Namen der Geschichte. Versuch einer Poetik des Wissens. Frankfurt a. M.: S. Fischer.
Rancière, Jacques. 1995. On the Shores of Politics. London, New York: Verso.
Rancière, Jacques. 2002. Das Unvernehmen. Politik und Philosophie. Frankfurt a. M.: Suhrkamp.
Rancière, Jacques. 2003. "Politics and Aesthetics. An Interview." In: Angelaki: Journal of the Theoretical Humanities. 8 (2).
Rancière, Jacques. 2006. Die Aufteilung des Sinnlichen. Die Politik der Kunst und ihre Paradoxien. Berlin: b_books.
Rancière, Jacques. 2010. Der Philosoph und seine Armen. Wien: Passagen.
Rancière, Jacques. 2010. Dissensus: On Politics and Aesthetics, London: Continuum.
Rancière, Jacques. 2011. „Wer ist das Subjekt der Menschenrechte?“ In: Menke, Christoph, Francesca Raimondi (Hg.). Die Revolution der Menschenrechte. Grundlegende Texte zu einem neuen Begriff des Politischen. Berlin: Suhrkamp.
Rancière, Jacques. 2017. „Der unauffindbare Populismus.“ In: Badiou, Alain, Pierre Bourdieu, Judith Butler, Georges Didi-Huberman, Sadri Khiari und Jacques Rancière (Hg.). Was ist ein Volk? Hamburg: LAIKA Verlag.
Rittel, Horst W. J. und Melvin M. Webber. 1973. "Dilemmas in a general theory of planning." Policy Sciences, 4(2).
Robnik, Drehli. 2014. „Im Streit mit Jacques Rancière: Politiktheoretische Spiel- und Arbeitseinsätze – und Abbrüche in der Filmästhetik.“ In: Brauerhoch, Annette, Norbert Eke, Renate Wieser und Anke Zechner (Hg.). Entautomatisierung, Paderborn: Wilhelm Fink.
Robnik, Drehli. 2018. „DemoKRACy: Siegfried Kracauers Film-Theorie als Politik der *nonsolution*.“ In: Biebl, Sabine, Helmut Lethen und Johannes von Moltke (Hg.). Siegfried Kracauers Grenzgänge. Zur Rettung des Realen, Frankfurt a. M., New York.
Rolnik, Raquel. 2014. "Place, inhabitance and citizenship: the right to housing and the right to the city in the contemporary urban world." In: International Journal of Housing Policy 14(3).
Rose, Nikolas. 2000. Tod des Sozialen? Eine Neubestimmung der Grenzen des Regierens. In: Bröckling, Ulrich, Susanne Krasmann und Thomas Lemke (Hg.). Gouvernementalität der Gegenwart. Frankfurt a. M.: Suhrkamp.
Roskamm, Nikolai. 2017. Die unbesetzte Stadt: Postfundamentalistisches Denken und das urbanistische Feld. Basel: Birkhäuser.
Rosol, Marit. 2015. "Governing cities through participation – a Foucauldian analysis of CityPlan Vancouver." In: Urban Geography 36(2).
Roy, Ananya. 2006. "Praxis in the Time of Empire." Planning Theory, 5(1).
Rumpfhuber, Andreas und Michael Klein. 2014. Modelling Vienna. Wien, Berlin: turia+kant.
Russell, Bertie. 2019. „Beyond the Local Trap: New Municipalism and the Rise of the Fearless Cities.“ In: Antipode 51.3.

Russo, Manfred (2016): Widmungsabgaben und Erbbaurecht als Instrumente des Baulandmanagements und der Planung. In: Österreichische Gesellschaft für Architektur (Hg.). Das Geschäft mit der Stadt: zum Verhältnis von Ökonomie, Architektur und Stadtplanung. UmBau Nr. 28. Basel: Birkhäuser.
Rügemer, Werner. 2012. ‚Heuschrecken' im öffentlichen Raum. Public Private Partnership – Anatomie eines globalen Finanzinstruments. Bielefeld: transcript.
Sager, Tore. 2005. "Communicative Planners as Naïve Mandarins of the Neo-liberal State?" In: European Journal of Spatial Development, December 2005.
Sanders, Doug. 2011. Arrival City, How the Largest Migration in History is Reshaping Our World. Toronto: Vintage.
Sassen, Saskia. 2014. Expulsions: Brutality and Complexity in the Global Economy. Harvard: Harvard University Press.
Schwarz, Werner Michael, Georg Spitaler und Elke Wikidal (Hg.). 2019. Das Rote Wien 1919–1934. Basel: Birkhäuser.
Selle, Klaus. 2011. „‚Particitainment' oder: Beteiligen wir uns zu Tode?" In: PND|online, 3/2011.
Smith, Neil. 1996. The New Urban Frontier. Gentrification and the revanchist city. London, New York: Routledge.
Smith, Neil. 2008. Uneven Development. Nature, Capital, and the Production of Space. Athens, London: The University of Georgia Press.
Smith, Neil. 2008. "Scale bending and the fate of the national." In: Sheppard, E. und R. McMaster (Hg.). Scale and Geographic Inquiry, Oxford: Blackwell.
Smithson, Alison. 1974. "How to recognize and read MAT-BUILDING. Mainstream architecture as it developed towards the mat-building." In: Architectural Design, 9/1974.
Smithson, Alison und Peter Smithson. 2000. Italienische Gedanken: Beobachtungen und Reflexionen zur Architektur (Bauwelt Fundamente, Band 111). Basel: Birkhäuser.
Sonderegger, Ruth. 2016. „Die Herausforderung, (nicht) für andere zu sprechen. Was Jacques Rancière von Gayatri Spivak lernen könnte." Österreichische Zeitschrift für Geschichtswissenschaft, 27(1).
Sonderegger, Ruth. 2019. „Professional Critique?" In: Heindl, Gabu, Michael Klein und Christina Linortner (Hg.). Building Critique. Leipzig: Spector Books.
Spivak, Gayatri Chakravorty. (1988): Can the Subaltern Speak? In: Cary Nelson, Larry Grossberg. (Hg.). Marxism and the Interpretation of Culture. Urbana/IL: University of Illinois Press.
Spivak, Gayatri Chakravorty. 1990. "Strategy, Identity, Writing." In: Harasym, Sarah (Hg.). The Post-Colonial Critic, New York, London: Routledge.
Spivak, Gayatri Chakravorty. 1999. A Critique of Postcolonial Reason: Toward a History of the Vanishing Present. Cambridge (Mass.): Harvard University Press.
Spivak, Gayatri Chakravorty. 2012. An aesthetic education in the era of globalization. Cambridge (Mass.): Harvard University Press.
Statistik Austria. 2021. Statistisches Jahrbuch. Migration und Integration. Wien.
Sternfeld, Nora. 2018. Das radikaldemokratische Museum. Berlin, Boston: De Gruyter.
Strasser, Josef. 1982. Der Arbeiter und die Nation. Wien: Junius.
Suttner, Andrea. 2017. Das Schwarze Wien. Wien, Köln, Weimar: Böhlau.

Swenarton, Mark, Tom Avermaete und Dirk van den Heuvel (Hg.). 2014. Architecture and the welfare state. London: Routledge.
Swyngedouw, Erik. 2009. "The antinomies of the post-political city. In search of a democratic politics of environmental production." In: International Journal of Urban and Regional Research, 33(3).
Swyngedouw, Erik. 2013. „Die postpolitische Stadt." In: sub\urban. zeitschrift für kritische stadtforschung 1(2), S. 141–158. Verfügbar unter: http://zeitschrift-suburban.de/sys/index.php/suburban/article/view/100.
Tafuri, Manfredo. 1980. Vienna rossa. La politica residenziale nella Vienna socialista 1919–1930. Mailand: Electa.
Tafuri, Manfredo. 1980. Theories and Histories of Architecture, New York: Harper & Row.
Tafuri, Manfredo. 1985. „Realismus und Architektur. Am Beispiel des ‚Roten Wien'." In: Wiener Wohnbau Beispiele, Wien: Architektur- und Baufach-Verlag.
Terkessidis, Mark. 2015. Kollaborationen. Frankfurt a. M.: Suhrkamp.
Thalhammer, Anna. 2015. „‚Sky & Sand': Phantomlokal am Donaukanal." In: Die Presse, 17.3.2015.
Thuma, Andrea. 2011. "Hannah Arendt, Agency, and the Public Space." In: Tekelioglu, Ahmet Selim, Lois Lee und Maren Behrensen, Modernities Revisited (IWM Junior Visiting Fellows' Conferences, Band 29). Wien: Institut für die Wissenschaften vom Menschen.
Till, Jeremy. 2009. Architecture depends. Cambridge (Mass.): MIT Press.
Tockner, Lukas. 2017. Mieten in Österreich und in Wien, Wien: AK Wien.
Toth, Marie. 1992. Schwere Zeiten: Aus dem Leben einer Ziegelarbeiterin. Wien: Böhlau Verlag.
Trüby, Stephan. 2017. „Rechte Räume – Über die architektonische ‚Metapolitik' von Rechtspopulisten und -extremisten in Deutschland." In: Arch+ 228.
Tuğal, Cihan. 2013. "'Resistance everywhere': The Gezi revolt in global perspective." New Perspectives on Turkey 49.
Turkmen, Buket. 2018. "The Gezi Revolt and the Solidarist Individualism of ‚Çapulcu' Women (marauder)." Le Cahiers du CEDREF 22/2018.
Uhlig, Günther. 1981. Kollektivmodell Einküchenhaus. Wohnreform und Architekturdebatte zwischen Frauenbewegung und Funktionalismus 1900–1933. Gießen: Anabas.
Venturi, Robert. 1996. Complexity and Contradiction, New York: Museum of Modern Art.
Venturi, Robert, Denise Scott Brown und Steven Izenour. 1972. Learning from Las Vegas. The Forgotten Symbolism of Architectural Form. Cambridge (Mass.): MIT Press.
Vogel, Hans-Jochen. 2019. Mehr Gerechtigkeit! Freiburg: Herder.
Vollmer, Lisa. 2017. „Keine Angst vor Alternativen. Ein neuer Munizipalismus." sub\urban. zeitschrift für kritische stadtforschung. 5 (3).
Vollmer, Lisa. 2018. Strategien gegen Gentrifizierung. Stuttgart: Schmetterling Verlag.
Vossoughian, Nader. 2014. "Standardization Reconsidered: Normierung in and after Ernst Neufert's Bauentwurfslehre (1936)." In: Grey Room 54.
Weiß, Volker. 2017. Die autoritäre Revolte. Die neue Rechte und der Untergang des Abendlandes, Stuttgart: Klett-Cotta.

Weihsmann, Helmut. 2002. Das Rote Wien: sozialdemokratische Architektur und Kommunalpolitik 1919–1934. Wien: Promedia Verlag.
Wendt, Kurto. 2017. „Die Privatisierung der Stadtplanung oder der stinkende Wal." In: Augustin 433.
Williams, Steve. 2011. Demand Everything. Lessons of the Transformative Organizing Model. New York: Rosa-Luxemburg-Stiftung.
Wittgenstein, Ludwig. 1984. Werkausgabe, Band 6: Bemerkungen über die Grundlagen der Mathematik, Frankfurt a. M.: Suhrkamp.
Wolfrum, Sophie und Alban Janson. 2016. Architektur der Stadt. Stuttgart: Karl Krämer Verlag.
Yaneva, Albena. 2016. Mapping Controversies in Architecture. London: Routledge.
Žižek, Slavoj. 2012. "The Spectre of Ideology." In: Žižek, Slavoj (Hg.). 2012. Mapping Ideology, London, New York: Verso.

## Internet-Quellenverzeichnis

Airbnb, www.theguardian.com/technology/2015/oct/22/airbnb-apologises-dear-san-francisco-tax-adverts (6.8.2018)
Bauer, Otto. 1907. Die Nationalitätenfrage und die Sozialdemokratie, § 9. www.marxists.org/deutsch/archiv/bauer/1907/nationalitaet/09-verwirk.html (1.7.2018)
Les cahiers du CEDREF 22, 2018. http://journals.openedition.org/cedref/1133 (8.2.2019)
Czaja, Wojciech. 2018. „Franz-Josefs-Bahnhof: Franz Josephs Glück und Ende." In: Der Standard, 18.2.2018. https://derstandard.at/2000074416826/Franz-Josefs-Bahnhof-Franz-Josephs-Glueck-und-Ende (10.3.2019)
Design Paradigm, Forschungsprojekt an der Akademie der Bildenden Künste Wien. www.designparadigm.net (20.2.2019)
Donaucanale für alle. https://donaucanale.wordpress.com/ (20.5.2019)
Donaukanal Partitur. www.wien.gv.at/stadtentwicklung/studien/pdf/e000012.pdf (19.1.2019)
Donnerstagsdemo. https://wiederdonnerstag.at/ (26.8.2019)
Engartner, Tim. 2019. „Staat, wach auf". In: der Freitag 16. www.freitag.de/autoren/der-freitag/staat-wach-auf (30.5.2019)
Ermert, Sophia. Gender Glossar. https://gender-glossar.de/glossar/item/52-hannah-arendt (19.4.2019)
FSW. www.fsw.at/p/kundinnenbefragung/ (29.5.2019)
GABU Heindl Architektur. www.gabuheindl.at (30.1.2022)
Garcia, Michael John. 2009. "'Sanctuary Cities': Legal Issues". In: CRS Report for Congress. https://www.ilw.com/immigrationdaily/news/2011,0106-crs.pdf (5.5.2019)
Gouma, Assimina, Petra Neuhold, Paul Scheibelhofer und Gerd Valchars. „Fangfragen für das ‚rote' Wien". In: Perpektiven 11/2010. www.perspektiven-online.at/2010/05/07/migration-fangfragen-fuer-das-rote-wien/ (1.7.2018)
Hefel Investment, www.hefel.at/investment (16.3.2019)
Heindl, Gabu. „Unser Wien is net deppert, das Alkoholverbot am Praterstern schon", mosaik blog 27.4.2018. https://mosaik-blog.at/alkoholverbot-praterstern-gabu-heindl-unser-wien-is-net-deppert/ (19.2.2019)
Heindl/Vuga Interview, https://www.aaschool.ac.uk/news/gabu-heindl-and-bostjan-vuga-who-teach-the-new-unitporous-public-discuss-utopian-pragmatism-porosity-and-public-space (18.12.2021)

Herzhoff, Simon. Rezension vom 14.01.2011 zu Chantal Mouffe. www.socialnet.de/rezensionen/10657.php (9.12.2017)

Intersektionales Stadthaus. https://barrierfreehouse.wordpress.com/ (16.2.2019)

Masterplan Glacis. www.wien.gv.at/stadtentwicklung/studien/pdf/h000031a.pdf (3.1.2019)

Norman, Nils. www.dismalgarden.com/archives/defensive_architecture (16.8.2018)

Now What?! Advocacy, Activism & Alliances in American Architecture since 1968. https://www.nowwhat-architexx.org (12.12.2021)

PODESTA, http://podesta-projekt.de/ (19.2.2019)

Die Presse 16.1.2019. „Kurz, Strache und der ‚gesunde Menschenverstand'." www.diepresse.com/5563382/kurz-strache-und-der-bdquogesunde-menschenverstandldquo?from=rss (20.6.2020)

Rachbauer, Stefanie und Julia Schrenk. 2018. „Schlagabtausch auf der Blumenwiese." In: Kurier, 31.5.2018. https://kurier.at/chronik/wien/schlagabtausch-auf-der-blumenwiese/400043647 (10.3.2019)

Robnik, Drehli. 2019. „We all go to the do!-Show: Die Donnerstagsdemos als Struktur von Allianz-Politik." Mosaik-Blog, 24.1.2019. www.academia.edu/38224590/We_all_go_to_the_do_-Show_Die_Donnerstagdemos_als_Struktur_von_Allianz-Politik_Mosaik-Blog_2019_ (5.2.2019)

Rotes Wien. www.dasrotewien.at/seite/heimhof (10.6.2018)

Spatial Agency. www.spatialagency.net (9.12.2017)

Thalhammer, Anna. „‚Sky & Sand': Phantomlokal am Donaukanal", Die Presse 17.03.2015. https://diepresse.com/home/panorama/wien/4686690/Sky-Sand_Phantomlokal-am-Donaukanal. (3.1.2019)

Trüby, Stephan, 2019. „Gibt es neoliberale Architektur?" In: Baumeister Blog. Verfügbar unter: baumeister.de/gibt-es-neoliberale-architektur (16.8.2018)

Wahlergebnisse auf Gemeindeebene. www.drawingdata.net/sprengel/ (26.5.2019)

Wendt, Kurto. 2017. „Die Privatisierung der Stadtplanung oder der stinkende Wal." In: Augustin 433. https://augustin.or.at/zeitung/tun-und-lassen/die-privatisierung-der-stadtplanung.html (3.1.2019)

Wien Kindergartenplatz. www.wien.gv.at/bildung/kindergarten/platzsuche/kundennummer-anmeldung/ (29.5.2019)

Wien-Bonus. www.wien.gv.at/politik-verwaltung/wienbonus/ (11.4.2019)

Wienbibliothek. www.digital.wienbibliothek.at/wbrobv/periodical/titleinfo/609853 (16.3.2019)

Willhaben. www.willhaben.at/iad/immobilien/gewerbeimmobilien-kaufen/wien/wien-1010-innere-stadt/ertragreiche-anlegerwohnung-in-wien-innere-stadt-245941132/ (16.3.2019)

Wohnservice Wien. https://wohnservice-wien.at/wohnen/smart-wohnen/ (29.1.2019)

## Film-, Video- und Fernsehquellen

extra3 (NDR-Satiremagazin vom 27.9.2018)
Istanbul United (Olli Waldhauer und Farid Eslam, TR 2014)
Make No Little Plans: Daniel Burnham and the American City (Judith McBrien, USA 2010)
Mock-ups in Close-up: Architectural Models in Film 1919–2019 (Gabu Heindl und Drehli Robnik, A 2008–2020 work in progress)
Unter Fremden – Eine Reise zu Europas Neuen Rechten (Jakob Kneser und Manuel Gogos, D 2017)
Zoolander (Ben Stiller, USA 2001)

## Abbildungsverzeichnis

ENTEIGNET UND BEGRÜNT DURCH DIE STADT BERLIN
AUS DEN MITTELN DER VERMÖGENSSTEUER 2025-26